MIX
Papier aus verantwortungsvollen Quellen
Paper from responsible sources
FSC® C105338

Ernst Hunsicker

Sammlung von Gerichtsentscheidungen zur Präventiven Gewinnabschöpfung (PräGe)

Volltexte, Leitsätze, Stichwörter und mehr

disserta Verlag

Hunsicker, Ernst: Sammlung von Gerichtsentscheidungen zur Präventiven
Gewinnabschöpfung (PräGe): Volltexte, Leitsätze, Stichwörter und mehr, Hamburg,
disserta Verlag, 2014

Buch-ISBN: 978-3-95425-878-9
PDF-eBook-ISBN: 9783954258796
Druck/Herstellung: disserta Verlag, Hamburg, 2014
Covermotiv: pixabay.de

Bibliografische Information der Deutschen Nationalbibliothek:
Die Deutsche Nationalbibliothek verzeichnet diese Publikation in der Deutschen
Nationalbibliografie; detaillierte bibliografische Daten sind im Internet über
http://dnb.d-nb.de abrufbar.

Das Werk einschließlich aller seiner Teile ist urheberrechtlich geschützt. Jede Verwertung
außerhalb der Grenzen des Urheberrechtsgesetzes ist ohne Zustimmung des Verlages
unzulässig und strafbar. Dies gilt insbesondere für Vervielfältigungen, Übersetzungen,
Mikroverfilmungen und die Einspeicherung und Bearbeitung in elektronischen Systemen.

Die Wiedergabe von Gebrauchsnamen, Handelsnamen, Warenbezeichnungen usw. in
diesem Werk berechtigt auch ohne besondere Kennzeichnung nicht zu der Annahme,
dass solche Namen im Sinne der Warenzeichen- und Markenschutz-Gesetzgebung als frei
zu betrachten wären und daher von jedermann benutzt werden dürften.

Die Informationen in diesem Werk wurden mit Sorgfalt erarbeitet. Dennoch können
Fehler nicht vollständig ausgeschlossen werden und die Diplomica Verlag GmbH, die
Autoren oder Übersetzer übernehmen keine juristische Verantwortung oder irgendeine
Haftung für evtl. verbliebene fehlerhafte Angaben und deren Folgen.

Alle Rechte vorbehalten

© disserta Verlag, Imprint der Diplomica Verlag GmbH
Hermannstal 119k, 22119 Hamburg
http://www.disserta-verlag.de, Hamburg 2014
Printed in Germany

Vorwort

Inzwischen liegen weitere verwaltungsgerichtliche Entscheidungen zur PräGe vor, sodass es nicht möglich ist, alle Entscheidungen im Volltext in den Sammelband zu übernehmen. Deshalb erscheinen VG-Entscheidungen der 1. und 2. Instanz, die nicht von besonderer (herausragender /grundsätzlicher) Bedeutung sind, nur noch in Form einer Auflistung – teils mit Leitsätzen bzw. Orientierungssätzen.

Von besonderer Bedeutung sind aber folgende – rechtskräftige – Entscheidungen von (Ober-)Verwaltungsgerichten, die neu aufgenommen wurden:
- Urteil Nds. Oberverwaltungsgericht (Lüneburg), Az. 11 LC 4/08, vom 02.07.2009 (*als Entscheidung II./9*),
- Urteil VG Braunschweig, Az. 5 A 25/08, vom 02.12.2009 (*als Entscheidung II./10*),
- Urteil Nds. Oberverwaltungsgericht (Lüneburg), Az. 11 LB 401/09 / 5 A 251/07, vom 17.11.2009 (*als Entscheidung II./11*),
- Urteil Nds. Oberverwaltungsgericht (Lüneburg), Az. 11 LB 438/10 / 6 A 22/07, vom 07.03.2013 (*als Entscheidung II./13*).

Herausragend in seiner Bedeutung ist ein
- Beschluss des Bundesverfassungsgerichts, Az. 1 BvR 732/11, vom 24.10.2011 (*als Entscheidung II./14*).

Ansonsten ist diese Monografie neu strukturiert, und zwar:
I. Sicherstellung von Gegenständen, die kein Bargeld sind,
II. Sicherstellung von Bargeld,
III. Sicherstellung von Gegenständen, die kein Bargeld sind, und Bargeld sowie
IV. Behandeln von Buchgeld.

Neu aufgenommen wurden *„Veröffentlichungen zur Präventiven Gewinnabschöpfung" (Anhang 3)* und *„Hochschulthemen zur PräGe" (Anhang 4)*.

Die *„Stichwörter ..."* *(Anhang 5)* wurden überarbeitet und ergänzt.

Ernst Hunsicker   Bad Iburg, im Oktober 2014

Vorwort zur 2. Auflage

Außerdem ist jetzt alle verwaltungsgerichtlichen Entscheidungen ein **Abstract** wie folgt vorangestellt, um den Einstieg in die jeweilige Entscheidung zu erleichtern:
- Aktenzeichen,
- entscheidendes Gericht,
- Entscheidungsart mit Datum,
- zusammenfassende Überschrift,
- Rechtsquellen/Fundstellen,
- Suchworte und
- Leitsätze.

Im **Anhang** finden sich jetzt ergänzend
- ein **Runderlass**, der die PräGe flächendeckend für das Land Niedersachsen regelt und grundsätzliche Hinweise zur Durchführung von PräGe-Verfahren enthält (…) sowie
- eine **Auseinadersetzung mit kritischen Juristen** (…).

Ernst Hunsicker (Mai 2009)

Vorwort zur 1. Auflage

Von der Möglichkeit der Präventiven Gewinnabschöpfung (PräGe), also der präventiven Sicherstellung von Sachen in Form von Gegenständen und Bargeldbeträgen, wurde in den letzten Jahren mehr und mehr Gebrauch gemacht. Das ist sicherlich auch ein Ergebnis meiner Veröffentlichungen, insbesondere meiner Monographie

„Präventive Gewinnabschöpfung (PräGe) in Theorie und Praxis
Sicherstellung, Verwahrung und Verwertung von
Gegenständen und (Bar-)Geld aus Gründen der
Gefahrenabwehr in Kooperation von Polizei,
Staatsanwaltschaft und Kommune
(Osnabrücker Modell)
Arbeitshilfe",

die bereits in der 3., überarb. & erw. Auflage im Verlag für Polizeiwissenschaft im Februar 2008 erschienen ist.

Wegen der Zunahme der PräGe-Verfahren verwundert es deshalb auch nicht, dass die Verwaltungsgerichte zunehmend mehr zu dieser Thematik durch Urteile und Beschlüsse entscheiden. Aufgrund meiner (Internet-)Recherchen und nach Hinweisen von Vermögensermittlern konnte ich inzwischen 14 verwaltungsgerichtliche PräGe-Entscheidungen ausmachen (Berlin = 3, Baden-Württemberg = 2, Bayern = 2, Niedersachsen = 5, Nordrhein-Westfalen = 2).

Die Gerichte, die Staatsanwaltschaften, die Verwaltungs- bzw. Ordnungsbehörden und nicht zuletzt die Polizeien der Länder und des Bundes orientieren sich neben den einschlägigen Gesetzen bei der Fallauswahl, Fallbegründung und Fallanalyse in einem besonderen Maße an der Rechtsprechung. Deshalb ist es mein Anliegen, möglichst viele verwaltungsgerichtliche PräGe-Entscheidungen zu sammeln und jetzt auch – datenschutzrechtlich bereinigt – zu publizieren.

Ich gehe davon aus, dass weitere mir bisher nicht bekannte verwaltungsgerichtliche PräGe-Entscheidungen vorliegen. Deshalb appelliere ich auch hier noch einmal an alle, die mit PräGe-Verfahren befasst sind oder von PräGe-Entscheidungen wissen, mich dahingehend zu informieren.[1]

Ernst Hunsicker (2008)

---

[1] E-Mail-Adresse: ernst-hunsicker@t-online.de

Inhaltsverzeichnis

Seite

Vorbemerkungen 13

Legende zu den nachfolgenden Entscheidungen
[+] Sicherstellung usw. verwaltungsgerichtlich **bestätigt**.
[±] Sicherstellung usw. verwaltungsgerichtlich **bedingt bestätigt**.
[–] Sicherstellung usw. verwaltungsgerichtlich **nicht bestätigt**.

I. Sicherstellung von Gegenständen 14

Vor Entscheidung I./1 15
Entscheidung I./1 [+]
Urteil VG Karlsruhe, Az. 9 K 2018/99, vom 10.05.2001
(***rechtskräftig***) – *Sicherstellung von ca. 2.000 Gegenständen*
(*„Diebstahl"*) 16

Vor Entscheidung I./2 28
Entscheidung I./2 [+]
Beschluss VGH Baden-Württemberg, Az. 1 S 1710/01,
vom 20.02.2002 (***rechtskräftig***) – *Beschluss zu
Entscheidung I./1 (vorstehend)*.. 29

Vor Entscheidung I./3 32
Entscheidung I./3 [+]
Urteil Bay. VG Ansbach, Az. AN 5 K 04.00664,
vom 08.10.2004 (***rechtskräftig***) – *Sicherstellung von
offensichtlich dem Kläger nicht gehörenden Gegenständen
(Schmuck) nach Abschluss des Strafverfahrens* 33

Vor Entscheidung I./4 43
Entscheidung I./4 [+]
Urteil VG Osnabrück, Az. 4 A 41/05, vom 25.04.2006
(***rechtskräftig***) – *Sicherstellung von 93 Eisenbahnmodellen
(„Hehlerei")* 44

Vor Entscheidung I./5 54
Entscheidung I./5 [+]
Urteil VG Stade, Az. 1 A 19/07, vom 25.02.2008
(***rechtskräftig***) – *Sicherstellung diverser Gegenstände* 55

Seite

Vor Entscheidung I./6 65
Entscheidung I./6 [+]
Beschluss OVG Lüneburg, Az. 11 LA 133/08 / 1 A 19/07,
vom 13.05.2008 (***rechtskräftig***) – *OVG-Beschluss zu
Entscheidung I./5 (vorstehend)* 66

Vor „Entscheidung" I./7 68
„Entscheidung" I./7
Staatsanwaltschaft Hannover übergibt dem Museum
August Kestner antike Münzen nach den Regeln der sog.
„präventiven Gewinnabschöpfung" 69

**Auflistung weiterer verwaltungsgerichtlicher
Entscheidungen „Sicherstellung von Gegenständen"**............. 70

II. Sicherstellung von Bargeld 72

Vor Entscheidung II./1 73
Entscheidung II./1 [+]
Urteil VG Berlin, Az. VG 1 A 173.98, vom 02.02.2000
(***rechtskräftig***) – *Sicherstellung von 155.000 DM Bargeld
(„Zigarettenschmuggel")* 74

Vor Entscheidung II./2 82
Entscheidung II./2 [+]
Beschluss OVG Berlin, Az. OVG 1 N 13.00, vom 16.09.2002
(***rechtskräftig***) – *OVG-Beschluss zu Entscheidung II./1
(vorstehend)* 83

Vor Entscheidung II./3 89
Entscheidung II./3 [±]
Beschluss VG Berlin, Az. VG 1 A 442.01, vom 11.02.2004 –
(***rechtskräftig***) *Sicherstellung von 298.000 DM Bargeld
(„Drogenschmuggel")* 91

Vor Entscheidung II./4 101
Entscheidung II./4 [+]
Urteil Bay. VG Regensburg, Az. RN11 K 03.1962, vom 18.01.2005
(***rechtskräftig***) – *Sicherstellung von 225.000 € Bargeld
(„Drogenschmuggel")* 102

Seite

Vor Entscheidung II./5 113
Entscheidung II./5 [+]
Beschluss VG Aachen, Az. 6 L 825/04,
vom 10.02.2005 (***rechtskräftig***) – *Sicherstellung
von 93.450 € Bargeld („Zigarettenschmuggel")* 114

Vor Entscheidung II./6 122
Entscheidung II./6 [+]
Urteil VG Aachen, Az. 6 K 1757/05, vom 15.02.2007
(***rechtskräftig***) – *VG-Urteil zu Entscheidung II./5 (vorstehend)* 123

Entscheidung II./7 (mit amtlichen Leitsätzen) [+]
Beschluss VG Braunschweig, Az. 5 B 284/06, vom 19.10.2006
(***rechtskräftig***) – *Sicherstellung von 10.850 € Bargeld
(„Enkeltrick-Betrug")* 134

Entscheidung II./8 (mit amtlichen Leitsätzen) [±]
Beschluss VG Braunschweig, Az. 5 B 332/06, vom 18.01.2007
(***rechtskräftig***) – *Sicherstellung von 637,35 € Bargeld
(„Verdacht strafbarer Handlungen")* 145

Entscheidung II./9 (mit amtlichen Leitsätzen) [+]
Urteil OVG Lüneburg, Az. 11 LC 4/08, vom 02.07.2009
(***rechtskräftig***) – *Vorinstanz: Urteil VG Osnabrück,
Az. 4 A 149/06, vom 08.11.2007 – Sicherstellung von
27.280 € Bargeld („Verdacht des Drogenhandels")* 154

**Vorbemerkungen zum Urteil des VG Braunschweig
(Entscheidung II./10)** 172
Entscheidung II./10 (mit amtlichen Leitsätzen) [±]
Urteil VG Braunschweig, Az. 5 A 25/08, vom 02.12.2009
(***rechtskräftig***) – *Sicherstellung von 8.400 € Bargeld
(„Verdacht des schweren Bandendiebstahls")* 173

Vor Entscheidung II./11 187
Entscheidung II./11 [–]
Urteil OVG Lüneburg, Az. 11 LB 401/09 / 5 A 251/07,
vom 17.11.2009 (***rechtskräftig***) – *Sicherstellung von
12.328,13 € Bargeld („Verdacht des illegalen Waffenhandels")* 189

	Seite

**Vorbemerkungen zum Urteil des VG Berlin
(Entscheidung II./12)** 205
Vor Entscheidung II./12 208
Entscheidung II./12 [+]
Urteil VG Berlin, Az. VG 1 A 137.06, vom 28.02.2008
(*rechtskräftig*) – *Sicherstellung von knapp 100.000 € Bargeld
(„Verdacht des Drogenhandels" – Verwertbarkeit rechtswidrig
gewonnener Erkenntnisse aus Strafverfahren für Zwecke
der Gefahrenabwehr)* 210

Vor Entscheidung II./13 226
Entscheidung II./13 [+]
Urteil OVG Lüneburg, Az. 11 LB 438/10 / 6 A 22/07,
vom 07.03.2013 (*rechtskräftig*) – *„Bargeld wird auf einem
Verwahrkonto kein Buchgeld"* 227

Vor Entscheidung II./14 244
Entscheidung II./14 [+]
Beschluss Bundesverfassungsgericht, Az. 1 BvR 732/11,
vom 24.10.2011 246

**Auflistung weiterer verwaltungsgerichtlicher
Entscheidungen „Sicherstellung von Bargeld"** 252

III. Sicherstellung von Gegenständen und Bargeld 254

Vor Entscheidung III./1 256
Entscheidung III./1 [–]
Urteil VG Osnabrück, Az. 4 A 136/05, vom 16.11.2006
(*rechtskräftig*) – *Sicherstellung eines goldenen Armbands
und von 1.300 € Bargeld
(„Verdacht des gemeinschaftlichen Raubes")* 258

Vor Entscheidung III./2 273
Entscheidung III./2 [+]
Urteil VG Oldenburg, Az. 7 A 1634/09, vom 29.06.2010
(*rechtskräftig*) – *Sicherstellung von 14.200 € Bargeld und von
diversen Schmuckgegenständen („Trickdiebstahl zum Nachteil
älterer Menschen")* 275

  Seite

**Auflistung weiterer verwaltungsgerichtlicher
Entscheidungen „Sicherstellung von Gegenständen
und Bargeld"** 296

IV. Behandeln von Buchgeld 297

Entscheidung IV./1 (mit Vorbemerkungen) [+]
Beschluß LG Bielefeld, Az. 1 Kls B 1/98 I, vom 28.05.1999
– *Geldbetrag auf dem Konto des Verurteilten ist als Fundsache
gemäß § 983 BGB zu behandeln („Anlagebetrug")* 297

**Anhang 1:
Rund-Erlass: Präventive Gewinnabschöpfung**;
Hinweise zum Verfahren der Sicherstellung nach § 26 Nds. SOG
vor strafprozessualer Herausgabe offensichtlich nicht rechtmäßig
erlangter Sachen (Gem. RdErl. d. MI u. d. MJ vom 16.11.2007
- P 22.2-1201-26) VORIS 21011 299

**Anhang 2:
Kritiker und Fürsprecher** 307

**Anhang 3:
Veröffentlichungen zur PräGe** 317

**Anhang 4:
Hochschulthemen zur PräGe** 320

**Anhang 5:
Stichwörter aus den Entscheidungen usw.** 321

**Anhang 6:
Autobiografien sowie Fach- und Sachbücher
von/mit Ernst Hunsicker** 324

Vorbemerkungen

Nachfolgend sind mir bekannte verwaltungsgerichtliche PräGe-Entscheidungen im **Volltext** abgedruckt. Die Entscheidungen habe ich angefordert, wurden mir zugesandt oder ich habe diese aus dem Internet übertragen. Alle Entscheidungen sind datenschutzrechtlich bereinigt.

Es handelt sich dabei keineswegs nur um Entscheidungen, die die polizeilichen bzw. verwaltungs-/ordnungsbehördlichen PräGe-Verfügungen bestätigen **[Legende: +]**, sondern auch um solche, bei denen die Voraussetzungen für eine präventive Sicherstellung nicht **[Legende: –]** oder nicht ausreichend **[Legende: ±]** vorlagen. Im vorstehenden Inhaltsverzeichnis sind die Entscheidungen entsprechend markiert.

Die nachfolgenden Entscheidungstexte enthalten manchmal **im Original kleinere Fehler** (Rechtschreibung, Zeichensetzung, Formen), die so in die Abschriften übernommen bzw. aus dem Internet übertragen wurden. Besondere Auffälligkeiten (z.B. Angabe einer falschen Rechtsgrundlage) sind mit einer Fußnote versehen.

Ich schließe nicht völlig aus, dass mir – trotz wiederholter Kontrolle – **Abschreib- oder Übertragungsfehler** unterlaufen sind.

Das „**Gesetz zur Stärkung der Rückgewinnungshilfe und der Vermögensabschöpfung bei Straftaten**" würde inzwischen Sachverhalte, die Gegenstand des Urteils des VG Karlsruhe (*vgl. Entscheidung I./1*) und des Beschlusses des LG Bielefeld (*vgl. Entscheidung IV./1*) sind, unter Hinweis auf § 111i Abs. 2 und 3 StPO auffangen, weil es in den vorausgegangenen Strafverfahren jeweils zu einer Hauptverhandlung und (Teil-)Verurteilung kam.[2] Wegen der grundsätzlichen Aussagen und Feststellungen
- im Urteil des VG Karlsruhe [*insbesondere Widerlegung der Eigentumsvermutung des § 1006 BGB mit Hilfe von Beweisanzeichen (Indiztatsachen) und Erfahrungssätzen; auch Beweislastumkehr*] und
- im Beschluss des LG Bielefeld [*Behandlung von Kontogeld (Buchgeld) als Fundsache gem. § 983 BGB*]

bleiben diese Entscheidungen im Bestand.

---

[2] „Anders als bisher wird damit verhindert, dass das durch die Straftat Erlangte oder dessen Wert wieder an den Täter zurückfällt, nur weil die Verletzten unbekannt sind oder ihre Ansprüche nicht geltend machen." (Deutscher Bundestag – 16. Wahlperiode, Drucksache 16/700, S. 9 Ziff. 8.).

I. Sicherstellung von Gegenständen

Die Sicherstellung von offensichtlich deliktischen – inkriminierten, bemakelten – Gegenständen, die kein Bargeld sind, erfolgt über das Strafermittlungsverfahren hinaus vorrangig zum „Eigentumsschutz", soll aber auch Fortsetzungsstraftaten wie Hehlereidelikte „zur Abwehr einer gegenwärtigen Gefahr" verhindern.

Gesetzliche Grundlage (Beispiel: § 26 Nds. SOG)

---

§ 26 Sicherstellung

Die Verwaltungsbehörden und die Polizei können eine Sache sicherstellen,
1. um eine gegenwärtige Gefahr abzuwehren,
2. um die Eigentümerin oder den Eigentümer oder die Person, die rechtmäßig die tatsächliche Gewalt innehat, vor Verlust oder Beschädigung einer Sache zu schützen oder
3. ...

Der Erlös der sichergestellten und danach in Verwahrung genommenen Gegenstände fällt an den Fiskus (je nach Zuständigkeit Kommune, Land oder Bund), sofern nach Ablauf der gesetzlichen Fristen
- keine Eigentümer oder sonst berechtigte Personen festgestellt werden können

und/oder
- die Sachen zur Abwehr einer gegenwärtigen Gefahr sichergestellt wurden.

Die fiskalische Verwertung ist im Falle der Nicht-Herausgabe von sekundärer Bedeutung.

Vor Entscheidung I./1

9 K 2018/99
VG Karlsruhe
Urteil vom 10.05.2001

Gefahrenabwehrrechtliche Sicherstellung von Gegenständen

Rechtsquellen/Fundstellen	Suchworte
PolG BW 32 I	Gegenstände
PolG BW 32 IV	Gefahr
PolG BW 60 III	Gefahrenabwehrrecht
VwGO 113 I	präventiv
BGB 1006	Sicherstellung
	Beweislastumkehr

Leitsatz/Leitsätze (des Autors)

1. Sehr große Anzahl gleicher Gegenstände spricht gegen das Eigentum des Klägers.
2. Zahlreiche Gegenstände waren noch original verpackt und mit Etiketten oder sogar Sicherungsetiketten versehen.
3. Bisherige kriminelle Karriere des Klägers spricht gegen einen rechtmäßigen Erwerb.
4. Abnorme Sammelwut, wie vom Kläger behauptet, liegt nicht vor.
5. Dass eine strafrechtliche Verurteilung nur hinsichtlich 25 der ca. 2.500 (2.000?) sichergestellten Gegenstände erfolgen konnte und damit eine Beschlagnahme unter strafprozessualen Aspekten nicht mehr gerechtfertigt war, bedeutet nicht, dass hinsichtlich der übrigen Gegenstände zwingend von einem rechtmäßigen Erwerb des Klägers auszugehen ist.
6. Auch die Tatsache, dass die Eigentümer noch unbekannt sind, steht der Sicherstellung nicht entgegen.
7. An sich bei der Behörde liegende materielle Beweislast kehrt sich mit der Folge um, dass der von der Sicherstellung Betroffene den Nachweis des von ihm behaupteten Eigentums an den sichergestellten Gegenständen zu erbringen hat.
8. Sicherstellung ist verhältnismäßig; die Sicherstellungsverfügung hinreichend bestimmt.

Entscheidung I./1 (Abschrift)

Az.: 9 K 2018/99

Entscheidung ist
– rechtskräftig –
– rechtswirksam –
seit 20. Feb. 2002

Justizinspektor

VERWALTUNGSGERICHT KARLSRUHE

Im Namen des Volkes
Urteil

In der Verwaltungsrechtssache
XXX,

-Kläger-

prozessbevollmächtigt: Rechtsanwältin XXX,

gegen

Land Baden-Württemberg, vertreten durch das Regierungspräsidium Karlsruhe, Schloßplatz 1-3, 76131 Karlsruhe, Az: 14c-0532.3/105,

-Beklagter-

wegen

Herausgabe beschlagnahmter Sachen

hat das Verwaltungsgericht Karlsruhe - 9. Kammer - auf die mündliche Verhandlung vom **10. Mai 2001** durch die Richterin am Verwaltungsgericht XXX als Einzelrichterin

für R e c h t erkannt:

Soweit die Beteiligten die Klage in der Hauptsache übereinstimmend für erledigt erklärt haben, wird das Verfahren eingestellt.

Im Übrigen wird die Klage abgewiesen.

Der Kläger trägt die Kosten des Verfahrens.

TATBESTAND:

Der Kläger wendet sich gegen eine Sicherstellungsverfügung des Beklagten.

Der Kläger wurde am 10.12.1997 in Pforzheim bei einem Ladendiebstahl auf frischer Tat festgenommen. Bei der anschließenden Wohnungsdurchsuchung wurden ca. 2.000 Gegenstände, zum Teil original verpackt oder mit Herstelleretikett versehen, im Gesamtwert von nach Angaben der Polizei geschätzten ca. 250.000 DM aufgefunden und von der Polizei beschlagnahmt. Mit Urteil des Schöffengerichts Pforzheim vom 03.09.1998 - 83 Ls 76/98 - AK 42/98- wurde der bereits vielfach wegen Eigentumsdelikten vorbestrafte Kläger wegen Diebstahls in fünf Fällen unter Einbeziehung von Strafen aus zwei weiteren Urteilen zu einer Gesamtfreiheitsstrafe von einem Jahr und vier Monaten, sowie wegen Diebstahls in fünf Fällen, davon in zwei Fällen geringwertiger Sachen, zu einer weiteren Freiheitsstrafe von einem Jahr und zwei Monaten verurteilt und im Übrigen freigesprochen. Die auf den Rechtsfolgenausspruch beschränkte Berufung des Angeklagten wurde vom Landgericht Karlsruhe mit Urteil vom 16.12.1998 - 18 AK 131/98 - mit der Maßgabe verworfen, dass er wegen Diebstahls in zehn Fällen zu einer Gesamtfreiheitsstrafe von einem Jahr und acht Monaten verurteilt wurde. Mit Beschluss vom 26.02.1999 hob das Landgericht Karlsruhe die Beschlagnahme der im vorliegenden Strafverfahren sichergestellten Gegenstände auf mit Ausnahme der im Urteil des Amtsgerichts Pforzheim vom 03.09.1998 aufgeführten Gegenstände, auf die der Kläger in der Berufungsverhandlung verzichtet hatte. Hierbei handelte es sich um die Gegenstände, deren Entwendung zu seiner Verurteilung wegen Diebstahls führte. Soweit die Beschlagnahme aufgehoben wurde, ordnete das Landgericht an, dass die beschlagnahmten Gegenstände an den Kläger herauszugeben seien.

Mit Bescheid vom 14.05.1999 ordnete das Polizeirevier Pforzheim-Nord die Sicherstellung der in einer Liste aufgeführten Gegenstände an und führte zur Begründung aus, dass die Gegenstände mit an Sicherheit grenzender Wahrscheinlichkeit aus Ladendiebstählen stammten. Die Anweisung der Staatsanwaltschaft, die Gegenstände an den Kläger herauszugeben, hindere eine Sicherstellung nach § 32 PolG nicht. Dafür, dass die Gegenstände nicht ihm, sondern unbekannten Eigentümern zustünden, spreche, die sehr große Anzahl gleicher Gegenstände, die in der kleinen Wohnung des Klägers aufgefunden worden seien, ohne dass dafür ein Bedarf ersichtlich gewesen wäre. Hierbei handele es sich um 249 Armbanduhren, 32 elektrische Rasierer, 24 Autoradiorekorder (obwohl er nur ein Mofa besitze), 72 Telefone, 26 Bohrmaschinen, 26 Computerspiele, 20 elektronische Blutdruckgeräte, 115 Halsketten, 97 Ohrstecker, 109 Uhrenarmbänder, 92 Parfums etc. Zudem seien viele der Gegenstände noch original verpackt und mit Etiketten versehen gewesen. Für diese ca. 2.000 Gegenstände im Wert von etwa 250.000 DM habe er eine glaubhafte Erklärung über deren Herkunft nicht abgeben können. Aufgrund seiner finanziellen Situation (Rente in Höhe von 1.610 DM, Fixkosten 660 DM, Lebenshaltungskosten 950 DM, Vermögen auf Girokonten/Sparbüchern 82.000 DM) sei er gar nicht in der Lage gewesen, alle diese Gegenstände käuflich zu erwerben. Zudem sei er als Ladendieb bekannt und bereits verurteilt worden.

Mit Schreiben seiner Prozessbevollmächtigten vom 21.05.1999 legte der Kläger gegen diesen Bescheid Widerspruch ein und trug zur Begründung vor, eine Sicherstellung könne nur erfolgen, um den Eigentümer oder rechtmäßigen Inhaber der tatsächlichen Gewalt vor Verlust oder Beschädigung der Sache zu schützen. Die Polizei könne jedoch die angeblich Berechtigten auch nicht annähernd bezeichnen. Da dieser nicht feststehe, sei auch eine Benachrichtigung nicht möglich. Bereits deswegen sei die Sicherstellung wenigstens nach zwei Wochen aufzuheben. Mit Widerspruchsbescheid vom 09.07.1999 wies die Landespolizeidirektion Karlsruhe den Widerspruch des Klägers zurück. Zur Begründung führte sie aus, die getroffene Sicherstellung diene dem Schutz des Eigentümers und des rechtmäßigen Inhabers der tatsächlichen Gewalt. Dies schließe ein, dass sie sich gegen den unrechtmäßigen Inhaber der tatsächlichen Gewalt richte. Die Behauptung, dass der Kläger rechtmäßig Eigentum und Besitz an den Gegenständen erworben habe, sei unglaubhaft. Seine finanzielle Situation lasse eine Möglichkeit zum Kauf der sichergestellten Gegenstände nicht zu. Darüber hinaus sprächen die Gesamtumstände der Lagerung, die Art und Anzahl der Gegenstände, sowie die Verurteilung des Klägers wegen Diebstahls, das Fehlen einer plausiblen Herkunftserklärung sowie die Tatsache, dass einige Gegenstände sich tatsächlich als Diebesgut erwiesen hätten, gegen die rechtmäßige Besitzvermutung. Die Gegenstände seien deshalb für einen unbekannten Eigentümer sicherzustellen gewesen. Die Vorschrift, dass die Sicherstellung nach zwei Wochen aufzuheben sei, beziehe sich auf die rechtmäßige Eigentümerschaft. Die 2-Wochen-Frist könne erst mit Eintritt der Aufhebungsvoraussetzungen beginnen. Hierzu zähle, dass der Eigentümer die Möglichkeit haben müsse, sein Eigentum wieder in Besitz zu nehmen.

Am 16.07.1999 hat der Kläger Klage erhoben, mit der er beantragt,

> den Bescheid des Polizeireviers Pforzheim-Nord vom 14.05.1999 und den Widerspruchsbescheid der Landespolizeidirektion Karlsruhe vom 09.07.1999 aufzuheben.

Zur Begründung trägt er vor, die Sicherstellung der freigegebenen in seinem Eigentum stehenden Gegenständen entbehre jeder Rechtsgrundlage. § 32 PolG sehe vor, dass der Eigentümer oder rechtmäßige Inhaber der tatsächlichen Gewalt unverzüglich zu unterrichten sei. Eine Unterrichtung des Klägers sei nicht erfolgt, die Benachrichtigung anderer möglicher Eigentümer sei nicht möglich. Er sei letzter tatsächlicher Gewahrsamsinhaber gewesen. Insoweit treffe das beklagte Land die Beweislast. Eine Sicherstellung sei teilweise doppelt erfolgt. Der Kläger sei bereits Eigentümer gewesen, als die Polizei in einem Strafverfahren aus dem Jahr 1991 seine Wohnung durchsucht und verschiedene Gegenstände sichergestellt und später freigegeben habe. Ein Vergleich der vom Beklagten vorgelegten Verzeichnisse ergebe, dass nur ein Bruchteil der sichergestellten Gegenstände 1994 oder danach angeschafft worden sei. Auch die übrigen Gegenstände habe er rechtmäßig erworben. Er sei mittlerweile 72 Jahre alt und habe viele Gegenstände erworben, über deren Herkunft er keine Auskunft mehr geben könne. Die Gegenstände habe er teilweise zusammen mit seiner 1997 verstorbenen Lebensgefährtin angeschafft oder von dieser geerbt. Dies gelte vor allem für den Schmuck. Alle ihr gehörenden Gegenstände, die nach dem Willen der Erblasserin in sein Eigentum übergehen sollten, habe er in der Folgezeit in seine Wohnung verbracht. Außerdem habe er Flohmärkte, Versteigerungen und Haushaltsauflösungen besucht und dort die sichergestellten Gegenstände erworben. Er habe auch ein ausreichendes Einkommen. Er habe eine Rente von 1.600 DM, lebe sparsam und habe sich das Sammeln zum Hobby gemacht. Wegen seiner eigenartigen Sammelwut sei 1984 vom LG Heilbronn ein psychiatrisches Sachverständigengutachten erstellt worden, das ergeben habe, dass in seiner Lebensgeschichte liegende, seelische Gründe für seine Leidenschaft, Dinge des täglichen Lebens zu sammeln, verantwortlich sei. Auch im dortigen Verfahren seien 557 neuwertige Gegenstände sichergestellt worden, die ihm zurückgegeben worden seien. Neben seiner Rente habe er zusätzliche Einkünfte aus seiner Zucht- und Pflegestätte für Zwergschnauzer bezogen. Die Beweislast könne ihn nicht treffen, da gemäß § 1006 BGB zugunsten des Besitzers einer Sache vermutet werde, dass er der Eigentümer der Sache sei. Für eine Beweislastumkehr sei kein Raum. Zudem hätten die zuständigen Behörden seinen gesamten Hausrat sichergestellt, wie zum Beispiel jede Zahnpastatube, 1 Rasiercreme, 1 Zigarre. Außerdem seien Herrenanzüge und Hosen einfachster Qualität und Billigware der Fa. C & A sichergestellt worden, die ihm gehörten. Die im Verzeichnis aufgeführten Uhren seien nicht originalverpackt, sondern offensichtlich gebraucht gewesen. Der Wert der Gegenstände belaufe sich nach den Angaben in den Verzeichnissen nicht auf 250.000 DM sondern auf 61.298,45 DM.

Der Beklagte beantragt,

die Klage abzuweisen.

Zur Begründung verweist das Regierungspräsidium Karlsruhe auf die Ausführungen in den angegriffenen Bescheiden und trägt ergänzend vor, dass der Kläger das Eigentum an den sichergestellten Gegenständen nicht beanspruchen könne, da er nach den getroffenen Feststellungen in den gegen ihn durchgeführten Strafverfahren die nunmehr herausverlangten Gegenstände nicht rechtmäßig erworben habe könne. Bereits das Amtsgericht Pforzheim habe in dem Urteil vom 03.09.1998 ausgeführt, dass es der Überzeugung sei, dass der Kläger das gesamte von der Polizei sichergestellte Warenlager durch Diebstähle erlangt habe, wenn auch zum allergrößten Teil nicht festgestellt werden könne, wann und wo er diese Gegenstände gestohlen habe. Die polizeilichen Ermittlungen der Vermögensverhältnisse hätten ergeben, dass es in Anbetracht seiner monatlichen Einkünfte (eine Rente in Höhe von ca. 1.600 DM) und einem Guthaben auf Spar- und Girokonten der Kreissparkasse Böblingen von über 80.000 DM nicht nachvollziehbar sei, dass der Kläger im Zeitraum von Februar 1992 bis zu seiner Festnahme am 10.12.1997 aus den ihm zur Verfügung stehenden Barmitteln ca. 2.000 Gegenstände im Wert von ca. 213.000 DM auf legalem Wege erworben habe. Hinzu komme, dass es sich jeweils um eine sehr große Anzahl von gleichen Gegenständen handele, für die ein vernünftiger Bedarf nicht erkennbar sei. Die Einlassung des Klägers, es handele sich teilweise um Erbstücke seiner am 06.01.1997 verstorbenen Lebensgefährtin erscheine in Anbetracht der Art und Anzahl der Gegenstände als unglaubhaft. Die polizeilichen Feststellungen zum Alter der Gegenstände ergäben zudem, dass diese nicht bereits Gegenstand des gegen den Kläger im Jahre 1992 geführten Ermittlungsverfahrens gewesen sein können, bei dem Diebesgut im Wert von ca. 37.000 DM beschlagnahmt worden sei. Die Behauptung, die Schmuckgegenstände habe er von seiner Lebensgefährtin geerbt, könne nicht zutreffen. Es handle sich insgesamt um 745 Stücke. Substantiierte Angaben zum Erwerb habe der Kläger nicht vorgebracht, obwohl es sich um Erbstücke handeln solle. Die Auffindesituation und die bisherigen Verurteilungen ließen nur den Schluss zu, dass es sich um Diebesgut handele. Der Kläger sei am 10.12.1997 bei einem Diebstahl auf frischer Tat betroffen worden. Bei der Wohnungsnachschau seien daraufhin die verzeichneten Gegenstände in der 2 ½-Zimmerwohnung des Klägers gefunden. Im Wohnzimmer hätten sich 5 Schränke befunden, die mit neuwertigen, zum Teil noch originalverpackten Gegenständen vollgestopft gewesen seien. Zum Teil seien es nicht mehr zum Verkauf angebotene Sachen gewesen (Super-8-Kameras und Radios), die keinerlei Gebrauchsspuren aufgewiesen hätten. Jeder Raum der Wohnung (Wohnzimmer, Schlafzimmer, Flur und Keller) sei mit Gegenständen aller Art sowie in Mengen belegt gewesen, für die ein Bedarf nicht habe bestehen können. Hinsichtlich des Schmucks und der Kleidungsstücke, habe sich teilweise im Rahmen der Ermittlungen ergeben, dass die Sachen nicht dem Kläger gehören können, obwohl sich der wahre Eigentümer nicht habe finden lassen. In der Mehrzahl der Fälle hätten die Gegenstände zwar den Firmen zugeordnet werden können, ohne dass ein konkreter Diebstahlsnachweis habe geführt werden können. Bei den Lebensmitteln und den Toilettenartikeln ergebe sich der Diebstahlsverdacht wiederum aus den teilweise enormen Mengen, für die ein Bedarf nicht erkennbar und vom Kläger auch nicht erklärt worden sei. Ausweislich einer Rückgabebestätigung vom 17.12.1997 seien dem Kläger 8 Kartons mit diversen gebrauchten Gegenständen wieder ausgehändigt worden. Die Gegenstände, auf die der Kläger im Rahmen der Berufungsverhandlung verzichtet habe, könnten von der Liste gestrichen werden, soweit so dort noch aufgeführt seien. Die Liste der sichergestellten Gegenstände mit den Ordnungsnummern 1.1 bis 9.171 sei der Verfügung beigefügt gewesen. Weshalb diese beim Kläger nicht angekommen sei, sei nicht bekannt. Jedenfalls habe der Kläger die Liste mittlerweile erhalten.

Hinsichtlich des weiteren Vorbringens der Beteiligten sowie der Einzelheiten des Sachverhalts wird auf die gewechselten Schriftsätze und den Inhalt der beigezogenen Behördenakten (1 Ordner Ermittlungsakten der Polizei, 1 Heft Widerspruchsakten des Regierungspräsidiums Karlsruhe) verwiesen. Dem Gericht lagen außerdem die Strafakten des Amtsgerichts Pforzheim - (2) 83 Ls 76/98 (4 Hefte) - und die Strafakten des Amtsgerichts Maulbronn - III Ls 159/91 und I Ls 201/84 (2 Hefte) - vor.

ENTSCHEIDUNGSGRÜNDE:

Die zulässige Klage ist unbegründet.

Die Sicherstellungsverfügung des Polizeireviers Pforzheim-Nord vom 14.05.1999 und der Widerspruchsbescheid der Landespolizeidirektion Karlsruhe vom 09.07.1999 sind rechtmäßig und verletzten den Kläger nicht in seinen Rechten (§ 113 Abs. 1 VwGO).

Rechtsgrundlage der Sicherstellungsverfügung ist § 32 Abs. 1 PolG. Für diese Maßnahme ist gemäß § 60 Abs. 3 PolG der Polizeivollzugsdienst zuständig. Voraussetzung für eine Sicherstellung ist gemäß § 32 Abs. 1 PolG, dass die Sicherstellung erforderlich ist, um den Eigentümer oder den rechtmäßigen Inhaber der tatsächlichen Gewalt vor Verlust oder Beschädigung der Sache zu schützen. Dies ist dann der Fall, wenn der Sache eine konkrete Gefahr droht, also beispielsweise mit ihrer Entwendung, missbräuchlichen Benutzung oder Beschädigung zu rechnen ist (Belz/Mußmann, PolG für Baden-Württemberg, 5. Auflage, § 32 Rd.Nr. 2). So liegt es hier.

Das Gericht ist zu der Überzeugung gelangt, dass der Kläger hinsichtlich der in seiner Wohnung sichergestellten Gegenstände weder Eigentümer noch rechtmäßiger Inhaber der tatsächlichen Gewalt war. Eine Sicherstellung war daher zum Schutz der wahren Eigentümer erforderlich. Zwar konnten die wahren Eigentümer der sichergestellten Gegenstände nicht ermittelt werden, es steht jedoch zur Überzeugung des Gerichts fest, dass jedenfalls der Kläger nicht Eigentümer oder rechtmäßiger Besitzer war. Dies ergibt sich aus der Fülle an Beweisanzeichen, die gegen das Eigentum des Klägers sprechen. In diesem Fall kehrt sich die an sich bei der Behörde liegende materielle Beweislast mit der Folge um, dass der Kläger seinerseits den Nachweis des von ihm behaupteten Eigentums an den sichergestellten Gegenständen zu erbringen hat (vgl. zu diesem sog. „Wahrscheinlichkeitsbeweis" BVerwG, Urt. v. 21.11.1968, Buchholz 310, § 86 VwGO Anhang Nr. 40). Diesen Nachweis hat der Kläger nicht erbracht.

Gegen das Eigentum des Klägers an den sichergestellten Gegenständen spricht zunächst die sehr große Anzahl von gleichen Gegenständen, die in der Wohnung des Klägers aufgefunden wurde, ohne dass hierfür ein Bedarf vorgetragen oder erkennbar war. So wurden in der 2 ½-Zimmer-Wohnung des Klägers unter anderem 249 Armbanduhren, 32 elektrische Rasierer, 72 Telefone, 26 Bohrmaschinen, 26 Computer-Schachspiele und 20 elektronische Blutdruckmessgeräte gefunden. Außerdem fanden sich dort 24 Autoradiorecorder, obwohl der Kläger nicht im Besitz eines Führerscheines ist und lediglich Mofa fährt. Darüber hinaus waren zahlreiche Gegenstände noch original verpackt und mit Etiketten versehen. So waren zum Beispiel die unter der Nr. 4.107 aufgelisteten Duschvorhänge noch original verpackt und mit einem Sicherungsetikett versehen, das nicht entsichert war, wie es bei einem regulären Verkauf erfolgt. Ein anderes Beispiel sind die unter Nrn. 4.16 und 4.18 aufgelisteten Herrenlederjacken, bei denen Spuren von einem gewaltsamen Entfernen des Sicherungsetikettes vorhanden waren, die bei fachmännischem Entfernen des Sicherungsetikettes nicht entstehen (Seite 23 der in dem Ermittlungsordner der Polizei enthaltenen Liste der ermittelten Straftaten). Ein weiteres Indiz für das mangelnde Eigentum des Klägers ist auch seine bisherige kriminelle Karriere, die nach der im Strafurteil des Amtsgerichts Pforzheim vom 03.09.1998 - (2) 83 Ls 76/98 - enthaltene Strafliste seit 1970 15 Verurteilungen wegen Diebstahls aufweist. 1984 wurde der Kläger vom Amtsgericht Maulbronn im Verfahren Ls

201/84, dessen Akten das Gericht beigezogen und zum Gegenstand der mündlichen Verhandlung gemacht hat, wegen fortgesetzten Diebstahls von 86 Gegenständen verurteilt. Anlässlich einer Hausdurchsuchung waren damals 557 neuwertige Gegenstände im Gesamtwert von mehr als 85.000 DM aufgefunden worden. Schon damals gelangte das Amtsgericht zu der Auffassung, dass die in der Wohnung des Klägers aufgefundenen Gegenstände, deren Herkunft im Einzelnen nicht geklärt werden konnte, mit höchster Wahrscheinlichkeit entwendet worden seien. Auch das Amtsgericht Pforzheim - Schöffengericht - kommt in seinem Urteil vom 03.09.1998 zu dem Ergebnis, dass dem Kläger das Stehlen zur Gewohnheit geworden sei und dass er das gesamte von der Polizei sichergestellte Warenlager durch Diebstähle erlangt habe. Da allerdings zum größten Teil nicht festgestellt werden konnte, wann und wo der Kläger die Gegenstände gestohlen hat, schied eine strafrechtliche Ahndung aus. Das Amtsgericht wies auch darauf hin, dass der Kläger schon aufgrund seiner finanziellen Situation gar nicht in der Lage gewesen sei, das vorgefundene Warenlager von seinen geringen Einkünften käuflich zu erwerben. Auch dies ist ein, wenn auch nicht das maßgebliche Indiz, das gegen den rechtmäßigen Erwerb des Klägers spricht. Der Kläger erhielt lediglich eine Rente in Höhe von ca. 1.600 DM, die er nach seinen in einem anderen Zusammenhang getätigten Aussagen so gut wie vollständig gespart hat. Sein Spar- und Girokonto wies ein Guthaben von 80.000 DM aus, von dem er in den Jahren 1996 und 1997 kaum je Barabhebungen getätigt hat. Dass er von seinen geringen Einkünften aus einer nebenher betriebenen Hundezucht, die der Kläger selbst auf ca. 5.000 DM im Jahr schätzt, in der Lage gewesen wäre, das vorgefundene Warenlager zusammenzukaufen, ist nahezu ausgeschlossen. Dies gilt dann auch, wenn sich der von der Polizei auf 250.000 DM geschätzte Wert im Ergebnis als zu hoch erweisen sollte, wie der Kläger im vorliegenden Verfahren behauptet. Die Sachen sind auch zu einem großen Teil neueren Datums. Eine abnorme „Sammelwut", auf die sich der Kläger zur Erklärung des vorgefundenen Warenlagers beruft, ist entgegen seinen Ausführungen in dem im Rahmen des Strafverfahrens wegen fortgesetzten Diebstahls erstatteten psychiatrischen Fachgutachtens von Dr. Mechler vom 17.12.1984 gerade nicht bestätigt worden. Dort heißt es unter anderem:

> „Der Einstieg des Prob. (Klägers) in eine kriminelle Karriere ist offenbar in den Wirren der Nachkriegszeit ... mit Delikten erfolgt, die man mehr oder weniger der Notkriminalität zuordnen kann. ... Nach beiden Seiten ziemlich scharf angegrenzt folgt dann in der Strafliste 1959 eine vierjährige Gefängnisstrafe ... Das mit A. befasste Gericht hatte damals als Teilmotiv seines Vorgehens angenommen, er habe aus Freude am Wagnis, aus einer angeborenen „ungewöhnlichen

Kühnheit" heraus gehandelt. ... Es lässt sich auch heute kein genügender Anhaltspunkt dafür finden, dass es A. bei seinen vielen Diebstählen jemals darum gegangen wäre, etwas anzuhäufen, zu horten, etwas wie einen Schatz anzusammeln, den er mit Besitzerstolz wieder und wieder betrachten und der ihm ein Gefühl heimlicher Omnipotenz verschaffen könne. ...

Trotz fließt auch in seine Diebstahlsdelinquenz ein. ... Mehr und mehr hat sich in ihm die Überzeugung verfestigt, dass er nirgendwo zu seinem Recht kommt, dass die Gerichte, Behörden und Ämter ihn überall benachteiligen, und besonders seit seiner bisher letzten rechtskräftigen Verurteilung wegen Diebstahls 1981 in Pforzheim ist wohl immer mehr ein Bedürfnis nach Vergeltung und Schadloshaltung zur Triebfeder weiterer Eigentumsdelikte geworden, ein Bestreben, sich auf diese unerlaubte Weise wenigstens einen Teil von dem zurückzuholen, was die Gesellschaft ihm weggenommen oder vorenthalten habe. ...

Als untergeordnetes Teilmotiv der Diebstahlshandlungen klingt auch ein sportliches Moment an, während ... das sonst in ähnlichen Fällen oft nachweisbare Bedürfnis des „Sammelns" ebenso wenig eine Rolle zu spielen scheint, wie das Auskosten einer (ggf. sexuellen oder sexuell getönten) Erregung im Augenblick der Wegnahme."

Diese Ausführungen des Gutachters vermögen die Annahme, dass die beim Kläger gefundenen Gegenstände nicht rechtmäßig erworben wurden, nicht zu entkräften. Eine abnorme Sammelwut, die den - legalen - Erwerb der zum Teil nicht mehr nachvollziehbaren Mengen an Gegenständen möglicherweise plausibel erklären könnte, liegt im Falle des Klägers gerade nicht vor. Auch soweit sich unter den sichergestellten Gegenständen nur vereinzelt vorhandene Gegenstände befinden, steht dies der Annahme des unrechtmäßigen Erwerbs nicht entgegen. Denn nach den überzeugenden Aussagen der in der mündlichen Verhandlung informatorisch angehörten Polizeibeamten, die damals die Wohnungsdurchsuchung beim Kläger durchgeführt haben, wurden bei der Beschlagnahmeaktion nur solche Gegenstände beschlagnahmt, die in den Schränken des Klägers in Massen vorhanden waren und solche, die original verpackt waren oder neuwertig aussahen, d.h. keinerlei Gebrauchsspuren aufwiesen. Gegenstände, die erkennbar dem persönlichen Gebrauch des Klägers dienten, wurden jedoch nicht mitgenommen.

Sprechen daher im vorliegenden Fall die vorliegenden Indizien dafür, dass der Kläger nicht rechtmäßiger Erwerber der Gegenstände ist, ist es Sache des Klägers nachzuweisen, dass ihm entgegen den vorliegenden Indizien das Eigentum an den sichergestellten Gegenständen zusteht. Diesen Nachweis hat der Kläger nicht erbracht. Der pauschale Hinweis, dass er im Alter von 72 Jahren naturgemäß viele Dinge erworben habe, über deren Anschaffungspreis, Anschaffungsort und Anschaffungszeit er keine Auskunft mehr geben könne, genügt hierfür nicht, auch wenn das Gericht nicht verkennt, dass es für den Kläger schwierig ist, den geforderten Nachweis zu erbringen. Auf § 1006 BGB kann er sich im vorliegenden Fall nicht berufen. Zwar wird nach dieser Vorschrift zu Gunsten des Besitzers einer beweglichen Sache vermutet, dass er Eigentümer der Sache sei. Diese Beweislastregel ist im vorliegenden Fall aufgrund der genannten Indizien, die für einen nicht rechtmäßigen Besitzerwerb sprechen, als widerlegt anzusehen. Eine solche Widerlegung der Eigentumsvermutung des § 1006 BGB kann auch - wie im vorliegenden Fall - mit Hilfe von Beweisanzeichen (Indiztatsachen) und Erfahrungssätzen geführt werden (Staudinger-Gursky, BGB, Bearb. 1993, § 1006 Rd.Ziff. 42; BGH, Urt. v. 21.12.1960, NJW 1961, 777).

Der Hinweis des Klägers auf eine Erbschaft von seiner Lebensgefährtin und seine frühere Angewohnheit, zusammen mit seiner ehemaligen Lebensgefährtin auf Flohmärkten, Versteigerungen und bei Haushaltsauflösungen zahlreiche Gegenstände zu erwerben, ist nicht geeignet, seinen rechtmäßigen Besitz bzw. Eigentumserwerb zu belegen. Denn diese Behauptung erklärt in keiner Weise die zum Teil nach allgemeiner Lebenserfahrung nicht mehr nachvollziehbare Menge an einzelnen Gegenständen, wie sie beim Kläger aufgefunden wurden. Außerdem hat der Kläger seine Behauptungen trotz Aufforderung des Gerichts niemals substantiiert. Die in den Ermittlungsakten befindlichen sowie vom Kläger in der mündlichen Verhandlung vorgelegten Quittungen reichen als Nachweis seines Eigentums schon allein deshalb nicht aus, weil sich die Quittungen den in der Liste genannten Gegenständen nicht ohne Weiteres zuordnen lassen. Eine konkrete Zuordnung hat der Kläger nicht vorgenommen.

Dass möglicherweise einzelne der sichergestellten Gegenstände bereits bei vorangegangenen Wohnungsdurchsuchungen der Polizei im Rahmen von strafrechtlichen Ermittlungsverfahren beschlagnahmt wurden, steht der vorliegenden Sicherstellung ebenso wenig entgegen, wie die Tatsache, dass die Beschlagnahme der sichergestellten Gegenstände im Rahmen des letzten Ermittlungsverfahrens vom Landgericht Karlsruhe aufgehoben wurde und dass die Staatsanwaltschaft Pforzheim daraufhin die Herausgabe der Gegenstände verfügt hat. Denn diese Maßnahmen beziehen sich auf die strafprozessualen Tätigkeiten der Polizei und stehen einer Sicherstellung nach allgemeinem Polizeirecht nicht entgegen. Dass eine strafrechtliche Verurteilung nur hinsichtlich 25 der ca. 2.500 sichergestellten Gegenstände erfolgen konnte und damit eine Beschlagnahme unter strafprozessualen Aspekten nicht mehr gerechtfertigt war, bedeutet nämlich nicht, dass hinsichtlich der übrigen Gegenstände zwingend von einem rechtmäßigen Erwerb des Klägers auszugehen ist. Insoweit wurden bereits die Ausführungen des Amtsgerichts Pforzheim im Urteil vom 03.09.1998 zitiert, wonach der Kläger nur deswegen nicht wegen des gesamten bei ihm sichergestellten Warenlagers verurteilt werden konnte, weil zum allergrößten Teil nicht mehr festgestellt werden konnte, wann und wo der Kläger die Gegenstände gestohlen hat, eine sichere Zuordnung der Gegenstände zu konkreten Diebstählen daher nicht möglich war. Im Rahmen der präventiv-polizeilichen Sicherstellung gemäß § 32 PolG, um die es vorliegend geht, ist eine derartig konkrete Zuordnung der Gegenstände zu einzelnen Diebstählen nicht erforderlich. Hier reicht es, dass der Kläger erwiesenermaßen nicht Eigentümer oder rechtmäßiger Gewahrsamsinhaber der Gegenstände ist.

Die Vorschrift des § 32 Abs. 4 PolG begründet ebenfalls keine Bedenken hinsichtlich der Rechtmäßigkeit der angefochtenen Sicherstellungsverfügung. Zwar heißt es dort, dass die Sicherstellung spätestens nach zwei Wochen aufzuheben ist. Diese Frist beginnt jedoch erst dann zu laufen, wenn der Berechtigte Kenntnis von der Sicherstellung erlangt hat. Hintergrund der Regelung ist es, dass die Polizei nicht verpflichtet sein soll, die sichergestellte Sache über die genannte 2-Wochen-Frist hinaus in Obhut zu behalten, obwohl der Berechtigte die Möglichkeit hat, die Sache wieder an sich zu nehmen, davon aber keinen Gebrauch macht (Belz/Mußmann, a.a.O. Rd.Ziff. 4). Die nach dem Gesetz vorgesehene Frist von zwei Wochen bedeutet nicht etwa, dass eine zum Schutz des wahren Eigentümers bzw. des berechtigten Gewahrsamsinhabers vorgenommene Sicherstellung lediglich zwei Wochen lang aufrechterhalten bleiben darf und nach Ablauf der Frist aufgehoben werden muss, obwohl die Gefahr fortbesteht, weil der Berechtigte noch nicht informiert werden konnte.

Auch die Tatsache, dass die Eigentümer noch unbekannt sind, steht der Sicherstellung nicht entgegen (vgl. VGH Bad.-Württ., Urt. v. 31.03.1980, VBlBW 1982, 338). Dass die wahren Eigentümer nur unter großen Schwierigkeiten und möglicherweise gar nicht mehr ermittelt werden können, lässt die Sicherstellung der in der Wohnung des Klägers aufgefundenen Gegenstände nicht unverhältnismäßig erscheinen. Denn nach Überzeugung des Gerichts steht es fest, dass der Kläger nicht Eigentümer oder berechtigter Gewahrsamsinhaber ist und dass daher eine weitere Benutzung durch ihn auf jeden Fall missbräuchlich wäre. Die Sicherstellung ist auch nicht im Hinblick darauf unverhältnismäßig, dass der Sohn der Lebensgefährtin des Klägers bereits im Zeitpunkt der mündlichen Verhandlung einzelne der Gegenstände nachweislich der Erbschaft seiner Mutter zuordnen konnte und in der mündlichen Verhandlung vortrug, dass es möglicherweise noch in weiteren Fällen gelingen werde, einzelne Gegenstände zu identifizieren.

Gleiches gilt für die bereits angesprochenen Quittungen, die nach genauer Durchsicht der sichergestellten Gegenstände möglicherweise einzelnen dieser Gegenstände zugeordnet werden können. Denn die Sicherstellung schließt einen solchen späteren Nachweis der Eigentümerstellung des Klägers oder eines Dritten nicht aus. So lange jedoch dieser konkrete Nachweis nicht erbracht ist, ist die Sicherstellung auch aus Gründen der Verhältnismäßigkeit gerechtfertigt.

Des Weiteren ist es unschädlich, dass in der Liste der sichergestellten Gegenstände auch die Sachen noch verzeichnet sind, auf die der Kläger bereits im Rahmen des Strafverfahrens verzichtet hat (vgl. Landgericht Karlsruhe, Beschl. v. 26.02.1999 - 18 AK 131/98 -). Diese Gegenstände sind den jeweiligen Eigentümern zwar tatsächlich bereits zurückgegeben worden, so dass die Sicherstellungsverfügung insoweit ins Leere geht. Rechte des Klägers werden durch die dennoch erfolgte Auflistung dieser Gegenstände in der der Sicherstellungsverfügung beigefügten Liste nicht verletzt.

Die Sicherstellungsverfügung ist auch hinreichend bestimmt. Zwar konnte im Rahmen des Klageverfahrens nicht abschließend geklärt werden, ob die Liste der sichergestellten Gegenstände bereits der Ausgangsverfügung, die direkt an den Kläger zugestellt wurde, beigefügt war. Diese Frage kann jedoch letztlich offen bleiben, da der Beklagte dem Kläger im Rahmen des Klageverfahrens nochmals eine vollständige Liste überreicht hat und ein etwaiger Mangel somit jedenfalls als geheilt anzusehen ist.

Die Kostenentscheidung folgt aus § 154 Abs. 1, 161 Abs. 2 VwGO. Soweit das Verfahren in der Hauptsache übereinstimmend für erledigt erklärt wurde, entspricht es billigem Ermessen, die Kosten des Verfahrens ebenfalls dem Kläger aufzuerlegen, da dieser mit seiner Klage aller Voraussicht nach unterlegen wäre. Dies folgt daraus, dass die Sicherstellungsverfügung nach den obigen Ausführungen bis zum Eintritt des erledigenden Ereignisses rechtmäßig gewesen ist. Dass aufgrund der Angaben des Sohnes der verstorbenen Lebensgefährtin des Klägers die im Sitzungsprotokoll aufgeführten Gegenstände (Nr. 63, Nr. 10.50, Nr. 6.6 und Nr. 6.15 der Liste) im Nachhinein dem Sohn und Erben der verstorbenen Lebensgefährtin des Klägers zugeordnet werden konnten, fällt in die Sphäre des Klägers. Der Beklagte hat mit der Aufhebung der Verfügung insoweit nur den veränderten Verhältnissen Rechnung getragen.

Vor Entscheidung I./2

1 S 1710/01
VGH Baden-Württemberg
Beschluss vom 20.02.2002

Gefahrenabwehrrechtliche Sicherstellung von Gegenständen

Rechtsquellen/Fundstellen	Suchworte
PolG BW 32 I	Berufungsverfahren
VwGO 124a I S. 1	Voraussetzungen
VwGO 124a I S. 4 a.F.	Beweisanzeichen
VwGO 124 II Nr. 3	materielle Beweislast
VwGO 154 II	„Wahrscheinlichkeitsbeweis"
GKG 13 I	„Anscheinsbeweis"
	„tatsächliche Vermutung"
	„Beweislastumkehr"
	Kostenentscheidung
	Streitwertfestsetzung

Leitsatz/Leitsätze (des Autors)

1. Fristgerechter und auch sonst zulässiger Antrag auf Zulassung der Berufung hat keinen Erfolg.
2. Anforderungen an die grundsätzliche Bedeutung einer Sache liegen nicht vor.
3. Fülle der Beweisanzeichen sprechen gegen das Eigentum des Klägers.
4. An sich bei der Behörde liegende materielle Beweislast kehrt sich mit der Folge um, dass der Kläger seinerseits den Nachweis des von ihm behaupteten Eigentums an den sichergestellten Sachen zu erbringen hat (Beweislastumkehr).
5. Es kann dahingestellt bleiben, ob die Beurteilung des Verwaltungsgerichts Folge eines „Wahrscheinlichkeitsbeweises" ist oder der Sache nach eher auf der Anwendung der Regeln des „Anscheinsbeweises" oder einer „tatsächlichen Vermutung" beruht.

Entscheidung I./2 (Abschrift)

1 S 1710/01

VERWALTUNGSGERICHTSHOF BADEN-WÜRTTEMBERG

Beschluss

In der Verwaltungsrechtssache

-Kläger-
-Antragsteller-

prozessbevollmächtigt:

gegen

das Land Baden-Württemberg,
vertreten durch das Regierungspräsidium Karlsruhe,
Schloßplatz 1 – 3, 76131 Karlsruhe, Az: 14c-0532.3/105,

-Beklagter-
-Antragsgegner-

wegen

Herausgabe beschlagnahmter Sachen
hier: Antrag auf Zulassung der Berufung

hat der 1. Senat des Verwaltungsgerichtshofs Baden-Württemberg durch den Präsidenten des Verwaltungsgerichtshofs .... , die Richterin am Verwaltungsgerichtshof .... und den Richter am Verwaltungsgerichtshof Dr. ....

am 20. Februar 2002

beschlossen:

Der Antrag des Klägers auf Zulassung der Berufung gegen das Urteil des Verwaltungsgerichts Karlsruhe vom 10. Mai 2001 - 9 K 2018/99 - wird abgelehnt.

Der Kläger trägt die Kosten des Zulassungsverfahrens.

Der Streitwert für das Zulassungsverfahren wird auf 127.822,97 EUR festgesetzt.

Gründe

Der nach § 124 a Abs. 1 Satz 1 VwGO (in der hier maßgeblichen Fassung des 6. VwGOÄndG vom 01.11.1996, BGBl. I S. 1626; vgl. § 194 Abs. 2 VwGO i.d.F. des Gesetzes zur Bereinigung des Rechtsmittelrechts im Verwaltungsprozess - RmBereiVpG - vom 20.12.2001, BGBl. S. 3987) fristgerechte und auch sonst zulässige Antrag auf Zulassung der Berufung hat keinen Erfolg. Der mit der Antragsschrift allein geltend gemachte Zulassungsgrund der grundsätzlichen Bedeutung der Rechtssache (§ 124 Abs. 2 Nr. 3 VwGO) wird nicht in einer den Anforderungen des § 124 a Abs. 1 Satz 4 VwGO a.F. genügenden Weise dargelegt.

Grundsätzliche Bedeutung hat eine Sache nur dann, wenn mit ihr eine grundsätzliche, bisher höchstrichterlich oder obergerichtlich nicht beantwortete Rechtsfrage oder eine im Bereich der Tatsachenfeststellung bisher obergerichtlich nicht geklärte Frage von allgemeiner Bedeutung aufgeworfen wird, die sich in dem erstrebten Berufungsverfahren stellen würde und im Interesse der Einheitlichkeit der Rechtsprechung oder der Fortentwicklung des Rechts berufungsgerichtlicher Klärung bedarf. Die Darlegung dieser Voraussetzungen erfordert wenigstens die Bezeichnung einer konkreten Frage, die sowohl für die Entscheidung des Verwaltungsgerichts von Bedeutung war als auch für das Berufungsverfahren erheblich sein wird. Darüber hinaus muss die Antragsschrift wenigstens einen Hinweis auf den Grund enthalten, der die Anerkennung der grundsätzlichen, d.h. über den Einzelfall hinausgehenden Bedeutung der Sache rechtfertigen soll (vgl. Weyreuther, Revisionszulassung und Nichtzulassungsbeschwerde in der Rechtsprechung der obersten Bundesgerichte, 1971, RdNr. 218). Diesen Anforderungen entspricht das Antragsvorbringen nicht.

Das Verwaltungsgericht hat im Rahmen der Prüfung der tatbestandlichen Voraussetzungen des § 32 Abs. 1 PolG ausgeführt, zwar hätten die wahren Eigentümer der beim Kläger sichergestellten Gegenstände nicht ermittelt werden können, jedoch stehe zur Überzeugung des Gerichts fest, dass jedenfalls der Kläger nicht Eigentümer oder rechtmäßiger Besitzer gewesen sei. Dies ergebe sich aus der Fülle der Beweisanzeichen, die gegen das Eigentum des Klägers sprächen. In diesem Fall kehre sich die an sich bei der Behörde liegende materielle Beweislast mit der Folge um, dass der Kläger seinerseits den Nachweis des von ihm behaupteten Eigentums an den sichergestellten Gegenständen zu erbringen habe (UA S. 7).

Insoweit wird mit der Antragsschrift bereits keine hinreichend bestimmte Frage aufgeworfen, die in einem Berufungsverfahren grundsätzlich geklärt werden könnte. Das Antragsvorbringen erschöpft sich vielmehr in dem Angriff gegen die Auffassung des Verwaltungsgerichts, „dass sich die Beweislast zu Lasten des Klägers umkehre" (S. 2 der Antragsschrift). Es kann dahingestellt bleiben, ob diese Beurteilung des Verwaltungsgerichts - wie von diesem unter Berufung auf eine Entscheidung des Bundesverwaltungsgerichts aus dem Jahre 1968 (Urteil vom 21.11.1968, Buchholz 310 § 86 VwGO Anhang Nr. 40) angenommen - Folge eines „Wahrscheinlichkeitsbeweises" ist oder der Sache nach eher auf der Anwendung der Regeln des „Anscheinsbeweises" oder einer „tatsächlichen Vermutung" beruht (vgl. Dawin, in: Schoch/Schmidt-Aßmann/Pietzner, VwGO, § 108 RdNr. 75 m.w.N.; BVerwG, Urteil vom 29.02.1996, BVerwGE 100, 310, 314). Denn jedenfalls handelt es sich bei der Anwendung der genannten Beweisgrundsätze um einen Akt der Beweiswürdigung, so dass die vom Kläger allenfalls angedeutete Frage, ob die Voraussetzungen der vom Verwaltungsgericht angenommenen „Beweislastumkehr" tatsächlich vorlagen, vom Tatrichter bzw. der Tatrichterin nach den Umständen des Einzelfalles in freier Würdigung zu entscheiden war (vgl. BVerwG, Urteil vom 21.11.1968, a.a.O.; Dawin, a.a.O., § 108 RdNr. 75). Mithin fehlt es auch an der Darlegung, dass diese Frage Probleme aufwirft, die über den zu entscheidenden Einzelfall hinaus bedeutsam sind und im Interesse der Einheitlichkeit der Rechtsprechung oder der Fortentwicklung des Rechts berufungsgerichtlich geklärt werden müssen.

Die Kostenentscheidung folgt aus § 154 Abs. 2 VwGO.

Die Streitwertfestsetzung beruht auf § 13 Abs. 1 GKG (vgl. hierzu den Senatsbeschluss vom heutigen Tage im Verfahren 1 S 1711/01; zur Streitwertausweisung in Euro vgl. VGH Bad.-Württ., Beschluss vom 07.01.2002 - 13 S 2155/01 -).

Dieser Beschluss ist unanfechtbar.

....

Vor Entscheidung I./3

AN 5 K 04.00664
Bay. VG Ansbach
Urteil vom 08.10.2004

Gefahrenabwehrrechtliche Sicherstellung von offensichtlich dem Kläger nicht gehörenden Gegenständen nach Abschluss eines Strafverfahrens

Rechtsquellen/Fundstellen	Suchworte
PAG Bay 25 Nr. 2	Trickdiebstähle
PAG Bay 2 II	Schmuck
BGB 1006 I	Maßnahmen
ZPO 286	Sicherstellung
VwGO 108	Widerspruch
	Beweisvermutung
	Indizien

Leitsatz/Leitsätze (des Autors)

1. Festnahme des Klägers unter dem Verdacht, mehrere Trickdiebstähle zum Nachteil älterer Menschen begangen zu haben.
2. Sicherstellung von Schmuck in erheblichem Umfang (geschätzt 60.000 €) beim Onkel des Klägers.
3. Sichergestellter Schmuck konnte keiner konkreten Straftat (Hehlerei/Diebstahl) zugeordnet werden.
4. Kriminalpolizeidirektion ******** stellte den ihr von der Staatsanwaltschaft überlassenen Schmuck gemäß Art. 25 Nr. 2 PAG Bay sicher.
5. Kläger reklamiert rechtmäßigen Besitz an dem sichergestellten Schmuck und legt Widerspruch ein.
6. Polizeipräsidium (PP) ************ weist mit Bescheid den Widerspruch zurück und ging dabei davon aus, die sich aus § 1006 BGB ergebende Beweisvermutung zu Gunsten des Klägers werde durch zahlreiche Indizien widerlegt.
7. Sicherstellung ist trotz Freigabe nach Abschluss eines Strafverfahrens rechtmäßig.
8. Es spricht nichts für, sondern alles gegen einen rechtmäßigen Besitz und gegen das Eigentum des Klägers an den sichergestellten Gegenständen.

Entscheidung I./3 (Abschrift)

AN 5 K 04.00664

Bayerisches Verwaltungsgericht Ansbach

Im Namen des Volkes

In der Verwaltungsstreitsache
***** ******
************** *, ***** **********

- Kläger -

bevollmächtigt:
Rechtsanwälte **, ****** ****** *** *******,
******** **, ***** *******,
Az.:*********

g e g e n

Freistaat Bayern

vertreten durch:
*********** ***********,
******** *, ***** ********

- Beklagter -

wegen

Polizeirechts

erlässt das Bayerische Verwaltungsgericht Ansbach, 5. Kammer,

durch den Einzelrichter
********************   *****

auf Grund mündlicher Verhandlung

vom 8. Oktober 2004

folgendes

Urteil:

1. Die Klage wird abgewiesen.

2. Der Kläger trägt die Kosten des Verfahrens.

Tatbestand:

Der Kläger wurde am **.*** 2002 zusammen mit seinem Onkel (*******) unter dem Verdacht festgenommen, mehrere Trickdiebstähle zum Nachteil älterer Menschen begangen zu haben. Bei der Durchsuchung des dem Onkel des Klägers gehörenden Wohnmobils (*********), das „offenbar als Unterschlupf nach den begangenen Straftaten" (Vermerk der Kriminalpolizeidirektion ******** vom 18.3.2003) wurde neben Bargeld (rd. 2.300,-- EUR) Schmuck in erheblichen Umfang sichergestellt. Die Kriminalpolizeidirektion ******** schätzte seinen Wert auf ca. 60.000,-- EUR, (Vermerk vom 18.3.2003). Das Amtsgericht ******** nahm in einem Beschlagnahmebeschluss vom 14. Juni 2002 (Geschäftsnr. *** *********) einen Wert von ca. 93.000,-- EUR an.

Der Kläger ließ mit Schriftsatz seiner Bevollmächtigten vom 14. Juli 2002 gegenüber der Staatsanwaltschaft ******** ***** vortragen, er habe den Schmuck „von einem polnischen Zigeuner in ****** gekauft, von dem er nur den Namen" kenne („*******"). Der Kaufpreis habe insgesamt 13.000,00 EUR betragen sollen. 1000,00 EUR seien anbezahlt worden. Den Restbetrag habe er durch Weiterverkauf des Schmuckes in ******* finanzieren wollen. Zur Übergabe weiterer 4.000,00 EUR sei ein Treffen auf einem „********-Campingplatz in ******" vereinbart worden. Dazu sei es aufgrund seiner Verhaftung nicht mehr gekommen.

Für den Onkel des Klägers wurde vorgetragen, der sichergestellte Schmuck gehöre ihm nicht (Bl. 146 der Strafakten ** ** *** ** **********).

Das Amtsgericht ******** verurteilte den Kläger am 1. April 2004 wegen dreier sachlich zusammentreffender Vergehen des Diebstahls in Tatmehrheit mit vier Vergehen des versuchten Diebstahls zu einer Gesamtfreiheitsstrafe von 7 Monaten. Es setzte die Vollstreckung der Freiheitsstrafe zur Bewährung aus. Der Angeklagte ********* wurde wegen Beihilfe zu einer Gesamtfreiheitsstrafe von 6 Monaten verurteilt. Die Strafe wurde nicht zur Bewährung ausgesetzt, da der Angeklagte zur Tatzeit dreifach einschlägig unter Bewährung gestanden habe und alles dagegen spreche, dass er sich die jetzige Verurteilung zur Warnung dienen lasse.

Das Landgericht Nürnberg änderte am 27. Januar 2004 das Urteil des Amtsgerichtes ******** dahingehend ab, dass der Kläger wegen Diebstahls mit Waffen in drei Fällen und versuchten Diebstahl mit Waffen in vier Fällen zu einer Gesamtfreiheitsstrafe von 1 Jahr und 6 Monaten verurteilt wurde. Der Angeklagte ********* wurde wegen Beihilfe zum Diebstahl mit Waffen und Beihilfe zum versuchten Diebstahl mit Waffen in zwei Fällen zu einer Gesamtfreiheitsstrafe von 9 Monaten verurteilt. Die Vollstreckung dieser Freiheitsstrafe wurde wiederum nicht zur Bewährung ausgesetzt, da dreifaches Bewährungsversagen und zwei Vorverurteilungen nach fast identischen Taten vorlägen. Das Urteil ist hinsichtlich des Klägers rechtskräftig seit dem 27. Januar 2004.

Das *****. ******* ************* hob mit Beschluss vom 4. August 2004 (*************) nach Revision des *********** das Urteil des Landgerichts ******** ***** vom 27. Januar 2004 auf und verwies die Sache zur erneuten Verhandlung und Entscheidung an eine andere Strafkammer des Landgerichts ******** ***** zurück.

Nachdem der sichergestellte Schmuck keiner konkreten Straftat (Hehlerei/Diebstahl) zugeordnet werden konnte, stellte die Kriminalpolizeidirektion ******** am 6. Januar 2003 den ihr von der Staatsanwaltschaft überlassenen Schmuck (soweit nicht bereits freigegeben) gem. Art. 25 Nr. 2 PAG sicher, um den Eigentümer oder rechtmäßigen Inhaber der tatsächlichen Gewalt vor einem endgültigen Verlust des Eigentums zu schützen.

Der Onkel des Klägers war nicht bereit, den Erhalt der auch an ihn gerichteten Sicherstellungsbescheinigung zu bestätigen, da es sich bei den sichergestellten Gegenständen nicht um sein Eigentum handele. Der Kläger ließ mit Schriftsatz seiner Bevollmächtigten vom 14.Februar 2003 Widerspruch einlegen und zur Begründung vortragen (Schriftsatz vom 24.3.2003), die Staatsanwaltschaft habe den Schmuck nach Abschluss ihrer Ermittlungen freigegeben. Sie habe keinen Grund zur Annahme gefunden, der Schmuck befinde sich nicht rechtmäßig in seinem Besitz. Die Wertsachen seien nirgends als vermisst gemeldet worden. Es sei daher davon auszugehen, dass es sich nicht um Diebesgut handele. Eine Sicherstellung scheide damit aus. Jede andere Entscheidung könne lediglich auf Vorurteilen ihm gegenüber beruhen.

Das Polizeipräsidium (PP) ************* wies mit Bescheid vom 17. März 2004 den Widerspruch zurück. Es ging dabei davon aus, die sich aus

§ 1006 BGB ergebene Beweisvermutung zu Gunsten des Klägers werde durch zahlreiche Indizien widerlegt. Er habe im Jahre 2001 von März bis April Sozialhilfe, im Übrigen wie im Jahre 2002 und bis März 2003 Arbeitslosenhilfe bezogen. Die Erklärung, den Schmuck von einem unbekannten polnischen Roma bzw. Sinti gekauft zu haben, erscheine konstruiert und lebensfremd. Es müsse daher weiter davon ausgegangen werden, dass die sichergestellten Schmuckgegenstände dem wahren Eigentümer unrechtmäßig entzogen worden seien.

Der Kläger ließ mit Schriftsatz seiner Bevollmächtigten vom 16. April 2004 Klage erheben und zu ihrer Begründung insbesondere vortragen, dass er auf den Schmuck eine Anzahlung in Höhe von lediglich 1.000,00 EUR geleistet habe. Den Schmuck habe er in ******* gewinnbringend weiter verkaufen und von dem Erlös die restlichen 12.000,00 EUR begleichen wollen. Name und ladungsfähige Adresse des Verkäufers des Schmuckes würden baldmöglichst nachgereicht, ebenso Informationen über die Herkunft der verschiedenen Schmuckstücke. Mit weiterem Schriftsatz seiner Bevollmächtigten vom 8. Juli 2004 ließ der Kläger mitteilen, der Schmuck stamme von der Großfamilie ********, bei der es sich um eine ungarisch-tschechische ******** handele, die unter anderem in ******* ansässig seien. Die Familie sei jedoch nicht damit einverstanden, Name und Adresse des Schmuckverkäufers herauszugeben. Sollte er (der Kläger) das tun, werde eine Familienfehde zwischen seiner Familie und der Familie ******** entstehen. Die einzelnen Sippen unterschieden sich bezüglich Sippenkodex und Bildungsgrad sowie auch hinsichtlich der besonderen Sprache, so dass eine ausreichende Verständigung von Sippe zu Sippe oft schwer sei. Außerdem befürchte die Familie ******** wohl, dass dem Verkäufer unterstellt werden könnte, er habe den Schmuck ebenfalls unrechtmäßig erworben.

Der Kläger beantragt:

> I. Der Bescheid der Kriminalpolizeidirektion ******** vom 6. Januar 2003 und der Widerspruchsbescheid des Polizeipräsidiums ************ vom 17. März 2004 werden aufgehoben.
> II. Der Beklagte trägt die Kosten des Verfahrens.

Der Beklagte beantragt (Schriftsatz vom 23.4.2004),

> die Klage abzuweisen.

Wegen der weiteren Einzelheiten des Sachverhalts und des Vorbringens wird auf die Gerichts-, die beigezogene Behördenakte, die Strafakte Nr. **********************, die Gegenstand der mündlichen Verhandlung war, und die Niederschrift über die mündliche Verhandlung verwiesen.

Entscheidungsgründe:

Die zulässige Klage ist nicht begründet. Der Bescheid der Kriminalpolizeidirektion ******** vom 6. Januar 2003 i.d.F. des Widerspruchsbescheides des ** ************ vom 17.März 2004 ist nicht rechtswidrig und verletzt den Kläger daher nicht in seinen Rechten (§ 113 Abs. 1 VwGO).

Die Unbegründetheit der Klage ergibt sich zur Überzeugung des Gerichts bereits hinreichend aus dem Widerspruchsbescheid des PP ************* vom 17. März 2004, auf den deshalb mit den Maßgaben der nachfolgenden Feststellungen gem. § 117 Abs. 5 VwGO Bezug genommen wird.

Wie sich u.a. aus dem Beschluss des Amtsgerichts ******** vom14. Juni 2002 ergibt, erfolgte die Sicherstellung des Schmucks zunächst nach strafrechtlichen bzw. strafprozessualen Bestimmungen (§§ 33 Abs. 4, 111b, c u. e StPO, § 73 Abs. 1 StGB), also im Wege der (repressiven) Strafverfolgung. Dieser Umstand steht späteren Maßnahmen der präventiven Gefahrenabwehr nicht entgegen. Ein Vorrangsverhältnis zwischen repressiven und präventiven Maßnahmen in dem Sinne, dass die einen andere ausschlössen, besteht nicht (so insbesondere auch OVG Bautzen, B. v. 27.11.2003 [3 BS 471/02], *juris* u. VG Karlsruhe, U. v. 10.5.2001 [9 K 2018/99], Kriminalistik 2002, 15 und *juris*: Sicherstellung gem. § 32 PolG-BW trotz Freigabe nach Abschluss eines Strafverfahrens rechtmäßig). Die Freigabe von sichergestellten Gegenständen während eines Strafprozesses oder nach ihm beinhaltet andererseits keineswegs eine verbindliche Feststellung über Eigentum oder rechtmäßigen Besitz. Es kann daher dahingestellt bleiben, ob nach den Anlasstaten, die sich hier in den verschiedenen Stadien des Strafverfahrens unterschiedlich darstellten, die Voraussetzungen auch des erweiterten, verfassungsrechtlich unbedenklichen Verfalls gem. § 73 StGB vorlagen (vgl. dazu BVerfG, B. v. 14.1.2004 [2 BvR 564/95], NJW 2004 2073). Die Rechtmäßigkeit des Bescheides der Beklagten beurteilt sich allein nach Art. 25 Nr. 2 PAG.

Die Voraussetzungen für eine Sicherstellung nach dieser Bestimmung liegen vor. Nach ihr können, wenn wie hier auch die Erfordernisse des Art. 2 Abs. 2 PAG erfüllt sind, Diebesgut und damit auch andere nicht rechtmäßig „erworbene" Sachen sichergestellt werden (Schmidbauer/Steiner/Rose,

PAG, Rdnr. 12 zu Art. 25), um den Eigentümer oder den rechtmäßigen Inhaber der tatsächlichen Gewalt vor Verlust oder Beschädigung einer Sache zu schützen. Dafür ist schon von der Natur der Sache her nicht erforderlich, dass der tatsächliche Eigentümer (oder der eigentlich rechtmäßige Inhaber der tatsächlichen Gewalt) bereits im Zeitpunkt des Erlasses eines entsprechendes Bescheides bekannt ist (so auch VG Karlsruhe, a.a.O.; VGH Mannheim, U. v. 31.3.1980, VBlBW 1982, 338). Sollte das der Fall sein, wäre im Hinblick auf die Möglichkeit der Hinterlegung eine Sicherstellung überhaupt nicht erforderlich. Sie schließt den späteren Nachweis der Eigentümerstellung für keinen aus. Wenigstens im Zeitpunkt einer Sicherstellung ist die Polizei nicht verpflichtet, strittige Rechtsverhältnisse zu klären (Berner/Köhler, PAG [17. Auflage], Rdnr. 14 zu Art. 2). Im Übrigen bestehen hier, nachdem für einen sichergestellten Diamanten ein Echtheitszertifikat vorliegt, weitere Aufklärungsmöglichkeiten, denen der Beklagte noch, soweit nicht ohnehin geschieht, nachzugehen hat.

Hier spricht nichts für, sondern alles gegen einen rechtmäßigen Besitz und gegen das Eigentum des Klägers an den sichergestellten Gegenständen. Er kann sich – insoweit ist den Ausführungen im Widerspruchsbescheid des PP ******** vom 17. März 2004 nicht zu folgen – schon nicht auf die gesetzliche Vermutung des § 1006 Abs. 1 BGB berufen. Der ******** hat zwar vortragen lassen, dass der sichergestellte Schmuck ihm nicht gehöre. Er hat mit der gleichen Begründung die Entgegennahme des auch an ihn gerichteten Sicherstellungsbescheides der *** ******** verweigert. Die bloßen und mehr als nur unglaubhaften Erklärungen des Klägers zu den Umständen seines „Erwerbs" lassen aber schon die ebenfalls zu begründende Feststellung, dass er (wenigstens) Alleinbesitzer gewesen sei, nicht zu. Die räumliche Beziehung des Klägers zum Fundort der Schmuckstücke im PKW des ********* reicht hierfür nicht aus (BGH, U. v. 16.10.2003 [IX ZR 55/02], NJW 2004, 217 zu Eigen- und/oder Fremdbesitz). Nach Sachlage kommt auch der erheblich und einschlägig vorbestrafte *********, der vom Kläger ersichtlich (siehe das unrichtige Teilgeständnis des Klägers gem. Schriftsatz der Bevollmächtigten vom 14.6.2002) aus der Angelegenheit herausgehalten wird, als tatsächlicher alleiniger „Besitzer" des Schmucks in Frage. Fragen eines evtl. Mitbesitzes sind hier nicht zu erörtern.

Abgesehen davon ist die gesetzliche Vermutung des § 1006 Abs. 1 BGB, sollte sie zu Gunsten des Klägers bestehen, als widerlegt anzusehen. An die Widerlegung dieser Vermutung dürfen ohnehin keine zu hohen Anforderungen gestellt werden (Medicus im Münchner Kommentar, Rdnr. 23, Mühle bei Soergel, BGB, Rdnr. 23 und Gurski in Staudinger, BGB Rdnr. 36 jeweils zu 1006 BGB). Der Umstand allein, dass gegen den Kläger ein

Strafverfahren stattgefunden hat, reicht als Begründung dafür, dass er sich auch beim „Erwerb" der Schmuckstücke unredlich verhalten hat und die gesetzliche Vermutung widerlegt ist, selbstverständlich nicht aus (BGH, U. v. 16.10.1996 [IV ZR 154/95], NJW-RR 1997, 152). Der Kläger kann aber hier nicht glauben machen, dass er den sichergestellten Schmuck von einem polnischen Zigeuner in ****** gekauft hat, von dem er zunächst nur den Namen „********" kannte (so aber Schriftsatz seiner Bevollmächtigten vom 14.7.2002). Auch wenn man berücksichtigt, dass Geschäfte außerhalb von Läden anders ablaufen als solche in Läden, kann ein wirksamer Kaufvertrag zwischen Personen, die sich im Grunde gar nicht kennen, mit einer Anzahlung von nur 1.000,00 EUR auf den erheblich wertvolleren Schmuck nicht mehr als glaubhaft (gemacht) angesehen werden. Insoweit kann dahingestellt bleiben, ob man den Gesamtwert des sichergestellten Schmucks (mit oder ohne eine freigegebene Halskette) mit 60.000,00 oder 90.000,00 EUR ansetzt. Ein Kaufpreis von 13.000,00 EUR für diesen Schmuck liegt ebenfalls jenseits dessen, was gemeinhin vorstellbar ist. Der Kläger hat im Übrigen jede Erklärung dafür unterlassen, wieso eine weitere Anzahlung von 4.000,00 EUR nach Weiterverkauf des Schmucks in *******, wo der angebliche Verkäufer selbst lebte und also den Verkauf selbst, wenigstens aber über seine Familie hätte organisieren können, überhaupt erfolgen sollte und wieso, nachdem der Schmuck noch nicht verkauft war, schon ein Treffen auf einem ******************* in ****** vereinbart worden sein soll. Der weitere Umstand, dass die Bekanntgabe des Vorbesitzers bzw. Voreigentümers angekündigt, dann aber doch nicht erfolgte, spricht ebenfalls gegen die Glaubwürdigkeit des Klägers. Die von ihm dafür gegebene nachträgliche Begründung wäre ihm, wenn es den Verkäufer tatsächlich gegeben hätte, von Anfang an bekannt gewesen. Dass die Familie, der der angebliche Verkäufer angehören soll, nach den wechselnden Angaben des Klägers einmal aus ******, dann aber aus ***** stammt, ist ein weiterer Beleg dafür, dass die Angaben des Klägers nicht glaubwürdig sind. Es ist weiterhin nicht glaubhaft, dass, wie im Schriftsatz vom 8. Juli 2004 angedeutet wird, trotz angeblich bedeutender Geschäfte auf einmal eine ausreichende Verständigung von Sippe zu Sippe schwer sein soll. Soweit der Kläger unterstellt, die Zweifel an seinem Eigentum beruhten allein auf seiner Volkszugehörigkeit, ist das unbehelflich. Die Unglaubwürdigkeit seines Sachvortrages wäre auch dann festzustellen, wenn er nicht seiner Ethnie angehören würde. Das Gericht ist daher überzeugt, dass die gesetzliche Vermutung des § 1006 Abs. 1 BGB, wenn sie für den Kläger sprechen sollte, nach den Gesamtumständen des Falles, auf die es seine Urteilsbildung gem. § 286 ZPO und § 108 VwGO stützen kann (BGH, U. v. 4.2.2004), voll widerlegt ist.

Die Klage war nach alledem mit der Kostenfolge des § 154 Abs. 1 VwGO abzuweisen.

Rechtsmittelbelehrung

Gegen dieses Urteil steht den Beteiligten die Berufung zu, wenn sie vom Bayerischen Verwaltungsgerichtshof zugelassen wird. Die Zulassung der Berufung ist innerhalb eines Monats nach Zustellung des vollständigen Urteils beim Bayerischen Verwaltungsgericht Ansbach,
    Hausanschrift: Promenade 24 - 28, 91522 Ansbach, oder
    Postfachanschrift: Postfach 616, 91511 Ansbach,
schriftlich zu beantragen.

Der Antrag muss das angefochtene Urteil bezeichnen. Innerhalb von zwei Monaten nach Zustellung des vollständigen Urteils sind die Gründe darzulegen, aus denen die Berufung zuzulassen ist; die Begründung ist, soweit sie nicht bereits mit dem Antrag vorgelegt worden ist, beim Bayerischen Verwaltungsgerichtshof,
    Hausanschrift in München: Ludwigstr. 23, 80539 München, oder
    Postfachanschrift in München: Postfach 34 01 48, 80098 München,
    Hausanschrift in Ansbach: Montgelasplatz 1, 91522 Ansbach,
einzureichen.

Die Berufung ist nur zuzulassen, wenn

1. ernstliche Zweifel an der Richtigkeit des Urteils bestehen,
2. die Rechtssache besondere tatsächliche oder rechtliche Schwierigkeiten aufweist,
3. die Rechtssache grundsätzliche Bedeutung hat,
4. das Urteil von einer Entscheidung des Bayerischen Verwaltungsgerichtshofs, des Bundesverwaltungsgerichts, des gemeinsamen Senats der obersten Gerichtshöfe des Bundes oder des Bundesverfassungsgerichts abweicht und auf dieser Abweichung beruht
oder
5. wenn ein der Beurteilung des Berufungsgerichts unterliegender Verfahrensmangel geltend gemacht wird und vorliegt, auf dem die Entscheidung beruhen kann.

Für den Antrag auf Zulassung der Berufung und im Berufungsverfahren vor dem Bayerischen Verwaltungsgerichtshof muss sich jeder Beteiligte durch einen Rechtsanwalt oder Rechtslehrer an einer deutschen Hochschule im Sinne des Hochschulrahmengesetzes mit Befähigung zum Richteramt als Bevollmächtigten vertreten lassen. Juristische Personen des öffentlichen

Rechts und Behörden können sich auch durch Beamte oder Angestellte mit Befähigung zum Richteramt sowie Diplomjuristen im höheren Dienst, Gebietskörperschaften auch durch Beamte oder Angestellte mit Befähigung zum Richteramt der zuständigen Aufsichtsbehörde oder des jeweiligen kommunalen Spitzenverbandes des Landes, dem sie als Mitglied angehören, vertreten lassen.

Der Antragsschrift sollen 4 Abschriften beigefügt werden.

gez.

*****

Beschluss:

Der Streitwert wird auf 4.000,-- EUR festgesetzt
(§ 13 Abs. 1 GKG).

Der ursprünglich geltend gemachte Herausgabeanspruch wirkt sich vorliegend nicht streitwerterhöhend aus, da die Herausgabe der fraglichen Gegenstände sichere Folge der Aufhebung des angefochtenen Bescheides gewesen wäre.

Rechtsmittelbelehrung

Gegen diesen Beschluss steht den Beteiligten die Beschwerde an den Bayerischen Verwaltungsgerichtshof zu, wenn der Wert des Beschwerdegegenstands 200,-- EUR übersteigt oder die Beschwerde zugelassen wurde.

Die Beschwerde ist innerhalb von sechs Monaten, nachdem die Entscheidung in der Hauptsache Rechtskraft erlangt oder das Verfahren sich anderweitig erledigt hat, beim Bayerischen Verwaltungsgericht Ansbach,
Hausanschrift: Promenade 24 - 28, 91522 Ansbach, oder
Postfachanschrift: Postfach 616, 91511 Ansbach,
schriftlich oder zur Niederschrift des Urkundsbeamten der Geschäftsstelle einzulegen.

Ist der Streitwert später als einen Monat vor Ablauf dieser Frist festgesetzt worden, kann die Beschwerde auch noch innerhalb eines Monats nach Zustellung oder formloser Mitteilung des Festsetzungsbeschlusses eingelegt werden.

Der Beschwerdeschrift sollen 4 Abschriften beigefügt werden.

gez.

*****

Gericht:	VG Ansbach
Aktenzeichen:	AN 5 K 04.00664
Sachgebiets-Nr.:	410

Rechtsquellen:

Art. 25 Nr. 2 PAG

Hauptpunkte:

Sicherstellung von offensichtlich dem Kläger nicht gehörenden Gegenständen nach Abschluss eines Strafverfahrens

Leitsätze:

---

veröffentlicht in:

Rechtskräftig:

Urteil der 5. Kammer vom 8.10.2004

--/

Vor Entscheidung I./4

4 A 41/05
VG Osnabrück
Urteil vom 25.04.2006

Gefahrenabwehrrechtliche Sicherstellung von 93 Eisenbahnmodellen

Rechtsquellen/Fundstellen	Suchworte
StPO 170 II	Verdacht der Hehlerei
Nds. SOG 26 Nr. 2	Arbeitslosenhilfe
VwGO 154 I	Gefahrenabwehr
VwGO 167	Sicherstellung
ZPO 708 Nr. 11, 711	Verwahrungsverhältnis
VwGO 124 II Nrn. 3, 4 i.V.m. 124 a I S. 1	Verfügungsverbot
	sog. Wahrscheinlichkeitsbeweis
GKG 52 I	Vorstrafen

Leitsatz/Leitsätze (des Autors)

1. Polizei beschlagnahmte bei dem Kläger 93 Eisenbahnmodelle (Schätzwert: mindestens 1.500,00 €) in der Originalverpackung und einen Buntbartschlüssel.
2. Wegen Verdachts der Hehlerei eingeleitete Strafverfahren der Staatsanwaltschaft gegen den Kläger wurde gemäß § 170 Abs. 2 StPO eingestellt.
3. Beklagte ordnete mit Bescheid die Sicherstellung der 93 Eisenbahnmodelle an, übernahm sie in ein öffentlich-rechtliches Verwahrungsverhältnis und teilte mit, dass dies auch ein Verfügungsverbot beinhalte.
4. Gegen diesen Bescheid wurde Klage erhoben.
5. Kläger begehrt die Herausgabe der Eisenbahnmodelle.
6. Polizei fand bei dem Kläger eine große Anzahl gleicher Gegenstände, ohne dass hierfür bei ihm ein Bedarf ersichtlich wäre.
7. Rechtsgrundlage des Bescheides ist § 26 Nr. 2 Nds. SOG.
8. Sicherstellung war zum Schutz der wahren Eigentümer erforderlich.
9. Weiteres Indiz gegen die Eigentümerstellung des Klägers sind ferner seine bisherigen einschlägigen Vorstrafen.

Entscheidung I./4 (Abschrift)

VERWALTUNGSGERICHT OSNABRÜCK

Az.: 4 A 41/05

IM NAMEN DES VOLKES

URTEIL

In der Verwaltungsrechtssache

des Herrn …… …….   Niederlande

Kläger,

g e g e n

die Stadt Osnabrück - Fachbereich Recht -, vertreten durch den Oberbürgermeister, Natruper-Tor-Wall 5, 49076 Osnabrück, - 30-232/05 –

Beklagte,

Streitgegenstand: Ordnungsrecht (Sicherstellung zur Gefahrenabwehr)

hat das Verwaltungsgericht Osnabrück - 4. Kammer - auf die mündliche Verhandlung vom 25. April 2006 durch die Vorsitzende Richterin am Verwaltungsgericht .. …….., die Richterin an Verwaltungsgericht ……, den Richter …… sowie die ehrenamtlichen Richter ………….. und ……… für Recht erkannt:

      Die Klage wird abgewiesen.
      Der Kläger trägt die Kosten des Verfahrens.
      Das Urteil ist wegen der Kosten vorläufig vollstreckbar.

      Der Kläger kann die Vollstreckung durch Sicherheitsleistung in Höhe des zu vollstreckenden Betrags abwenden, wenn nicht die Beklagte zuvor Sicherheit in gleicher Höhe leistet.

      Der Streitwert wird auf 1.500 Euro festgesetzt.

Tatbestand

Der Kläger begehrt die Herausgabe von 93 sichergestellten Eisenbahnmodellen.
Am 12.4.2003 erschien der Kläger in dem Geschäft „………", ……….. in Osnabrück und bot dort sechs verschiedene Modelleisenbahnteile zum Kauf an. Nachdem der Betreiber des Geschäfts, Herr …………, diese gekauft hatte, erkundigte sich der Kläger, ob Herr …………. Interesse an ca. 90 weiteren Eisenbahnteilen habe. Sie vereinbarten für den folgenden Tag einen Ankaufstermin.

Da ihm das Angebot verdächtig vorkam, informierte Herr …………. die Polizei und bat um deren Anwesenheit am nächsten Tag. Wie angekündigt erschien der Kläger am 13.1.2004. Die Polizei traf nach telefonischer Benachrichtigung kurze Zeit später ein. Im Geschäft befand sich der Kläger mit drei Pappkartons und einer Reisetasche, die mit Modelleisenbahnteilen gefüllt waren.

Die Polizei beschlagnahmte bei dem Kläger 93 Eisenbahnmodelle in Originalverpackung und einen Buntbartschlüssel. Diesbezüglich wird auf die Aufstellung der Gegenstände vom 13.1.2004 verwiesen, die sich in dem Verwaltungsvorgang befindet. Der Wert der Eisenbahnmodelle wird von der Beklagten auf mindestens 1.500 Euro geschätzt. Anschließend durchsuchte die Polizei die Wohnung des Halbbruders des Klägers, … ……….., in der …… Straße .. in Osnabrück, wo sich der Kläger zeitweilig aufhielt. Dort wurden eine Schlüsselschleifmaschine, zwei PKW-Schlüssel-Rohlinge, elf Schlüsselrohlinge und acht nachgeschliffene Schlüssel aufgefunden. Diese Gegenstände gehören nach Aussage des Herrn …….. dem Kläger.

Der Kläger erhielt im Zeitraum vom 22.10.2003 bis zum 31.12.2004 Arbeitslosenhilfe in Höhe von monatlich höchstens 543,43 Euro. Wegen der Einzelheiten wird auf die sich in dem Verwaltungsvorgang befindliche Auskunft der Agentur für Arbeit Münster vom 13.1.2005 verwiesen.

Das wegen Verdachts der Hehlerei eingeleitete Strafverfahren der Staatsanwaltschaft Osnabrück (Az. 111 Js ….../04) gegen den Kläger ist am 16.4.2004 gem. § 170 Abs. 2 der Strafprozessordnung eingestellt worden. Die Staatsanwaltschaft regte bei der Beklagten eine Sicherstellung der beschlagnahmten Gegenstände aus präventiven Gründen an.

Mit Bescheid vom 18.1.2005 ordnete die Beklagte die Sicherstellung der genannten 93 Eisenbahnmodelle an, übernahm sie in ein öffentlich-rechtliches Verwahrungsverhältnis und teilte mit, dass dies auch ein Verfügungsverbot beinhalte. Zur Begründung führte sie aus, dass vorliegend ausreichend Indizien gegen die Eigentümerstellung des Klägers sprächen und dieser sein Eigentum nicht nachgewiesen habe. Der Kläger habe im relevanten Zeitraum Arbeitslosenhilfe erhalten. Es sei nicht ersichtlich, wie er bei einer solchen Einkommenslage über die genannten Wertgegenstände habe verfügen können. Außerdem habe der Kläger noch nicht einmal den Versuch unternommen, einen nachvollziehbaren Eigentumsnachweis zu erbringen. Dementsprechend ginge die Beklagte davon aus, dass er den Besitz an den sichergestellten Gegenständen illegal erlangt habe, so dass die Gegenstände sicherzustellen seien, um den rechtmäßigen Eigentümer der Gegenstände zu schützen. Ferner ordnete die Beklagte die sofortige Vollziehung der Sicherstellung an und begründete dies damit, dass im Falle der Herausgabe der Gegenstände vor Unanfechtbarkeit des Bescheides ein späterer behördlicher Zugriff nicht gewährleistet sei.

Gegen diesen Bescheid hat der Kläger am 18.2.2005 Klage erhoben.

Er ist der Ansicht, dass der Bescheid nicht auf Gesichtspunkte der Gefahrenabwehr gestützt werden könne. Es handele sich bei den Eisenbahnmodellen weder um verbotene noch gefährliche Gegenstände. Im Übrigen sei er rechtmäßiger Besitzer der Eisenbahnmodelle. Dementsprechend habe man auch keinen anderen Eigentümer ausfindig machen können. Er habe die Modelle lediglich auf Grund seiner aktuellen finanziellen Situation verkaufen wollen.

Der Kläger beantragt,

>den Bescheid der Beklagten vom 18.1.2005 aufzuheben und die Beklagte zu verurteilen, die in dessen Anhang aufgeführten 93 Eisenbahnmodelle an ihn herauszugeben.

Die Beklagte beantragt,

>die Klage abzuweisen.

Sie verweist zunächst auf die Begründung des angefochtenen Bescheides und führt ergänzend aus, dass der Hinweis auf die finanzielle Situation des Klägers gerade dazu dienen sollte, ihre Zweifel an der Eigentümerstellung des Klägers zu begründen.

Wegen des weiteren Vortrags der Beteiligten wird auf deren Schriftsätze, wegen des Sachverhalts im Übrigen wird auf die Gerichtsakten sowie die beigezogenen Verwaltungsvorgänge Bezug genommen.

Entscheidungsgründe

Die Klage ist zulässig, aber nicht begründet. Der angegriffene Bescheid vom 18.1.2005 ist rechtmäßig und verletzt den Kläger nicht in seinen Rechten. Dieser hat keinen Anspruch auf Herausgabe der 93 Eisenbahnmodelle.

Rechtsgrundlage des Bescheides ist § 26 Nr. 2 des Niedersächsischen Gesetzes über die öffentliche Sicherheit und Ordnung (Nds. SOG). Nach dieser Vorschrift kann die Beklagte eine Sache sicherstellen, um den Eigentümer oder die Person, die rechtmäßig die tatsächliche Gewalt innehat, vor Verlust oder Beschädigung der Sache zu schützen.

Zunächst steht der auf § 26 NSOG gestützten Sicherstellungsverfügung nicht die Einstellung des Strafverfahrens (Staatsanwaltschaft Osnabrück, AZ: 730 Js ..../03) entgegen. Die Staatsanwaltschaft ist nur Strafverfolgungsorgan und für außerhalb eines Ermittlungs- oder Strafverfahrens erfolgende Präventivmaßnahmen einer Verwaltungsbehörde nicht zuständig. Vorliegend ist die Sicherstellungsverfügung ausweislich ihrer Begründung und der herangezogenen Rechtsgrundlage nach Abschluss des Strafverfahrens aus präventiv-polizeilichen Gründen erfolgt. Die Sicherstellung durch die Antragsgegnerin als Verwaltungsbehörde erfolgte zur Gefahrenabwehr und steht damit in einem anderen Regelungszusammenhang als die aus repressivem Interesse verfügte Sicherstellung durch die Staatsanwaltschaft (vgl. Verwaltungsgericht Aachen, Beschluss vom 10.2.2005 - 6 L 825/04; Drews/Wacke/Vogel/Mertens, Gefahrenabwehr, 9. Auflage, S. 210).

Zulässig ist gem. § 26 Nr. 2 NSOG die polizeirechtliche Sicherstellung von Gegenständen, die zunächst in einem strafrechtlichen Ermittlungsverfahren auf der Grundlage strafprozessualer Vorschriften beschlagnahmt wurden, die aber konkreten Straftaten nicht zugeordnet werden konnten. Wenn Eigentum oder Besitz des im Rahmen des Strafverfahren Beschuldigten daran nicht nachgewiesen werden kann, ist die Polizei bzw. die Verwaltungsbehörde befugt, zum Schutz privater Rechte Unbekannter tätig zu werden (vgl. Böhrenz/Unger/Siefken, Nds. SOG, 8. Auflage, § 26, Rdnr. 7).

Das Gericht ist zu der Überzeugung gelangt, dass der Kläger hinsichtlich der 93 bei ihm sichergestellten Eisenbahnmodelle weder Eigentümer noch rechtmäßiger Inhaber der tatsächlichen Gewalt war. Eine Sicherstellung war daher zum Schutz der wahren Eigentümer erforderlich (vgl. Verwaltungsgericht Karlsruhe, Urteil vom 10.5.2001 - 9 K 2018/99). Zwar konnte die Beklagte vorliegend die wahren Eigentümer nicht ermitteln, das Gericht ist jedoch zur Überzeugung gelangt, dass jedenfalls der Kläger nicht Eigentümer oder rechtmäßiger Inhaber der tatsächlichen Gewalt war. Dies ergibt sich aus der Fülle der Beweisanzeichen, die gegen seine Eigentümerstellung sprechen.

Zwar liegen die Voraussetzungen der Eigentumsvermutung des § 1006 Abs. 1 Satz 1 des Bürgerlichen Gesetzbuches (BGB) vor. Nach dieser Vorschrift wird vermutet, dass der Besitzer beweglicher Sachen auch ihr Eigentümer ist. Die Vermutung kann jedoch widerlegt werden (vgl. Bundesgerichtshof, Urteil vom 21.12.1960 - VIII ZR 145/59; Urteil vom 19.1.1977 - VIII ZR 42/75; Urteil vom 4.2.2002 - II ZR 37/00; Bundesverwaltungsgericht, Urteil vom 24.4.2002 - 8 C 9/01; Palandt-Bassenge, BGB, 65. Auflage, § 1006, Rdnr. 6). Dabei sind auch Beweisanzeichen und Erfahrungssätze zu berücksichtigen (Bundesgerichtshof, Urteil vom 21.12.1960 - VIII ZR 145/59; Urteil vom 19.1.1977 - VIII ZR 42/75). Das Gericht kommt vorliegend gem. § 108 Abs. 1 Satz 1 VwGO bei Würdigung der Gesamtumstände zu dem Ergebnis, dass diese Vermutung widerlegt ist.

Zunächst fand die Polizei bei dem Kläger eine große Anzahl gleicher Gegenstände, ohne dass hierfür bei ihm ein Bedarf ersichtlich wäre. Bei den 93 Eisenbahnmodellen handelte es sich bis auf zwei Ausnahmen ausschließlich um Anhänger. Der Kläger hat auch nicht vorgetragen, dass er als Hobby Modelleisenbahnen sammle. Im Übrigen waren die Gegenstände originalverpackt.

Ein weiteres Indiz gegen die Eigentümerstellung des Klägers sind ferner seine bisherigen einschlägigen Vorstrafen. Laut Auskunft vom 3.4.2006 weist das Zentralregister für den gegenwärtig 28-jährigen 8 Eintragungen auf. Neben Körperverletzungen, Sachbeschädigungen und falscher Verdächtigung ist er auch wegen Vermögensstraftaten vorbestraft. Mit Urteil des Amtsgerichts Osnabrück vom 16.12.1998, rechtskräftig seit dem 24.12.1998, wurde er wegen Sachbeschädigung in 15 Fällen, Hehlerei in zwei Fällen und Diebstahl in drei Fällen zu 2 Jahren und neun Monaten Jugendstrafe verurteilt.

Weiterhin wurde in der Wohnung seines Halbbruders, … …….., wo sich der Kläger zeitweilig aufhielt, am 13.1.2004 eine Schlüsselschleifmaschine und mehrere Schlüsselrohlinge gefunden. Zu diesen Gegenständen sagte Herr …….. im Ermittlungsverfahren am 14.1.2004 gegenüber der Polizei, dass sie dem Kläger gehörten. Außerdem fand die Polizei bei dem Kläger einen Buntbartschlüssel, bei dem es sich nach ihrer Auffassung um einen

Dietrich handelte. Dass der Kläger für legale Tätigkeiten einen Bedarf an solchen Gegenständen hat, ist nicht ersichtlich.

Der Kläger hat zu keinem Zeitpunkt ausdrücklich vorgetragen, dass er selbst Eigentümer der Eisenbahnmodelle sei. Vielmehr hat er zu deren Herkunft überhaupt keine Angaben gemacht.

Gegen das Eigentum des Klägers spricht schließlich auch die Diskrepanz zwischen dem Wert der Gegenstände und dem Einkommen des Klägers. Das Gericht schätzt den Wert der Eisenbahnmodelle gem. § 108 Abs. 1 Satz 1 VwGO auf 1.500 Euro. Diese Schätzung stützt sich auf Angaben der Beklagten, des Herrn .... und im Internet verfügbare Preisangaben für Eisenbahnmodelle. Im fraglichen Zeitraum erhielt der Kläger lediglich Arbeitslosenhilfe in Höhe von weniger als 550 Euro monatlich. Es ist vor diesem Hintergrund nicht ersichtlich, wie er rechtmäßig in den Besitz der Eisenbahnmodelle gekommen sein sollte.

Ist somit die Vermutung für die Eigentümerstellung des Klägers widerlegt, so kehrt sich die an sich bei der Behörde liegende Beweislast um, so dass der Kläger den Nachweis des von ihm behaupteten Eigentums an den sichergestellten Gegenständen zu erbringen hat (vgl. Bundesverwaltungsgericht zum sogenannten Wahrscheinlichkeitsbeweis, Urteil vom 21.11.1968 - II C 100.65). Diesen Nachweis hat der Kläger nicht erbracht. In der mündlichen Verhandlung am 25.4.2006 hat er trotz Nachfragen des Gerichts keinen Versuch unternommen, sein Eigentum oder seinen rechtmäßigen Besitz darzulegen.

Dass der rechtmäßige Eigentümer noch unbekannt ist, steht einer Sicherstellung nicht entgegen. Für die vorliegende Sicherstellung aus polizeilich-präventiven Gründen ist es nicht erforderlich, die Gegenstände konkreten Straftaten zuzuordnen (vgl. Verwaltungsgericht Karlsruhe aaO). Es genügt im Rahmen der Sicherstellung gem. § 26 Nr. 2 Nds. SOG, dass jedenfalls das Eigentum des Klägers bzw. sein rechtmäßiger Besitz ausgeschlossen werden können.

Das von der Beklagten in Punkt 2 des angegriffenen Bescheides angeordnete Verfügungsverbot war bereits durch die Durchsetzung der Sicherstellung bewirkt worden. Durch die Begründung amtlichen Gewahrsams tritt wie im zivilprozessualen Vollstreckungsrecht gem. den §§ 808, 803, 804 der Zivilprozessordnung die Verstrickung der sichergestellten Sache ein (vgl. Oberverwaltungsgericht des Landes Nordrhein-Westfalen zu der identischen Regelung im Polizeigesetz NRW, Urteil vom 21.1.1991 7 A 246/88). Die Sicherstellungswirkungen sollen den Erfolg des Verfahrens gewährleisten. Rechtsänderungen durch Rechtshandlungen des vorherigen Gewahrsamsinhabers schließt die Sicherstellung daher als Verfügungsverbot gem. den §§ 135, 136 des Bürgerlichen Gesetzbuches aus (vgl. Zöller-Stöber, Zivilprozessordnung, 25. Auflage, § 804, Rdnr. 1). Folglich hält auch das in Punkt 2 des Bescheides ausgesprochene Verfügungsverbot einer rechtlichen Überprüfung stand. Insofern ist der Bescheid vom 18.1.2005 insgesamt rechtmäßig und die Klage abzuweisen.

Die Kostenentscheidung beruht auf § 154 Abs. 1 VwGO.

Die Entscheidung über die vorläufige Vollstreckbarkeit folgt aus § 167 VwGO i.V.m. §§ 708 Nr. 11, 711 ZPO.

Gründe für eine Zulassung der Berufung (§ 124 Abs. 2 Nr. 3, 4 i.V.m. § 124a Abs. 1 Satz 1 VwGO) liegen nicht vor.

Die Streitwertfestsetzung beruht auf § 52 Abs. 1 GKG.

Rechtsmittelbelehrung

Gegen dieses Urteil ist die Berufung zulässig, wenn sie vom Niedersächsischen Oberverwaltungsgericht in Lüneburg zugelassen wird. Die Zulassung ist innerhalb eines Monats nach Zustellung dieses Urteils schriftlich bei dem

> Verwaltungsgericht Osnabrück,
> Hakenstraße 15,
> 49074 Osnabrück,

zu beantragen. In dem Antrag ist das angefochtene Urteil zu bezeichnen. Innerhalb von zwei Monaten nach Zustellung dieses Urteils sind die Gründe darzulegen, aus denen die Berufung zuzulassen ist. Die Begründung ist, soweit sie nicht bereits mit dem Antrag vorgelegt worden ist, bei dem

> Niedersächsischen Oberverwaltungsgericht,
> Uelzener Str. 40,
> 21335 Lüneburg,

einzureichen.

Die Berufung ist nur zuzulassen, wenn ernstliche Zweifel an der Richtigkeit des Urteils bestehen, die Rechtssache besondere tatsächliche oder rechtliche Schwierigkeiten aufweist oder grundsätzliche Bedeutung hat, das

Urteil von einer Entscheidung des Niedersächsischen Oberverwaltungsgerichts, des Bundesverwaltungsgerichts, des Gemeinsamen Senats der obersten Gerichtshöfe des Bundes oder des Bundesverfassungsgerichts abweicht und auf dieser Abweichung beruht oder ein der Beurteilung des Berufungsgerichts unterliegender Verfahrensmangel geltend gemacht wird und vorliegt, auf dem die Entscheidung beruhen kann.

Der Antrag auf Zulassung der Berufung kann nur von einem Rechtsanwalt oder einem Rechtslehrer an einer deutschen Hochschule im Sinne des Hochschulrahmengesetzes mit Befähigung zum Richteramt oder einer nach § 67 Abs. 1 Sätze 3 bis 6 VwGO zur Vertretung berechtigten Person als Bevollmächtigten gestellt und begründet werden. Juristische Personen des öffentlichen Rechts und Behörden können den Antrag auch durch Beamte oder Angestellte mit Befähigung zum Richteramt sowie Diplomjuristen im höheren Dienst, Gebietskörperschaften auch durch Beamte oder Angestellte mit Befähigung zum Richteramt der zuständigen Aufsichtsbehörde oder des jeweiligen kommunalen Spitzenverbandes des Landes, dem sie als Mitglied zugehören, stellen und begründen lassen.

Gegen die Streitwertfestsetzung ist die Beschwerde statthaft, wenn der Beschwerdewert 200 € übersteigt oder das Gericht die Beschwerde zugelassen hat. Sie ist nur zulässig, wenn sie innerhalb von 6 Monaten nach Rechtskraft der Entscheidung in der Hauptsache oder nach anderweitiger Erledigung des Verfahrens bei dem

> Verwaltungsgericht Osnabrück,
> Hakenstraße 15,
> 49074 Osnabrück,

schriftlich oder zur Niederschrift des Urkundsbeamten der Geschäftsstelle eingelegt wird. Ist der Streitwert später als einen Monat vor Ablauf dieser Frist festgesetzt worden, so kann die Beschwerde noch innerhalb eines Monats nach Zustellung oder formloser Mitteilung des Festsetzungsbeschlusses eingelegt werden.

> gez. .. ……..   gez. ……..   gez. ……..

Öffentliche Sitzung
des Verwaltungsgerichts Osnabrück
– 4. Kammer –

Az. 4 A 41/05   Osnabrück, 25.04.2006

Anwesend:
Vorsitzende Richterin am Verwaltungsgericht ……….
als Vorsitzende,
Richterin am Verwaltungsgericht .. ………. ,
Richter ……….
als beisitzender Richter,

Frau ………….. und Frau …………..
als ehrenamtliche Richter.

Von der Zuziehung eines Urkundsbeamten der Geschäftsstelle wurde abgesehen.

In der Verwaltungsrechtssache
…………. ./. Stadt Osnabrück
erschienen zur mündlichen Verhandlung nach Aufruf der Sache:

Der Kläger in Person.
Für die Beklagte Herr ….. und Herr ………. .

Der Berichterstatter trug den wesentlichen Inhalt der Akten vor.

Mit den Beteiligten wurde die Sach- und Rechtslage erörtert.

Der Kläger erhielt das Wort zu seinen Ausführungen.

Der Kläger beantragte,

> den Bescheid der Beklagten vom 18.01.2005 aufzuheben und die Beklagte zu verurteilen, die in dessen Anhang aufgeführten 93 Eisenbahnmodelle an ihn herauszugeben.

Der Vertreter der Beklagten beantragte,

> die Klage abzuweisen.

Er verzichtete auf eine weitere Begründung und verwies auf das bislang Vorgetragene.

Die mündliche Verhandlung wurde geschlossen.

Beschlossen und verkündet

Eine Entscheidung ergeht am Schluss der Sitzung.

Beginn: Uhr
Ende: Uhr

Am Schluss der Sitzung verkündete die Vorsitzende in Abwesenheit der Beteiligten folgendes:

Urteil

Im Namen des Volkes

Die Klage wird abgewiesen.

Der Kläger trägt die Kosten des Verfahrens.

Das Urteil ist wegen der Kosten vorläufig vollstreckbar.

Der Kläger kann die vorläufige Vollstreckung durch Sicherheitsleistung in Höhe des zu vollstreckenden Betrages abwenden, wenn nicht der Beklagte zuvor Sicherheit in gleicher Höhe leistet.

Der Streitwert wird auf 1.500,00 € festgesetzt.

Von der Begründung der Entscheidung wurde abgesehen, da weder die Beteiligten noch Zuhörer zugegen waren.

Zeitpunkt der Verkündung: Uhr

Für die Richtigkeit der Übertragung vom Tonaufnahmegerät:

gez. .. ………
(Vors. Richterin)   (Justizangestellte)

Vor Entscheidung I./5

1 A 19/07
VG Stade
Urteil vom 25.02.2008

Sicherstellung von Gegenständen aus gefahrenabwehrrechtlichen Gründen

Rechtsquellen/Fundstellen	Suchworte
StPO 111 b f.	Diebstahl
Nds. SOG 26	Hehlerei
Nds. SOG 27	Beschlagnahme (repressiv)
Nds. SOG 29	Verfahrenseinstellung
BGB 1006	Sicherstellung (präventiv)
	Sofortige Vollziehung
	Widerlegung Eigentumsvermutung
	Beweisanzeichen

Leitsatz/Leitsätze (des Autors)

1. Sicherstellung zahlreicher Gegenstände (u.a. Spirituosen, Elektrowerkzeuge, Kosmetika) in der Wohnung und im Pkw des Klägers.
2. Einleitung eines Strafermittlungsverfahrens wegen Verdachts des Diebstahls bzw. der Hehlerei.
3. Verfahren und weiteres Verfahren wegen Verdachts des Verstoßes gegen das Betäubungsmittelgesetz eingestellt.
4. Sicherstellung gemäß § 26 Nds. SOG zum Schutz des wahren Eigentümers bzw. des berechtigten Gewahrsamsinhabers.
5. Danach präventive Sicherstellungsverfügung der Beklagten; Anordnung der sofortigen Vollziehung.
6. Widerlegung der Eigentumsvermutung (§ 1006 BGB).
7. Nichtausschluss, dass die Gegenstände zur Begehung von Fortsetzungsstraftaten (z.B. Hehlerei) verwendet werden.
8. Fülle an Beweisanzeichen sprechen gegen das Eigentum des Klägers.
9. Herausgabeanspruch besteht damit nicht, sodass die Klage abzuweisen war.

Entscheidung I./5 (Abschrift)

VERWALTUNGSGERICHT STADE

Az.: 1 A 19/07
verkündet am 25.02.2008

xxx, Justizangestellte
als Urkundsbeamtin der Geschäftsstelle

IM NAMEN DES VOLKES

URTEIL

In der Verwaltungsrechtssache

des Herrn A.,
B.,

Klägers,

Proz.-Bev.: Rechtsanwälte C.

g e g e n

die Polizeidirektion Oldenburg,
Theodor-Tantzen-Platz 8, 26122 Oldenburg,

Beklagte,

Streitgegenstand: Sicherstellung von Gegenständen aus gefahrenabwehrrechtlichen Gründen

hat das Verwaltungsgericht Stade - 1. Kammer - auf die mündliche Verhandlung vom 25. Februar 2008 durch den Präsidenten des Verwaltungsgerichts Schmidt, den Richter am Verwaltungsgericht Steffen, den Richter Plog sowie die ehrenamtlichen Richter D. und E. für Recht erkannt:

Die Klage wird abgewiesen.

Der Kläger trägt die Kosten des Verfahrens; insoweit ist das Urteil vorläufig vollstreckbar.

Dem Kläger wird nachgelassen, die Vollstreckung durch Sicherheitsleistung in Höhe der zu vollstreckenden Kosten abzuwenden, soweit nicht die Beklagte zuvor Sicherheit in entsprechender Höhe leistet.

Tatbestand:

Der Kläger begehrt die Herausgabe von durch die Polizei sichergestellten Gegenständen.

Am 18. November 2004 stellte die Polizei anlässlich einer Haussuchung in der Wohnung und im PKW des Klägers zahlreiche Gegenstände (u.a. Spirituosen, Elektrowerkzeuge, Kosmetika) sicher. Gemäß §§ 111b f. der Strafprozessordnung beschlagnahmte das Amtsgericht Verden diese Gegenstände. Gegen den Kläger wurde ein Ermittlungsverfahren wegen des Verdachts des Diebstahls bzw. der Hehlerei eingeleitet. Dieses wurde am 7. März 2006 von der Staatsanwaltschaft Verden eingestellt. Ein weiteres Verfahren wegen des Verdachts des Verstoßes gegen das Betäubungsmittelgesetz wurde am 9. Mai 2006 ebenfalls eingestellt.

Nachdem die Staatsanwaltschaft Verden die Herausgabe der beschlagnahmten Gegenstände an den Kläger verfügt hatte, erließ die Beklagte unter dem 27. März 2006 eine Sicherstellungsverfügung hinsichtlich der beschlagnahmten Gegenstände unter Anordnung der sofortigen Vollziehung. Die Sicherstellung sei gemäß § 26 SOG zum Schutz des wahren Eigentümers bzw. des berechtigten Gewahrsamsinhabers erforderlich. Dem stehe nicht entgegen, dass der Eigentümer der Gegenstände noch unbekannt sei. Zwar werde nach § 1006 BGB zugunsten des Besitzers einer beweglichen Sache vermutet, dass er Eigentümer sei. Diese Vermutung sei im vorliegenden Fall aber aufgrund von Indizien, die für einen nicht rechtmäßigen Besitzerwerb sprächen, widerlegt. Damit kehre sich die materielle Beweislast mit der Folge um, dass der von der Sicherstellung Betroffene den Nachweis des von ihm behaupteten Eigentums zu erbringen habe. Dieser Nachweis sei dem Kläger nicht gelungen. Es sei zudem nicht auszuschließen, dass die Gegenstände zur Begehung von Fortsetzungsstraftaten (z.B. Hehlerei) verwendet würden. Folgende Indizien sprächen dagegen, dass der Kläger rechtmäßiger Eigentümer der Gegenstände sei: Er bewahre die Gegenstände größtenteils an einem unüblichen Ort auf, nämlich Rasierklingen und hochwertige Spirituosen sowie Tabakwaren im Schlafzimmer bzw. im

PKW. Die Bevorratung in diesem Umfange sei für eine Privatperson sehr ungewöhnlich (über 35 Packungen Rasierklingen, über 50 Flaschen Spirituosen, große Mengen Tabakwaren/Werkzeuge/Pflegeartikel), zumal es sich um einen Haushalt handele, der nur geringe Einkünfte habe und zudem seit dem 1. Februar 2006 Leistungen nach Hartz IV erhalte. Es fehlten zudem Rechnungen, Quittungen oder sonstige Belege über den redlichen Erwerb der Gegenstände. Bei den Durchsuchungen seien im Übrigen zwei Handys aufgefunden worden, die nachweislich aus einem Einbruchsdiebstahl stammten.

Diese Verfügung der Beklagten ist bestandskräftig geworden.

Mit Schreiben vom 2. Juni 2006 beantragte der Prozessbevollmächtigte des Klägers die Herausgabe der in der Verfügung vom 27. März 2006 aufgeführten Gegenstände. Mit der Einstellung des staatsanwaltlichen Ermittlungsverfahrens gegen den Kläger sei der Rechtsgrund für die Sicherung und das Veräußerungsgebot weggefallen. Gemäß § 29 SOG seien die sichergestellten Gegenstände nunmehr an den Kläger herauszugeben.

Die Beklagte teilte dem Prozessbevollmächtigten des Klägers daraufhin unter dem 18. Juli 2006 mit, der Kläger habe nachzuweisen, dass er eine Berechtigung an diesen Gegenständen besitze. Hierzu äußerte sich der Kläger unter dem 4. August 2006 und verwies darauf, dass durch die Einstellung des Ermittlungsverfahrens kein Tatverdacht mehr bestehe, dass die sichergestellten Gegenstände aus einer Straftat stammten. Im Übrigen habe keine dritte Person Eigentumsansprüche geltend gemacht. Mit weiterem Schreiben vom 11. August 2006 legte der Kläger verschiedene schriftliche Bestätigungen vor, die den ordnungsgemäßen Erwerb einzelner Gegenstände belegen sollen.

Mit Bescheid vom 8. Dezember 2006 lehnte die Beklagte den Antrag auf Herausgabe der sichergestellten Gegenstände ab. Ein Herausgabeanspruch nach § 29 SOG scheide aus, wenn feststehe oder ohne Weiteres ersichtlich sei, dass der Anspruchsteller nicht zum Besitz der Sachen berechtigt sei. Auf die Eigentumsvermutung des § 1006 BGB könne sich der Kläger nicht berufen. Er sei zudem ohne Arbeitseinkommen, was einem ordnungsgemäßen Erwerb entgegenstehe. Die Bestätigung der Lebensgefährtin des Klägers, diesem ein Handy geschenkt zu haben, sei kein Nachweis eines rechtmäßigen Erwerbs, da ein Beleg für einen solchen Erwerb nicht vorgelegt worden sei. Gleiches gelte für ein weiteres Handy. Ebenso wenig könne die Bestätigung eines Herrn F. den ordnungsgemäßen Erwerbs eines Beamers belegen. Denn Herr F. habe selber eine Kaufquittung nicht vorlegen können. Der vermeintliche Ankauf von Gegenständen auf Flohmärkten sei auch kein geeigneter Beleg, zumal es sich hierbei überwiegend um originalverpackte Neuware handele. Dieses gelte auch für Tabakwaren, Rasierklingen, Spirituosen und Kosmetika. Einzig für einen sichergestellten Phasenprüfer sei eine Kaufquittung vorgelegt worden. Der Phasenprüfer sei dem Kläger deshalb auch übergeben worden.

Am 8. Januar 2007 hat der Kläger Klage erhoben und zugleich die Bewilligung von Prozesskostenhilfe beantragt. Er verweist darauf, dass die Einstellung des staatsanwaltlichen Ermittlungsverfahrens zu seinen Gunsten spreche. Seine finanzielle Situation schließe den Erwerb der sichergestellten Gegenstände nicht aus. Denn dieser Erwerb habe sich über einen Zeitraum von ca. zehn Jahren hingezogen. Die Gegenstände habe der Kläger im Übrigen für Verwandte und Bekannte in Pakistan erworben, wo er geboren sei und seit 13 Jahren nicht mehr gewesen sei. Die Eigentumsvermutung des § 1006 BGB spreche für den Kläger. Es sei lebensfremd, nunmehr Kaufquittungen für die sichergestellten Sachen zu verlangen. Im Übrigen fehle es an einer Eingriffsbefugnis für die Sicherstellung, da die Behörde nur präventiv tätig werden könne.

Der Kläger beantragt,

> die Beklagte zu verpflichtet, die bei dem Kläger mit Verfügung vom 27. März 2006 sichergestellten Gegenstände an diesen herauszugeben und den Bescheid vom 8. Dezember 2006 aufzuheben,

hilfsweise beantragt der Kläger,

> eine weitere Beweisaufnahme.

Die Beklagte beantragt,

> die Klage abzuweisen.

Sie verweist darauf, dass die Sicherstellungsverfügung bestandskräftig geworden sei. Damit stehe unanfechtbar fest, dass der Kläger offenkundig nicht Eigentümer der Gegenstände sei. Dem gemäß sei es unerheblich, wenn er sich selbst auf die Eigentumsvermutung nach dem BGB berufe. Vielmehr habe er einen Eigentumsnachweis zu erbringen. Dieses sei jedoch nicht geschehen. Der Tatverdacht gegenüber dem Kläger sei durch die Einstellung der staatsanwaltlichen Ermittlungsverfahren nicht ausgeräumt, denn ein Restverdacht bleibe angesichts der gegebenen Sachlage bestehen.

Die Kammer hat den Antrag auf Bewilligung von Prozesskostenhilfe mit Beschluss vom 31. August 2007 abgelehnt. Eine hiergegen gerichtete Beschwerde hat das Nds. Oberverwaltungsgericht mit Beschluss vom 14. Januar 2008 (11 PA 391/07) zurückgewiesen. Im Termin zur mündlichen Verhandlung hat die Kammer Beweis erhoben durch Vernehmung des Zeugen G.. Hierzu wird auf die Niederschrift verwiesen.

Wegen der weiteren Einzelheiten des Sach-und Streitstandes wird auf die Gerichtsakten und die vorgelegten Verwaltungsvorgänge Bezug genommen.

Entscheidungsgründe:

Die Klage hat keinen Erfolg.

Sie ist unbegründet, weil sich die Entscheidung der Beklagten, die bei dem Kläger sichergestellten Gegenstände nicht an diesen herauszugeben, als rechtsfehlerfrei erweist. Hierzu im Einzelnen:

Gemäß § 26 SOG können die Verwaltungsbehörden und die Polizei eine Sache sicherstellen, um eine gegenwärtige Gefahr abzuwehren und die Eigentümerin oder den Eigentümer oder die Person, die rechtmäßig die tatsächliche Gewalt innehat, vor Verlust oder Beschädigung einer Sache zu schützen. Sichergestellte Sachen sind gemäß § 27 Abs. 1 SOG in Verwahrung zu nehmen. Im vorliegenden Fall ist eine Sicherstellung mit Verfügung vom 27. März 2006 erfolgt. Diese Verfügung ist bestandskräftig geworden.

Eine Herausgabe sichergestellter Sachen hat zu erfolgen, sobald die Voraussetzungen für die Sicherstellung weggefallen sind (§ 29 Abs. 1 SOG). Die Herausgabe ist ausgeschlossen, wenn dadurch erneut die Voraussetzungen für eine Sicherstellung eintreten würden. So liegt es hier.

Die Kammer hat in ihrem PKH-Beschluss vom 31. August 2007 hierzu Folgendes ausgeführt:

„Die Voraussetzungen für die Sicherstellung der beim Kläger beschlagnahmten Gegenstände liegen auch gegenwärtig noch vor. Das Gericht ist zu der Überzeugung gelangt, dass der Kläger hinsichtlich der in seiner Wohnung bzw. in seinem Kraftfahrzeug sichergestellten Gegenstände weder Eigentümer noch rechtmäßiger Inhaber der tatsächlichen Gewalt war. Eine Sicherstellung war daher zum Schutz der wahren Eigentümer erforderlich. Zwar konnten diese nicht ermittelt werden, es steht jedoch zur Überzeugung des Gerichts fest, dass jedenfalls der Kläger nicht Eigentümer oder rechtmäßiger Besitzer war. Dies ergibt sich aus der Fülle an Beweisanzeichen, die gegen das Eigentum des Klägers sprechen. In diesem Fall kehrt sich die an sich bei der Behörde liegende materielle Beweislast mit der Folge um, dass der Kläger seinerseits den Nachweis des von ihm behaupteten Eigentums an den sichergestellten Gegenständen zu erbringen hat. Dieses ist ihm nicht gelungen (vgl. VG Karlsruhe, Urteil vom 10. Mai 2001 -9 K 2018/99 -).

Gegen das Eigentum des Klägers an den sichergestellten Gegenständen spricht zunächst der Umstand, dass der Kläger als Bezieher von Sozialleistungen ersichtlich nicht in der Lage gewesen ist, die bei ihm aufgefundenen Gegenstände käuflich zu erwerben. Dies gilt auch dann, wenn der Kläger geltend macht, er habe die Gegenstände über einen längeren Zeitraum beschafft. Denn Sozialleistungen sind regelmäßig zur Bestreitung des notwendigen Lebensunterhalts ausreichend, nicht jedoch zur Anlegung von Vorräten und schon gar nicht, wenn es sich hierbei um hochwertige und teure Gegenstände handelt.

Gegen das Eigentum des Klägers spricht im Weiteren, dass eine große Anzahl von gleichen Gegenständen vorgefunden wurde. 51 Flaschen von hochwertigen Spirituosen, 102 Pakete Tabak, 40 Packungen Rasierklingen und 36 Packungen Pflegemittel sind von der Anzahl her Gegenstände, die über eine im Rahmen des üblichen erfolgende Bevorratung deutlich hinausgehen. Diese Umstände sprechen dafür, dass der Kläger nicht rechtmäßiger Erwerber der Gegenstände ist und somit nachzuweisen hat, dass ihm trotz der vorliegenden Indizien das Eigentum an den sichergestellten Gegenständen zusteht. Auf die Eigentumsvermutung des § 1006 BGB kann sich der Kläger somit nicht berufen. Der zu fordernde Eigentumsnachweis ist dem Kläger nicht gelungen. Allein der Hinweis auf den Erwerb auf Flohmärkten ist insoweit wenig aussagekräftig. Gleiches gilt für Bescheinigungen dritter Personen, die dem Kläger einzelne Gegenstände geschenkt haben wollen. Damit verbleibt es dabei, dass die Herkunft der Gegenstände im Wesentlichen als ungeklärt anzusehen ist. Ein Eigentumsnachweise zugunsten des Klägers kann damit nicht als geführt angesehen werden.

Auch der Umstand, dass gegen den Kläger staatsanwaltliche Ermittlungsverfahren nicht zur Einleitung eines Strafverfahrens bzw. einer Verurteilung geführt haben, vermag eine Eigentumsvermutung zugunsten des Klägers an den sichergestellten Gegenständen nicht zu begründen. Dass die Staatsanwaltschaft keinen für eine Anklageerhebung hinreichenden Tatverdacht festgestellt hat, bezieht sich ausschließlich auf die strafrechtliche Verantwortlichkeit des Klägers und die insoweit zu berücksichtigenden Beweisanforderungen. Damit ist nicht etwa im Umkehrschluss belegt, dass der Kläger rechtmäßiger Eigentümer bzw. Besitzer der sichergestellten Gegenstände ist. Die festgestellten Indizien sprechen vielmehr ausdrücklich dagegen. Auch der Umstand, dass zum allergrößten Teil nicht mehr festgestellt werden konnte, wer tatsächlich rechtmäßiger Eigentümer der Gegenstände ist, kann nicht dazu führen, dass eine Herausgabe an den Kläger zu erfolgen hätte. Die tatbestandsmäßigen Voraussetzungen hierfür sind in § 29 SOG normiert. Die Nichtfeststellbarkeit des wahren Eigentümers fällt unter diese Tatbestandsvoraussetzungen nicht."

Das Nds. Oberverwaltungsgericht hat diese Rechtsauffassung der Kammer mit Beschluss vom 14. Januar 2008 (11 PA 391/07) bestätigt. Die Kammer hält auch im Hauptsacheverfahren an ihrer rechtlichen Bewertung des Sachverhaltes fest, und zwar auch unter Berücksichtigung des Ergebnisses der Beweisaufnahme. Hierfür ist Folgendes maßgeblich:

Der Zeuge Kaleem hat in seiner Vernehmung im Termin zur mündlichen Verhandlung zwar bestätigt, dass er zusammen mit dem Kläger auf Flohmärkten Kartons mit Kabeln sowie Tabak gekauft habe. Auch sei er dabei gewesen, wenn der Kläger sonstige Einkäufe getätigt habe, z.B. Dinge des täglichen Bedarfs. Er könne sich auch daran erinnern, dass er gesehen habe, dass der Kläger Whisky bzw. Cognac gekauft habe. Dabei habe sich der Zeuge allerdings stets gewundert, wie ein wirtschaftlich nicht besonders gut stehender Mann wie der Kläger größere Mengen derartiger Gegenstände kaufen könne. Es habe ihm sogar Geld für Käufe geliehen. Aus dieser Aussage lässt sich zur Überzeugung der Kammer nicht entnehmen, dass die bei dem Kläger sichergestellten Gegenstände und die in Anwesenheit des Zeugen erworbenen identisch sind. Dieses gilt insbesondere für die Spirituosen sowie verschiedene Kabel. Zwar hat der Zeuge erklärt, es könne sein, dass der Kläger bis zu 83 Tabakpackungen auf einem Flohmarkt gekauft habe. Dieser Tabak sei auf einem Flohmarkt sehr günstig angeboten worden. Abgesehen davon, dass auch insoweit die Identität der bei dem Kläger sichergestellten Tabakpäckchen nicht belegt ist, spricht Überwiegendes insoweit auch gegen einen redlichen Erwerb. Denn deutlich unter dem regulären Preis angeboteter Tabak, der üblicherweise wesentlichen Preisschwankungen nicht unterliegt, lässt eher den Schluss zu, dass es sich hierbei um Ware handelt, die bereits von dem Verkäufer nicht redlich erworben wurde. Ein gutgläubiger Erwerb an abhanden gekommenen Sachen ist aber nicht möglich, so dass in diesem Zusammenhang nicht von einem Eigentumserwerb des Klägers ausgegangen werden kann.

Soweit der Kläger darüber hinaus auf verschiedene schriftliche Stellungnahmen verweist, wonach ihm Gegenstände überlassen worden sind, lagen diese Unterlagen bereits vor Ergehen des angefochtenen Bescheides vor und sind durch die Beklagte sowie in der Folge durch die Kammer und das Nds. Oberverwaltungsgericht bei den im Prozesskostenhilfeverfahren ergangenen Entscheidungen berücksichtigt worden. Insoweit gilt zudem, dass diese schriftlichen Erklärungen nicht belegen, dass die bei dem Kläger sichergestellten Gegenstände sowie diejenigen, auf die sich die schriftlichen Erklärungen beziehen, identisch sind.

Soweit der Kläger darüber hinaus darauf verweist, er habe in der Vergangenheit durchaus Erwerbseinkommen gehabt, vermag dieser Einwand sein Vorbringen nicht zu stützen. Regelmäßiges Einkommen hat der Kläger lediglich bis Ende 1995 gehabt und in der Folgezeit hat er im Wesentlichen Sozialleistungen bzw. Arbeitslosengeld bezogen. Die Einkünfte, die er 2001/2002 gehabt hat, beruhten zwar auf Erwerbseinkommen, überstiegen Leistungen der Arbeitslosenversicherung jedoch auch nur im geringen Umfang. Eine Erklärung für die von dem Kläger betriebene Vorratshaltung an den jeweiligen sichergestellten Gegenständen lässt sich damit aus der wirtschaftlichen Lage des Klägers nicht herleiten. Damit war auch eine weitere Beweisaufnahme, wie vom Kläger hilfsweise beantragt, nicht geboten.

Die Kammer ist bei dieser Sach- und Rechtslage der Überzeugung, dass die Sicherstellung der bei dem Kläger vorgefundenen Gegenstände zu Recht erfolgt ist. Ein Herausgabeanspruch besteht damit nicht, so dass die Klage abzuweisen war.

Die Kostenentscheidungen ergibt sich aus den §§ 154 Abs. 1, 167 Abs. 2 VwGO, 708 Nr. 11, 711 ZPO.

Rechtsmittelbelehrung

Gegen dieses Urteil ist die Berufung nur zulässig, wenn sie von dem Niedersächsischen Oberverwaltungsgericht zugelassen wird.

Die Berufung ist nur zuzulassen, wenn ernstliche Zweifel an der Richtigkeit des Urteils bestehen, wenn die Rechtssache besondere tatsächliche oder rechtliche Schwierigkeiten aufweist, wenn die Rechtssache grundsätzliche Bedeutung hat, wenn das Urteil von einer Entscheidung des Oberverwaltungsgerichts, des Bundesverwaltungsgerichts, des gemeinsamen Senats der obersten Gerichtshöfe des Bundes oder des Bundesverfassungsgerichts abweicht und auf dieser Abweichung beruht oder wenn ein der Beurteilung des Berufungsgerichts unterliegender Verfahrensmangel geltend gemacht wird und vorliegt, auf dem die Entscheidung beruhen kann.

Die Zulassung der Berufung ist bei dem

Verwaltungsgericht Stade,
Am Sande 4 a, 21682 Stade oder
Postfach 3171, 21670 Stade,

innerhalb eines Monats nach Zustellung des vollständigen Urteils zu beantragen. Der Antrag muss das angefochtene Urteil bezeichnen. Innerhalb von zwei Monaten nach Zustellung des vollständigen Urteils sind die Gründe darzulegen, aus denen die Berufung zuzulassen ist. Die Begründung ist, soweit sie nicht bereits mit dem Antrag vorgelegt worden ist, bei dem

Niedersächsischen Oberverwaltungsgericht,
Uelzener Straße 40, 21335 Lüneburg, oder
Postfach 2371, 21313 Lüneburg,

einzureichen.

Der Antrag und die Begründung müssen von einem Rechtsanwalt oder einem Rechtslehrer an einer deutschen Hochschule im Sinne des Hochschulrahmengesetzes mit der Befähigung zum Richteramt oder einer nach § 67 Abs. 1 Sätze 3 bis 7 VwGO zur Vertretung berechtigten Person als Bevollmächtigtem eingereicht werden.

    Schmidt   Steffen   Richter Plog hat Urlaub und kann daher nicht unterschreiben.

Schmidt

1 A 19/07

Beschluss

Der Streitwert wird auf

5.000,00 Euro

festgesetzt.

Rechtsmittelbelehrung

Gegen die Streitwertfestsetzung ist die Beschwerde an das Niedersächsische Oberverwaltungsgericht in Lüneburg statthaft, wenn der Wert des Beschwerdegegenstandes 200,00 Euro übersteigt. Wird der Beschwerdewert nicht erreicht, ist die Beschwerde nur statthaft, wenn sie vom Gericht wegen der grundsätzlichen Bedeutung der zur Entscheidung stehenden Fragen zugelassen wird. Die Nichtzulassung ist unanfechtbar. Die Beschwerde ist nur zulässig, wenn sie innerhalb von sechs Monaten, nachdem die Entscheidung in der Hauptsache Rechtskraft erlangt oder das Verfahren sich anderweitig erledigt hat, bei dem

Verwaltungsgericht Stade,
Am Sande 4a, 21682 Stade, oder
Postfach 3171, 21670 Stade,

schriftlich oder zur Niederschrift des Urkundsbeamten der Geschäftsstelle eingelegt wird. Ist der Streitwert später als einen Monat vor Ablauf dieser Frist festgesetzt worden, so kann die Beschwerde noch innerhalb eines Monats nach Zustellung oder formloser Mitteilung des Festsetzungsbeschlusses eingelegt werden.

Schmidt   Steffen   Richter Plog hat Urlaub und kann daher nicht unterschreiben.

Schmidt

Vor Entscheidung I./6

11 LA 133/08
1 A 19/07
Niedersächsisches Oberverwaltungsgericht (Lüneburg)
Beschluss vom 13.05.2008

Herausgabe sichergestellter Gegenständen
- Antrag auf Zulassung der Berufung -

Rechtsquellen/Fundstellen	Suchworte
VwGO 124 II Nr. 1	Berufung
VwGO 124 a IV S. 4	Darlegungsgebot
VwGO 154 II	Sachverhaltswürdigung
GKG 52 II	Kosten
	Streitwert
	Berufungszulassungsverfahren
	Unanfechtbarkeit

Leitsatz/Leitsätze (des Autors)

1. Antrag des Klägers auf Zulassung der Berufung gegen das Urteil des Verwaltungsgerichts Stade vom 25.02.2008 wird als unzulässig verworfen.
2. Zulassungsantragsteller muss sich substanziell mit der angefochtenen Entscheidung auseinandersetzen.
3. Bezugnahmen auf das erstinstanzliche Vorbringen genügen dem Darlegungsgebot regelmäßig nicht.
4. Es genügt ebenso nicht, dass der Kläger sinngemäß eine Beweisaufnahme anregt, ohne substantiiert auf die Sachverhaltswürdigung durch das Verwaltungsgericht einzugehen.
5. Kläger trägt die Kosten des Berufungszulassungsverfahrens.
6. Streitwert für das Berufungszulassungsverfahren wird auf 5000,00 € festgesetzt.
7. Beschluss ist unanfechtbar.

Entscheidung I./6 (Abschrift)

NIEDERSÄCHSISCHES OBERVERWALTUNGSGERICHT

Az. **11 LA 133/08**
1 A 19/07

BESCHLUSS

In der Verwaltungsrechtssache

des Herrn A.,

                Klägers und
                Zulassungsantragstellers,

Proz.-Bev.: Rechtsanwalt A.

g e g e n

die Polizeidirektion Oldenburg,
Theodor-Tantzen-Platz 8, 26122 Oldenburg

                Beklagte und
                Zulassungsantragsgegnerin,

Streitgegenstand: Herausgabe sichergestellter Gegenstände
                    - Antrag auf Zulassung der Berufung -

hat das Niedersächsische Oberverwaltungsgericht - 11. Senat - am 13. Mai 2008 beschlossen:

    Der Antrag des Klägers auf Zulassung der Berufung gegen das Urteil des Verwaltungsgerichts Stade - 1. Kammer - vom

25. Februar 2008 wird als unzulässig verworfen. Denn der Kläger hat den allein geltend gemachten Zulassungsgrund des § 124 Abs. 2 Nr. 1 VwGO nicht im Sinne des § 124 a Abs. 4 Satz 4 VwGO dargelegt.

Um ernstliche Zweifel an der Richtigkeit des erstinstanzlichen Urteils darzulegen, muss sich der Zulassungsantragsteller substantiell mit der angefochtenen Entscheidung auseinandersetzen (vgl. Happ, in: Eyermann, VwGO, 12. Aufl., § 124 a RdNr. 63). Bezugnahmen auf das erstinstanzliche Vorbringen genügen dem Darlegungsgebot deshalb regelmäßig nicht (vgl. etwa Kopp/Schenke, VwGO, 15. Aufl., § 124 a RdNr. 52). So verhält es sich hier. Der Kläger hat zur Begründung lediglich geltend gemacht, er sei entgegen der Annahme des Verwaltungsgerichts in der Lage gewesen, die sichergestellten Gegenstände innerhalb des Erwerbszeitraumes von seinem eigenen täglich erworbenen Entgelt zu erwerben, und hat dazu auf seinen erstinstanzlichen Sachvortrag einschließlich der darin erfolgten Beweisantritte verwiesen. Mit der dieser Behauptung entgegenstehenden Argumentation des Verwaltungsgerichts hat er sich nicht einmal ansatzweise auseinandergesetzt. Es genügt nicht, dass der Kläger sinngemäß eine Beweisaufnahme anregt, ohne substantiiert auf die Sachverhaltswürdigung durch das Verwaltungsgericht einzugehen (vgl. Bader u. a., VwGO, 4. Aufl., § 124 a RdNr. 82; Hopp, a. a. O., § 124 a RdNr. 67).

Der Kläger trägt gemäß § 154 Abs. 2 VwGO die Kosten des Berufungszulassungsverfahrens.

Der Streitwert für das Berufungszulassungsverfahren wird auf 5.000,-- € festgesetzt (§ 52 Abs. 2 GKG).

Dieser Beschluss ist unanfechtbar.

Vor „Entscheidung" I./7

Die „Entscheidung" I./7 ist eine Entscheidung der Staatsanwaltschaft Hannover und der Stadt Hannover als Verwaltungsbehörde.

Nach meiner Kenntnis liegen noch keine verwaltungsgerichtlichen Entscheidungen zu „Raubgräbereien" vor; sind aber vielleicht zu erwarten.

Hinzuweisen ist auf zwei Fachbeiträge.[3]

---

[3] *Schönleber, Wolfgang*, Raubgräberei – Problemfelder der Ermittlungsbehörden, in: Kriminalistik 12/2009, Seiten 692 ff.; Abstract (aus Kriminalistik 12/2009):
„Weitgehend unbemerkt von der Öffentlichkeit hat sich im Bundesgebiet eine Szene illegaler Schatzsucher und Hobbyarchäologen herausgebildet, die mit Hilfe von Metalldetektoren oder geophysikalischen Sonden Flurbegehungen unternehmen und illegale Ausgrabungen mit dem Ziel der persönlichen Bereicherung durchführen. Dabei können Parallelen zur internationalen Raubgräberszene durchaus gesehen werden. Als Folge hiervon werden die Funde der wissenschaftlichen Bearbeitung, der Auswertung sowie der Öffentlichkeit entzogen. Darüber hinaus können durch unkontrollierte Ausgrabungen außer Fundverlusten unwiederbringliche Beschädigungen und Zerstörungen von Kulturdenkmälern eintreten."
und
Laufer, Eckhard, Illegaler Handel mit Antiken aus dem Ausland – ein Problemfeld? – Ein konkreter Fall des Handels mit illegalen antiken Münzen und ihre Rückgabe an das Herkunftsland, in: der kriminalist 3/2011, Seiten 34 ff.

„Entscheidung" 1/7

Pressemitteilung der Staatsanwaltschaft Hannover vom 17.11.2009

Die Staatsanwaltschaft Hannover übergibt dem Museum August Kestner antike Münzen

Die Staatsanwaltschaft Hannover konnte 2003 bei Geldwäscheermittlungen 618 antike römische Münzen in einem Bankschließfach beschlagnahmen. Die Münzen stammen mutmaßlich aus illegalen Raubgrabungen im Schwarzmeerraum. Trotz intensiver Nachforschungen konnten die rechtmäßigen Besitzer der Münzen nicht gefunden werden.
Jetzt darf das Museum August Kestner die Münzen in seine Sammlungen aufnehmen. Darauf verständigten sich die Staatsanwaltschaft und die Landeshauptstadt Hannover.
Aufgespürt hat die Münzen die Abteilung für Finanzermittlungen bei der Staatsanwaltschaft Hannover. Sie ist auf die Ermittlung von aus Straftaten stammenden Vermögenswerten spezialisiert.
Angewendet wurden im vorliegenden Fall die Regeln über die sog. **"präventive Gewinnabschöpfung"**. Mit ihr werden in Zusammenarbeit zwischen der Staatsanwaltschaft und der Stadt Hannover illegal erworbene Gegenstände, deren Eigentümer nicht mehr zu ermitteln sind, für die Allgemeinheit erfolgreich verwertet.
Bei den Münzen handelt es sich hauptsächlich um Silbermünzen römischer Kaiser aus dem späten 1. Jahrhundert bis zum 3. Jahrhundert n. Chr. Unter ihnen befinden sich seltene und wertvolle Stücke, wie etwa Denare der Kaiser Otho (69 n. Chr.) und Pescennius Niger (193/4 n. Chr.).
Das Museum August Kestner ist der optimale Aufbewahrungsort für die Münzen. Es besitzt mit nahezu 120.000 Münzen und Medaillen eine der bedeutendsten Münzsammlungen Deutschlands.
Bei der offiziellen öffentlichen Übergabe am 25.11.2009 um 11.00 Uhr im Museum August Kestner sind der ermittelnde Staatsanwalt *Oliver Eisenhauer*, der Direktor des Museums *Dr. Wolfgang Schepers* und die Numismatikerin des Hauses *Dr. Simone Vogt* anwesend.[4]

---

[4] »http://www.staatsanwaltschaften.niedersachsen.de/portal/live.php?navigation_id=22924&article_id=81643&_psmand=165«

Auflistung weiterer verwaltungsgerichtlicher Entscheidungen „Sicherstellung von Gegenständen"

1.) **Urteil VG Koblenz, Az. 5 K 1802/07.KO, vom 23.04.2008**[5]
Sicherstellung einer großen Anzahl von Kosmetikartikeln im Gesamtwert von etwa 1.800,00 € – *rechtskräftig* [+].

> Laut Mitteilung des VG Koblenz vom 25.05.2009 ist das Urteil rechtskräftig, nachdem das OVG Rheinland-Pfalz den Antrag auf Zulassung der Berufung abgelehnt hat.

2.) **Beschluss VG Stade, Az. 1 A 19/07, vom 31.08.2007**
Sicherstellung von Gegenständen aus gefahrenabwehrrechtlichen Gründen; Antrag auf Bewilligung von Prozesskostenhilfe (PKH) – *rechtskräftig* [+] durch
Beschluss Nds. OVG (Lüneburg), Az. 11 PA 391/07 / 1 A 19/07, vom 14.01.2008 – *rechtskräftig* [+].

3.) **Urteil VG Köln, Az. 20 K 842/09, vom 10.12.2009**[6]
Sicherstellung von insgesamt 414 Kleidungsstücken und Sonnenbrillen – *rechtskräftig* [+]

> **Orientierungssatz zum Urteil des VG Köln, Az. 20 K 842/09**
> 1. Nach § 1 Abs. 1 PolG NRW hat die Polizei die Aufgabe, Gefahren für die öffentliche Sicherheit abzuwehren. (Rn. 22)
> 2. Nach § 43 Ziff. 2 PolG NRW kann die Polizei eine Sache sicherstellen, um den Eigentümer oder den rechtmäßigen Inhaber der tatsächlichen Gewalt vor Verlust oder Beschädigung einer Sache zu schützen. (Rn. 29)
> 3. Im Zwischen- und Internethandel sind Sicherungsetiketten unüblich. (Rn. 41)

---

[5] »http://www.ra-kotz.de/sichergestellte_kosmetikartikel.htm«
[6] »http://openjur.de/u/140537.html«

4.) Urteil VG Freiburg (Breisgau), Az. 4 K 389/09, vom 28.10.2010[7]
Sicherstellung von Starkstrom-Kupfer-Kabel in Höhe von 1.480,00 €
[+]

Leitsatz (amtlich) zum Urteil VG Freiburg, Az. 4 K 389/09
1. Ergibt eine Fülle an Beweisanzeichen, dass eine Person, in deren Besitz sich Gegenstände befinden, nicht Eigentümerin dieser Gegenstände sein kann, dass diese Gegenstände vielmehr vermutlich aus einer strafbaren Handlung herrühren, dann kann die Polizei diese Gegenstände zum Schutz des wahren Eigentümers sicherstellen, wenn diese Person nicht einmal zumindest konkrete Tatsachen vortragen und zur Überzeugung des Gerichts belegen kann, aus denen sich die ernsthafte Möglichkeit des rechtmäßigen Eigentumserwerbs ergibt.(Rn.16)
2. Die Beweisvermutungsregel des § 1006 BGB kann in einem solchen Fall als widerlegt anzusehen sein, auch wenn es der Polizei nicht gelingt, den wahren Eigentümer ausfindig zu machen.(Rn.23)

5.) Beschluss Bay. VGH, Az. 10 ZB 10.1707, vom 19.11.2010[8],
zum Urteil des VG Würzburg, Az. W 5 K 09.963, vom 02.06.2010
Polizeiliche Sicherstellung von Sachen (acht mit Dieselkraftstoff gefüllte Kunststoffkanister, eine elektrische Motorpumpe, ein zwei m langer Plastikschlauch, verschiedene Werkzeuge (...), 29 nicht etikettierte Spirituosenflaschen – *rechtskräftig* [+]

Leitsatz (amtlich) zum Beschluss Bay. VGH, Az. 10 ZB 10.1707
Dem von einer polizeilichen Sicherstellung nach Art. 25 PAG Betroffenen muss für einen Herausgabeanspruch nach Art. 28 Abs. 1 Satz 1 PAG ein Recht an der Sache zustehen; er darf also gerade nicht den Besitz an der Sache durch eine Straftat wie Diebstahl oder Hehlerei erlangt haben.

---

[7] »http://openjur.de/u/608160.html«
[8] » http://openjur.de/u/395166.html«

II. Sicherstellung von Bargeld

Die Sicherstellung von offensichtlich deliktischem – inkriminiertem, bemakeltem – Bargeld erfolgt über das Strafermittlungsverfahren hinaus vorrangig **„zur Abwehr einer gegenwärtigen Gefahr"** (insbesondere im Hinblick auf Drogenhandel, illegalen Zigarettenhandel oder Enkeltrickbetrug); kann aber auch zusätzlich dem „Eigentumsschutz" dienen, weil nicht auszuschließen ist, dass das Bargeld aus Diebstahlsstraftaten[9] hervorgegangen ist (vgl. Urteil VG Braunschweig, Az. 5 A 25/08, vom 02.12.2009 – *Sicherstellung von 8.400 € Bargeld („Verdacht des schweren Bandendiebstahls", vgl. Entscheidung II./10).*

Gesetzliche Grundlage (Beispiel: § 26 Nds. SOG)

---

§ 26 Sicherstellung

Die Verwaltungsbehörden und die Polizei können eine Sache sicherstellen,
1. um eine gegenwärtige Gefahr abzuwehren,
2. um die Eigentümerin oder den Eigentümer oder die Person, die rechtmäßig die tatsächliche Gewalt innehat, vor Verlust oder Beschädigung einer Sache zu schützen oder
3. ...

Das sichergestellte und danach auf ein Konto in Verwahrung genommene Bargeld fällt nach Ablauf der gesetzlichen Fristen an den Fiskus (je nach Zuständigkeit Kommune, Land oder Bund).[10]
Die fiskalische Verwertung ist im Falle der Nicht-Herausgabe von sekundärer Bedeutung.

---

[9] Bargeld, das im Rahmen von Straftaten erlangt wird – sofern es nicht gestohlen wurde – gilt sachenrechtlich als Eigentum der oder des Beschuldigten, da die Rechtswidrigkeit des Verpflichtungsgeschäftes nicht zwangsläufig auf die Wirksamkeit der sachenrechtlichen Eigentumsübertragung durchschlägt. Eine Sicherstellung von Bargeld ist wenn möglich auf § 26 Nr. 1 Nds. SOG zu stützen. (Ziff. 3.3 des Gem. RdErl. d. MI u. d. MJ v. 16.11.2007, a.a.O., vgl. *Anhang 1*).

[10] „Eine Verwertung sichergestellten Bargeldes sowie Buchgeldes, das nach Nummer 3.1 als Bargeld behandelt wird, erübrigt sich. Unter den Voraussetzungen des § 28 Abs. 1 Nr. 4 Nds. SOG kann dieses Bargeld jedoch als Erlös behandelt werden." (Ziff. 7. des Gem. RdErl. d. MI u. d. MJ v. 16.11.2007, a.a.O., vgl. *Anhang 1*).

Vor Entscheidung II./1

VG 1 A 173.98
Verwaltungsgericht Berlin
Urteil vom 02.02.2000

Sicherstellung von 155.000,00 DM und Herausgabebegehren

Rechtsquellen/Fundstellen	Suchworte
ASOG 38 Nr. 1 und Nr. 2	Zigarettenhandel
ASOG 41 I S. 1	Geldwäsche
BGB 1006 I	Geldfreigabe
VwGO 113 I S. 1	Sicherstellung
VwGO 117 V	Gefahr
VwGO 154 I, 167 I	Berechtigte
ZPO 708 Nr. 11, 711	Schutz privater Rechte

Leitsatz/Leitsätze (des Autors)

1. Anlässlich einer Verkehrskontrolle fanden Beamte des Polizeipräsidiums Berlin im Kofferraum eines Pkw eine Plastiktüte mit Bargeld im Gesamtwert von 155.000,00 DM.
2. Ermittlungsverfahren gegen den Kläger wegen Verdachts der Geldwäsche wurde eingestellt.
3. Staatsanwaltschaft verfügte die Freigabe des Geldes.
4. Daraufhin verfügte der Polizeipräsident Berlin die erneute Sicherstellung des Geldes gemäß § 38 Nr. 1 und Nr. 2 ASOG.
5. Hiergegen richtete sich der Widerspruch des Klägers.
6. Widerspruch wurde durch die Senatsverwaltung Berlin begründet zurückgewiesen.
7. Es besteht nämlich eine mit an Sicherheit grenzende Wahrscheinlichkeit, dass das Geld wieder in den illegalen Zigarettenhandel investiert wird; auch müssen Berechtigte vor Verlust des Geldes geschützt werden.
8. Klage ist unbegründet.
9. Gefahrenabwehrrechtliche (präventive) Sicherstellung war rechtmäßig und verletzt den Kläger zudem nicht in seinen Rechten.
10. Kläger hat folglich keinen Anspruch auf Herausgabe des Geldes.

Entscheidung II./1 (Abschrift)

VG 1 A 173.98   Verkündet am 2. Februar 2000

Justizsekretärin
als Urkundsbeamter der Geschäftsstelle

VERWALTUNGSGERICHT BERLIN

URTEIL
Im Namen des Volkes

In der Verwaltungsstreitsache

des Herrn ...

Klägers,

Prozessbevollmächtigter:
Rechtsanwalt ...

gegen

das Land Berlin, vertreten durch
den Polizeipräsidenten in Berlin,
Landespolizeiverwaltungsamt, LPVA I C 3,
Platz der Luftbrücke 6, 12096 Berlin,

Beklagten,

hat die 1. Kammer des Verwaltungsgerichts Berlin aufgrund der mündlichen Verhandlung vom 2. Februar 2000

durch den Richter am Verwaltungsgericht Groscurth
als Einzelrichter

für Recht erkannt:

Die Klage wird abgewiesen.

Der Kläger trägt die Kosten des Verfahrens.

Das Urteil ist wegen der Kosten vorläufig vollstreckbar.

Tatbestand

Der Kläger wendet sich gegen die Sicherstellung von 155.000,00 DM und begehrt zugleich deren Herausgabe.

Der Kläger ist vietnamesischer Staatsangehöriger und hielt sich seit Mai 1995 in Deutschland auf. Zumindest bis zum Juli 1997 erhielt er Leistungen nach dem Asylbewerberleistungsgesetz. Anlässlich einer Verkehrskontrolle am 6. August 1997 gegen 13.10 Uhr an der Pasewalker Straße 109 in 13127 Berlin fanden Beamte des Polizeipräsidenten in Berlin im Kofferraum des vom Kläger geführten Pkw mit dem polizeilichen Kennzeichen BAR - YB 18 in einer Plastiktüte diverse Geldbündel im Gesamtwert von 155.000,00 DM. Eingetragener Halter war ein ebenfalls aus Vietnam stammender Herr N., gegen den das Zollfahndungsamt Berlin zuvor in vier Fällen wegen Steuerstraftaten im Zusammenhang mit illegalem Zigarettenhandel ermittelt hatte. Weder der Beifahrer, ein Herr L. aus Berlin, gegen den bereits im Jahre 1995 wegen Steuerhehlerei im Zusammenhang mit Zigarettenschmuggel ermittelt worden war, noch der Halter machten Angaben über die Herkunft des Geldes. Ob der Kläger Ausführungen hierzu machte, ist zwischen den Beteiligten streitig. Ausweislich eines Polizeiprotokolls soll der Kläger geäußert haben, er wisse nicht, wem das Geld gehöre und ebensowenig, wie das Geld in den Kofferraum gelangt sei. Zunächst wurde das Geld als Fundsache in Verwahrung genommen und am 7. August 1997 auf das Verwahrkonto der Zollverwaltung eingezahlt. Die Staatsanwaltschaft I bei dem Landgericht Berlin stellte das gegen den Kläger geführte Ermittlungsverfahren (3 Wi Js 801/97) wegen des Verdachts der Geldwäsche mangels hinreichenden Tatverdachts am 2. September 1997 ein und verfügte am 10. September 1997 die Freigabe des Geldes an den Kläger, da weder der Halter noch der Beifahrer Anspruch auf das beschlagnahmte Geld erhoben. Am 16. September 1997 verfügte der Polizeipräsident in Berlin gemäß § 38 Nr. 1 und Nr. 2 ASOG die erneute Sicherstellung des Geldes.

Hiergegen richtete sich der durch den Prozessbevollmächtigten des Klägers am 21. September 1997 mit der Begründung eingelegte Widerspruch, das ASOG Berlin könne vorliegend keine Anwendung finden, da es einen Gewahrsamsinhaber gebe.

Die Senatsverwaltung für Inneres wies den Widerspruch mit Widerspruchsbescheid vom 24. März 1998 mit der Begründung zurück, dass aufgrund der Gesamtumstände die Vermutung bestehe, die Herkunft und Zweckbestimmung des Geldes liege im illegalen Zigarettenhandel. Typischerweise erhalte der Zigarettenschwarzmarkt seine Lieferungen auf drei verschiedene Weisen: zum einen durch den hier zu vernachlässigenden „Ameisenhandel", den Schmuggel unter Tarnladungen von LKW sowie durch die Entnahme von Zigaretten im Zollversandverfahren. Während die Organisation der beiden letztgenannten Verfahren fest in europäischer Hand liege, erfolge die Abnahme und Weiterverteilung der Zigaretten an Kleinhändler regelmäßig durch vietnamesische Großhändler. Dabei laufe die Übergabe von Geld und Schmuggelware stets nach dem gleichen Schema ab. Diesem Schema entspreche auch die Situation, in der man das Geld des Klägers gefunden habe. Der Geldbetrag und dessen Stückelung sowie die Person des Beifahrers sprächen hierfür. Insbesondere der Vortrag des Herrn L., er kenne den Kläger nicht weiter, sondern er sei von ihm nur um die Begleitung einer Probefahrt gebeten worden, sei angesichts dessen Vorgeschichte unglaubhaft und daher als Schutzbehauptung anzusehen. Auch sei bereits gegen den Halter des PKW im Zusammenhang mit Steuerstraftaten auf Grund von Zigarettenschmuggel ermittelt worden. Anhaltspunkte für einen legalen Erwerb des Geldes bestünden - insbesondere angesichts dessen vormaligen Asylbewerberstatus - nicht. Die Sicherstellung sei daher nach § 38 ASOG rechtmäßig. Sie sei erforderlich, um eine gegenwärtige Gefahr abzuwehren, da eine mit an Sicherheit grenzende Wahrscheinlichkeit bestehe, dass das Geld wieder in den illegalen Zigarettenhandel investiert werde und zum anderen, um den Berechtigten vor Verlust des Geldes zu schützen. Auch sei der Kläger nicht rechtmäßiger Inhaber der tatsächlichen Gewalt über das Geld gewesen. Er habe bei der verkehrsrechtlichen Überprüfung nach übereinstimmender Bekundung der die Fahrzeugkontrolle durchführenden Polizeibeamten erklärt, er wisse nicht, wem das Geld gehöre und wie die Tüte mit dem Geld in den Kofferraum gekommen sei.

Mit der am 20. April 1998 erhobenen Klage verfolgt der Kläger sein Begehren weiter. Er ist der Ansicht, dass es unzulässig sei in Fällen, in denen eindeutig und unstreitig die Regeln der StPO anzuwenden seien, auf das ASOG Berlin zurückzugreifen, um eine Sicherstellung nach der StPO, deren Voraussetzungen weggefallen seien, aufrechtzuerhalten. Eine gegenwärtige Gefahr für die allgemeine Sicherheit durch die Aushändigung des Geldes sei nicht zu begründen, da lediglich die Vermutung durch den Beklagten bestehe, dass das Geld wieder in den illegalen Zigarettenhandel investiert werde. Es treffe nicht zu, dass zwischen der polizeirechtlichen Sicherstellung und dem Verfahren wegen Geldwäsche kein Zusammenhang bestehe. Die Sicherstellung sei bestenfalls nach der StPO rechtmäßig. Die zuständige Fachdienststelle der Polizei habe bereits vor Abschluss des staatsanwaltschaftlichen Ermittlungsverfahrens überlegt, wie man das Geld behalten könne. Lese man die Akte genau, so ergebe sich auch, dass die Sicherstellungsverfügung vor dem Datum des 16.9.97 verfügt worden sei;

dieses Datum sei nachträglich eingefügt worden. Der Beklagte vermute auch nur illegalen Besitz ebenso wie er eine Wiederverwendung des Geldes im Zigarettenschmuggel nur unterstelle. Es gebe keinen allgemeinen Erfahrungssatz, wonach einmal kriminell erlangtes Geld wieder zur Begehung von Straftaten eingesetzt werde. Selbst wenn § 38 ASOG hier grundsätzlich zur Anwendung käme, seien dessen Voraussetzungen hier nicht gegeben. Es liege keine gegenwärtige Gefahr vor, weil selbst bei Unterstellung, dass das Geld aus dem illegalen Zigarettenhandel stamme, nicht die gegenwärtige Gefahr folge, dass das Geld wieder zur Finanzierung weiterer Straftaten verwendet werde. Welche konkreten Rechtsbrüche zu erwarten seien, lasse der Bescheid ausdrücklich offen. Auch lägen die Voraussetzungen des § 38 Nr. 2 ASOG nicht vor, da die Annahme, der Kläger könne nicht rechtmäßiger Inhaber der tatsächlichen Gewalt über das Geld gewesen sein, fehlerhaft sei. Es müsse feststehen, dass der Kläger unrechtmäßiger Besitzer sei. Der Beklagte müsse die Nichtberechtigung nachweisen. Der Beklagte verhalte sich vietnamesenfeindlich. Es treffe nicht zu, dass der Kläger gar keinen Besitz am Geld gehabt habe. Dies sei ein sprachliches Missverständnis gewesen. Vielmehr habe der Kläger seinerzeit seinem Rechtsvertreter die genaue Summe, nämlich 155.000,- DM genannt, die sich in dem Wagen befunden habe. Der Beklagte übersehe, dass die Sicherstellung zum Schutze privater Rechte Dritter nur zulässig sei, wenn gerichtlicher Schutz nicht rechtzeitig erlangt werden könne. Dies sei hier aber nicht einschlägig, weil sich bei der in Rede stehenden Summe der rechtmäßige Eigentümer längst gemeldet hätte. Wegen des Fehlens der tatbestandlichen Voraussetzungen sei auch das Ermessen fehlerhaft ausgeübt worden. Schließlich liege ein Verstoß gegen das Übermaßverbot vor, weil die Maßnahme auf die dauerhafte Enteignung des Klägers ziele. Im Übrigen sei er Besitzer des Geldes und es sei an ihn herauszugeben, da es in seinem Gewahrsam sichergestellt worden sei.

Die Kammer hat den am 6. August 1998 gestellten Antrag auf Gewährung vorläufigen Rechtsschutzes mit Beschluss vom 14. September 1998 zurückgewiesen und zur Begründung im wesentlichen ausgeführt, es fehle dem Kläger an der erforderlichen Antragsbefugnis, weil er keine Anhaltspunkte dafür dargelegt habe, dass er die Sachherrschaft an dem Geld bewusst und gewollt innegehabt habe.

Im Anschluss daran hat der Kläger sein Vorbringen weiter vertieft und vorgetragen: Er habe bereits dargelegt, dass er Besitzer des Geldes gewesen sei. Denn er habe gesagt, wieviel Geld damals beschlagnahmt worden sei. Die im gerichtlichen Beschluss zitierte Zeugenaussage sei unglaubhaft. Die im Widerspruchsbescheid beanstandeten Besitzverhältnisse am Auto seien bei Vietnamesen völlig üblich. Das Land Berlin wisse, dass der Kläger auch am Geld Besitz gehabt habe. Tatsächlich habe es sich an dem fraglichen Abend nicht um eine Verkehrskontrolle gehandelt, vielmehr sei die Sicherstellung des Geldes nach einer Observation zustande gekommen. Der Beklagte kenne diese Umstände und täusche das Gericht darüber.

Mit Gerichtsbescheid vom 6. Januar 2000 hat das Gericht die Klage als unzulässig abgewiesen, weil Anhaltspunkte für einen Besitzwillen des Klägers nicht ersichtlich seien. Daraufhin hat der Kläger Antrag auf mündliche Verhandlung gestellt und sein Vorbringen weiter vertieft.

Der Kläger beantragt,

> die Sicherstellungsanordnung des Polizeipräsidenten in Berlin vom 16. September 1997 (LKA 2-02, ASOG 4/97) in Form des Widerspruchsbescheides der Senatsverwaltung für Inneres vom 24. März 1998 aufzuheben und den Beklagten anzuweisen, DM 155.000,00 an den Kläger nebst 4 % Zinsen seit dem 21. September 1997 herauszugeben.

Der Beklagte, der an seinem Bescheid aus dessen Gründen festhält, beantragt,

> die Klage abzuweisen.

Mit Beschluss vom 8. Oktober 1999 hat die Kammer den Rechtsstreit dem Berichterstatter als Einzelrichter zur Entscheidung übertragen.

Wegen der Einzelheiten des Sachverhaltes und des Vorbringen der Beteiligten wird auf die Streitakte des Gerichts und den Verwaltungsvorgang des Beklagten verwiesen.

<u>Entscheidungsgründe</u>

Die Klage hat keinen Erfolg. Soweit das Gericht die Klage im Gerichtsbescheid vom 6. Januar 2000 als unzulässig angesehen hatte, weil der Kläger nicht klagebefugt sei, kann dahinstehen, ob diese Ausführungen im Hinblick auf den auf Vernehmung des Zeugen L.[11] gerichteten Beweisantrag in der mündlichen Verhandlung vom 2. Februar 2000 noch aufrechterhalten bleiben können. Hier hat der Bevollmächtigte des Klägers erstmals jedenfalls ansatzweise Anhaltspunkte dafür dargelegt, dass das Geld mit Wissen des Klägers in den Kofferraum des Fahrzeugs gelangt sein könnte. Allein

---

[11] Hinweis des Buchverfassers: In dem mir vorliegenden Urteil ist der Name ausgeschrieben.

die bislang zur Begründung der Klagebefugnis angeführte angebliche Nennung der konkret beschlagnahmten Geldsumme gegenüber dem Prozessbevollmächtigten genügt für die Begründung eines Besitzwillens aus der Sicht des Gerichts jedenfalls nicht aus. Ausweislich des neuen Vortrags soll der Kläger bei der Beschlagnahme des Geldes geäußert haben, er habe dieses von einem Bekannten erhalten, was der benannte Zeuge gehört habe. Träfe dies zu, so wäre dem Kläger entgegen dem bisherigen Kenntnisstand ein Besitzwillen an dem Geld jedenfalls nicht von vornherein völlig abzusprechen, so dass eine Klagebefugnis des Klägers nicht gänzlich ausgeschlossen werden kann. Diese ggf. mit einer Beweisaufnahme verbundene Frage bedarf aber keiner weiteren Aufklärung. Selbst wenn nämlich zugunsten des Klägers sein Besitzwillen unterstellt wird, kann er mit seiner Klage in der Sache nicht durchdringen. Bedarf es für die Klärung einer Zulässigkeitsfrage weiterer und ggf. zeitintensiver Aufklärung, steht die Unbegründetheit der Klage indes fest, so kann die Zulässigkeit zugunsten des Klägers unterstellt werden (vgl. BVerwG , Beschluss vom 21. November 1967, DÖV, 1968, 214; BFH, Beschluss vom 11. Februar 1987, BayVBl. 1988, S. 219; BayVGH, Urteil vom 27. März 1987, 11 B 83 A, 3132, BayVBl. 1988, 212; sowie Sendler, DVBl. 1982, 923, 929; im Ergebnis Ehlers, VerwArch 84 (1993) S. 139, 172). So liegt der Fall hier, so dass die auf Vernehmung des Zeugen L. und des Leiters des Zollfahndungsamtes Berlin gerichteten Beweisanträge zurückzuweisen waren.

Die Klage ist unbegründet. Die Sicherstellung des Geldes war rechtmäßig und verletzt den Kläger zudem nicht in seinen Rechten (§ 113 Abs. 1 S. 1 VwGO). Er hat auch keinen Anspruch auf dessen Herausgabe.

Rechtsgrundlage der Sicherstellung ist § 38 Nr. 1 und 2 ASOG Bln. Nach dieser Vorschrift können die Ordnungsbehörden und die Polizei eine Sache sicherstellen, um eine gegenwärtige Gefahr abzuwenden (Nr. 1) oder um den Eigentümer oder den rechtmäßigen Inhaber der tatsächlichen Gewalt vor Verlust oder Beschädigung einer Sache zu schützen (Nr. 2). Zutreffend geht der angefochtene Bescheid davon aus, dass diese Voraussetzungen hier vorlagen. Es sind keine Anhaltspunkte dafür ersichtlich, dass das ASOG auf den vorliegenden Fall nicht anwendbar sein soll. Es trifft zwar zu, dass Maßnahmen nach der StPO und präventiv-polizeiliche Maßnahmen nach dem ASOG grundsätzlich nicht nebeneinander zur Anwendung kommen können. Es ist aber nicht ersichtlich, warum Maßnahmen der Gefahrenabwehr etwa nach Beendigung staatsanwaltschaftlicher bzw. polizeilicher Ermittlungen nicht mehr statthaft sein sollen. Aus der Sicht einer effektiven Gefahrenabwehr wäre diese Sicht auch nicht haltbar.

Die Sicherstellung des Geldes war zur Abwendung einer gegenwärtigen Gefahr geboten. Zutreffend hat der Beklagte für den Sicherstellungszeitpunkt angenommen, dass das Geld mit an Sicherheit grenzender Wahrscheinlichkeit wieder in den illegalen Zigarettenhandel investiert und damit die Wahrscheinlichkeit der Begehung weiterer in diesem Zusammenhang relevanter Straftaten groß gewesen wäre. Zur Vermeidung von Wiederholungen wird insoweit nach § 117 Abs. 5 VwGO auf die zutreffenden Ausführungen des Widerspruchsbescheides (S. 2-4) Bezug genommen.

Auch konnte die Sicherstellung erfolgen, um den Eigentümer oder den rechtmäßigen Inhaber der tatsächlichen Gewalt vor Verlust oder Beschädigung zu schützen. Zum Zeitpunkt des 16. September 1997 war nämlich nicht klar, wem das Geld rechtmäßigerweise zustand. Da der Kläger selbst weder behauptet noch unter Beweis gestellt hat, rechtmäßiger Inhaber der Gewalt über das Geld gewesen zu sein, kam er als Berechtigter jedenfalls von vornherein nicht in Betracht. Die Kenntnis des wahren Berechtigten ist nicht Voraussetzung für die Abwehr der drohenden Gefahr des Eigentumsverlusts. Vielmehr kann die Eigentumssicherung der Ermittlung des wahren Eigentümers gerade auch vorangehen. Die auch vom Prozessbevollmächtigten des Klägers anerkannte Voraussetzung einer Sicherstellung, dass zivilrechtlicher Rechtsschutz nicht rechtzeitig erlangt werden kann (vgl. Berg/Knape/Kiworr, ASOG Bln, § 38 B. 1), war mithin hier bezüglich des unbekannten Eigentümers gerade gegeben.

Selbst wenn die Maßnahmen rechtswidrig gewesen sein sollten, wäre der Kläger hierdurch auch nicht in seinen Rechten verletzt. Hierfür hätte der Kläger nämlich nicht nur seinen Besitz, sondern sein Berechtigung nachweisen müssen; dies ist nicht geschehen. Zwar enthält § 1006 Abs. 1 BGB die Vermutung, dass der Besitzer einer beweglichen Sache der Eigentümer sei. Diese Vermutung greift indes nur im Fall des Eigenbesitzes (vgl. nur Soergel-Mühl BGB, § 1006 Rdnr. 3). Hierfür hat der Kläger aber nichts dargelegt. Seine Einlassungen gehen allenfalls so weit zu behaupten, von dem Geld im Kofferraum gewusst zu haben. Damit ist indes Eigenbesitz nicht belegt. Eigenbesitzer ist, wer eine Sache als ihm gehörend besitzt (§ 872 BGB). Hiervon kann aber vorliegend angesichts des spärlichen klägerischen Vortrags keine Rede sein.

Auch der Herausgabeanspruch hat keinen Erfolg. Nach § 41 Abs. 1 S. 1 ASOG sind die Sachen an diejenige Person herauszugeben, bei der sie sichergestellt worden sind, sobald die Voraussetzungen der Sicherstellung weggefallen sind. Auf diese Anspruchsgrundlage kann sich der Kläger schon aus vorgenannten Gründen nicht berufen. Verletzt ihn nämlich die Sicherstellung selbst nicht in seinen Rechten, kann er die Herausgabe der sichergestellten Sache von vornherein nicht auf einen die Folgen der Maßnahme rückgängig machenden Anspruch stützen. Unabhängig hiervon liegen aber auch die Voraussetzungen dieses Anspruchs nicht vor. Auch wenn zugunsten des Klägers unterstellt wird, dass das Geld bei ihm beschlagnahmt worden ist, würden die Voraussetzungen für eine Sicherstellung bei einer Herausgabe an ihn wiederaufleben. Ob dies im Hinblick auf die von dem Beklagten befürchtete Wiederverwendung des Geldes in den organisierten Zigarettenschmuggel zur Abwehr einer noch gegenwärtigen Gefahr geboten ist, kann offen bleiben; hierfür spricht immerhin, dass sich der Kläger offenbar nur nach Vietnam abgesetzt hat, um sich einer Festnahme aufgrund eines internationalen Haftbefehls zu entziehen. Jedenfalls würde bei einer Herausgabe des Geldes an den Kläger die Voraussetzung des § 38 Nr. 2 ASOG Bln wiederaufleben. Da nämlich der Kläger - wie ausgeführt - nicht einmal selbst behauptet hat, rechtmäßiger Eigentümer des Geldes gewesen zu sein, könnte eine Rückgabe an ihn den Anspruch des wahren Eigentümers dauerhaft vereiteln. Auch wenn der tatsächlich Berechtigte etwaige Ansprüche gegen den Beklagten nicht geltend gemacht hat, ist nämlich nicht auszuschließen, dass dieser seine Rückgabeansprüche noch geltend machen wird.

Die Nebenentscheidungen beruhen auf §§ 154 Abs. 1, 167 Abs. 1 VwGO, §§ 708 Nr. 11, 711 ZPO.

Rechtsmittelbelehrung

Gegen dieses Urteil steht den Beteiligten die Berufung zu, wenn sie von dem Oberverwaltungsgericht zugelassen wird.

Die Zulassung der Berufung ist innerhalb eines Monats nach Zustellung des Urteils zu beantragen. Der Antrag ist bei dem Verwaltungsgericht Berlin, Kirchstraße 7, 10557 Berlin zu stellen. Er muss das angefochtene Urteil bezeichnen. Ferner sind in dem Antrag die Gründe darzulegen, aus denen die Berufung zuzulassen ist.

Für das Verfahren vor dem Oberverwaltungsgericht besteht Vertretungszwang; dies gilt auch für den Antrag auf Zulassung der Berufung. Danach muss sich jeder Beteiligte, soweit er einen Antrag stellt, durch einen Rechtsanwalt oder einen Rechtslehrer an einer deutschen Hochschule als Bevollmächtigten vertreten lassen. Juristische Personen des öffentlichen Rechts und Behörden können sich auch durch Beamte oder Angestellte mit Befähigung zum Richteramt sowie Diplomjuristen im höheren Dienst vertreten lassen.

gez. …………..

Vor Entscheidung II./2

OVG 1 N 13.00
VG 1 A 173.98
OVG Berlin
Beschluss vom 16.09.2002

**Sicherstellung von 155.000,00 DM und Herausgabebegehren
- Antrag auf Zulassung der Berufung wird abgelehnt -**

Rechtsquellen/Fundstellen	Suchworte
VwGO 124 II Nr. 5, 3 und 1	Sicherstellungsanordnung
GVG 21 g II 2. Halbs.	Widerspruchsbescheid
GVG 21 g III	Gerichtsbesetzung
VwGO 6	Geschäftsverteilungsplan
VwGO 154 II	Verfahrensfehler
VwGO 152 I	Beweislastumkehr
StPO 94 I	Unschuldsvermutung
StPO 170 II	Gefahrenprognose
ASOG 38	Verpflichtungsklage
ASOG 41 I S. 1	Asylbewerberleistungsgesetz
BGB 1006 I	Geldzeichen
GKG 13 II, 14 I, III	Eigentumssicherung

Leitsatz/Leitsätze (des Autors)

1. Kläger rügt die ordnungsgemäße Besetzung des Verwaltungsgerichts.
2. Einwände können nicht zur Zulassung der Berufung führen.
3. Gemäß § 21 g Abs. 2 Halbsatz 1 GVG bestimmt der spruchkörperinterne Geschäftsverteilungsplan für die Dauer eines Geschäftsjahres, nach welchen Grundsätzen die Mitglieder an den Verfahren mitwirken.
4. Keine entscheidungserhebliche Frage, ob eine zunächst nach § 94 Abs. 1 StPO – repressiv – sichergestellte Sache nach staatsanwaltschaftlicher Verfahrenseinstellung und Freigabe danach erneut aus gefahrenabwehrrechtlichen Gründen – präventiv – sichergestellt werden kann.
5. Kein Verstoß gegen die Unschuldsvermutung durch „Umkehr der Beweislast".
6. Entscheidung ist unanfechtbar.

Entscheidung II./2 (Abschrift)

OBERVERWALTUNGSGERICHT BERLIN
BESCHLUSS

	OVG 1 N 13.00
Aktenzeichen	VG 1 A 173.98

In der Verwaltungsstreitsache

g e g e n

Land Berlin, vertreten durch
den Polizeipräsidenten in Berlin,
Platz der Luftbrücke 6, 12096 Berlin,
Beklagten und Antragsgegner,

hat der 1. Senat des Oberverwaltungsgerichts Berlin durch den Präsidenten des Oberverwaltungsgerichts .... und die Richter am Oberverwaltungsgericht .... und ....
am 16. September 2002 beschlossen:

Der Antrag, die Berufung des Klägers gegen das Urteil des Verwaltungsgerichts Berlin vom 2. Februar 2000 zuzulassen, wird abgelehnt.

Die Kosten des Verfahrens auf Zulassung der Berufung werden dem Kläger auferlegt.

Der Wert des Gegenstandes des Zulassungsverfahrens wird auf 79 250,24 EUR (155 000 DM) festgesetzt.

Gründe

Mit Urteil vom 2. Februar 2000 hat das Verwaltungsgericht Berlin die Klage abgewiesen, die Sicherstellungsanordnung des Polizeipräsidenten in Berlin vom 16. September 1997 (LKA 2-02, ASOG 4/97) in Form des Widerspruchsbescheides der Senatsverwaltung für Inneres vom 24. März 1998 aufzuheben und den Beklagten anzuweisen, an den Kläger 155 000 DM nebst 4 % Zinsen seit dem 21. September 1997 herauszugeben. Der gegen dieses Urteil gerichtete Antrag auf Zulassung der Berufung bleibt ohne Erfolg. Die hier allein zu prüfende Begründung des Antrags auf Zulassung der Berufung ergibt nicht, dass die vom Kläger geltend gemachten Zulassungsgründe nach § 124 Abs. 2 Nr. 5, 3 und 1 VwGO vorliegen.

Der Kläger hat einen der Beurteilung des Berufungsgerichts unterliegenden, potentiell entscheidungserheblichen Verfahrensfehler des Verwaltungsgerichts im Sinne von § 124 Abs. 2 Nr. 5 VwGO nicht aufgezeigt. Er rügt die ordnungsgemäße Besetzung des Verwaltungsgerichts. Eine verwaltungsgerichtliche Entscheidung durch den Einzelrichter setze voraus, dass der kammerinterne Geschäftsverteilungsplan die Voraussetzungen für die Tätigkeit des Einzelrichters ordnungsgemäß regele. Das sei hier nicht der Fall gewesen. Der Geschäftsverteilungsplan der 1. Kammer des Verwaltungsgerichts Berlin für das Geschäftsjahr 2000 enthalte eine solche Bestimmung nicht; in ihm tauche das Wort „Einzelrichter" nicht auf.

Diese Einwände können nicht zur Zulassung der Berufung führen. Der gerügte Verfahrensfehler liegt schon nicht vor, so dass die Frage, ob er i.S.v. § 124 Abs. 2 Nr. 5 VwGO der Beurteilung des Berufungsgerichts unterläge (vgl. dazu Senatsbeschlüsse vom 11. Februar 2002 - OVG 1 SN 1.01 - und vom 13. April 2000 - OVG 1 N 25.97 - bei JURIS, mit Hinweis auf Senatsbeschluss vom 12. Oktober 1999 - OVG 1 SN 69.99 -, Beschluss des 4. Senats des Oberverwaltungsgerichts Berlin vom 17. März 1999 - OVG 4 N 20.97 -, BVerwG, NVwZ 2000, 1290, 1292; NVwZ-RR 2000, 257; Buchholz 310 § 54 VwGO, Nr. 51; Buchholz 310 § 138 Ziff. 1 VwGO, Nr. 28), dahinstehen mag.

Gemäß § 21 g Abs. 2 Halbsatz 1 GVG bestimmt der spruchkörperinterne Geschäftsverteilungsplan für die Dauer eines Geschäftsjahres, nach welchen Grundsätzen die Mitglieder an den Verfahren mitwirken. Diese für überbesetzte Spruchkörper geltende Regelung wird in § 21 g Abs. 3 GVG für entsprechend anwendbar erklärt, soweit nach den Vorschriften der Prozessordnungen die Verfahren durch den Spruchkörper einem seiner Mitglieder zur Entscheidung als Einzelrichter übertragen werden können. Wenngleich es aus Gründen der Klarheit sinnvoll erscheint, im Geschäftsverteilungsplan ausdrücklich die „Übertragung auf den Einzelrichter" zu regeln, ist der Vorschrift des § 21 g Abs. 3 GVG auch dann genügt, wenn der Geschäftsverteilungsplan die Person des Richters, auf den der Rechtsstreit gegebenenfalls übertragen werden soll, auf andere Weise abstrakt vorausbestimmt. Das ist hier der Fall. Es entspricht der dem Senat mannigfach bekannt gewordenen allgemeinen Übung des Verwaltungsgerichts Berlin, den Rechtsstreit stets dem nach dem kammerinternen Geschäftsverteilungsplan zuständigen Berichterstatter als Einzelrichter zu übertragen. Entsprechend ist auch der für die Einzelrichterübertragung nach § 6 VwGO vorgesehene Beschlussvordruck formuliert, der auch vorliegend verwendet worden ist. Trifft der Geschäftsverteilungsplan für die Übertragung auf den Einzelrichter keine ausdrückliche Regelung, so muss er dahin verstanden werden, dass der Rechtsstreit dem Berichterstatter und nicht etwa einem anderen Mitglied der Kammer übertragen werden soll (vgl. dazu auch OVG Schleswig-Holstein, Beschluss vom 24. Januar 1992, - 4 L 13/92 - Ausländer- und Asylrecht 1992, 12). Berichterstatter ist derjenige Richter, der einen Rechtsstreit innerhalb des Spruchkörpers federführend bearbeitet und den das Gesetz für bestimmte im vorbereitenden Verfahren ergehende Entscheidungen ohnehin zum originären Einzelrichter bestimmt (§ 87 a Abs. 1 und 3 VwGO). Fehlt es an einer abweichenden Regelung im Geschäftsverteilungsplan, so ist anzunehmen, dass der Berichterstatter den ihm regelmäßig bereits vertrauten Fall auch nach der Übertragung auf den Einzelrichter weiter bearbeiten soll, so dass allein er als Einzelrichter in Betracht kommt.

Auch der Zulassungsgrund nach § 124 Abs. 2 Nr. 3 VwGO ist nicht aufgezeigt. Der Kläger hält die Frage für grundsätzlich bedeutsam, ob gegenüber dem Besitzer einer zunächst nach § 94 Abs. 1 StPO sichergestellten Sache eine Sicherstellung gemäß § 38 ASOG geltend gemacht werden kann, wenn ein der Sicherstellung gemäß § 94 Abs. 1 StPO nachfolgendes Strafverfahren gemäß § 170 Abs. 2 VwGO[12] eingestellt worden ist und seitens der Staatsanwaltschaft der sichergestellte Gegenstand zugunsten des Besitzers freigegeben worden ist. Ob diese Frage hier tatsächlich entscheidungserheblich wäre, kann dahinstehen. Sie bedarf jedenfalls keiner obergerichtlichen Klärung, weil sie sich unmittelbar aus dem Gesetz beantworten lässt. Gemäß § 94 Abs. 1 StPO sind Gegenstände, die als Beweismittel für die Untersuchung von Bedeutung sein können, in Verwahrung zu nehmen oder in anderer Weise sicherzustellen. Die Vorschrift bezweckt die Sicherung des Strafermittlungsverfahrens und dient damit der repressiven Strafverfolgung. Demgegenüber regelt § 38 ASOG die Sicherstellung als Instrumentarium der Gefahrenabwehr. Die Ziele beider Vorschriften sind daher unterschiedlich und können sich überlagern; insbesondere kann der präventiv

---

[12] Anmerkung des Buchverfassers: Gemeint ist sicherlich § 170 Abs. 2 **StPO**.

geprägte Zweck einer Sicherstellung nach § 38 ASOG fortwirken, wenn das Strafermittlungsverfahren abgeschlossen ist und eine Maßnahme nach § 94 Abs. 1 StPO demgemäß ihre Erledigung gefunden hat.

Schließlich zeigt der Rechtsbehelf keine ernstlichen Zweifel an der Richtigkeit des angefochtenen Urteils auf (§ 124 Abs. 2 Nr. 1 VwGO). Soweit der Kläger geltend macht, das Verwaltungsgericht habe mit einer „Umkehr der Beweislast" operiert und damit gegen die Unschuldsvermutung verstoßen, verkennt er ebenfalls die unterschiedlichen Zielrichtungen der abgeschlossenen strafprozessualen Maßnahmen und der noch in Rede stehenden präventivpolizeilich begründeten Sicherstellung. Der Beklagte weist in seiner Antragserwiderung zutreffend darauf hin, dass es für letztgenannte Maßnahme um eine auf Tatsachen gegründete Gefahrenprognose geht, mithin die Verhinderung einer Gefahr, nicht jedoch die Ahndung eines begangenen Rechtsverstoßes in Rede steht.

Der Kläger rügt ferner, das Verwaltungsgericht habe in seinem Urteil (Seite 8 oben EA) zwar zutreffend auf die gesetzliche Vermutung nach § 1006 Abs. 1 BGB hingewiesen, dann jedoch fehlerhaft ausgeführt: „Hierfür hat der Kläger aber nichts dargelegt. Seine Einlassungen gehen allenfalls so weit zu behaupten, von dem Geld im Kofferraum gewusst zu haben.". Das sei zu beanstanden, weil das Verwaltungsgericht die vom Kläger unter Beweis gestellte Behauptung „Die Polizei habe den Kläger gefragt, woher das Geld sei. Der Kläger habe gesagt, er habe es von einem Bekannten erhalten", unter Zurückweisung des Beweisantrags als wahr unterstellt habe. Dieser Einwand greift schon deshalb nicht durch, weil die Behauptung, der Kläger habe erklärt, das Geld von einem Bekannten erhalten zu haben, noch nichts darüber aussagt, ob er die im Kofferraum des von ihm geführten Fahrzeugs aufgefundenen Banknoten für einen anderen oder als ihm selbst gehörend besessen, die Sachherrschaft also mit Eigenbesitzwillen ausgeübt hätte.

Hiervon abgesehen vernachlässigt der Rechtsbehelf, dass das Verwaltungsgericht die gegen die Sicherstellung gerichtete Anfechtungsklage mit weiteren selbständig tragenden Begründungen abgewiesen hat. Die genannten Einwände des Klägers betreffen die Ausführungen des Verwaltungsgerichts zu § 1006 Abs. 1 BGB (EA Seite 7 unten, 8 oben). Dabei handelt es sich jedoch lediglich um die Hilfserwägung, der Kläger sei selbst dann, wenn die Maßnahmen rechtswidrig gewesen sein sollten, nicht in seinen Rechten verletzt. Zuvor hatte das Verwaltungsgericht bereits die Rechtmäßigkeit der Sicherstellung bejaht und ausgeführt, diese sei sowohl von § 38 Nr. 1 ASOG als auch von § 38 Nr. 2 ASOG gedeckt. Jedenfalls auf die Ausführungen zu § 38 Nr. 1 ASOG geht der Rechtsbehelf nicht näher ein.

Auch hinsichtlich der vom Verwaltungsgericht abgewiesenen Verpflichtungsklage, den Beklagten anzuweisen, an ihn 155 000 DM nebst 4 % Zinsen seit dem 21. September 1997 herauszugeben, kann der Antrag auf Zulassung der Berufung keinen Erfolg haben. Den Herausgabeanspruch hat das Verwaltungsgericht ebenfalls mit mehreren jeweils selbständig tragenden Begründungen verneint. Es hat zunächst ausgeführt, dass sich der Kläger auf § 41 Abs. 1 Satz 1 ASOG nicht berufen könne, weil die Sicherstellung selbst ihn nicht in seinen Rechten verletzte. Schon die diesbezüglichen Einwände des Rechtsbehelfs (bezüglich § 1006 Abs. 1 BGB) greifen, wie dargelegt wurde, nicht durch.

Darüber hinaus hat das Verwaltungsgericht auch die tatbestandlichen Voraussetzungen eines Herausgabeanspruchs nach § 41 Abs. 1 Satz 1 ASOG verneint, weil bei einer Herausgabe an den Kläger die Voraussetzungen des § 38 Nr. 2 ASOG wieder aufleben würden. Da der Kläger nicht einmal selbst behauptet habe, rechtmäßiger Eigentümer des Geldes gewesen zu sein, könne eine Rückgabe an ihn den Anspruch des wahren Eigentümers dauerhaft vereiteln. Auch wenn der tatsächlich Berechtigte etwaige Ansprüche gegen den Beklagten nicht geltend gemacht habe, sei nämlich nicht auszuschließen, dass dieser seine Rückgabeansprüche noch geltend machen werde. Dazu führt der Kläger im Wesentlichen nur aus, private Interessen Dritter seien hier ganz offensichtlich überhaupt nicht berührt; das Verwaltungsgericht operiere mit Mutmaßungen, die mit der allgemeinen Lebenserfahrung nicht das Geringste zu tun hätten. Dieser Einwand ist unsubstantiiert und kann schon deshalb nicht durchgreifen. Im Übrigen wäre es widersprüchlich, wenn der Kläger einerseits Leistungen nach dem Asylbewerberleistungsgesetz in Anspruch genommen hat, andererseits aber geltend machen wolle, er habe Vermögen in Höhe von 155 000 DM gehabt.

Von alledem abgesehen kann der Rechtsbehelf auch aus folgenden Gründen keinen Erfolg haben: Eine Sicherstellung nach § 38 ASOG bezieht sich stets auf Sachen (vgl. Drews/Wacke/Vogel/Martens, Gefahrenabwehr, 9. Aufl., § 12 Nr. 11 b = S. 209; Berg/Knape/Kiworr, 9. Aufl., § 38 ASOG Berlin ≈ Anm. I A). Betrifft sie Geld, dann jeweils die einzelnen Geldzeichen, also Banknoten bzw. Münzen, nie jedoch ein Kontoguthaben, weil es sich dabei um eine Forderung handelt. Die hier in Rede stehende Sicherstellung vom 16. September 1997 betraf nicht die in dem von dem Kläger geführten Kraftfahrzeug aufgefundenen Banknoten in einer Stückelung von 10, 20, 50 und 100 DM-Scheinen. Diese Banknoten wurden, nachdem sie zunächst als Fundsache in Verwahrung genommen worden waren, am 7. August 1997 „aufgrund der völlig ungeklärten Herkunft und Eigentumsverhältnisse zur Eigentumssicherung" auf das Verwahrkonto der Zollverwaltung eingezahlt (Bl. 4 f., 17 des Verwaltungsvorgangs). Am 16. September 1997 wurden 155 Banknoten zu je 1 000 DM sichergestellt, und zwar in der Zollzahlstelle (Bl. 2, 3 des Verwaltungsvorgangs). Nach der dem Kläger bekannten Antragserwiderung des Beklagten vom 19. August 1998 im Verfahren des vorläufigen Rechtsschutzes - VG 1 A 351.98 - habe sich der zuständige Mitarbeiter des Zollfahndungsamtes Berlin am 16. September 1997 in der Zollzahlstelle des Hauptzollamtes Berlin-Süd die von der Staatsanwaltschaft freigegebenen 155 000 DM auszahlen lassen, um sie an den Kläger zu übergeben. Unmittelbar anschließend sei das Geld von einem ebenfalls anwesenden Mitarbeiter des Landeskriminalamtes sichergestellt worden. Dem entspricht der Vortrag des Klägers in seinem im vorliegenden Verfahren erstinstanzlich eingereichten Schriftsatz vom 19. November 1999, als das Geld habe ausgezahlt werden sollen, sei „das ‚ASOG' Formular herausgekramt, schnell das passende Datum eingesetzt und das Geld auf diese Weise einbehalten" worden. Wurden die hier in Rede stehenden Banknoten aber nicht bei dem Kläger sichergestellt, so sind sie gemäß § 41 Abs. 1 Satz 1 ASOG auch nicht an ihn herauszugeben.

Die Kostenentscheidung beruht auf § 154 Abs. 2 VwGO.

Die Festsetzung des Wertes des Gegenstandes des Zulassungsverfahrens ergibt sich aus §§ 13 Abs. 2, 14 Abs. 1 und 3 GKG.

Diese Entscheidung ist gemäß § 152 Abs. 1 VwGO unanfechtbar.

gez. …………..   gez. …………….   gez. ………….

Vor Entscheidung II./3

VG 1 A 442.01
Verwaltungsgericht Berlin
Beschluss vom 11.02.2004

Gefahrenabwehrrechtliche Sicherstellung von 298.000,00 DM Bargeld[13] - Besondere Anforderungen an die Gegenwärtigkeit einer Gefahr

Rechtsquellen/Fundstellen	Suchworte
VwGO 161 II	Anfechtungsklage
VwGO 113 I S. 1	Niederlande
VwGO 158 II	Drogenkauf
ASOG 38 Nr. 1	Bargeld
ASOG 40 I Nr. 4	Gefahr
ASOG 40 II S.1	Gegenwärtigkeit
ASOG 1 III	Glaubhaftigkeit
StPO 94, 111 e	Reiseziel
StPO 170 II	Schmuggelfahrten
StGB 6 Nr. 5	Drogenmilieu
BGB 1006	Indizien
GKG 13 ff.	Herausgabeanspruch
	Verwertung
	Zinsverluste
	Enteignung

Leitsatz/Leitsätze (des Autors)

1. Verfahren wird durch Beschluss der 1. Kammer des VG Berlin eingestellt. Kosten des Verfahrens werden dem Kläger zu 1/3 und dem Beklagten zu 2/3 auferlegt.

---

[13] Mit diesem Beschluss habe ich mich **kritisch** auseinandergesetzt, und zwar:
- *Ernst Hunsicker*, Präventive Gewinnabschöpfung (PräGe) in Theorie und Praxis ..., 3. überarb. & erw. Auflage 2008, Verlag für Polizeiwissenschaft, S. 30 ff.
- *Ernst Hunsicker*, Präventive Gewinnabschöpfung – Verunsicherung durch abweichende Rechtsprechung zur Sicherstellung und Verwertung von Bargeld, in: DIE POLIZEI 7-8/2006, S. 252 ff.

2. Beteiligte erklären übereinstimmend den Rechtsstreit in der Hauptsache für erledigt.
3. Bargeld ist eine Sache und damit tauglicher Gegenstand einer Sicherstellung.
4. Nach Überzeugung der Kammer kann es keinen vernünftigen Zweifel daran geben, dass der Kläger am 01.09.2000 die Absicht hatte, die sichergestellten 298.000 DM zum Kauf von Drogen in Enschede zu verwenden.
5. Wegen der steigenden Belastungen des Betroffenen (etwa in Form von Zinsverlusten) sind mit zunehmender Dauer der Sicherstellung von Bargeld tendenziell höhere Anforderungen an das Fortbestehen der gegenwärtigen Gefahr zu stellen.
6. Ein Schwebezustand (Nichtherausgabe des Geldes einerseits und Nichtverwendung andererseits) würde faktisch – untechnisch gesprochen – zu einer entschädigungslosen Enteignung führen.

Entscheidung II./3 (Abschrift)

VG 1 A 442.01

VERWALTUNGSGERICHT BERLIN

BESCHLUSS

In der Verwaltungsstreitsache

Klägers,

Beklagten,

hat die 1. Kammer des Verwaltungsgerichts Berlin
durch

>den Vizepräsidenten des Verwaltungsgerichts Dr. Rueß,
>den Richter am Verwaltungsgericht Groscurth,
>den Richter am Verwaltungsgericht Marticke,
>die ehrenamtliche Richterin Karge und
>den ehrenamtlichen Richter Schuster

am 11. Februar 2004 beschlossen:

>Das Verfahren wird eingestellt.
>
>Die Kosten des Verfahrens werden dem Kläger zu 1/3 und dem Beklagten zu 2/3 auferlegt.
>
>Der Wert des Streitgegenstandes wird auf 152.365,-- Euro (= 298.000,-- DM) festgesetzt.

Gründe

Nachdem die Beteiligten übereinstimmend den Rechtsstreit in der Hauptsache für erledigt erklärt haben, ist über die Kosten des Verfahrens nach bil-

ligem Ermessen unter Berücksichtigung des bisherigen Sach- und Streitstandes zu entscheiden (§ 161 Abs. 2 der Verwaltungsgerichtsordnung). Es entspricht billigem Ermessen, die Kosten des Verfahrens in dem aus dem Tenor ersichtlichen Verhältnis aufzuteilen, weil der Kläger nach dem bisherigen Sach- und Streitstand nur teilweise obsiegt hätte. Mit der am 12. Dezember 2001 erhobenen Klage wandte sich der Kläger gegen eine polizeiliche Sicherstellung von Bargeld im Wert von 298.000 DM und verlangte die Herausgabe des Geldes.
1. Die zulässige Anfechtungsklage war zunächst unbegründet. Der Bescheid des Landeskriminalamtes vom 6. Juni 2001 in der Gestalt des Widerspruchsbescheides des Polizeipräsidenten vom 12. November 2001 war – entgegen der Auffassung des Klägers – zunächst rechtmäßig und verletzte deshalb den Kläger nicht in seinen Rechten (§ 113 Abs. 1 Satz 1 VwGO). Mit dem Bescheid stellte der Beklagte auf der Grundlage von § 38 Nr. 1 des Allgemeinen Gesetzes zum Schutz der öffentlichen Sicherheit und Ordnung in Berlin – ASOG – Bargeld im Wert von 298.000 DM sicher, um die Begehung von Straftaten, insbesondere von Delikten nach dem Betäubungsmittelgesetz zu verhindern. Das Geld war am 1. September 2000 an der Grenze zu den Niederlanden in Bad Bentheim beim Kläger aufgefunden und im Rahmen eines Strafverfahrens gemäß § 94 und § 111e StPO beschlagnahmt worden war. Die polizeiliche Sicherstellung erfolgte, nachdem die Staatsanwaltschaft Berlin am 6. Juni 2001 das Ermittlungsverfahren gegen den Kläger (83 Js 363/00) gemäß § 170 Abs. 2 StPO eingestellt und die Beschlagnahme des Geldes aufgehoben hatte.
Gemäß § 38 Nr. 1 ASOG kann die Polizei eine Sache sicherstellen, um eine gegenwärtige Gefahr abzuwenden. Diese Voraussetzungen lagen nach Überzeugung der Kammer nicht nur zum Zeitpunkt des Fundes am 1. September 2000, sondern auch zum Zeitpunkt der Sicherstellung am 6. Juni 2001 und der Klageerhebung am 12. Dezember 2001 vor.
Bargeld ist eine Sache und damit tauglicher Gegenstand einer Sicherstellung. Die Gefahrenlage braucht nicht in einer Eigenschaft der sicherzustellenden Sache begründet sein (wie beispielsweise bei Waffen), sondern kann sich aus dem Verhalten ihres Besitzers ergeben (Lisken/Denninger, Handbuch des Polizeirechts, 3. Auflage 2001, Rdnr. F 662). Zwar ist die Gesamtregelung der Sicherstellung nicht auf Bargeld zugeschnitten: Wird Bargeld gemäß § 40 Abs. 1 Nr. 4 ASOG etwa durch Einzahlung auf ein Konto verwertet, weil es nach Ablauf eines Jahres noch immer nicht an den Berechtigten herausgegeben werden kann, ohne dass die Voraussetzungen der Sicherstellung erneut eintreten würden, so ist gleichwohl der Erlös aus der Verwertung gemäß § 41 Abs. 2 Satz 1 ASOG an den Berechtigten herauszugeben, selbst wenn damit weiterhin eine Gefahrenlage verbunden ist. Diese Ungereimtheiten sprechen allerdings nicht prinzipiell gegen eine Sicherstellung von Bargeld (vgl. Urteil der Kammer vom 2. Februar 2000 –

VG 1 A 173.98 –), sondern sind im Zusammenhang mit dem Herausgabeanspruch zu berücksichtigen (s. u. 2.).

Die Verwendung großer Summen Bargeldes zum Ankauf von Drogen und damit die drohende Begehung von Straftaten nach dem Betäubungsmittelgesetz stellt eine Gefahr für die öffentliche Sicherheit dar (vgl. § 1 Abs. 3 ASOG), selbst wenn der Ankauf von Drogen im Ausland erfolgen soll (vgl. § 6 Nr. 5 StGB) und das Geschehen noch nicht das Stadium des strafbaren Versuchs erreicht hat. Entsprechend dem präventiven Charakter der Maßnahme kommt es hier allein darauf an, ob das Geld zum Ankauf von Drogen in den Niederlanden verwendet werden sollte. Der Frage, ob das Geld aus Straftaten stammt, kommt insoweit allenfalls Indizwirkung zu.

An eine *gegenwärtige* Gefahr sind allerdings erhöhte Anforderungen zu stellen. Nach der Amtlichen Begründung zum ASOG 1975 und der Allgemeinen Begründung zum Musterentwurf eines einheitlichen Polizeigesetzes des Bundes und der Länder (zitiert nach Berg/Knape/Kiworr, Allgemeines Polizei- und Ordnungsrecht für Berlin, 2000, § 17 Anm. Teil 2, IV.B.1.) liegt eine gegenwärtige Gefahr vor, wenn die Einwirkung des schädigenden Ereignisses bereits begonnen hat oder wenn diese Einwirkung unmittelbar oder in nächster Zeit mit einer an Sicherheit grenzender Wahrscheinlichkeit bevorsteht. Der Begriff „gegenwärtig" soll sich mit dem in den Notwehrvorschriften (§ 32 Abs. 2 StGB, § 227 BGB) verwendeten Begriff des gegenwärtigen Angriffs decken. Diese Definition wird in der Literatur zu Recht als zu eng angesehen. Statt dessen wird nach dem Zweck der Eingriffsnorm darauf abgestellt, zu welchem Zeitpunkt ein polizeiliches Handeln zur Abwendung der Gefahr unabweisbar notwendig wird. Entscheidend ist danach, dass ein sofortiges Eingreifen erforderlich ist, weil sonst ein mit an Sicherheit grenzender Wahrscheinlichkeit bevorstehender Schaden nicht mehr abgewendet werden kann (Berg/Knape/Kiworr, a.a.O., § 17 Anm. Teil 2, IV.B.1.d m.w.N.). Gegen eine zu enge Auslegung des Tatbestandsmerkmals „gegenwärtig" spricht auch die Regelung des § 40 Abs. 1 Nr. 4 ASOG, die davon ausgeht, dass eine gegenwärtige Gefahr für einen erheblichen Zeitraum fortbestehen und damit naturgemäß nicht in jedem Augenblick mit der gleichen zeitlichen Nähe drohen kann.

Nach Überzeugung der Kammer kann es keinen vernünftigen Zweifel daran geben, dass der Kläger am 1. September 2000 die Absicht hatte, die sichergestellten 298.000 DM zum Kauf von Drogen in Enschede zu verwenden. Die Umstände des Auffindens des Geldes, die Angaben, die der Kläger bei dieser Gelegenheit und später gemacht hat und die weiteren Ergebnisse des strafrechtlichen Ermittlungsverfahrens lassen nur diesen Schluss zu.

Der Kläger war an diesem Tag in Begleitung von Herrn K. mit einem offenen Mercedes-Benz-Cabrio, dessen Halter Herr M. aus Berlin ist, in die

Niederlande eingereist. Bei einer Kontrolle durch die niederländische Polizei wurde festgestellt, dass der Beifahrer Herr K. keine Ausweispapiere bei sich hatte. Er wurde an die Grenzschutzinspektion in Bad Bentheim überstellt, wobei ihn der Kläger begleitete. Nach Schilderung des Sachverhalts durch die Ermittlungsgruppe die Bundesgrenzschutzinspektion Bad Bentheim vom gleichen Tage verneinte der Kläger die Frage, ob sich noch nennenswerte Gegenstände im Auto befänden. Das Fahrzeug gehöre seinem Bruder, der Autohändler sei. Versteckt im Aufnahmekasten des Persenning (des Raumes, in dem das Verdeck des Cabrios bei offenem Wagen untergebracht ist) fanden die Grenzschutzbeamten dann aber eine Plastiktüte mit Bargeld. Bei der Zählung wurde ein Betrag von 296.600 DM ermittelt, und zwar in folgender Stückelung: 214 10 DM-Scheine, 943 20 DM-Scheine, 1.160 50 DM-Scheine, 1.086 100 DM-Scheine, 20 200 DM-Scheine, 50 500 DM-Scheine und 80 1.000 DM-Scheine (dabei verzählte man sich, wie sich später herausstellte, um 1.400 DM). Bereits diese Umstände – anfängliches Leugnen, Versteck in einer Plastiktüte, kleine Stückelung in „ungeraden" Zahlen, Überqueren der Grenze mit einer derart hohen Summe Bargeldes – sind für sich genommen verdächtig und erklärungsbedürftig. Dies allein begründet bereits Auskunftspflichten des Betroffenen: Nach dem am 4. Mai 1998 in Kraft getretenen § 12a Abs. 2 Finanzverwaltungsgesetz, BGBl. I 1998, 849 (seit dem 21. Dezember 2001 wortgleich in § 12a Abs. 1 Zollverwaltungsgesetz, BGBl. I 2001, 3714) haben Personen auf Verlangen der Zollbediensteten Bargeld im Wert von 30.000 DM (heute: 15.000 Euro) und mehr, die sie einführen, nach Art, Zahl und Wert anzuzeigen sowie die Herkunft, den wirtschaftlich Berechtigten und den Verwendungszweck darzulegen. Der Kläger gab am 1. September 2000 an, er sei Eigentümer des Geldes. Etwa zwei Wochen vorher sei er in die Türkei gereist und habe dort sein Haus verkauft. Bei dem Geld handele es sich um den Erlös aus dem Verkauf. Er selbst handele mit Autos und habe nach seiner Fahrt in die Niederlande direkt in den süddeutschen Raum fahren wollen, um dort Autos zu kaufen. Die Angaben zur beabsichtigten Verwendung des Geldes waren erkennbar nicht glaubhaft. Niemand führt gerne über längere Zeit derart hohe Summen Bargeld bei sich, und wird sie kaum in einer Plastiktüte nach Holland ein- und wieder ausführen, um dann in Süddeutschland Autos zu kaufen. Für eine solche längere Reise stellen ein Kulturbeutel und eine Jacke – mehr wurde im Wagen an Kleidung nicht gefunden – ein zu dürftiges Gepäck dar. Der Kläger gab als Beruf Bauarbeiter an. Dazu passt es nicht, dass man im großen Stil als Autohändler auftritt, der Autos bar ankauft. Hinzu kommt, dass der Kläger und sein Beifahrer widersprüchliche Angaben hinsichtlich des Zieles ihrer Reise machten: Während der Beifahrer behauptete, beide hätten nach Amsterdam fahren wollen, erklärte der Kläger, sie hätten nach Enschede fahren wollen und anschließend zu einer Hochzeitsfeier beim Bekannten im Raum

Rotterdam. Der Einwand des Klägervertreters, dass der Kläger überhaupt keine Angaben hätte machen müssen, trifft angesichts der Darlegungspflicht des § 12a Finanzverwaltungsgesetz nicht zu und würde ohnehin einer Verwertung der vom Kläger tatsächlich gemachten Angaben nicht entgegenstehen. Soweit der Klägervertreter die Angaben in der Sachverhaltsschilderung der Ermittlungsgruppe generell in Zweifel zieht, so ist dem entgegenzuhalten, dass der Klägervertreter selbst die Angaben des Klägers vom 1. September 2000 seinen späteren Ausführungen zugrunde gelegt hat. Der Verdacht beim Auffinden des Geldes verstärkte sich durch die Ergebnisse der strafrechtlichen Ermittlungen. Bei Wohnungsdurchsuchungen am gleichen Tage in Berlin wurden in der Wohnung des Klägers etwa 9.400 DM Bargeld und in der Wohnung des Mitfahrers etwa 27.620 DM Bargeld aufgefunden. Dies ist angesichts von deren wirtschaftlichen Verhältnissen nicht erklärlich: Der Kläger hatte angegeben, nach Arbeitslosigkeit seit etwa acht Monaten als Bauarbeiter mit einem in der Strafanzeige erwähnten Nettoeinkommen von ca. 1.400 DM zu arbeiten; sein Mitfahrer soll seit 1997 über kein Einkommen mehr verfügt haben.

Die niederländische Polizei hat den vom Kläger und seinem Beifahrer benutzten Wagen am Abend des 1. September 2000 in Enschede beobachtet. Nach ihren Erkenntnissen traf sich der Kläger an diesem Abend mit einem Niederländer, gegen den die niederländische Polizei umfangreiche Ermittlungen wegen Großhandels mit Cannabis durchgeführt hat. In einem Strafverfahren, in das der Niederländer verwickelt war, sind 120 Schmuggelfahrten mit Cannabis nach Berlin nachgewiesen worden, deren Ausgangspunkt jeweils Enschede gewesen ist.

Die weiteren Ermittlungen haben Kontakte des Klägers und seines Mitfahrers ins Drogenmilieu bestätigt. Die Auswertung der vom Kläger und seinem Mitfahrer sichergestellten Handy-Karten ergab den Kontakt zu einer Reihe von Personen, gegen die bereits Strafermittlungsverfahren wegen Handels mit Cannabis durchgeführt worden sind sowie Besonderheiten, die den Schluss zulassen, dass ein Großteil der Anschlüsse konspirativ auf nicht existierende Personen oder eine Vielzahl von Anschlüssen auf einzelne Personen angemeldet wurden, die diese offensichtlich nicht nutzen. Der Kläger war seit Jahren mehrfach in Lokalen anwesend, in denen mit Drogen gehandelt wird: bei einer Durchsuchung des von seinem Begleiter Herrn K. angemieteten Café Paris am 21. Oktober 1996, am 14. Dezember 1996 in der Wohnung oberhalb des Café Paris, in der das Café überwacht und in einem Schrank Betäubungsmittel aufbewahrt wurden, und am 8. Februar 1994 als Gast in der einschlägig bekannten „Jäger Stube". In einem Ermittlungsverfahren wegen BTM-Delikten (2 Op Js 1856/00) nannte der Beschuldigte, bei dem größere Mengen Marihuana gefunden worden waren, während seiner Vernehmung am 28. Juli 2000 den Vornamen des Beifahrers des Klägers als seinen Lieferanten. Beim Auslesen seiner Handys

fanden sich unter diesem Namen zwei Telefonnummern, von denen die eine zu einer Telefonkarte gehört, die am 1. September 2000 im Wagen des Klägers gefunden wurde und die nach seinen Angaben ihm gehört. Am 7. Februar 2001 wurden in Berlin aus einem in Ahaus heimkommenden PKW ca. 50 kg Marihuana und Haschisch gefunden. Bei der Durchsuchung der Wohnung des Verdächtigen, der den aus Ahaus kommenden Wagen übernommen hatte, erschien der Beifahrer des Klägers mit 3.000 DM Bargeld. Dies entsprach der Summe, die der Fahrer, der den Wagen aus Ahaus nach Berlin gebracht hatte, nach dessen Geständnis als Transportlohn erhalten sollte. In der Wohnung des Beifahrers des Klägers wurden bei dieser Gelegenheit nochmals über 20.000 DM Bargeld sichergestellt.
Der Einwand des Klägervertreters, die Argumentation des Beklagten – der das Gericht weitgehend gefolgt ist – beruhe auf bloßen Mutmaßungen und unzulässigen Schlussfolgerungen aus für sich genommen völlig unverfänglichen tatsächlichen Ereignissen, ist entgegenzuhalten, dass die große Zahl der für sich genommen nicht völlig eindeutigen Indizien zusammengenommen kein bloßer Zufall sein können und keinen anderen als den nächst liegenden Schluss zulassen, dass der Kläger in der Tat die Absicht hatte, mit dem Bargeld von seiner Kontaktperson in Enschede eine größere Lieferung von Cannabis zu kaufen. Dass die verschiedenen strafrechtlichen Ermittlungsverfahren eingestellt worden sind, entwertet nicht die in diesem Verfahren festgestellten und vom Kläger letztlich auch nicht bestrittenen Indizien.
Die Einlassungen des Klägers über die Herkunft der 298.000 DM ändern nichts an dieser Einschätzung. Zwar hat der Klägervertreter mit Schreiben vom 22. Mai 2001 an die Staatsanwaltschaft Kopien eines Flugtickets Berlin-Istanbul für den 31. Juli 2000, eines Kaufvertrages über zwei Wohnungen im Wert von 130.000 DM vom 4. August 2000 sowie den Kontoauszug eines Dispositionskontos des Klägers bei der Demir-Bank vorgelegt, demzufolge am 10. August 2000 gut 170.000 abgehoben worden sind. Der Kaufvertrag über Wohnungen, auf den sich der Kläger beruft, erklärt aber höchstens die nach Angaben des Klägers enthaltene Summe von 110.000 DM, zumal der Kläger nur einer von vier Verkäufern war. Beim Dispositionskonto ist nicht eindeutig erkennbar, ob es in DM geführt wird. Woher die 170.000 DM von dem aufgelösten Depotkonto stammen, lässt der Kläger im Übrigen unerklärt. Die Stückelung des Geldes, das bei der Einreise in die Niederlande sichergestellt wurde, spricht gegen eine Bankauszahlung. Ebenso ist es schwer erklärlich, wie der Kläger diese große Menge Bargeldes unbemerkt mit dem Flugzeug nach Deutschland gebracht haben will. Dabei lief er schließlich Gefahr, dass das Bargeld von türkischer Seite wegen Devisenvergehens und von deutscher Seite nach den oben zitierten Bestimmungen des Finanzverwaltungsgesetzes beschlagnahmt worden wäre. Doch selbst wenn alle diesbezüglichen Angaben des Klägers zuträfen,

würde die Herkunft des Geldes nicht die Indizien entkräften, die für eine illegale Verwendung des Geldes sprechen.

Die gegenwärtige Gefahr bestand auch noch am Tag der Sicherstellung am 6. Juni 2001 und zum Zeitpunkt der Klageerhebung am 12. Dezember 2001. Die Verdachtsmomente verdichteten sich während des strafrechtlichen Ermittlungsverfahrens und bestanden unverändert fort. So erfuhren die Ermittlungsbehörden erst im April 2001 von dem Treffen des Klägers mit einem Drogenhändler in Enschede am Abend des 1.September 2000. Anzeichen für einen Sinneswandel des Klägers waren nicht erkennbar. Entgegen der Behauptung des Klägervertreters gab es auch nach dem 1. September 2000 noch Ereignisse, die dafür sprechen, dass der Kläger weiterhin in Drogengeschäfte involviert war. Der Großtransport von Drogen nach Berlin, bei dem der Mitfahrer des Klägers in der Wohnung des einen Verdächtigen mit einer Summe Bargeldes auftauchte, die dem vereinbarten Fahrerlohn entsprach, fand am 7. Februar 2001 statt. Nachdem sein Beifahrer am 16. Februar 2001 festgenommen worden war, fürchtete auch der Kläger seine Verhaftung und erklärte sich über seinen Verfahrensbevollmächtigten telefonisch gegenüber der Staatsanwaltschaft bereit, sich zum Tatvorwurf des Handels mit Betäubungsmitteln einzulassen, falls ein Haftbefehl gegen ihn bestehe. Angesichts der hohen Summe Bargeldes mit zweifelhafter Herkunft und der engen Kontakte des Klägers zum Drogenmilieu bestand auch noch zum Zeitpunkt der Sicherstellung und der Klageerhebung weiterhin die gegenwärtige Gefahr, dass der Kläger das Geld zeitnah für neue Drogengeschäfte benutzen würde.

2. Spätestens ab dem 6. Juni 2002 war aber der Anspruch des Klägers auf Herausgabe des Bargeldes oder eines entsprechenden Betrages in Euro begründet. Denn ab diesem Zeitpunkt war der Beklagte verpflichtet, das Geld entweder gemäß § 41 Abs. 1 ASOG an den Kläger herauszugeben oder das Bargeld gemäß § 40 Abs. 1 Nr. 4 ASOG zu verwerten und den Erlös gemäß § 41 Abs. 2 Satz 1 ASOG an den Kläger auszukehren.

a) Gemäß § 41 Abs. 1 Satz 1 ASOG sind die Sachen an denjenigen herauszugeben, bei dem sie sichergestellt worden sind, sobald die Voraussetzungen für die Sicherstellung weggefallen sind. Nach Satz 3 ist die Herausgabe ausgeschlossen, wenn dadurch erneut die Voraussetzungen für eine Sicherstellung eintreten würden. Es ist fraglich, ob und wann die Voraussetzungen der Sicherstellung im vorliegenden Fall nach Erhebung der Klage weggefallen sind. Der Beklagte war verpflichtet, das weitere Vorliegen der Voraussetzungen der Sicherstellung, die als Rechtsgrund für die amtliche Verwahrung des Bargeldes Dauerwirkungen entfaltet, regelmäßig zu überprüfen. Wegen der steigenden Belastung des Betroffenen (etwa in Form von Zinsverlusten) sind mit zunehmender Dauer der Sicherstellung von Bargeld tendenziell höhere Anforderungen an das Fortbestehen der gegenwärtigen Gefahr zu stellen. Im vorliegenden Fall sind seit der Sicherstellung im Juni 2001 keine neuen belastenden Anhaltspunkte mehr festgestellt worden. Die verschiedenen strafrechtlichen Ermittlungsverfahren, auf deren Ergebnissen die Begründung der Sicherstellung beruht, sind inzwischen sämtlich eingestellt. Zudem hat der Klägervertreter mit Schriftsatz vom 17. Mai 2002 gefordert, dass der Beklagte das Geld zum Beispiel für den Erwerb eines Grundstückes in Berlin freigeben solle. Der Beklagte muss dem Betroffenen auf dessen Verlangen die Möglichkeit einräumen, die Gefahr einer Verwendung des Bargeldes für Straftaten durch eine gesicherte legale Verwendung auszuschließen und damit die Fortdauer der Sicherstellung abzuwenden. Hier braucht aber insbesondere im Rahmen einer nach Billigkeit zu treffenden Kostenentscheidung nicht abschließend entschieden zu werden, ab wann die Gegenwärtigkeit der fortdauernden Gefahr zu verneinen wäre.

b) Denn jedenfalls hätte der Kläger, soweit kein Anspruch auf Herausgabe des Bargeldes nach § 41 Abs. 1 ASOG bestand, ab dem 6. Juni 2001 einen Anspruch auf Herausgabe des Erlöses der Verwertung gemäß § 41 Abs. 2 Satz 1 ASOG. Nach dieser Vorschrift ist der Erlös an den Berechtigten herauszugeben.

Da § 41 Abs. 2 Satz 1 ASOG – anders als Absatz 1 – vom „Berechtigten" spricht, steht der Anspruch nicht automatisch demjenigen zu, bei dem die Sache sichergestellt worden ist. Vielmehr muss dieser seine materielle Berechtigung, also in der Regel das Eigentum an der Sache nachweisen. Allerdings streitet für denjenigen, in dessen Besitz sich die Sache zum Zeitpunkt der Sicherstellung befand, die Eigentumsvermutung des § 1006 BGB, soweit er sich wie im vorliegenden Fall als Eigenbesitzer ausgibt (hier besteht der wesentliche Unterschied zu dem im Kammerurteil vom 2. Februar 2000 – VG 1 A 173.98 – entschiedenen Fall, in dem der damalige Kläger nicht behauptet hatte, dass das sichergestellte Bargeld ihm gehöre). Nach zutreffender Auffassung muss der durch die Vermutung Begünstigte allerdings über die konkreten Erwerbsumstände Auskunft geben (Staudinger-Gursky, BGB Neubearbeitung 1999, § 1006 Rdnr. 44). Zur Widerlegung der Vermutung kann der Nachweis genügen, dass der behauptete Erwerb nicht wirksam stattgefunden hat (vgl. Urteil des Bundesgerichtshofes vom 19. Januar 1977 – VIII ZR 42/75 –, JR 1978, 18). Im vorliegenden Fall bestehen zwar Zweifel daran, ob das sichergestellte Bargeld tatsächlich aus dem Verkauf von Wohnungen und der Auflösung eines Kontos des Klägers in der Türkei stammt. Widerlegt sind diese Behauptungen jedoch nicht, so dass der Kläger als Berechtigter im Sinne von § 41 Abs. 2 Satz 1 ASOG anzusehen ist. Der Erlös ist herauszugeben, selbst wenn eine gegenwärtige Gefahr besteht, dass auch der Erlös zur Begehung von Straftaten verwendet wird. Denn der Anspruch auf Herausgabe des Erlöses unterliegt nicht der Einschränkung des § 41 Abs. 1 Satz 1 ASOG.

Als Berechtigter im Sinne von § 41 Abs. 2 Satz 1 ASOG hatte der Kläger einen Anspruch darauf, dass der Beklagte das Bargeld nach Ablauf eines Jahres verwertet, soweit er zur Herausgabe nach § 41 Abs. 1 ASOG nicht bereit war. Gemäß § 40 Abs. 1 Nr. 4 ASOG ist die Verwertung der sichergestellten Sache zulässig, wenn sie nach einer Frist von einem Jahr nicht an einen Berechtigten herausgegeben werden kann, ohne dass die Voraussetzungen der Sicherstellung erneut eintreten würden. Das Entschließungsermessen des Beklagten reduziert sich auf Null und verdichtet sich in verfassungskonformer Auslegung zu einer Verwertungspflicht, wenn ein hoher Bargeldbetrag sichergestellt worden ist, der einen wesentlichen Teil des Vermögens des Berechtigten ausmacht.

Denn die Sicherstellung ist ihrer Natur nach vorübergehend (vgl. die Definition bei Berg/Knape/Kiworr, Allgemeines Polizei- und Ordnungsrecht für Berlin, 2000, § 38 Anm. I. A.) und soll bei Fortbestehen der Gefahr in eine endgültige Verwertung münden. Im Falle der Sicherstellung von Geld könnte dessen Wert dem Berechtigten selbst bei Fortbestehen einer gegenwärtigen Gefahr nur dann dauerhaft vorenthalten werden, wenn man auf Dauer einen Schwebezustand zuließe, in dem die Polizei einerseits die Herausgabe verweigern darf, das Geld aber andererseits nicht zu verwerten braucht. Dies würde aber faktisch – untechnisch gesprochen – zu einer entschädigungslosen Enteignung führen, die das in Art. 14 GG geschützte Eigentumsrecht des Berechtigten verletzt. Denn Substanz und Wert des Gegenstandes würden ohne ausreichende gesetzliche Grundlage auf unabsehbare Zeit entzogen, wobei offenbleiben kann, ob es sich um eine Inhaltsbestimmung des Eigentums im Sinne von Art. 14 Abs. 1 GG oder um eine Enteignung im Sinne von Art. 14 Abs. 3 GG handelt (vgl. zu dieser schwierigen Abgrenzung Jarass/Pieroth, Grundgesetz, 6. Auflage 2002, Art. 14, Rdnr. 74). Zwar lässt das Bundesverfassungsgericht Substanzeingriffe entschädigungslos zu, wenn anders die von einer Sache ausgehende Gefahr für die Allgemeinheit nicht beseitigt werden kann (Beschluss vom 17. November 1966 – 1 BvL 10/61 –, BVerfGE 20, 351, 356 ff. für seuchengefährdete Tiere). In solchen Fällen beruht aber die Gefahr auf den Eigenschaften oder den Zustand einer Sache, was von Geld in dieser Allgemeinheit nicht angenommen werden kann. Das Bundesverfassungsgericht hat auch die Einziehung von Gegenständen in Strafurteilen in einem obiter dictum für eine zulässige Eigentumsbeschränkung gehalten, die keine Enteignung darstelle (Entscheidung vom 12. Dezember 1967 – Az: 2 BvL 14/62 u.a. –, BVerfGE 22, 387, 422). Dabei handelt es sich aber um eine traditionell strafrechtliche Sanktion, die gesetzlich geregelt ist und die volle Überzeugung des Gerichts voraussetzt, dass eine Straftat begangen worden ist und der eingezogene Gegenstand damit in unmittelbarem Zusammenhang steht. Der im Zuge der Bekämpfung der organisierten Kriminalität eingeführte § 73d StGB lässt einen erweiterten Verfall von Gegenständen des Täters auch dann an, wenn „die Umstände die Annahme rechtfertigen, daß diese Gegenstände für rechtswidrige Taten oder aus ihnen erlangt worden sind." Die Vorschrift begegnet aber verfassungsrechtlichen Bedenken (vgl. Tröndle/Fischer, Strafgesetzbuch, 51. Auflage 2003, § 73d Rdnr. 4 m.w.N.) und ist nach der Rechtsprechung des Bundesgerichtshofes einschränkend dahingehend auszulegen, dass eine uneingeschränkte richterliche Überzeugung von der deliktischen Herkunft der betreffenden Gegenstände vorliegen muss (Beschluss vom 22. November 1994 – 4 StR 516/94 –, BGHSt 40, 371, 373). § 39 ASOG regelt dagegen eine Maßnahme, die auf einer Bewertung von Wahrscheinlichkeiten im Rahmen einer Gefahrenprognose beruht und ihrer Natur nach vorübergehend ist. Die Jahresfrist in § 40 Abs.1 Nr. 4 ASOG gibt einen normativen Anhaltspunkt dafür, wann die Entscheidung zwischen Herausgabe des Bargeldes oder Auskehr des Erlöses unter Berücksichtigung des grundrechtlichen Schutzes des Eigentums des Berechtigten getroffen werden soll.

Die Aufteilung der Kosten berücksichtigt die Zeiträume, in denen die Sicherstellung als rechtmäßig anzusehen war und in denen der Kläger Anspruch auf Herausgabe des sichergestellten Geldes oder eines entsprechenden Betrages hatte.

Die Streitwertfestsetzung beruht auf §§ 13 ff. des Gerichtskostengesetzes.

Rechtsmittelbelehrung

Dieser Beschluss ist hinsichtlich der Kostenentscheidung unanfechtbar (§ 158 Abs. 2 der Verwaltungsgerichtsordnung).

Gegen die Streitwertfestsetzung ist die Beschwerde an das Oberverwaltungsgericht Berlin zulässig, wenn der Wert des Beschwerdegegenstandes 50 Euro übersteigt.

Die Beschwerde ist beim Verwaltungsgericht Berlin, Kirchstraße 7, 10557 Berlin, schriftlich oder zur Niederschrift des Urkundsbeamten der Geschäftsstelle einzulegen. Die Frist für die Einlegung der Beschwerde endet sechs Monate, nachdem sich das Verfahren durch die übereinstimmenden Erklärungen erledigt hat.

gez. ....   gez. ....   gez. ....

Vor Entscheidung II./4

RN11 K 03.1962
Bay. VG Regensburg
Urteil vom 18.01.2005

Sicherstellung von 225.000,00 € Bargeld

Rechtsquellen/Fundstellen	Suchworte
PA 25 Nr. 1, Nr. 2	Sicherstellung
PAG 2 I S. 3	Widerspruch
PAG 2 II	Herausgabeanspruch
POG 3	Geldmenge
BGB 985, 1006	Geldwäschegesetz
StPO 154 II	Testament
StPO 170 II	Erbschaft
VwGO 113 I S. 1, S. 2	Rechtmäßigkeit
VwGO 108 I, 173	Kostenentscheidung
	Sequester

Leitsatz/Leitsätze (des Autors)
1. Präventivpolizeiche Sicherstellung von 225.000,00 € anlässlich einer Personen- und Pkw-Durchsuchung.
2. Kläger legt Widerspruch ein und begründet Herausgabeanspruch.
3. Herausgabeanspruch besteht jedoch nicht.
4. Beide Tatbestandsalternativen sind als erfüllt anzusehen (Abwehr einer gegenwärtigen Gefahr, Eigentümer oder rechtmäßigen Inhaber der tatsächlichen Gewalt vor Verlust oder Beschädigung einer Sache zu schützen).
5. Kläger beruft sich zu Unrecht auf die Eigentumsvermutung des § 1006 Abs. 1 BGB.
6. Nicht glaubhafte Ausführungen des Klägers in mehreren Punkten.
7. Sicherstellungsbescheid ist folglich rechtmäßig.
8. Auch ein Herausgabeanspruch ist nicht gegeben.
9. Weder der Kläger noch seine Ehefrau sind Eigentümer des Geldes.
10. Die wirksame Sicherstellung stellt keine verbotene Eigenmacht dar.
11. Hilfsweise beantragte Herausgabe des Geldes an die Prozessbevollmächtigten als Sequester ist ausgeschlossen.

Entscheidung II./4 (Abschrift)

Az. RN11 K 03.1962

Bayerisches Verwaltungsgericht Regensburg
Im Namen des Volkes

In der Verwaltungsstreitsache

/JUGOSLAWIEN

- Kläger -

und Kollegen

bevollmächtigt:
Rechtsanwälte

gegen

Freistaat Bayern
vertreten durch Polizeipräsidium Niederbayern/Oberpfalz
Bismarckplatz 1, 93047 Regensburg

- Beklagter -

wegen

polizeilicher Sicherstellung

erlässt das Bayerische Verwaltungsgericht Regensburg, 11. Kammer, unter Mitwirkung von
Vorsitzendem Richter am Verwaltungsgericht …………
Richterin am Verwaltungsgericht …………..
Richter am Verwaltungsgericht …………..
ehrenamtlicher Richterin ………….. ehrenamtlichem Richter
…………..

aufgrund der mündlichen Verhandlung vom **18. Januar 2005** folgendes

Urteil:

I. Die Klage wird abgewiesen.
II. Der Kläger trägt die Verfahrenskosten.
III. Die Kostenentscheidung ist vorläufig vollstreckbar. Der Kläger kann die Vollstreckung durch Sicherheitsleistung in Höhe der festgesetzten Kosten abwenden, wenn nicht der Beklagte vor der Vollstreckung gleiche Sicherheit leistet.

Tatbestand:

Am 14.10.2002 wurde der Kläger gegen 22.45 Uhr als Fahrer des PKW, Mercedes ML 320, amtliches jugoslawisches Kennzeichen an der Rastanlage Donautal-West kontrolliert. Dabei wurde festgestellt, dass die FIN (= Fahrzeugidentifizierungsnummer) des Fahrzeugs manipuliert wurde. Nach Ermittlung der Original-FIN wurde festgestellt, dass das Fahrzeug in Frankreich als gestohlen gemeldet und zur Fahndung ausgeschrieben war. Daraufhin wurde der Kläger vorläufig festgenommen. Bei der Durchsuchung seiner Person und des Fahrzeugs wurden über 225.000,-- € gefunden, und zwar ausschließlich in völlig neuen 500-Euro-Scheinen. Mit Beschluss des Amtsgerichts Passau vom 4.11.2002 erfolgte deren Beschlagnahme. Diese wurde mit Beschluss des Amtsgerichts Passau vom 10.4.2003 bis zum 3.8.2003 verlängert und danach durch Beschluss des Amtsgerichts Passau vom 4.8.2003 aufgehoben.

Daraufhin stellte die Kriminalpolizeiinspektion Passau am 4./5.8.2003 den in Rede stehenden Geldbetrag in Höhe von 225.000,-- € aus polizeipräventiven Gründen nach Art. 25 Nr. 2 PAG sicher, um den Eigentümer vor Verlust zu schützen.

Hiergegen ließ der Kläger am 11.8.2003 durch seinen Bevollmächtigten Widerspruch erheben, der damit begründet wurde, dass der Kläger Eigentümer des Geldes sei und deshalb gemäß § 985 BGB einen Herausgabeanspruch habe. Darüber hinaus stehe ihm als Besitzer des Geldes ein Herausgabeanspruch auch gemäß § 861 BGB zu.

Das Polizeipräsidium Niederbayern/Oberpfalz wies den Widerspruch mit Bescheid vom 4.9.2003 zurück. Im Widerspruchsbescheid wird die Sicherstellung ergänzend darauf gestützt, dass der konkrete Verdacht bestehe, dass das Geld im Fall der Herausgabe für strafbare Handlungen eingesetzt werde.

Der Widerspruchsbescheid wurde den Klägervertretern am 9.9.2003 zugestellt. Mit der am 7.10.2003 beim Verwaltungsgericht Regensburg eingegangenen Klage wehrt sich der Kläger weiter gegen die Sicherstellung.

Der Kläger trägt vor, die bisher nicht widerlegte Eigentumsvermutung des § 1006 BGB spreche für ihn. Die Beklagtenseite könne nicht ernsthaft behaupten, dass ihr bzw. ihrer Rechts-Vorgängerin die bewegliche Sache = der Geldbetrag abhanden gekommen sei. Die bloße Behauptung, das beim Kläger sichergestellte Geld stamme vermutlich aus einer Straftat, genüge den Anforderungen des Sachvortrags der Beklagtenseite, soweit sich der Kläger auf §§ 985 und 1006 BGB berufe, nicht. Der Kläger habe das Geld ordnungsgemäß gegen entsprechende Quittungen in Jugoslawien umgetauscht. Der Kläger hat eine Bestätigung des Inhabers der Wechselstube in vom 3.12.2003 vorgelegt. Es handle sich dabei um Geld, das seine Frau geerbt und ihm zwecks Kauf eines Autos gegeben habe. Die Behauptung, dass das vorgelegte Testament eine Fälschung sei, sei unzutreffend.

Darüber hinaus sei durch den in der Klage vom 6.10.2003 gestellten Hilfsantrag ausreichend Sicherheit geboten.

Der Kläger beantragt:

    1. Der Sicherstellungsbescheid vom 4.8.2003 der   Az. BY in Form des Widerspruchsbescheids des Polizeipräsidiums Niederbayern/Oberpfalz vom 4.9.2003 Az.   werden aufgehoben.
    2. Der Beklagte wird verpflichtet, den sichergestellten Betrag von 225.000,-- € an den Kläger herauszugeben.
    3. Der Beklagte hat die Kosten des Rechtsstreits zu tragen.

Hilfsweise:

    1. Der Sicherstellungsbescheid der KPI   vom 4.8.2003   Az. in Form des Widerspruchsbescheids des Polizeipräsidiums Niederbayern/Oberpfalz vom 4.9.2003 Az.   werden aufgehoben.
    2. Der Beklagte wird verpflichtet, den sichergestellten Betrag von 225.000,-- € an die Rechtsanwälte   , als Sequester für Herrn   herauszugeben.

3. Der Beklagte hat die Kosten des Verfahrens zu tragen.

Der Beklagte beantragt unter Bezugsnahme auf die angegriffenen Bescheide,

die Klage abzuweisen.

Nach Erkenntnissen von Interpol Belgrad habe der Zeuge, der das Testament unterschrieben habe, der Polizei im   gestanden, er habe im Oktober 2002 auf Ersuchen des Klägers in einer Gaststätte in   die Urkunde unterschrieben, nachdem ihm dieser mitgeteilt habe, dass die deutsche Polizei bei ihm eine größere Geldmenge sichergestellt habe, wolle er mit dieser Urkunde die Geldherkunft nachweisen.

Der Beklagte hat die 30 vorgelegten Umtauschquittungen über den Umtausch von Dinar in Euro ausgewertet. Bezüglich des Ergebnisses wird auf Blatt 46 bis 48 der Gerichtsakte verwiesen. Ergänzend hat der Beklagte zur Umtauschpraxis die Erkenntnisse von Interpol Belgrad mitgeteilt. Danach werden in Einklang mit dem Geldwäschegesetz Personen auch in Serbien-Montenegro bei Geldtransaktionen über 600.000,-- DIM (entsprach laut Bundesbank Frankfurt am Main im Januar 2002 ca. 10.000,-- € nach derzeitigem Stand ca. 8.614,-- €) identifiziert. Nachdem die Einzelbeträge der vom Kläger vorgelegten Umtauschquittungen teilweise 10.000,-- € übersteigen, müsste er oder eine von ihm beauftragte Person registriert worden sein, was jedoch nach den bisherigen Erkenntnissen nicht der Fall gewesen sei. Nach Auskunft von Interpol Belgrad müsse die Bestätigung über den Umtauschvorgang mindestens einen Durchschlag haben. Den Kunden würden die **Original-Umtauschquittungen** ausgehändigt. Die Wechselstube sei verpflichtet, den Durchschlag der Umtauschquittung bis zum Ende der gesetzlich vorgeschriebenen Frist aufzuheben. Diese betrage nach Art. 38 des Gesetzes über den Devisenhandel mindestens fünf Jahre. Darüber hinaus sei die Wechselstube verpflichtet, ein Tagebuch zu führen, worin alle Umtauschvorgänge mit den jeweiligen Beträgen aufgelistet seien. Die Daten aus dem Tagebuch müssten den Daten über den An- und Verkauf von Devisen entsprechen. Bei einem Großteil der vom Kläger vorgelegten Quittungen handle es sich um Durchschläge, die er sich offensichtlich von Wechselstuben auf unbekannte Weise besorgt und bei der KPI   vorgelegt habe, um die Herausgabe des Geldes zu erreichen.

Ein gegen den Kläger beim Amtsgericht Passau anhängiges Strafverfahren Az: 6 CS 205 Js 15715/02 führte zu einer Verurteilung des Klägers wegen Erschleichens einer Aufenthaltsgenehmigung zu einer Geldstrafe von 90 Tagessätzen zu je 200,-- €; der Vorwurf der Urkundenfälschung (Testamentsfälschung) wurde gemäß § 154 Abs. 2 StPO von der Verfolgung ausgeschieden und vorläufig eingestellt. Ein weiteres gegen den Kläger anhängiges Ermittlungsverfahren wegen Hehlerei u.a., Gz: 205 Js 15715/02 wurde gemäß § 170 Abs. 2 StPO eingestellt, soweit dem Kläger Hehlerei und Urkundenfälschung bezüglich des PKWs Daimler Benz Typ ML 320 zur Last gelegt worden war. Eine Tatbeteiligung habe dem Kläger, der angegeben habe, das Fahrzeug gutgläubig erworben zu haben, aufgrund des bisherigen Ergebnisses der polizeilichen Ermittlungen nicht mit der für eine Anklage erforderlichen Sicherheit nachgewiesen werden können.

Ergänzend wird auf den übrigen Akteninhalt, die Behördenakten und die beigezogenen Strafakten der Staatsanwaltschaft Passau Az: 6/205 Js 15715/02 und die Sitzungsniederschrift vom 18.1.2005 Bezug genommen.

Entscheidungsgründe:

Die zulässige Klage ist unbegründet.

Der Sicherstellungsbescheid der Kriminalpolizeiinspektion vom 05.08.2003, Az. BY in der Form des Widerspruchsbescheides des Polizeipräsidiums Niederbayern/Oberpfalz vom 04.09.2003, Az. ist rechtmäßig und verletzt den Kläger nicht in seinen Rechten (§ 113 Abs. 1 Satz 1 VwGO). Ein Anspruch des Klägers auf Herausgabe des sichergestellten Betrages von 225.000,-- € besteht nicht (§ 113 Abs. 1 Satz 2 VwGO).

1. Rechtsgrundlage für die Sicherstellung der 225.000,-- € ist Art. 25 PAG. Dass der Sicherstellung des Geldes eine Beschlagnahme nach §§ 111 b f. StPO vorausging, steht der Anwendbarkeit des Art. 25 PAG nicht entgegen, da es sich insoweit um ein selbständiges Rechtsinstitut handelt (Schmidbauer/Steiner/Roese, Bayerisches Polizeiaufgabengesetz, Art. 25 PAG, RdNr. 2). Die sachliche und örtliche Zuständigkeit der Kriminalpolizeiinspektion Passau für die Sicherstellung folgt aus Art. 2 Abs. 1, Satz 3 PAG, Art. 3 POG).

2. Nach Art. 25 PAG kann die Vollzugspolizei eine Sache sicherstellen, um eine gegenwärtige Gefahr abzuwehren (Nr. 1) oder um den Eigentümer oder den rechtmäßigen Inhaber der tatsächlichen Gewalt vor Verlust oder Beschädigung der Sache zu schützen (Nr. 2). Beide Tatbestandsalternativen sind hier als erfüllt anzusehen.

Obgleich der Sicherstellungsbescheid vom 05.08.2003 ursprünglich nur auf den Schutz des Eigentümers gemäß Art. 25 Nr. 2 PAG gestützt worden war, blieb es der Widerspruchsbehörde unbenommen, in ihrem Widerspruchsbescheid auch Art. 25 Nr. 1 PAG Bezug zu nehmen (vgl. Seite 5 des Widerspruchsbescheids: Gefahr der Begehung von Straftaten).

3. Die Sicherstellung der 225.000,-- € dient der Abwehr einer gegenwärtigen Gefahr gemäß Art. 25 Nr. 1 PAG. Eine gegenwärtige Gefahr in diesem Sinne kann sich insbesondere daraus ergeben, dass mit der sichergestellten Sache in nächster Zeit eine Straftat begangen werden soll (Schmidbauer/Steiner/Roese, Bayerisches Polizeiaufgabengesetz, Art. 25 PAG, RdNr. 5). Vorliegend ist mit hinreichender Wahrscheinlichkeit zu erwarten, dass der Kläger die 225.000,-- € bei Herausgabe zur Begehung von Betäubungsmitteln einsetzen wird.

Dafür spricht vor allem, dass am Bezirksgericht in   (Serbien Montenegro) gegen den Kläger zur Zeit ein Ermittlungsverfahren wegen des organisierten Handels mit mehreren Kilogramm Heroin und Kokain geführt wird. In diesem Zusammenhang hat das Bezirksgericht in   am 1.9.2003 einen noch offenen internationalen Haftbefehl gegen den Kläger erlassen. Dem Ermittlungsverfahren sowie dem Haftbefehl liegen unter anderem Erkenntnisse über Betäubungsmitteldelikte des Klägers beziehungsweise seiner Mittäter auf dem Gebiet der Staaten Dänemark und Serbien-Montenegro zugrunde. Derartige Auslandstaten sind gemäß § 6 Nr. 5 StGB auch in Deutschland strafbar.

Eine konkrete Absicht des Klägers, die 225.000,-- € zur Begehung von Straftaten zu verwenden, liegt auch deswegen nahe, weil er zum Verwendungszweck des Geldes keine glaubhaften Angaben machen kann. Nachdem er am 14.10.2002 – auf dem Weg von Dänemark nach Serbien-Montenegro – an der Autobahnrastanlage Donautal West mit den 225.000,-- € angetroffen worden war, sagte er gegenüber der Polizei aus, das Bargeld zum Erwerb von circa zehn gebrauchten Pkw mitgeführt zu haben. Sowohl die Tatsache, dass es nicht zu einem einzigen Vertragsabschluss gekommen ist, als auch der Umstand, dass die Geschäfte gerade im von Serbien Montenegro weit entfernten Hamburg und Dänemark hätten stattfinden sollen (wo sich der Kläger nachweislich aufgehalten hatte), lassen diese Aussage als bloße Schutzbehauptung erscheinen.

4. Überdies erfolgte die Sicherstellung der 225.000,-- €, um den Eigentümer vor dem Verlust des Geldes zu schützen (Art. 25 Nr. 2 PAG). Es steht zur Überzeugung des Gerichts fest, dass nicht der Kläger beziehungsweise dessen Ehefrau, sondern ein Dritter Eigentümer der 225.000,-- € ist. Zum Schutze dieses Dritten ist die Sicherstellung erforderlich.

a) Zu Unrecht beruft sich der Kläger vorliegend auf die Eigentumsvermutung des § 1006 Abs. 1 Satz 1 BGB. Nach § 1006 Abs. 1 Satz 1 BGB wird zugunsten des Besitzers einer beweglichen Sache vermutet, dass er Eigentümer der Sache sei. Die Einschlägigkeit dieser Vermutung ist hier bereits deswegen problematisch, weil der Kläger keinen Eigenbesitz behauptet, sondern lediglich angibt, das Geld für seine Ehefrau zu besitzen, die es von ihrem Vater geerbt habe. (Unmittelbar) zugunsten eines solchen Fremdbesitzers gilt die Eigentumsvermutung des § 1006 Abs. 1 Satz 1 BGB im Hinblick auf § 1006 Abs. 3 BGB jedoch gerade nicht. Davon zu unterscheiden ist allerdings die Frage, inwiefern der Fremdbesitzer auf eine für den mittelbaren Besitzer sprechende Eigentumsvermutung verweisen darf (bejaht vom BGH, Urteil vom 04.02.2002, NJW 2002, S. 2101). Letztlich kann diese Frage hier indes offen bleiben, da die vom Kläger im Bezug auf seine Ehefrau behaupteten Erwerbstatsachen durch zahlreiche Indizien widerlegt werden, was gemäß § 108 Abs. 1 Satz 1 VwGO und § 173 VwGO, § 292 ZPO den Wegfall der Eigentumsvermutung zur Folge hat (vgl. Münchener Kommentar-Medicus, 4. Aufl., § 1006 BGB, RdNr. 15 f.).

b) Der Kläger gibt vor, seine Ehefrau habe im Jahre 1998 aufgrund eines Testaments vom 21.05.1998 circa 500,000,-- DM von ihrem Vater geerbt. Dieses Geld sei Anfang 2002 in Euro umgetauscht worden. Das Testament vom 21.05.1998 muss jedoch als Fälschung angesehen werden. Der Testamentszeuge   hat gegenüber den serbischen Ermittlungsbehörden ausgesagt, das Testament nicht wie in der Urkunde angegeben am 21.05.1998, sondern erst im Herbst 2002, das heißt lange nach dem Tod des Erblassers unterschrieben zu haben. Grund für die Unterschrift sei das Drängen des Klägers gewesen. Dieser habe das Testament zur Vorlage bei der deutschen Polizei benötigt, um dort die Herkunft einer größeren Geldmenge nachzuweisen. Die Aussage des Zeugen   dadurch bestätigt, dass seine in der Testamentsurkunde vermerkte Personalausweisnummer nach Auskunft der serbischen Behörden erst am 08.10.1998, also nach der angeblichen Testamentserrichtung vom 21.05.1998 erteilt worden ist. Gegen die Echtheit des Testaments spricht ferner die Aussage des Rechtsanwalts   dem in Serbien-Montenegro gegen den Kläger geführten Ermittlungsverfahren wegen Urkundenfälschung, wonach er von dem Kläger gefragt worden sei, inwiefern es möglich wäre, ein Testament zu erstellen, das nicht gerichtlich beglaubigt werden müsse.
Auch die Ausführungen des Klägers zum Umtausch des Geldes in Euro haben sich als nicht glaubhaft erwiesen. Der Kläger hat 30 Umtauschquittungen einer privaten Wechselstube in   vom Januar und Februar 2002 vorgelegt. Da die sichergestellten Banknoten jedoch aus lediglich acht fortlaufenden Nummernkreisen stammen, erscheint es praktisch ausgeschlossen, dass der Kläger diese aus 30 einzelnen Umtauschvorgängen, die sich

zudem über einen Zeitraum von mehr als einen Monat verteilen, erhalten hat. Weiterhin ist nicht ersichtlich, aus welchem Grund der Kläger den Umtausch der insgesamt 523.000,-- DM auf derart viele Einzelvorgänge (zwischen 9.000,-- und 90.000,-- DM) aufgeteilt haben sollte. Das vom Kläger vorgebrachte Motiv, eine namentliche Registrierung zu vermeiden, vermag nicht zu überzeugen. Obgleich eine solche Registrierung nach serbischem Recht bereits ab einer Summe von circa 20.000,-- DM erforderlich war, wurde in zwei Fällen ein Umtausch deutlich höherer Beträge vorgenommen (29.000,-- am 30.01.2002 bzw. 90.000,-- DM am 12.02.2002). Dies lässt den Schluss zu, dass die vom Kläger vorgelegten Quittungen mit den sichergestellten 225.000,-- € in keinerlei Zusammenhang stehen, sondern aus Umtauschvorgängen (mehrerer) anderer Personen herrühren. Dafür spricht auch, dass die Wechselstube in   den Ermittlungen der serbischen Behörden zufolge trotz der soeben dargelegten Gesetzeslage keinerlei namentliche Registrierung des Klägers vorweisen kann. Zwar hat der Inhaber der Wechselstube nachträglich eine (von der Ehefrau des Klägers vorformulierte) Erklärung unterzeichnet, wonach der Kläger den streitgegenständlichen Betrag bei ihm getauscht habe; einen Nachweis für den Umtausch kann er indes nicht erbringen, obwohl nationale devisenrechtliche Bestimmungen nicht nur die namentliche Registrierung bei größeren Umtauschsummen, sondern überdies die Aufbewahrung von Durchschlägen der Umtauschquittungen sowie die Führung eines Transaktionsbuchs verlangen. Vielmehr legte der Kläger überwiegend Quittungsdurchschläge vor, die eigentlich bei der Wechselstube verbleiben müssten.

c) Die Behauptung des Klägers, seine Ehefrauhabe durch die Erbschaft eines größeren DM-Betrages und den anschließenden Umtausch des Geldes in Euro Eigentum an den sichergestellten 225.000,-- € erlangt, wird somit durch eine Vielzahl von Hinweisen widerlegt. Darüber hinaus lassen die (die Glaubwürdigkeit des Klägers in Frage stellenden) Gesamtumstände aber auch den Schluss zu, dass der Kläger beziehungsweise seine Ehefrau auch nicht auf andere Weise Eigentum an den 225.000,-- € erworben haben. Vielmehr ist zugunsten des Beklagten davon auszugehen, dass ein bisher nicht namentlich bekannter Dritter Eigentümer des Geldes ist. Die Widerlegung der Eigentumsvermutung des § 1006 BGB bewirkt hier also eine Beweislastumkehr (vgl. zu diesem sog. „Wahrscheinlichkeitsbeweis" BVerwG, Urteil vom 21.11.1968, Buchholz 310 Anhang Beweislast Nr.40; VG Karlsruhe, Palandt-Bassenge, Bürgerliches Gesetzbuch, 63. Aufl., § 1006 BGB, RdNr. 7). Dass eine Maßnahme nach Art. 25 Nr. 2 PAG auch zugunsten eines nicht näher bekannten Dritten erfolgen kann, ergibt sich bereits aus Art. 28 Abs. 2 Satz 2 PAG.

Die Sicherstellung war erforderlich, um den Dritten vor dem Verlust seines Eigentums zu schützen. Angesichts des potentiell kriminellen Verwendungszwecks sowie im Hinblick darauf, dass sich der Kläger mit dem Geld auf dem Weg nach Serbien-Montenegro befand, als er von der Polizei angetroffen wurde, ist (auch weiterhin) eine hohe Wahrscheinlichkeit dafür gegeben, dass das Geld bei Herausgabe ins Ausland verbracht werden wird, ohne das gerichtlicher Schutz rechtzeitig zu erlangen wäre. Damit sind zugleich die Voraussetzungen des Art. 2 Abs. 2 PAG erfüllt. Der Sicherstellungsbescheid vom 05.08.2003 ist folglich rechtmäßig.

5. Auch ein Herausgabeanspruch gemäß § 113 Abs.1 Satz 2 VwGO beziehungsweise Art. 28 Abs. 1 Satz 1 PAG ist nicht gegeben, da die Voraussetzungen des Art. 25 PAG unverändert fortbestehen (vgl. o.), die Sicherstellung mithin erneut anzuordnen wäre (vgl. Art. 28 Abs. 1 Satz 3 PAG). Die von Seiten des Klägers geltend gemachten zivilrechtlichen Herausgabeansprüche aus §§ 985, 861 BGB können dem nicht entgegengehalten werden. Sie werden durch die wirksame Sicherstellung von vornherein ausgeschlossen (Schmidbauer/Steiner/Roese, Bayerisches Polizeiaufgabengesetz, Art. 25 PAG, RdNr. 20). Ohnehin liegen die Voraussetzungen der §§ 985, 861 BGB hier nicht vor, da weder der Kläger noch seine Ehefrau Eigentümer der 225.000,-- € sind und zudem die wirksame Sicherstellung keine verbotene Eigenmacht im Sinne von §§ 861, 858 BGB darstellt (Palandt-Bassenge, Bürgerliches Gesetzbuch, 63. Aufl., § 858 BGB, RdNr. 6). Die hilfsweise beantragte Herausgabe der 225.000,-- € an die Prozessbevollmächtigten des Klägers als Sequester liefe den Art. 26 ff. PAG zuwider und ist daher ausgeschlossen.

Die Kostenentscheidung beruht auf § 154 Abs. 1 VwGO. Der Ausspruch über die vorläufige Vollstreckbarkeit folgt aus § 167 Abs. 1 VwGO, §§ 708 Nr. 11, 711 ZPO.

Rechtsmittelbelehrung:

Rechtsmittel: Gegen dieses Urteil steht den Beteiligten die Berufung zu, wenn sie von dem Bayerischen Verwaltungsgerichtshof zugelassen wird. Der **Antrag auf Zulassung der Berufung** ist innerhalb **eines Monats** nach Zustellung des Urteils **beim Bayerischen Verwaltungsgericht Regensburg** schriftlich zu stellen (Haidplatz 1, 93047 Regensburg oder Postfach 110165, 93014 Regensburg).
Der Antrag muss das angefochtene Urteil bezeichnen. **Innerhalb von zwei Monaten** nach Zustellung des vollständigen Urteils sind die Gründe darzulegen, aus denen die Berufung zuzulassen ist; die Begründung ist, soweit

sie nicht bereits mit dem Antrag vorgelegt worden ist, **beim Bayerischen Verwaltungsgerichtshof** (Ludwigstraße 23, 80539 München oder Postfach 340148, 80098 München) einzureichen.
Die Berufung ist nur zuzulassen, wenn 1. ernstliche Zweifel an der Richtigkeit des Urteils bestehen, 2. die Rechtssache besondere tatsächliche oder rechtliche Schwierigkeiten aufweist, 3. die Rechtssache grundsätzliche Bedeutung hat, 4. das Urteil von einer Entscheidung des Bayerischen Verwaltungsgerichtshofs, des Bundesverwaltungsgerichts, des Gemeinsamen Senats der obersten Gerichtshöfe des Bundes oder des Bundesverfassungsgerichts abweicht und auf dieser Abweichung beruht oder 5. wenn ein der Beurteilung des Berufungsgerichts unterliegender Verfahrensmangel geltend gemacht wird und vorliegt, auf dem die Entscheidung beruhen kann.

Der Antragsschrift sollen jeweils 4 Abschriften beigefügt werden.

Vertretungszwang: Wer die Zulassung der Berufung beantragt, muss sich dabei und im ggf. nachfolgenden Berufungsverfahren vor dem Bayerischen Verwaltungsgerichtshof durch einen Rechtsanwalt oder Rechtslehrer an einer deutschen Hochschule im Sinne des Hochschulrahmengesetzes mit Befähigung zum Richteramt als Bevollmächtigten vertreten lassen. Juristische Personen des öffentlichen Rechts und Behörden können sich auch durch Beamte oder Angestellte mit Befähigung zum Richteramt sowie Diplom-Juristen im höheren Dienst, Gebietskörperschaften auch durch Beamte oder Angestellte mit Befähigung zum Richteramt der zuständigen Aufsichtsbehörde oder des jeweiligen kommunalen Spitzenverbandes des Landes, dem sie als Mitglied angehören, vertreten lassen. Dieser Vertretungszwang im Berufungsverfahren gilt auch für alle übrigen Beteiligten, soweit sie einen Antrag stellen.

....

Beschluss:

Der Streitwert wird auf 225.000,-- EUR festgesetzt (§ 13 GKG).

Rechtsmittelbelehrung:

Rechtsmittel: Gegen diesen Beschluss steht den Beteiligten die **Beschwerde** an den Bayerischen Verwaltungsgerichtshof zu, wenn der Wert des Beschwerdegegenstandes 50,-- EUR übersteigt.
Die Beschwerde ist innerhalb von **sechs Monaten**, nachdem die Entscheidung in der Hauptsache Rechtskraft erlangt oder das Verfahren sich anderweitig erledigt hat, beim **Bayerischen Verwaltungsgericht Regensburg** (Haidplatz 1, 93047 Regensburg oder Postfach 110165, 93014 Regensburg) schriftlich oder zur Niederschrift des Urkundsbeamten der Geschäftsstelle einzulegen. Die Frist ist auch gewahrt, wenn die Beschwerde innerhalb der Frist beim Bayerischen Verwaltungsgerichtshof (Ludwigstraße 23, 80539 München oder Postfach 34 01 48, 80098 München) eingeht. Ist der Streitwert später als einen Monat vor Ablauf dieser Frist festgesetzt worden, kann die Beschwerde auch innerhalb eines Monats nach Zustellung oder formloser Mitteilung des Festsetzungsbeschlusses eingelegt werden.

Der Beschwerdeschrift sollen 4 Abschriften beigefügt werden.

....

Vor Entscheidung II./5

6 L 825/04
Verwaltungsgericht Aachen
Beschluss vom 10.02.2005

Sicherstellung von etwa 93.450,00 € in verschiedenen Währungen - Antrag auf aufschiebende Wirkung ... und Herausgabe des sichergestellten Bargeldes an den Antragsteller

Rechtsquellen/Fundstellen	Suchworte
VwGO 80 V	Gefahrenprognose
PolG NRW 43	Interesse (öffentliches)
StPO 94 ff., 111 b	Verfahrenseinstellung
StPO 161 S. 2	Unschuldsvermutung
PolG NRW 46 I	Präventivmaßnahmen
VwGO 117 V	Gefahr (gegenwärtige)
VwGO 154 I	Zigarettenschmuggel
GKG 52 I, 53 III Nr. 2	Zinsverluste

Leitsatz/Leitsätze (des Autors)
1. In formeller Hinsicht begegnet die Anordnung der sofortigen Vollziehung keinen rechtlichen Bedenken.
2. Auf § 43 PolG NRW gestützte Sicherstellungsanordnung dürfte der Rechtmäßigkeit nicht entgegenstehen.
3. Auf polizeiliche Präventivmaßnahmen kann sich die Weisungsbefugnis der Staatsanwaltschaft daher grundsätzlich nicht erstrecken.
4. Unschuldvermutung steht präventiv-polizeilichen Maßnahmen jedoch regelmäßig dann nicht entgegen, wenn trotz eines Freispruchs oder einer Verfahrenseinstellung die gegen den Betroffenen gerichteten Verdachtmomente nicht ausgeräumt sind.
5. Hinreichende Anhaltspunkte für das Vorliegen einer gegenwärtigen Gefahr dürften bestehen.
6. Auch nach Auffassung der Kammer besteht der dringende Verdacht, dass das Geld aus dem Schmuggel von Zigaretten stammt.
7. Es ist zu befürchten, dass der Antragsteller das sichergestellte Geld im Falle einer Hausgabe erneut in den Zigarettenschmuggel investieren wird.
8. Es ist davon auszugehen, dass dem Antragsteller lediglich Zinsverluste drohen.

Entscheidung II./5 *(Abschrift)*

Verwaltungsgericht Aachen, 6 L 825/04

Datum:	10.02.2005
Gericht:	Verwaltungsgericht Aachen
Spruchkörper:	6. Kammer
Entscheidungsart:	Beschluss
Aktenzeichen:	6 L 825/04

Tenor:	1. Der Antrag wird abgelehnt.
	Der Antragsteller trägt die Kosten des Verfahrens.
	2. Der Wert des Streitgegenstandes wird auf 9.345,-- EUR festgesetzt.

G r ü n d e:
Der - sinngemäß gestellte- Antrag,
die aufschiebende Wirkung des Widerspruchs des Antragstellers gegen die Sicherstellungsverfügung des Antragsgegners vom 19. August 2004 wiederherzustellen und das sichergestellte Bargeld an den Antragsteller herauszugeben,
hat keinen Erfolg.
In formeller Hinsicht begegnet die Anordnung der sofortigen Vollziehung keinen rechtlichen Bedenken. Sie ist insbesondere ordnungsgemäß begründet mit der Befürchtung, dass sich während der Zeitdauer behördlicher und gerichtlicher Verfahren zur Überprüfung der Rechtmäßigkeit der Sicherstellungsverfügung die von der angenommenen Verwendung des sichergestellten Bargeldes zur Begehung von Straftaten für die Allgemeinheit ausgehende Gefahr verwirklichen könnte. Die im Falle des Antragstellers angenommene Gefahrenprognose verleiht dem Interesse am sofortigen Vollzug der angegriffenen Verfügung ein besonderes Gewicht gegenüber dem allgemeinen Interesse an der Durchsetzung behördlicher Maßnahmen.
Bei der im Rahmen des Aussetzungsverfahrens nach § 80 Abs. 5 der Verwaltungsgerichtsordnung (VwGO) in materieller Hinsicht gebotenen Interessenabwägung zwischen dem öffentlichen Interesse an der sofortigen Vollziehung des angefochtenen Verwaltungsakts und dem Individualinteresse des betroffenen Antragstellers, vorläufig von den Auswirkungen der sofortigen Vollziehung der Verfügung verschont zu bleiben, überwiegt vorliegend das öffentliche Interesse. Denn bei der im vorliegenden Verfahren

allein möglichen und auch nur gebotenen summarischen Betrachtung spricht bereits einiges dafür, dass sich die angefochtene Verfügung des Antragsgegners im Hauptsacheverfahren als rechtmäßig erweisen wird. Überdies fällt auch eine unabhängig von den Erfolgsaussichten der Hauptsache vorzunehmende Interessenabwägung zu Lasten des Antragstellers aus.

Die angefochtene Sicherstellungsverfügung findet ihre Rechtsgrundlage in § 43 des Polizeigesetzes des Landes Nordrhein-Westfalen (PolG NRW). Nach dieser Vorschrift kann die Polizei eine Sache sicherstellen, um eine gegenwärtige Gefahr abzuwehren (Nr. 1) oder um den Eigentümer oder den rechtmäßigen Inhaber der tatsächlichen Gewalt vor Verlust oder Beschädigung einer Sache zu schützen (Nr. 2).

Derzeit spricht einiges dafür, dass die angefochtene Sicherstellungsverfügung diesen Anforderungen genügt und sich als rechtmäßig erweisen wird. Zunächst dürfte die Rechtmäßigkeit der auf § 43 PolG NRW gestützten Sicherstellungsanordnung nicht entgegenstehen, dass die Staatsanwaltschaft B nach Einstellung des gegen den Antragsteller geführten Ermittlungsverfahrens - 000 Js 000/00 - die Freigabe der zunächst für die Zwecke der Durchführung eines Strafverfahrens nach §§ 94 ff., 111 b der Strafprozessordnung (StPO) beschlagnahmten Geldscheine verfügt hat. Zwar sind nach § 152 Abs. 1 des Gerichtsverfassungsgesetzes (GVG) die (polizeilichen) Hilfsbeamten der Staatsanwaltschaft grundsätzlich verpflichtet, den Anordnungen der zuständigen Staatsanwaltschaft Folge zu leisten. Auch ergibt sich aus § 161 Satz 2 StPO, dass die Behörden und Beamten des Polizeidienstes einem Ersuchen oder Auftrag der Staatsanwaltschaft zu genügen verpflichtet sind. Die Staatsanwaltschaft ist jedoch nur Strafverfolgungsorgan, für außerhalb eines Ermittlungs- oder Strafverfahrens erfolgende Präventivmaßnahmen der Polizei folglich nicht zuständig. Auf polizeiliche Präventivmaßnahmen kann sich die Weisungsbefugnis der Staatsanwaltschaft daher grundsätzlich auch nicht erstrecken,

vgl. Kleinknecht/Meyer-Goßner, Kommentar zur StPO, 42. Aufl. 1995, § 161 Rdnr. 13, § 163 Rdnr. 17 und § 152 GVG Rdnr. 3, jeweils m.w.N.; im Ergebnis ebenso: Drews/Wacke/Vogel/Mertens, Gefahrenabwehr, 9. Auflage 1986, S. 210; Denninger in: Lisken/Denninger, Handbuch des Polizeirechts, 3. Aufl. 2001, Abschnitt E Rdnr. 178 f.

Vorliegend ist die Sicherstellungsverfügung ausweislich ihrer Begründung und der herangezogenen Rechtsgrundlage nach Abschluss des staatsanwaltschaftlichen Ermittlungsverfahrens aus präventiv-polizeilichen Gründen erfolgt. Die Anordnung der Staatsanwaltschaft, das beschlagnahmte Geld an den Antragsteller herauszugeben, steht daher der Sicherstellungsverfügung nicht grundsätzlich entgegen.

Es ergibt sich mit Blick auf die unterschiedlichen Entscheidungen der Staatsanwaltschaft und der Polizei auch kein Wertungswiderspruch, da die nach Wegfall des (repressiven) Interesses an einer Aufrechterhaltung des polizeilichen Gewahrsams an dem Geld verfügte Freigabe in einem anderen Regelungszusammenhang steht als die aus Gründen der Gefahrenabwehr und damit aus präventiven Gründen verfügte Sicherstellung. Denn die Erkenntnis, dass das beschlagnahmte Geld für die Zwecke der Durchführung eines Strafverfahrens nicht mehr benötigt wird, schließt nicht aus, dass bei präventiv-polizeilicher Betrachtung aufgrund der trotz der Einstellung des Ermittlungsverfahrens verbliebenen Verdachtsmomente ein Bedürfnis für eine Aufrechterhaltung des polizeilichen Gewahrsams bestehen kann. Zwar erfordert die in Art. 2 Abs. 1 des Grundgesetzes i.V.m. dem Rechtsstaatprinzip sowie in Art. 6 Abs. 2 der Europäischen Menschenrechtskonvention verankerte Unschuldsvermutung den Schutz des Beschuldigten auch vor Nachteilen, die Schuldspruch oder Strafe gleichkommen, denen aber kein rechtsstaatliches prozessordnungsgemäßes Verfahren zur Schuldfeststellung vorausgegangen ist. Die Unschuldvermutung steht präventiv-polizeilichen Maßnahmen jedoch regelmäßig dann nicht entgegen, wenn trotz eines Freispruchs oder einer Verfahrenseinstellung die gegen den Betroffenen gerichteten Verdachtsmomente nicht ausgeräumt sind. Denn die Feststellung eines Tatverdachts ist etwas substanziell anderes als eine Schuldfeststellung. Der Freispruch oder die Verfahrenseinstellung bleiben andererseits nicht ohne Auswirkungen auf die Entscheidung über die Vornahme präventiv-polizeilicher Maßnahmen. Diese Umstände sind vielmehr im Rahmen der Prüfung des Vorliegens der gesetzlichen Voraussetzungen der Maßnahme und insoweit insbesondere bei der Frage zu berücksichtigen, ob die konkrete Maßnahme dem Verhältnismäßigkeitsgrundsatz Rechnung trägt,

vgl. BVerfG, Beschluss vom 16. Mai 2002 -1 BvR 2257/01 -, NJW 2002, 3231 (zur fortdauernden Datenspeicherung trotz Freispruchs); BVerwG, Beschluss vom 6. Juli 1988 - 1 B 61.88 - , NJW 1989, 2640 (zur weiteren Aufbewahrung erkennungsdienstlicher Unterlagen trotz Freispruchs); sowie OVG Berlin, Beschluss vom 16. September 2002 - 1 N 13.00 - , <juris> (in dem vergleichbaren Fall einer auf eine Beschlagnahme von Bargeld im Milieu des illegalen Zigarettenschmuggels erfolgten polizeilichen Sicherstellung des Geldes).

Jedenfalls im Rahmen der rechtlichen Bewertung in diesem Verfahren des vorläufigen Rechtsschutzes kann angesichts der im Folgenden darzustellenden verbliebenen Verdachtsmomente gegen den Antragsteller davon ausgegangen werden, dass der Antragsgegner nicht daran gehindert gewesen ist, trotz Freigabe des Geldes durch die Staatsanwaltschaft eine das freigegebene Geld betreffende Sicherstellungsanordnung zu erlassen. Eine abschließende Entscheidung hierüber muss gegebenenfalls dem Hauptsacheverfahren vorbehalten bleiben.

Die gesetzlichen Voraussetzungen der Sicherstellungsverfügung dürften hier auch vorgelegen haben. Die Annahme des Antragsgegners, dass im Zeitpunkt der Anordnung der Sicherstellung die Herausgabe des in amtlicher Verwahrung befindlichen Geldes eine gegenwärtige Gefahr i.S.d. § 43 Nr. 1 PolG NRW begründet hätte, ist bei summarischer Betrachtung nicht zu beanstanden.

Unter einer polizeilichen Gefahr ist nach allgemeiner Anschauung eine Lage zu verstehen, in der bei ungehindertem Ablauf des Geschehens ein Zustand oder ein Verhalten mit hinreichender Wahrscheinlichkeit zu einem Schaden für die Schutzgüter der öffentlichen Sicherheit oder öffentlichen Ordnung führen würde. Dabei meint Schaden die objektive Minderung eines vorhandenen normalen Bestandes an geschützten Individual- oder Gemeinschaftsgütern, weshalb angesichts der hiervon umfassten Unverletzlichkeit der Rechtsordnung unter anderem jede Verletzung einer Rechtsnorm stets eine Gefährdung der öffentlichen Sicherheit bedeutet,

vgl. hierzu: Drews/Wacke/Vogel/Mertens, a.a.O., S. 220 ff.; Denninger, a.a.O., Rdnr. 6 ff., 29 ff.; Schenke, Polizei- und Ordnungsrecht, 2. Aufl. 2003, § 3 Rdnr. 58, 69 ff., jeweils m.w.N.

§ 43 Nr. 1 PolG NRW enthält mit dem Erfordernis einer „gegenwärtigen" Gefahr eine zusätzliche Qualifizierung der Eingriffsvoraussetzungen. Gegenwärtig ist eine Gefahr in diesem Sinne, wenn ein Schaden sofort oder in nächster Zukunft mit großer Wahrscheinlichkeit zu erwarten ist. Die Qualifizierung des Gefahrenbegriffs markiert daher eine besondere zeitliche Nähe der Gefahrenverwirklichung und ein gesteigertes Maß der Wahrscheinlichkeit des Schadenseintritts,

vgl. Schenke, a.a.O., § 3 Rdnr. 78; Knemeyer, Polizei- und Ordnungsrecht, 8. Aufl. 2000, § 10 Rdnr. 94; Denninger, a.a.O., Abschnitt E Rdnr. 43; OVG NRW, Beschluss vom 30. Oktober 2000 - 5 A 291/00 - („an Sicherheit grenzende Wahrscheinlichkeit"); jeweils m.w.N.

Auch bei Anwendung des qualifizierten Gefahrenbegriffs ist nach allgemeiner Anschauung hinsichtlich des Grades der Wahrscheinlichkeit der Gefahrenverwirklichung eine differenzierte Betrachtung geboten. Je größer und folgenschwerer der möglicherweise eintretende Schaden ist, um so geringer sind die Anforderungen, die an die Wahrscheinlichkeit gestellt werden können. Die damit im Einzelfall verfassungsrechtlich unter Umständen gebotene Senkung des Wahrscheinlichkeitsgrades darf andererseits nicht dazu führen, dass in diesen Fällen ein polizeiliches Einschreiten auf reine Spekulationen oder lediglich hypothetische Erwägungen gestützt wird,

vgl. Drews/Wacke/Vogel/Mertens, a.a.O., S. 224; Schenke, a.a.O., § 3 Rdnr. 77; jeweils unter Hinweis auf die Rechtsprechung des BVerwG.

Ausgehend von diesen Grundsätzen dürften vorliegend hinreichende Anhaltspunkte für das Vorliegen einer gegenwärtigen Gefahr bestehen. Denn es ist aufgrund der derzeitigen Erkenntnislage davon auszugehen, dass der

Antragsteller das sichergestellte Geld im Falle einer Herausgabe unmittelbar zur Begehung von Straftaten, namentlich für die Abwicklung des illegalen Zigarettenschmuggels, verwenden würde.
Diese Annahme stützt sich zum einen auf die im abgeschlossenen Ermittlungsverfahren gegenständlichen konkreten Verdachtsmomente, die aus Sicht der ermittelnden Staatsanwaltschaft zwar nicht für eine Anklageerhebung ausgereicht haben, die jedoch durch die Ermittlungen auch nicht ausgeräumt worden sind. Die Staatsanwaltschaft selbst führt in ihrer Einstellungsverfügung aus, dass es aus den Gründen des Beschlusses des Landgerichts B vom 12. Dezember 2003 weiterhin naheliegend erscheine, dass das sichergestellte Bargeld aus Straftaten herrühre oder für die Begehung von Straftaten habe verwendet werden sollen. Allein eine Konkretisierung im Sinne eines hinreichenden Tatverdachtes sei mangels weiterer erfolgversprechender Ermittlungsansätze derzeit nicht möglich (BA I, Bl. 31). In dem zitierten Beschluss (BA I, Bl. 27 ff.) hat das Landgericht B auf die u.a. gegen die Beschlagnahme des Geldes gerichtete Beschwerde des Antragstellers ausgeführt:
„Der Beschwerdeführer ist nach den Erkenntnissen polnischer Ermittlungsbehörden bereits wegen des Verdachts des Schmuggels von Zigaretten aufgefallen. Im Jahr 2002 fuhr er einen LKW, in dessen Laderaum 27790 Packungen Zigaretten ohne Zollbanderole aufgefunden worden sind. Im vorliegenden Verfahren ist in dem von dem Beschwerdeführer geführten Fahrzeug ein größerer Geldbetrag in unterschiedlicher – hauptsächlich jedoch englischer Währung – aufgefunden worden. Soweit sich der Beschwerdeführer nunmehr über seinen Verteidiger dahingehend einlässt, das aufgefundene Geld habe zum Kauf eines Lastkraftwagens verwandt werden sollen – der weitere Beschuldigte S. hat in diesen Zusammenhang bereits vorher in seiner polizeilichen Vernehmung angegeben, es sei beabsichtigt gewesen, das Fahrzeug in den Niederlanden zu erwerben – , ist dies nicht nachvollziehbar. Insbesondere ist aufgrund dieser Einlassung nicht erklärlich, warum der Bargeldbetrag in kleinen Stückelungen – überwiegend 10 und 20 englische Pfund-Noten – mitgeführt worden ist. Zudem ist nicht nachvollziehbar, dass das Fahrzeug dann in den Niederlanden mit englischer Währung bezahlt werden sollte. Nach allem können die bisherigen Erklärungen des Beschwerdeführers über den Verwendungszweck des Geldes nur als Schutzbehauptungen eingestuft werden.
Auch nach Auffassung der Kammer besteht der dringende Verdacht, dass das Geld aus dem Schmuggel von Zigaretten stammt. Aufgrund der konkreten Stückelung des Geldes und im Hinblick auf den Umstand, dass verschiedene Währungen aufgefunden worden sind, besteht der Verdacht, dass auch dieses Geld für entsprechende Zwecke verwandt werden sollte oder aus entsprechenden Geschäften stammt. Da überwiegend englische Geldnoten gefunden worden sind und die Zigarettenpreise in England extrem

hoch sind, mithin dort ein besonders hoher Profit erzielt werden kann, besteht der Verdacht, dass dieses Land als Endabnehmer dienen sollte. Der Verdacht des Zigarettenschmuggels wird durch den Umstand verstärkt, dass das Geld an verschiedenen Orten im Fahrzeug versteckt worden ist und die Beschuldigten nach dem polizeilichen Vermerk vom 18.September 2003 nach Auffinden des ersten Geldbündels angegeben haben sollen, kein weiteres Bargeld mitzuführen, mithin die Existenz weiterer Bargeldbeträge bewusst verschleiern wollten, was bei der vorgebrachten Absicht, das Geld für den Kauf eines LKW verwenden zu wollen, keinen Sinn macht."

Diesen Ausführungen des Landgerichts B ist der Antragsteller inhaltlich bis heute lediglich mit einem pauschalen Bestreiten des Vorwurfs, das Geld werde künftig zur Begehung von Straftaten verwendet werden, entgegengetreten. Er hat sich weder substanziiert mit den hinsichtlich der Auffinde-Situation (Fahrtrichtung, Geldverstecke), der Handy-Auswertung sowie der Stückelung und Währung des Bargeldes bestehenden Verdachtsmomenten auseinandergesetzt, noch hat er bis heute die von ihm vorgetragene und bei objektiver Würdigung lebensfremde Sachverhaltsvariante des beabsichtigten Kaufs eines LKW in den Niederlanden näher dargelegt oder belegt. Die durch das Ermittlungsverfahren mithin nicht ausgeräumten Verdachtsmomente hat der Antragsgegner in seiner Sicherstellungsverfügung vom 19. August 2004 im Einzelnen und aus Sicht der Kammer zutreffend dargestellt und gewürdigt. Zur Vermeidung unnötiger Wiederholungen wird insoweit daher in entsprechender Anwendung des § 117 Abs. 5 VwGO auf die Gründe des angefochtenen Bescheides verwiesen.

Die vom Antragsgegner im weiteren Verlauf des Verfahrens gewonnenen Erkenntnisse verstärken zudem die Annahme, der Antragsteller betreibe illegalen Zigarettenschmuggel, was es befürchten lässt, dass er das sichergestellte Geld im Falle einer Herausgabe erneut in den Zigarettenschmuggel investieren wird.

Nach Mitteilung der zuständigen Polizeidienststelle in P. (Polen) seien auf dem Grundstück, auf dem der Antragsteller im April 2002 im Zuge der Aufdeckung des Zigarettenschmuggels festgenommen worden sei, neben den 27.790 nicht banderolierten Packungen, die sich in dem von ihm gefahrenen LKW befunden hätten, in einer Garage weitere 32.720 Zigarettenpackungen ohne Zollbanderole aufgefunden worden, die der Antragsteller nach Westpolen habe transportieren sollen. Im April 2004 sei die Polizei zudem erneut mit Ermittlungen betreffend den Antragsteller befasst gewesen, die jedoch später eingestellt worden seien. Im Rahmen eines Zigarettenhandels, an dem der Antragsteller als Zulieferer beteiligt gewesen sei, sei es wegen einer nicht befriedigten Geldforderung zunächst unter Waffeneinsatz zu Bedrohungen gegen den Antragsteller als „Gläubiger", später zu Bedrohungen seitens des Antragstellers gegen den „Schuldner" gekommen. Die insoweit von dem Antragsteller geschilderten Umstände der Vor-

fälle, die seinen eigenen Angaben zufolge in Verbindung stehen sollen mit einem Zigarettenhandel, weisen deutliche Merkmale von Auseinandersetzungen im Bereich der organisierten Kriminalität auf (Bedrohung durch „Geldeintreiber", Waffeneinsatz).
Hinsichtlich des bei der Beschlagnahme des hier streitgegenständlichen Bargeldes im Fahrzeug des Antragstellers befindliche Beifahrers K. S1., der ihn beim Kauf des LKW in den Niederlanden habe begleiten sollen, hat die polnische Polizei dem Antragsgegner ebenfalls neue Erkenntnisse übermittelt. Diesen Erkenntnissen zufolge ist der Beifahrer im November 2003, also zwei Monate nach der Beschlagnahme des Geldes, im Bereich L. (Polen) festgenommen worden, als er in einem PKW 18.000 nicht banderolierte Zigarettenpackungen transportiert habe. Gegen den Beifahrer sei aufgrund dieses Vorfalles in Polen derzeit ebenso ein gerichtliches Strafverfahren anhängig wie gegen den Antragsteller wegen des Zigarettenschmuggels im April 2002.
Vor dem Hintergrund der auch nach Einstellung des staatsanwaltschaftlichen Ermittlungsverfahrens nach wie vor bestehenden und vom Antragsteller bis heute nicht entkräfteten Verdachtsmomente sowie angesichts der im späteren Verlauf des Verfahrens durch den Antragsgegner gewonnenen neuen Erkenntnisse bestehen erhebliche Anhaltspunkte dafür, dass der Antragsteller illegalen Zigarettenschmuggel betreibt. Dies erlaubt die Annahme, dass er das sichergestellte Geld im Falle einer Herausgabe unmittelbar wieder in die Begehung strafbarer Handlungen investieren würde. Angesichts des hohen Wertes der durch diese Straftaten gefährdeten Rechtsgüter ist bei der im vorliegenden Verfahren vorzunehmenden summarischen Überprüfung insoweit daher bereits von dem Vorliegen einer gegenwärtigen Gefahr für die öffentliche Sicherheit in der Gestalt der Unverletzlichkeit der Rechtsordnung auszugehen. Die zur Abwehr dieser Gefahr getroffene Entscheidung bleibt vorliegend auch im Rahmen der gesetzlichen Ermächtigung. Ermessensfehler sind nicht zu erkennen. Die Sicherstellungsverfügung dürfte sich daher insgesamt als rechtmäßig erweisen, weshalb auch das auf § 46 Abs. 1 PolG NRW gestützte Herausgabeverlangen unbegründet ist. Daher kann die Kammer es auch dahinstehen lassen, ob die Sicherstellungsverfügung zusätzlich auch auf § 43 Nr. 2 PolG NRW gestützt werden kann.
Eine unabhängig von der Frage der Rechtmäßigkeit der angefochtenen Polizeiverfügung vorzunehmende Abwägung der Folgen, die sich im Falle der Stattgabe oder der Ablehnung des Antrages ergäben, fällt vorliegend ebenfalls zu Lasten des Antragstellers aus. In diese Abwägung sind auf der einen Seite die Folgen einzustellen, die sich für den Antragsteller aus einer Ablehnung des Antrages ergäben. Er wäre vorübergehend daran gehindert, über das sichergestellte Bargeld zu verfügen. Hierbei handelt es sich angesichts des erheblichen Geldwertes zwar nicht lediglich um eine geringfügi-

ge Beeinträchtigung. Angesichts des Umstandes, dass der Antragsteller bis zum heutigen Tage in keiner Weise vorgetragen hat, auf diesen Geldwert – etwa zur Sicherung seiner eigenen wirtschaftlichen Existenz oder der Solvenz der von ihm und seinem Bruder betriebenen Transportfirma – derzeit dringend angewiesen zu sein, ist davon auszugehen, dass ihm insoweit lediglich Zinsverluste drohen. Demgegenüber ergäben sich im Falle der Stattgabe des Antrages und einer Realisierung der von der Polizei angenommenen Gefahr der Finanzierung strafbarer Handlungen durch das herausgegebene Geld erhebliche Gefahren für die Allgemeinheit. Diese Folgen wiegen gegenüber den sich für den Antragsteller aus einer Ablehnung seines Antrages ergebenden Konsequenzen weitaus schwerer. Angesichts dessen ist das öffentliche Interesse an einer sofortigen Vollziehung der angefochtenen Verfügung höher zu bewerten. Das Interesse des Antragstellers an der aufschiebenden Wirkung seines Widerspruchs muss daher zurücktreten.

Selbst wenn die Kammer hinsichtlich des Vorliegens einer gegenwärtigen Gefahr und damit hinsichtlich der Rechtmäßigkeit der Sicherstellungsverfügung derzeit von einem offenen Ausgang des Hauptsacheverfahrens ausginge, bliebe der Antrag angesichts der zu Lasten des Antragstellers ausfallenden Folgeabwägung daher erfolglos.

Die Kostenentscheidung folgt aus § 154 Abs. 1 VwGO.

Die Streitwertfestsetzung beruht auf §§ 52 Abs. 1, 53 Abs. 3 Nr. 2 des Gerichtskostengesetzes (GKG) i.d.F. des Kostenrechtsmodernisierungsgesetzes vom 5. Mai 2004. Wegen des lediglich vorläufigen Charakters der begehrten Entscheidung wird bei der Wertfestsetzung allein der Zinsvorteil berücksichtigt, den der Antragsteller bei einer stattgebenden Entscheidung bereits im Eilverfahren realisieren könnte. Diesen bemisst die Kammer mit 10 % des streitigen Geldbetrages, der sich wertmäßig insgesamt auf etwa 93.450,-- EUR beläuft.

Hinweis:
Auf die im Original enthaltenen Randziffern wurde in der Abschrift verzichtet.

Vor Entscheidung II./6

6 K 1757/05
VG Aachen
Urteil vom 15.02.2007

Sicherstellung von etwa 93.450,00 € in verschiedenen Währungen

Rechtsquellen/Fundstellen	Suchworte
PolG NRW 43 Nr. 1, Nr. 2	Polizeikontrolle
PolG NRW 46 I S. 1	Währungen (verschiedene)
GG 2 I i.V.m.	Verfahrenseinstellung
ERMK 6 II	Gefahrenabwehr
StPO 111 b II, V; 111 d	Sicherstellung
StGB 73 ff.	Grundrechte
GG 14 II S. 1	Unschuldsvermutung
VwGO 114 S. 1	Verhältnismäßigkeitsgrundsatz
	Rückgewinnungshilfe

Leitsatz/Leitsätze (des Autors)

1. Im Kfz des Klägers (polnischer Staatsangehöriger) wurden im Rahmen einer Polizeikontrolle an mehreren Stellen versteckt über 3.000 Geldscheine verschiedener Währungen (Euro, US-Dollar, englische Pfund) – neben 4 Handys, die der Kläger und sein Beifahrer mitführten – aufgefunden und sichergestellt.
2. Staatsanwaltschaft stellte das Verfahren ein und hob Beschlagnahme des Bargeldes und der Handys auf.
3. Freigegebenes Bargeld wurde nunmehr aus präventiv-polizeilichen Gründen sowie zum Schutz privater Rechte Dritter sichergestellt und verwahrt.
4. Kläger war bereits einschlägig in Erscheinung getreten.
5. Sicherstellung sei geeignet, um die Wiederverwendung des Bargeldes für den illegalen Zigarettenhandel zu unterbinden; gleichzeitig sei die Maßnahme auch geeignet, um den rechtmäßigen Eigentümer des Geldes vor Verlust zu schützen.
6. Unschuldsvermutung steht präventiv-polizeilichen Maßnahmen regelmäßig nicht entgegen.
7. Hinreichende Anhaltspunkte für das Vorliegen einer gegenwärtigen Gefahr dürften bestehen; Ermessensfehler sind nicht zu erkennen.

Entscheidung II./6 (Abschrift)

Verwaltungsgericht Aachen, 6 K 1757/05

Datum:	15.02.2007
Gericht:	Verwaltungsgericht Aachen
Spruchkörper:	6. Kammer
Entscheidungsart:	Urteil
Aktenzeichen:	6 K 1757/05

Tenor: Die Klage wird abgewiesen.

Der Kläger trägt die Kosten des Verfahrens.

Das Urteil ist wegen der Kosten vorläufig vollstreckbar. Der Kläger darf die Vollstreckung durch Sicherheitsleistung in Höhe des Vollstreckungsbetrags abwenden, wenn nicht die Beklagten vor der Vollstreckung Sicherheit in gleicher Höhe leisten.

Tatbestand:

Am 18. September 2003 wurden im Rahmen einer Polizeikontrolle auf der A 4 im Kraftfahrzeug des Klägers, der polnischer Staatsangehöriger ist, an mehreren Stellen versteckte, in über 3.000 Geldscheine gestückelte Bargeldbeträge von 8.370,- EUR, von 33,- US-Dollar und von 54.260,- englischen Pfund (umgerechnet insgesamt ca. 93.450,- EUR) aufgefunden und - neben vier Handys, die der Kläger und sein Beifahrer mit sich führten - sichergestellt (zu der Auffindesituation im Einzelnen siehe den polizeilichen Vermerk auf Bl 5 f. der Ermittlungsakte - 902 Js 474/03 -). Mit Beschluss vom 30. September 2003 - 14 Gs 1164/03 - ordnete das Amtsgericht E1. die Beschlagnahme des sichergestellten Bargelds an. Die dagegen vom Kläger erhobene Beschwerde verwarf das Landgericht B. mit Beschluss vom 12. Dezember 2003 - 65 Qs 133/03 - als unbegründet. Zur Begründung führte das Landgericht aus, es bestehe der dringende Verdacht, dass das beschlagnahmte Geld aus dem Schmuggel von Zigaretten stamme. Aufgrund der konkreten Stückelung des Geldes und im Hinblick auf den Umstand, dass verschiedene Währungen aufgefunden worden seien, bestehe der Verdacht, dass auch dieses Geld für entsprechende Zwecke habe verwandt werden sollen oder aus entsprechenden Geschäften stamme. Am 17. Mai 2004 stellte die Staatsanwaltschaft B. das gegen den Kläger geführte Ermittlungsverfahren – 902 Js 474/03 - ein, weil der Nachweis einer

Straftat nicht mit der für eine Anklageerhebung erforderlichen Sicherheit habe geführt werden können, wenngleich es weiterhin aus den Gründen des Beschlusses des Landgerichts als nahe liegend erscheine, dass das sichergestellte Bargeld aus Straftaten herrühre oder für die Begehung von Straftaten habe verwendet werden sollen. Weitere erfolgversprechende Ermittlungsansätze, die zu einer Konkretisierung im Sinne eines hinreichenden Tatverdachts führen könnten, seien derzeit nicht ersichtlich. Zudem hob die Staatsanwaltschaft Aachen die Beschlagnahme des Bargelds und der Handys auf.

Mit Bescheid vom 19. August 2004 verfügte der Beklagte zu 1. unter Anordnung der sofortigen Vollziehung, dass das im staatsanwaltschaftlichen Ermittlungsverfahren - 902 Js 474/03 - freigegebene Bargeld nunmehr aus präventiv-polizeilichen Gründen sowie zum Schutz privater Rechte Dritter sichergestellt und verwahrt werde. Zur Begründung führte der Beklagte zu 1. aus, es lägen konkrete Gefahrenhinweise dafür vor, dass der Kläger das Bargeld, würde es ihm ausgehändigt werden, zur Begehung von Straftaten, insbesondere zum Zigarettenschmuggel, verwenden würde. Interpol Warschau habe über das Bundeskriminalamt mitgeteilt, dass der Kläger bereits im Jahre 2002 in Polen als Fahrer eines Lkw mit über 27.000 Packungen Zigaretten ohne Steuerbanderole aufgefallen sei. Für das Vorliegen einer Gefahr spreche zudem die Auswertung der vier ebenfalls sichergestellten Handys. Der Kläger habe ein Handy mit einer deutschen Handynummer auf seinen Namen auf eine nicht existente Scheinadresse X. , angemeldet. Ermittlungen hätten ergeben, dass es sich bei dieser Adresse um ein Gewerbegebiet handele. Der Kläger sei dort weder gemeldet noch sei dort auf ihn ein Gewerbe verzeichnet. Es handele sich somit um eine reine Scheinadresse zur Erlangung einer deutschen Handykarte. In dem umfangreichen Handyspeicher des zweiten Mobiltelefons des Klägers, das in Polen zugelassen sei, seien mehrere Nummern gespeichert, die auch in Ermittlungsverfahren des Zolls wegen illegalen Zigarettenschmuggels anlässlich von Telefonüberwachungen festgestellt worden seien. Es handele sich dabei um Personen, die nicht nur auf dem Gebiet des illegalen Zigarettenschmuggels in Erscheinung getreten seien, sondern auch um solche, die wegen derartiger Straftaten bereits verurteilt worden seien. Weitere Handynummern liefen auf Firmen, die eine große Zahl von Handynummern aufgekauft und an Handykunden weitergegeben hätten, so dass keine Feststellung des tatsächlichen Handyinhabers möglich sei. Üblicherweise werde dieses Verfahren häufig zur Begehung von Straftaten genutzt, da eine Identifizierung von Firmen wie z. B. N1. oder N2. nicht möglich sei. Auch wenn die Staatsanwaltschaft B. das Verfahren gegen den Kläger eingestellt habe, bleibe durchaus ein Restverdacht bestehen, der aufgrund der Stückelung des Geldes, der Auffindesituation, der bewussten Verschleierung weiterer Bargeldbestände sowie des Ortes der Überprüfung die Annahme nahe lege, dass das Geld wieder in den illegalen Zigarettenschmuggel mit England, wo die Zigarettenpreise extrem hoch seien, einfließen solle. Nicht nachvollziehbar sei jedenfalls, dass das Bargeld - überwiegend in englischen Pfund und in kleinster Stückelung - zum Erwerb eines Lkw im "Euro-Land" Niederlande habe verwendet werden sollen. Weder hätten konkrete Angaben zur Verkaufsfirma noch zum Verkaufsort gemacht werden können, wo der angebliche Spezial-Lkw zum Langholztransport habe erworben werden sollen. Es entspreche nicht der allgemeinen Lebenserfahrung, mit umgerechnet ca. 90.000,- EUR ohne nähere Vorbereitung in die Niederlande zu reisen, um sich dort nach einem Spezial- Lkw umzusehen. Auch habe eine Überprüfung ergeben, dass die angeblich große Spezialfirma, die der Bruder des Klägers in Polen habe, kein Fahrzeug unterhalte, das auch nur annähernd einen Wert hätte, der dem noch zu erwerbenden Lkw entsprechen würde. Des Weiteren sei unklar, wem das Bargeld rechtmäßigerweise zustehe. Die Maßnahme sei geeignet, um den verfolgten Zweck, die Wiederverwendung des Bargeldes für den illegalen Zigarettenschmuggel, zu unterbinden, zu erreichen. Gleichzeitig sei sie auch geeignet, um den rechtmäßigen Eigentümer des Geldes vor Verlust zu schützen. Sie sei auch erforderlich, da kein Mittel ersichtlich sei, das zur Zweckerreichung ebenso gut geeignet wäre. Schließlich sei die Anordnung auch angemessen. Das Interesse der Allgemeinheit, vor Gefahren für die öffentliche Sicherheit geschützt zu werden, überwiege eindeutig das private Interesse des Klägers, wieder in den Besitz des Geldes zu gelangen. Warum polizeiliche Maßnahmen zur Gefahrenabwehr nicht neben Maßnahmen nach der Strafprozessordnung zur Anwendung gelangen sollten, sei aus Gründen einer effektiven Gefahrenabwehr nicht ersichtlich.

Der Kläger erhob am 31. August 2004 Widerspruch und suchte am 3. September 2004 beim erkennenden Gericht um einstweiligen Rechtsschutz nach. Zur Begründung seines Widerspruchs führte der Kläger aus, das Geld stamme nicht aus Straftaten und habe auch nicht zur Begehung weiterer Straftaten verwendet werden sollen. Die Ermittlungen der Staatsanwaltschaft hätten somit auch letztlich ergeben, dass der zunächst bestehende Anfangsverdacht nicht haltbar gewesen sei. An die Verfügung der Staatsanwaltschaft Aachen über die Freigabe des beschlagnahmten Geldes sei auch der Beklagte zu 1. zwingend gebunden. Im Übrigen seien die Ausführungen des Beklagten zu 1. namentlich im Hinblick auf § 1006 des Bürgerlichen Gesetzbuchs nicht haltbar.

Mit Beschluss vom 10. Februar 2005 - 6 L 825/04 - lehnte die Kammer den Eilantrag ab. In den Beschlussgründen heißt es, derzeit spreche einiges dafür, dass die Sicherstellungsverfügung sich im Hauptsacheverfahren als rechtmäßig erweisen werde. Namentlich sei die Annahme des Beklagten zu

1., dass im Zeitpunkt der Anordnung der Sicherstellung die Herausgabe des in amtlicher Verwahrung befindlichen Geldes eine gegenwärtige Gefahr begründet hätte, bei summarischer Betrachtung nicht zu beanstanden.
Mit Widerspruchsbescheid vom 4. Juli 2005, zugestellt am 6. Juli 2005, wies die Bezirksregierung L. den Widerspruch zurück.
Der Kläger hat am 5. August 2005 Klage erhoben.
Zur Begründung verweist er nochmals darauf, dass das gegen ihn gerichtete staatsanwaltschaftliche Ermittlungsverfahren eingestellt worden sei. Daran sei der Beklagte zu 1. gebunden. Zudem sei es reine Spekulation, dass er das beschlagnahmte Geld zur Begehung neuer Straftaten verwenden werde. Insoweit seien keine konkreten gegenwärtigen Anhaltspunkte erkennbar. Es müsse deswegen eine doppelte Unschuldsvermutung gelten. Schließlich müsse der Gefahrenbegriff hier im Hinblick auf das Eigentumsgrundrecht verfassungskonform ausgelegt werden. Nach alledem sei der Beklagte zu 2. auch verpflichtet, das beschlagnahmte Geld an ihn, den Kläger, herauszugeben.

Der Kläger beantragt sinngemäß,
1. den Bescheid des Beklagten zu 1. vom 19. August 2004 in der Gestalt des Widerspruchsbescheids der Bezirksregierung L. vom 4. Juli 2005 aufzuheben,
2. den Beklagten zu 2. zu verurteilen, die sichergestellten Bargeldbeträge von
8.370,- EUR, 33,- US-Dollar und 54.260,- englischen Pfund an ihn herauszugeben.
Die Beklagten beantragen,
die Klage abzuweisen.
Sie verteidigen den angefochtenen Bescheid und tragen ergänzend vor, dass der Kläger bereits seit 1996 im Deliktsbereich des Zigarettenschmuggels tätig gewesen sei. Aufgrund der erkennungsdienstlichen Behandlung vom 18. September 2003 habe ein Fingerabdruck des Klägers einer Tatortspur in einem Ermittlungsverfahren wegen eines versuchten Tötungsdeliktes mit Verkehrsunfallflucht der Polizei E. aus dem Jahre 1996 zugeordnet werden können. Bei einer Verkehrskontrolle im Februar 1996 in E. habe ein mit zwei Personen besetzter polnischer Pkw die Kontrollstelle durchbrochen und bei der anschließenden Flucht einen Passanten überfahren, der dabei erheblich verletzt worden sei. Nachdem das Fluchtfahrzeug gestellt und die Insassen festgenommen worden seien, seien bei der Tatortaufnahme ca. 600 Stangen geschmuggelter Zigaretten gefunden worden. Die Fingerspuren auf den Zigarettenstangen hätten nunmehr eindeutig dem Kläger zugerechnet werden können.

Wegen der weiteren Einzelheiten des Sach- und Streitstandes wird auf den Inhalt der Gerichtsakte und die von dem Beklagten zu 1. und der Bezirksregierung L. vorgelegten Verwaltungsvorgänge (jeweils 1 Heft) Bezug genommen. Bezug genommen wird darüber hinaus neben dem Inhalt der Gerichtsakten - 6 L 669/04 - und - 6 L 825/04 - auf die Ermittlungsakte der Staatsanwaltschaft B. - 902 Js 474/03 -, die dem Gericht vorgelegen hat.

E n t s c h e i d u n g s g r ü n d e :
Das Gericht entscheidet im Einverständnis der Beteiligten gemäß § 101 Abs. 2 der Verwaltungsgerichtsordnung (VwGO) ohne mündliche Verhandlung.
Das Gericht hat das Passivrubrum von Amts wegen dahingehend berichtigt, dass sich der auf die Herausgabe der sichergestellten Bargeldbeträge gerichtete Klageantrag zu 2. bei sachgerechter Auslegung des klägerischen Begehrens gemäß § 88 VwGO gegen das Land Nordrhein-Westfalen richtet. Denn da es sich insoweit um eine allgemeine Leistungsklage handelt, gilt nach § 78 Abs. 1 Nr. 1 VwGO das Rechtsträgerprinzip.
Die Klage ist zulässig, aber unbegründet.
Die Sicherstellungsverfügung des Beklagten zu 1. vom 19. August 2004 in der Gestalt des Widerspruchsbescheids der Bezirksregierung L. vom 4. Juli 2005 ist rechtmäßig und verletzt den Kläger nicht in seinen Rechten (§ 113 Abs. 1 Satz 1 VwGO).
Ermächtigungsgrundlage der angefochtenen Sicherstellungsverfügung ist § 43 des Polizeigesetzes des Landes Nordrhein-Westfalen (PolG NRW).
Nach dieser Vorschrift kann die Polizei eine Sache sicherstellen, um eine gegenwärtige Gefahr abzuwehren (Nr. 1) oder um den Eigentümer oder den rechtmäßigen Inhaber der tatsächlichen Gewalt vor Verlust oder Beschädigung einer Sache zu schützen (Nr. 2).
Die Voraussetzungen des § 43 Nr. 1 PolG NRW sind gegeben.
Dabei hält das Gericht zunächst an der im Beschluss vom 10. Februar 2005 - 6 L 825/04 - geäußerten Einschätzung fest, dass dem Erlass des streitgegenständlichen Bescheids nicht von vornherein entgegen steht, dass die Staatsanwaltschaft B. nach Einstellung des gegen den Kläger geführten Ermittlungsverfahrens - 902 Js 474/03 - am 17. Mai 2004 die Freigabe der zunächst für die Zwecke der Durchführung eines Strafverfahrens nach §§ 94 ff., 111 b der Strafprozessordnung (StPO) beschlagnahmten Geldscheine verfügt hat.

Der diesbezügliche Hinweis des Klägers auf § 152 Abs. 1 des Gerichtsverfassungsgesetzes (GVG), wonach die Hilfsbeamten der Staatsanwaltschaft in dieser Eigenschaft verpflichtet sind, den Anordnungen der Staatsanwaltschaft ihres Bezirks und der diesen vorgesetzten Beamten Folge zu leisten, verfängt nicht. Insoweit kann auch für das Hauptsacheverfahren auf die Ausführungen auf S. 3 ff. des Eilbeschlusses verwiesen werden:

"Die Staatsanwaltschaft ist jedoch nur Strafverfolgungsorgan, für außerhalb eines Ermittlungs- oder Strafverfahrens erfolgende Präventivmaßnahmen der Polizei folglich nicht zuständig. Auf polizeiliche Präventivmaßnahmen kann sich die Weisungsbefugnis der Staatsanwaltschaft daher grundsätzlich auch nicht erstrecken.
Vgl. Kleinknecht/Meyer-Goßner, Kommentar zur StPO, 42. Aufl. 1995, § 161 Rdnr. 13, § 163 Rdnr. 17 und § 152 GVG Rdnr. 3, jeweils m.w.N.; im Ergebnis ebenso: Drews/Wacke/Vogel/Mertens, Gefahrenabwehr, 9. Aufl. 1986, S. 210; Denninger in: Lisken/Denninger, Handbuch des Polizeirechts, 3. Aufl. 2001, Abschnitt E Rdnr. 178 f.

Vorliegend ist die Sicherstellungsverfügung ausweislich ihrer Begründung und der herangezogenen Rechtsgrundlage nach Abschluss des staatsanwaltschaftlichen Ermittlungsverfahrens aus präventiv-polizeilichen Gründen erfolgt. Die Anordnung der Staatsanwaltschaft, das beschlagnahmte Geld an den Antragsteller herauszugeben, steht daher der Sicherstellungsverfügung nicht grundsätzlich entgegen.
Es ergibt sich mit Blick auf die unterschiedlichen Entscheidungen der Staatsanwaltschaft und der Polizei auch kein Wertungswiderspruch, da die nach Wegfall des (repressiven) Interesses an einer Aufrechterhaltung des polizeilichen Gewahrsams an dem Geld verfügte Freigabe in einem anderen Regelungszusammenhang steht als die aus Gründen der Gefahrenabwehr und damit aus präventiven Gründen verfügte Sicherstellung. Denn die Erkenntnis, dass das beschlagnahmte Geld für die Zwecke der Durchführung eines Strafverfahrens nicht mehr benötigt wird, schließt nicht aus, dass bei präventiv-polizeilicher Betrachtung aufgrund der trotz der Einstellung des Ermittlungsverfahrens verbliebenen Verdachtsmomente ein Bedürfnis für eine Aufrechterhaltung des polizeilichen Gewahrsams bestehen kann. Zwar erfordert die in Art. 2 Abs. 1 des Grundgesetzes i.V.m. dem Rechtsstaatsprinzip sowie in Art. 6 Abs. 2 der Europäischen Menschenrechtskonvention verankerte Unschuldsvermutung den Schutz des Beschuldigten auch vor Nachteilen, die Schuldspruch oder Strafe gleichkommen, denen aber kein rechtsstaatliches prozessordnungsgemäßes Verfahren zur Schuldfeststellung vorausgegangen ist. Die Unschuldsvermutung steht präventiv-polizeilichen Maßnahmen jedoch regelmäßig dann nicht entgegen, wenn trotz eines Freispruchs oder einer Verfahrenseinstellung die gegen den Betroffenen gerichteten Verdachtsmomente nicht ausgeräumt sind. Denn die Feststellung eines Tatverdachts ist etwas substanziell anderes als eine Schuldfeststellung. Der Freispruch oder die Verfahrenseinstellung bleiben andererseits nicht ohne Auswirkungen auf die Entscheidung über

die Vornahme präventiv-polizeilicher Maßnahmen. Diese Umstände sind vielmehr im Rahmen der Prüfung des Vorliegens der gesetzlichen Voraussetzungen der Maßnahme und insoweit insbesondere bei der Frage zu berücksichtigen, ob die konkrete Maßnahme dem Verhältnismäßigkeitsgrundsatz Rechnung trägt.
Vgl. BVerfG, Beschluss vom 16. Mai 2002 -1 BvR 2257/01-, NJW 2002, 3231 (zur fortdauernden Datenspeicherung trotz Freispruchs); BVerwG, Beschluss vom 6. Juli 1988 -1 B 61.88-, NJW 1989, 2640 (zur weiteren Aufbewahrung erkennungsdienstlicher Unterlagen trotz Freispruchs); sowie OVG Berlin, Beschluss vom 16. September 2002 -1 N 13.00-, juris, (in dem vergleichbaren Fall einer auf eine Beschlagnahme von Bargeld im Milieu des illegalen Zigarettenschmuggels erfolgten polizeilichen Sicherstellung)."

Des Weiteren hat der Beklagte zu 1. zu Recht das Vorliegen einer gegenwärtigen Gefahr angenommen.
Wiederum kann hierzu zunächst die entsprechende Passage im Beschluss vom 10. Februar 2005 - 6 L 825/04 - auf S. 5 ff. in Bezug genommen werden:
"Unter einer polizeilichen Gefahr ist nach allgemeiner Anschauung eine Lage zu verstehen, in der bei ungehindertem Ablauf des Geschehens ein Zustand oder ein Verhalten mit hinreichender Wahrscheinlichkeit zu einem Schaden für die Schutzgüter der öffentlichen Sicherheit oder öffentlichen Ordnung führen würde. Dabei meint Schaden die objektive Minderung eines vorhandenen normalen Bestandes an geschützten Individual- oder Gemeinschaftsrechtsgütern, weshalb angesichts der hiervon umfassten Unverletzlichkeit der Rechtsordnung unter anderem jede Verletzung einer Rechtsnorm stets eine Gefährdung der öffentlichen Sicherheit bedeutet,
Vgl. hierzu: Drews/Wacke/Vogel/Mertens, a.a.O., S. 220 ff.; Denninger, a.a.O., Rdnr. 6 ff., 29 ff.; Schenke, Polizei- und Ordnungsrecht, 2. Aufl. 2003, § 3 Rdnr. 58, 69 ff., jeweils m.w.N.
§ 43 Nr. 1 PolG NRW enthält mit dem Erfordernis einer "gegenwärtigen" Gefahr eine zusätzliche Qualifizierung der Eingriffsvoraussetzungen. Gegenwärtig ist eine Gefahr in diesem Sinne, wenn ein Schaden sofort oder in nächster Zukunft mit großer Wahrscheinlichkeit zu erwarten ist. Die Qualifizierung des Gefahrenbegriffs markiert daher eine besondere zeitliche Nähe der Gefahrenverwirklichung und ein gesteigertes Maß der Wahrscheinlichkeit des Schadenseintritts.
Vgl. Schenke, a.a.O., § 3 Rdnr. 78; Knemeyer, Polizei- und Ordnungsrecht, 8. Aufl. 2000, § 10 Rdnr. 94; Denninger, a.a.O., Abschnitt E Rdnr. 43; OVG NRW, Beschluss vom 30. Oktober 2000 -5 A 291/00- ("an Sicherheit grenzende Wahrscheinlichkeit"); jeweils m.w.N.

Auch bei Anwendung des qualifizierten Gefahrenbegriffs ist nach allgemeiner Anschauung hinsichtlich des Grades der Wahrscheinlichkeit der Gefahrenverwirklichung eine differenzierte Betrachtung geboten. Je größer und folgenschwerer der möglicherweise eintretende Schaden ist, um so geringer sind die Anforderungen, die an die Wahrscheinlichkeit gestellt werden können. Die damit im Einzelfall verfassungsrechtlich unter Umständen gebotene Senkung des Wahrscheinlichkeitsgrades darf andererseits nicht dazu führen, dass in diesen Fällen ein polizeiliches Einschreiten auf reine Spekulationen oder lediglich hypothetische Erwägungen gestützt wird,
Vgl. Drews/Wacke/Vogel/Martens, a.a.O., S. 224; Schenke, a.a.O., § 3 Rdnr. 77; jeweils unter Hinweis auf die Rechtsprechung des BVerwG.
Ausgehend von diesen Grundsätzen dürften vorliegend hinreichende Anhaltspunkte für das Vorliegen einer gegenwärtigen Gefahr bestehen. Denn es ist aufgrund der derzeitigen Erkenntnislage davon auszugehen, dass der Antragsteller das sichergestellte Geld im Falle einer Herausgabe unmittelbar zur Begehung von Straftaten, namentlich für die Abwicklung des illegalen Zigarettenschmuggels, verwenden würde.
Diese Annahme stützt sich zum einen auf die im abgeschlossenen Ermittlungsverfahren gegenständlichen konkreten Verdachtsmomente, die aus Sicht der ermittelnden Staatsanwaltschaft zwar nicht für eine Anklageerhebung ausgereicht haben, die jedoch durch die Ermittlungen auch nicht ausgeräumt worden sind. Die Staatsanwaltschaft selbst führt in ihrer Einstellungsverfügung aus, dass es aus den Gründen des Beschlusses des Landgerichts Aachen vom 12. Dezember 2003 weiterhin naheliegend erscheine, dass das sichergestellte Bargeld aus Straftaten herrühre oder für die Begehung von Straftaten habe verwendet werden sollen. Allein eine Konkretisierung im Sinne eines hinreichenden Tatverdachtes sei mangels weiterer erfolgversprechender Ermittlungsansätze derzeit nicht möglich."
Auch für das Hauptsacheverfahren bleibt es dabei, dass der Kläger weder den Ausführungen des Landgerichts B. in seinem Beschluss vom 12. September 2003 - 65 Qs 133/03 - noch den weiteren tatsächlichen Anhaltspunkten, die der Beklagte zu 1. zur Begründung seiner Annahme, der Kläger betreibe illegalen Zigarettenschmuggel, was es befürchten lasse, dass er das sichergestellte Geld im Falle einer Herausgabe erneut unmittelbar in den Zigarettenschmuggel investieren werde, angeführt hat (siehe insofern S. 8 ff. des Eilbeschlusses), substantiiert entgegengetreten ist. Der Kläger trägt nach wie vor lediglich pauschal vor, es fehle an konkreten gegenwärtigen Anhaltspunkten, die die Begehung von Straftaten wahrscheinlich sein lassen würden.

Ein substantiierteres Vorbringen des Klägers wäre aber um so erforderlicher gewesen, als der Beklagten zu 1. mit Schriftsatz vom 7. November 2005 weitere Erkenntnisse unterbreitet hat, die für eine Verwicklung des

Klägers in den Zigarettenschmuggel sprechen. Demnach bestehen konkrete Verdachtsmomente, dass der Kläger bereits seit 1996 im Deliktsbereich des Zigarettenschmuggels tätig gewesen ist. Aufgrund der erkennungsdienstlichen Behandlung vom 18. September 2003 - so der Beklagte zu 1. - habe nämlich ein Fingerabdruck des Klägers einer Tatortspur in einem Ermittlungsverfahren wegen eines versuchten Tötungsdeliktes mit Verkehrsunfallflucht der Polizei E. aus dem Jahre 1996 zugeordnet werden können. Bei einer Verkehrskontrolle im Februar 1996 in E. habe ein mit zwei Personen besetzter polnischer Pkw die Kontrollstelle durchbrochen und bei der anschließenden Flucht einen Passanten überfahren, der dabei erheblich verletzt worden sei. Nachdem das Fluchtfahrzeug gestellt und die Insassen festgenommen worden seien, seien bei der Tatortaufnahme ca. 600 Stangen geschmuggelter Zigaretten gefunden worden. Die Fingerspuren auf den Zigarettenstangen hätten nunmehr eindeutig dem Kläger zugerechnet werden können.

Der vom Kläger ins Feld geführte Beschluss des Bundesverfassungsgerichts (BVerfG) vom 7. Juni 2005 - 2 BvR 1822/04 -, juris, führt nicht zu einer zu einem abweichenden Ergebnis führenden anderslautenden - einschränkenden - Interpretation des Gefahrenbegriffs aus verfassungsrechtlichen Gründen.
Darin heißt es - vor dem Hintergrund einer einen strafprozessualen Arrest zum Zwecke der sog. Rückgewinnungshilfe gemäß §§ 111 b Abs. 2 und 5, 111 d StPO i.V.m. §§ 73 Abs. 1 Satz 2, 73 a des Strafgesetzbuchs (StGB) betreffenden Verfassungsbeschwerde -, der staatliche Zugriff auf vermögenswerte Rechte sei am Maßstab des Grundrechts aus Art. 14 Abs. 1 Satz 1 des Grundgesetzes (GG) zu messen. Die Entziehung von deliktisch erlangtem Eigentum als Nebenfolge einer strafrechtlichen Verurteilung gehöre nach gefestigter Rechtsprechung des Bundesverfassungsgerichts zu den Schranken des Eigentums. Die Vorschriften über den einfachen (§ 73 StGB) und den erweiterten Verfall (§ 73 d StGB) sowie über die Anordnungen, die sich auf Nutzungen und Surrogate (§ 73 d Abs. 1 Satz 3, § 73 Abs. 2 StGB) und auf den Geldwert nicht mehr entziehbarer Vermögensvorteile (§§ 73 d Abs. 2, 73 a StGB) bezögen, dienten der Bestimmung von Inhalt und Schranken des Eigentums. Die Vorschriften regelten abstraktgenerell, dass deliktisch erlangte Vermögensgegenstände und deren Surrogate dem Tatbeteiligten von hoher Hand entzogen werden sollten. Damit habe der Gesetzgeber die schutzwürdigen Interessen des Eigentümers und die Belange des Gemeinwohls zu einem gerechten Ausgleich und in ein ausgewogenes Verhältnis gebracht. Die Beschränkung des Eigentums durch die §§ 73 ff. StGB sei verhältnismäßig; sie führe insbesondere nicht zu einer übermäßigen und daher unzumutbaren Belastung des Eigentümers einer deliktisch erlangten Vermögensposition.

Weiterhin ist nach dem genannten Beschluss des Bundesverfassungsgerichts zu beachten, dass, da der Verlust von Eigentum als Nebenfolge einer strafrechtlichen Verurteilung zu den traditionellen Schranken des Eigentums gehöre, entsprechende Sicherungsmaßnahmen von Verfassungs wegen nicht grundsätzlich ausgeschlossen seien. An ihre Zumutbarkeit und an das Verfahren ihrer Anordnung seien aber besondere Anforderungen zu stellen. In diesem Zusammenhang sei zu berücksichtigen, dass das möglicherweise strafrechtlich erlangte Vermögen zu einem Zeitpunkt sichergestellt werde, in dem lediglich ein Tatverdacht bestehe und noch nicht über die Strafbarkeit entschieden worden ist. Das Eigentumsgrundrecht verlange in diesen Fällen eine Abwägung des Sicherstellungsinteresses des Staates mit der Eigentumsposition des von der Maßnahme Betroffenen. Je intensiver der Staat schon allein mit Sicherungsmaßnahmen in den vermögensrechtlichen Freiheitsbereich des Einzelnen eingreife, desto höher seien die Anforderungen an die Rechtfertigung dieses Eingriffs. Im Hinblick darauf, dass es sich um eine lediglich vorläufige Maßnahme auf Grund eines Tatverdachts handele, stiegen die Anforderungen mit der Dauer der Nutzungs- und Verfügungsbeschränkung. Werde im Wege vorläufiger Sicherungsmaßnahmen das gesamte oder nahezu das gesamte Vermögen der Verfügungsbefugnis des Einzelnen entzogen, fordere der Verhältnismäßigkeitsgrundsatz nicht lediglich eine Vermutung, dass es sich um strafrechtlich erlangtes Vermögen handele; vielmehr bedürfe dies einer besonders sorgfältigen Prüfung und einer eingehenden Darlegung der dabei maßgeblichen tatsächlichen und rechtlichen Erwägungen in der Anordnung, damit der Betroffene dagegen Rechtsschutz suchen könne.
Soweit die vorstehenden Grundsätze, die mit Rücksicht auf einen anders als der vorliegende gelagerten rechtlichen Kontext aufgestellt worden sind, auf den zugrunde liegenden Fall überhaupt ohne Weiteres übertragbar sind und soweit der Kläger sich mit Blick auf die sichergestellten Geldscheine überhaupt auf das Grundrecht aus Art. 14 Abs. 1 Satz 1 GG berufen können sollte, ergibt sich aus ihnen nicht, dass der Gefahrenbegriff hier verfassungskonform mit einem für den Kläger günstigen Ergebnis ausgelegt werden müsste. Auch eine Abwägung des Sicherstellungsinteresses des Staates mit der Eigentumsposition des von der Maßnahme Betroffenen - hier also des Klägers - führt dazu, dass - wie dargelegt - aufgrund der Gesamtumstände hinreichende konkrete Anhaltspunkte dafür vorliegen, dass der Kläger den sichergestellten Geldbetrag unmittelbar zur Begehung von Straftaten im Zusammenhang mit der Zigarettenschmuggelkriminalität verwenden würde. Dass dem Kläger durch die Sicherstellung die Verfügungsbefugnis über sein ganzes oder nahezu sein ganzes Vermögen entzogen worden wäre, hat er weder vorgetragen noch ist dies sonst ersichtlich.
Ermessensfehler i.S.d. § 114 Satz 1 VwGO lassen sich nicht ersehen. Namentlich haben sowohl der Beklagte zu 1. als auch die Bezirksregierung L.

in ihrer Widerspruchsentscheidung die Interessen des Klägers an einer Wiedererlangung des Besitzes an dem Bargeld in ihre Abwägung miteinbezogen und sind danach zu dem nicht zu beanstandenden Schluss gelangt, dass dieses Interesse hinter dem Interesse der Allgemeinheit zurückzustehen habe, vor Straftaten im Bereich des Zigarettenschmuggels geschützt zu werden.

Der Klageantrag zu 2. ist ebenfalls unbegründet.

Der Kläger hat keinen Anspruch gegen den Beklagten zu 2. auf Herausgabe der sichergestellten Geldscheine.

Die Voraussetzungen der insoweit in Betracht kommenden Anspruchsgrundlage des § 46 Abs. 1 Satz 1 PolG NRW sind nicht gegeben.

Danach sind, sobald die Voraussetzungen für die Sicherstellung weggefallen sind, die Sachen an diejenige Person herauszugeben, bei der sie sichergestellt worden sind.

Vorliegend sind die Voraussetzungen für die Sicherstellung indes - wie ausgeführt - nicht weggefallen.

Die Kostenentscheidung folgt aus § 154 Abs. 1 VwGO; diejenige über die vorläufige Vollstreckbarkeit aus § 167 Abs. 1, Abs. 2 VwGO in Verbindung mit §§ 708 Nr. 11, 711 der Zivilprozessordnung.

Beschluss
Der Wert des Streitgegenstandes wird gemäß § 52 Abs. 1 des Gerichtskostengesetzes auf 93.450,- EUR festgesetzt.

Hinweis:
Auf die im Original enthaltenen Randziffern wurde in der Abschrift verzichtet.

Entscheidung II./7
(Übertragung aus dem Internet)

Rechtsprechungsdatenbank
Hinweis: Die Benutzung der Texte für den privaten Gebrauch ist frei. Jede Form der kommerziellen Nutzung bedarf der Zustimmung des Gerichts.

5 B 284/06
VG Braunschweig
Beschluss vom 19.10.2006

Polizeirechtliche Sicherstellung von Bargeld zulässig

Rechtsquellen	Fundstellen	Suchworte
Nds SOG 26		Bargeld
Nds SOG 26 1		Gefahr
Nds SOG 26 II		Polizeirecht
StPO 111b		präventiv
StPO 94		Sicherstellung

Leitsatz/Leitsätze (amtlich)

Die präventativ-polizeiliche Sicherstellung eines Bargeldbetrages ist trotz Freigabe durch die Staatsanwaltschaft möglich. Voraussetzung ist, dass der Betrag das zum Lebensunterhalt Erforderliche übersteigt und ein Zusammenhang zwischen dem sicherzustellenden Geld und den dem Betroffenen vorgeworfenen und in Zukunft zu befürchtenden Delikten besteht hier bejaht, da dringender Verdacht, dass aufgefundenes Bargeld von 10.850 EUR nicht legal erworben, bei nächster Gelegenheit weitere "Enkeltrick"-Betrugsstraftaten drohen und dazu das sichergestellte Geld eingesetzt wird, z.B. für die Bezahlung von Hotelunterkünften und Kraftstoff.

Aus dem Entscheidungstext

Der Antrag auf Gewährung vorläufigen Rechtsschutzes wird abgelehnt.

Der Antragsteller trägt die Kosten des Verfahrens.

Der Wert des Streitgegenstandes wird auf 2.700,- EUR festgesetzt.

Gründe:
I.

Der am D. geborene Antragsteller begehrt einstweiligen Rechtsschutz gegen eine unter Sofortvollzug angeordnete Sicherstellung von Bargeld in Höhe von 10.850 EUR, das ihm anlässlich einer polizeilichen Kontrolle am 18.05.2006 abgenommen worden ist.

Am 17.05.2006 begingen mindestens zwei Personen gemeinschaftlich in E. einem sogenannten „Enkeltrick-Betrug", bei dem sie von der 83-jährigen A. 6.000,- EUR erbeuteten. Die Geschädigte war laut ihrer späteren Aussage immer wieder von einer männlichen Person, die sich als ihr - erkälteter - Enkel ausgab, angerufen und aufgefordert worden, dringend Geld für ihn bei ihrer Bank abzuheben, was sie schließlich tat. Dieses Geld war von einer weiblichen Person - einer angeblich guten und vertrauenswürdigen Bekannten des „Enkels" - bei ihr vor dem Haus abgeholt worden. Am 18.05.2006 erfolgten zahlreiche Anrufe dieser Art bei älteren Personen in Braunschweig durch angebliche Enkel oder Neffen. Insgesamt zeigten 15 Personen (Geburtsjahrgänge 1914 bis 1937) bei der Polizeiinspektion Braunschweig zwischen 12 und 15 Uhr Betrugsversuche nach dem vorgenannten Muster mit Forderungen von jeweils bis zu 25.000 EUR an.

Aufgrund bereits vorhandener Erkenntnisse über eine bundesweit bandenmäßig operierende Tätergruppe leitete die Polizeiinspektion Braunschweig sogleich Fahndungsmaßnahmen ein und überwachte im Bereich Güldenstraße, F., zwei aus staatsanwaltlichen Ermittlungen bekannte Kraftfahrzeuge und eine dazugehörige Personengruppe, der neben dem Antragsteller noch fünf weitere Personen seiner Familie angehörten. Gegen 15 Uhr verließ die Gruppe mit ihren Fahrzeugen Braunschweig und fuhr über die Autobahn A 2 nach Hannover, wo vier Mitglieder der Gruppe versuchten, in „G.", H., zwei Zimmer anzumieten. Zu einem Bezug der Zimmer kam es nicht mehr, weil zwischenzeitlich uniformierte Beamte der Polizei Hannover eintrafen und den Antragsteller, I. sowie J. zwecks Überprüfung ihrer Personalien zur Wache verbrachten. Beim Antragsteller wurden neben verschiedenen persönlichen Gegenständen ein Handy der Marke Nokia, eine separate SIM-Karte des Netzbetreibers E-Plus mit der Karten-Nummer 476141740849 und Bargeld von insgesamt 10.850 EUR in Scheinen (9 x 500,-, 21 x 200,-, 11 x 100,-, 20 x 50,-, 2 x 20,-, 1 x 10,-) aufgefunden und beschlagnahmt. In seiner Vernehmung als Beschuldigter gab er an, an seinem Wohnort in K. } lebe eine Lebensgefährtin und fünf Kinder im Alter von drei bis 11 Jahren. Sein gegenwärtiges Nettoeinkommen betrage 600,- EUR monatlich, von Beruf sei er Teppich- und Autohändler. Er wisse nicht, weshalb ihn die Polizei kontrolliert habe; mit einem angeblichen Trickdiebstahl in Braunschweig habe er nichts zu tun. Er habe am Bahnhof in Hannover ein Auto – einen Mercedes E-Klasse - kaufen wollen; er sei mit einer Person über „autoscout24" im Internet verabredet gewesen. In der Nacht vom 17. auf den 18.05. habe er in seiner Wohnung in L. geschlafen. Gegen Mittag sei er mit dem Zug von L. nach Hannover gefahren, wo er sich mit seinem Onkel M. und zwei weiteren Familienangehörigen getroffen habe. Sie seien dann mit dem Auto seines Onkels direkt in das Hotel gefahren, in das dann die Polizei gekommen sei. In Braunschweig sei er zuvor 100-prozentig nicht gewesen. Sein letzter Aufenthalt in Braunschweig läge schon mehrere Jahre zurück. Auf die Frage, woher er so viel Bargeld habe, antwortete er: „Das ist mein Geld. Das habe ich verdient. Mehr möchte ich dazu nicht sagen. Ich habe nichts gemacht."

Mit Anwaltsschriftsatz vom 06.06.2006 an die Staatsanwaltschaft Braunschweig legte der Antragsteller gegen die Beschlagnahme des Geldes Widerspruch ein und beantragte dessen Freigabe. Nach seiner Erinnerung sei er am 17.05.2006 mit dem Zug von Essen nach Braunschweig gefahren, wo er einen Mercedes C-Klasse, der im Internet für 8.900,- EUR angeboten worden sei, habe kaufen wollen. Zu diesem Zweck habe er einen größeren Geldbetrag von etwa 11.000,- EUR mitgenommen; es habe sich um sein eigenes Geld gehandelt. Da das Fahrzeug in einem sehr schlechten Zustand gewesen sei, sei der Kauf nicht zustande gekommen. In Braunschweig habe er dann weitere „Zigeuner" getroffen, die ihm aus Mannheim bekannt gewesen seien und mit ihnen in einem Hotel in der Stadtmitte übernachtet. Am nächsten Tag sei er mit seiner Schwester und deren Freund nach Hannover gefahren, wo er wiederum in einem Hotel habe übernachten wollen. Dort sei er festgenommen worden. Mit dem vollendeten „Enkel-Trick" in Hannover habe er nichts zu tun. An einer strafbaren Handlung sei er auch in Braunschweig nicht beteiligt gewesen. Er sei durch das Landgericht Berlin wegen „Enkeltricks" pp. zu einer Freiheitsstrafe von zwei Jahren verurteilt worden, deren Vollstreckung zur Bewährung ausgesetzt worden sei. Die Bewährung wolle er nicht gefährden.

Mit Verfügung vom 14.06.2006 gab die Staatsanwaltschaft Braunschweig das sichergestellte Bargeld des Antragstellers frei, weil die Voraussetzungen einer Beschlagnahme nicht gegeben seien. Als Beweismittel i. S. v. § 94 StPO würden die Geldscheine nicht benötigt, und die Voraussetzungen des Verfalls nach §§ 111c, 111b StPO, 73 StGB lägen nicht vor, weil eine konkrete Tat, aus der der Antragsteller das sichergestellte Geld hätte erlangt haben können, zum jetzigen Stand der Ermittlungen nicht benannt werden könne. Die in Braunschweig angezeigten Taten seien nicht vollendet worden; ob der Antragsteller an der Tat in Hannover, bei der 6.000,- EUR erbeutet wurden, beteiligt sei, sei fraglich. Auch die Voraussetzungen des erweiterten Verfalls nach § 73d StGB lägen nicht vor, denn die deliktische Herkunft des Bargelds könne nicht uneingeschränkt festgestellt werden, auch wenn ein rechtmäßiger Erwerb bei dem monatlichen Einkommen des Antragstellers von nur 600,- EUR fragwürdig erscheine.

Die Polizeiinspektion Braunschweig leitete daraufhin ein Verfahren zur „präventiven Gewinnabschöpfung" ein und stellte das Bargeld nach § 26 Nds. SOG sicher. Der Prozessbevollmächtigte des Antragstellers erhielt hierüber Nachricht mit Schreiben vom 16.06.2006. Mit Schriftsatz vom 20.06.2006 machte er geltend, dass es sich nicht um das Geld des Antragstellers gehandelt habe, sondern er durch einen N. beauftragt worden sei, ein Auto zu kaufen und dieser ihm hierfür 7.500,- EUR zur Verfügung gestellt habe. Einen weiteren Betrag von 2.600,- EUR habe ihm ein O. geliehen. Dies würde durch je ein Schreiben des N. vom 06.06.2006 und des O. vom 08.06.2006 bestätigt.

Die Polizeiinspektion Braunschweig, die das Verfahren am 01.08.2006 an die Antragsgegnerin – Fachbereich Öffentliche Sicherheit – abgab, verwies in einem Vermerk vom 05.07.2005 u. a. darauf, dass mit der SIM-Karte des Antragstellers, dem die Mobilfunkrufnummer 0163-1564084 zugeordnet ist, u. a. der Anschluss des geschädigten P., der zu den Anzeigeerstattern vom 18.05.2006 gehört, angerufen wurde. Der Antragsteller sei außerdem durch die Zeugin Q. im Hotel „R." in Braunschweig, S. am 17./18.05.2006 gesehen worden; sie habe ihn anhand eines Lichtbildes identifiziert.

Mit Bescheid vom 08.08.2006 verfügte die Antragsgegnerin unter Anordnung der sofortigen Vollziehung, dass das von der Polizei beschlagnahmte Bargeld in Höhe von 10.850 EUR sichergestellt und in öffentliche Verwahrung genommen wird. Zur Begründung für das Vorliegen einer Gefahrenlage i. S. des § 26 Nr. 1 Nds. SOG führte sie aus, es müsse dringend befürchtet werden, dass das beim Antragsteller sichergestellte Bargeld u. a. zur Begehung weiterer Straftaten benutzt werden sollte, z. B. für Hotelunterkünfte in anderen Städten sowie Auto- und Benzinkosten, und es bestehe die gegenwärtige Gefahr, dass durch die Aushändigung des sichergestellten Bargeldes an den Antragsteller das Eigentums- und das Besitzrecht zu Lasten des rechtmäßigen Eigentümers widerrechtlich vom Antragsteller ausgeübt werde. Sie verwies hierzu auf die Widersprüche zwischen der ersten Einlassung des Antragstellers bei der Polizei, dass er alleiniger Eigentümer des Geldes sei und dem Anwaltsschreiben vom 20.06.2006, mit dem zwei Bescheinigungen vorgelegt worden seien, nach denen es sich um das Geld von zwei namentlich benannten Personen zum Kauf eines Autos handeln soll. Auch dass der Antragsteller, der zunächst bestritten hatte, am 18.05.2006 in Braunschweig gewesen zu sein, anhand von Fotos von einer Zeugin wieder erkannt worden sei und mit der bei ihm aufgefundenen SIM-Karte der Geschädigte T. angerufen worden sei, mache ihn unglaubwürdig und lasse vermuten, dass das sichergestellte Bargeld aus Straftaten herrühre. Im übrigen habe laut den Nachforschungen der Polizei auch die Angabe des Antragstellers, er sei Teppich- bzw. Autohändler nicht nachvollzogen werden können, denn beim Gewerbeamt Oberhausen sei er weder mit einem Reisegewerbe noch mit einem stehenden Gewerbe angemeldet. Bei der Agentur für Arbeit und dem Sozialamt Oberhausen sei er ebenfalls nicht gemeldet. Die Anordnung der sofortigen Vollziehung begründete die Antragsgegnerin damit, dass die bei Klageerhebung regelmäßig eintretende aufschiebende Wirkung den Zweck der Sicherstellung vereiteln würde, und ein Zugriff auf das sichergestellte Bargeld nach einer Herausgabe an den Antragsteller nicht mehr gewährleistet sei.

Gegen den am 16.08.2006 zugestellten Bescheid hat der Antragsteller am 15.09.2006 Klage (5 A 283/06) erhoben und zugleich um Gewährung vorläufigen gerichtlichen Rechtsschutzes nachgesucht. Er ist der Ansicht, der Bescheid werde auf einen unzutreffenden Sachverhalt gestützt und bestreitet jegliche Teilnahme an einem „Enkel-Trick". Mit den Bestätigungsschreiben von N. und O. habe er nachgewiesen, dass das Geld nicht aus einer strafbaren Handlung stamme und nicht zur Durchführung von Straftaten habe benutzt werden sollen, sondern für den Ankauf eines Pkw.

Der Antragsteller beantragt,
die aufschiebende Wirkung seiner Klage gegen den Bescheid der Antragsgegnerin vom 08.08.2006 wieder herzustellen.

Die Antragsgegnerin beantragt,
den Antrag auf Wiederherstellung der aufschiebenden Wirkung abzulehnen.

Sie bezieht sich auf die angegriffene Sicherstellungsverfügung und verweist ergänzend darauf, dass dem Antragsteller der Nachweis der rechtmäßigen Erlangung des Geldes nicht gelungen sei. Die vorgelegten Bescheinigungen seien in ihrem Beweiswert erheblich eingeschränkt und auch erst nach der Sicherstellungsverfügung ausgestellt worden. Soweit der Antragsteller jegliche Teilnahme an einem „Enkel-Trick" bestreite, sei auf seine Verurteilung wegen gemeinschaftlichen Betruges in drei Fällen aus dem Jahr 2005 hinzuweisen.

Nach einer Auskunft der Polizeiinspektion Braunschweig (FK 2) vom 12.10.2006 befindet sich der Antragsteller derzeit wegen fortgesetzten „Enkelbetruges" in Untersuchungshaft. Die Staatsanwaltschaft Köln führe die Ermittlungen (107 Js 141/06).

Wegen der weiteren Einzelheiten des Sachverhalts und des Vorbringens der Beteiligten im Übrigen wird Bezug genommen auf den Inhalt der Gerichtsakte und den Verwaltungsvorgang der Antragsgegnerin.

II.

Der nach § 80 Abs. 5 VwGO statthafte Antrag auf Gewährung vorläufigen Rechtsschutzes ist zulässig, aber unbegründet.

Die Antragsgegnerin hat die sofortige Vollziehung der Sicherstellungsverfügung in formell ordnungsgemäßer Weise angeordnet (§ 80 Abs. 2 Nr. 4 VwGO) und in ausreichender Weise schriftlich begründet, warum das besondere Interesses an dem Sofortvollzug als gegeben erachtet wird (§ 80 Abs. 3 Satz 1 VwGO). Der Hinweis darauf, dass die mit der Klageerhebung verbundene aufschiebende Wirkung den Zweck der Sicherstellung vereiteln und eine Herausgabe des Geldes an den Antragsteller bis zum Eintritt der Bestandskraft einen behördlichen Zugriff auf das sichergestellte Geld nicht gewährleisten würde, genügt dem gesetzlich vorgeschriebenen Begründungserfordernis.

Auch aus materiell-rechtlichen Gründen besteht keine Veranlassung, die aufschiebende Wirkung der gegen den Bescheid vom 08.08.2006 erhobenen Klage wiederherzustellen. Nach § 80 Abs. 5 VwGO kann das Gericht der Hauptsache die aufschiebenden Wirkung einer Klage, der - wie hier gemäß § 80 Abs. 2 Satz 1 Nr. 4 VwGO - keine aufschiebende Wirkung zukommt, anordnen, wenn das private Interesse des Antragstellers, von der belastenden Maßnahme zunächst verschont zu bleiben, gegenüber dem öffentlichen Interesse an einer sofortigen Vollziehung des Verwaltungsaktes überwiegt. Die Anordnung der aufschiebenden Wirkung kommt somit nicht in Betracht, wenn dem öffentlichen Interesse der Vorrang einzuräumen ist. Das ist regelmäßig dann der Fall, wenn die Klage, mit der die vollziehbare Entscheidung angefochten wird, voraussichtlich keine Aussicht auf Erfolg hat. So liegt es hier. Die Klage wird nach dem gegenwärtigen Erkenntnisstand in der Sache keinen Erfolg haben, weil der angegriffene Bescheid vom 08.08.2006 nach der im Verfahren auf Gewährung vorläufigen Rechtsschutzes durchzuführenden summarischen Überprüfung voraussichtlich rechtmäßig ist. Daneben fällt auch eine unabhängig von den Erfolgsaussichten der Hauptsache vorzunehmende Interessenabwägung zu Lasten des Antragstellers aus.

Rechtsgrundlage für eine Sicherstellungsverfügung ist § 26 des Niedersächsischen Gesetzes über die öffentliche Sicherheit und Ordnung - Nds. SOG -. Danach kann die zuständige Verwaltungsbehörde sowie auch die Polizei eine Sache sicherstellen, um eine gegenwärtige Gefahr abzuwehren (Nr. 1) oder um den Eigentümer oder den rechtmäßigen Inhaber der tatsächlichen Gewalt vor Verlust oder Beschädigung einer Sache zu schützen (Nr. 2).

Der Rechtmäßigkeit der Sicherstellungsverfügung steht nicht von vornherein entgegen, dass die Staatsanwaltschaft Braunschweig in dem aktuellen u. a. gegen den Antragsteller geführten Ermittlungsverfahren wegen versuchtem gewerbsmäßigen Bandenbetruges - 552 Js 24121/06 - die Freigabe der zunächst für die Zwecke der Durchführung eines Strafverfahrens nach §§ 94 ff., 111b StPO beschlagnahmten Geldscheine verfügt hat. Die Erkenntnis, dass das beschlagnahmte Geld für die Zwecke der Durchführung eines Strafverfahrens nicht mehr benötigt wird, erstreckt sich nicht auf außerhalb eines Ermittlungs- oder Strafverfahrens erfolgende Präventivmaßnahmen der Polizei aus Gründen der Gefahrenabwehr. Bei präventivpolizeilicher Betrachtung kann sogar trotz Einstellung eines staatsanwaltlichen Ermittlungsverfahrens allein aufgrund verbliebener Verdachtsmomente ein Bedürfnis für die Aufrechterhaltung von polizeilichem Gewahrsam an beschlagnahmtem Geld bestehen (vgl. dazu: VG Aachen, Beschluss vom 10.02.2005 - 6 L 825/04 - m. w. N., zitiert nach Juris). Ein solches Bedürfnis nach präventiven Maßnahmen besteht hier erst recht, weil sowohl die Staatsanwaltschaft Braunschweig als auch die Staatsanwaltschaft Köln (dort. Az.: 107 Js 141/06) weiterhin wegen „Enkelbetrugsverfahren" gegen den Antragsteller ermitteln, der sich nach Auskunft der Polizeiinspektion Braunschweig vom 12.10.2006 mittlerweile sogar wegen des Ermittlungsverfahrens der Staatsanwaltschaft Köln in Untersuchungshaft befindet. Die Freigabe des Geldes durch die Staatsanwaltschaft Braunschweig erfolgte hier keinesfalls mangels hinreichenden Tatverdachts gegen den Antragsteller, sondern nur deshalb, weil die Geldscheine als Beweismittel im Strafverfahren nicht mehr benötigt wurden, nachdem der Bargeldbetrag aktenkundig vermerkt worden war und eine konkrete, vollendete Tat, aus der der Antragsteller das sichergestellte Geld hätte erlangt haben können, zum damaligen Stand der Ermittlungen nicht benannt werden konnte (vgl.

Vfg. der Staatsanwaltschaft vom 14.06.2006, Bl. 68 BA). Dies spricht nicht gegen einen weiterhin bestehenden Verdacht, dass das Geld deliktischer Herkunft sei, der sich im weiteren Verlauf des Verfahrens auch wieder verdichten kann.

Die Antragsgegnerin hat die Sicherstellung des beim Antragsteller aufgefundenen Bargelds allein auf § 26 Nr. 1 Nds. SOG gestützt. Die Annahme der Antragsgegnerin, dass im Zeitpunkt der Anordnung der Sicherstellung die Herausgabe des in amtlicher Verwahrung befindlichen Geldes eine gegenwärtige Gefahr begründet hätte, ist bei summarischer Betrachtung nicht zu beanstanden. Ihr steht nicht entgegen, dass der Antragsteller behauptet, das Geld, mit dem er ein Auto habe kaufen wollen, auf legalem Wege erworben zu haben und ihm dies durch Nennung des rechtmäßigen Eigentümers des Geldes nicht konkret widerlegt werden kann.

Unter Gefahr ist nach der Begriffsbestimmung in § 2 Nr. 1 a Nds. SOG eine Sachlage zu verstehen, bei der im einzelnen Fall die hinreichende Wahrscheinlichkeit besteht, dass in absehbarer Zeit ein Schaden für die öffentliche Sicherheit und Ordnung eintreten wird. Die Gefahr ist nach § 2 Nr. 1b Nds. SOG gegenwärtig, wenn die Einwirkung des schädigenden Ereignisses bereits begonnen oder unmittelbar oder in allernächster Zeit mit einer an Sicherheit grenzenden Wahrscheinlichkeit bevorsteht. Auch bei Anwendung des qualifizierten Gefahrbegriffs (Merkmal der Gegenwärtigkeit als zusätzliche Eingriffsvoraussetzung) ist hinsichtlich der Wahrscheinlichkeit der Gefahrenverwirklichung eine differenzierte Betrachtung geboten. Je schwerer der Schaden ist, der einzutreten droht, desto geringer sind die Anforderungen, die an die Wahrscheinlichkeit des Schadenseintritts gestellt werden (vgl. VG Aachen, Beschluss vom 10.02.2005 a. a. O, Rn. 19; Böhrenz/Unger/Siefkens, Nds. SOG, 8. Aufl. § 2 Anm. 2.). Danach bestehen hier hinreichende Anhaltspunkte für das Vorliegen einer gegenwärtigen Gefahr für die öffentliche Sicherheit.

Nach Aktenlage besteht der dringende Verdacht, dass der Antragsteller das bei ihm aufgefundene Bargeld nicht legal erworben hat, er bei nächster Gelegenheit weitere Betrugsstraftaten begehen und dazu das sichergestellte Geld einsetzen wird, z. B. für die Bezahlung von Hotelunterkünften in anderen Städten sowie für Auto- und Kraftstoffkosten.

Die Annahme des dringenden Verdachts stützt sich auf die Widersprüche des Antragstellers hinsichtlich der Herkunft des Geldes und seines Aufenthaltsorts am 17. und 18.05.2006, auf die Erkenntnisse, die sich aus der Liste der mit seiner SIM-Karte am 18.05.2006 zwischen 12 und 15 Uhr in

Braunschweig geführten Telefongespräche ergeben und auf seine Identifizierung durch die Angestellte eines Braunschweiger Hotels.

Soweit der Antragsteller erstmals durch seinen Anwalt mit Schriftsatz vom 20.06.2006 vortragen lässt, das sichergestellte Geld gehöre nicht ihm, sondern sei ihm von zwei Bekannten für einen Autokauf zur Verfügung gestellt worden, ist dies schon deshalb unglaubhaft, weil der Antragsteller sich bei seiner Vernehmung als Beschuldigter am 18.05.2006 und im Anwaltsschriftsatz vom 06.06.2006 ausdrücklich dahin geäußert hat, dass es sich um sein eigenes Geld gehandelt habe. Die im Rahmen seines geänderten Vortrags nunmehr vorgelegten Bestätigungen des N. vom 06.06.2006 und des O. vom 08.08.2006, deren Identität bereits nicht durch eidesstattliche Versicherungen nachgewiesen ist, überzeugen inhaltlich nicht und sind als Gefälligkeitsbescheinigungen einzustufen. Als Nachweis für einen rechtmäßigen Besitzerwerb, den der Antragsteller aus den von der Antragsgegnerin genannten Gründen wegen der Umkehr der grundsätzlich nach § 1006 BGB dem Eigentümer einer beweglichen Sache zukommenden Eigentumsvermutung erbringen muss, sind die Bestätigungen nicht ansatzweise geeignet.

Auch der Umstand, dass der Antragstellers zunächst wahrheitswidrig bestritten hat, sich am 18.05.2006 in Braunschweig aufgehalten zu haben, macht ihn unglaubwürdig und drängt den Verdacht auf, er wolle ein strafbares Verhalten verdecken. Insbesondere die Auswertung seiner SIM-Karte, zu der nach Auskunft der Polizeiinspektion Braunschweig vom 12.10.2006 und nochmaliger ausdrücklicher Bestätigung vom 18.06.2006 die Rufnummer 0163-1564084 gehört, dokumentiert, dass er fortgesetzt versucht hat, in Braunschweig Betrugsstraftaten zu begehen. Die Übersicht aus der „Funkzelle", die für den Bereich des Hotels „R.", S. in Braunschweig funktechnisch zuständig ist, enthält für den Zeitraum 11.33 Uhr bis 15.01 Uhr am 18.05.2006 insgesamt 44 verschiedene Braunschweiger Rufnummern, die mit der vorgenannten Rufnummer des Antragstellers angewählt wurden. Hierunter befinden sich die Rufnummern der Anzeigeerstatter P., von dem gegen 12 Uhr 22.000,- EUR verlangt wurden, U., V., W., von der um 14 Uhr laut ihrer Angabe gegenüber der Polizei ein Betrag von 14.000,- EUR gefordert wurde, X., von der 15.000,- EUR gefordert wurden und Y., bei dem es zu einer Forderung nicht kam.

Dass er sich entgegen seiner ursprünglichen Einlassung in am 17./18.05.2006 in Braunschweig aufgehalten hat, wird zusätzlich bestätigt durch die Aussage der Zeugin Frau Q., die ihn anhand einer sequentiellen Wahllichtbildvorlage sogar als Wortführer der Gruppe im Hotel „R." in der S. wieder erkannt hat.

Angesichts dieser im späteren Verlauf des Verfahrens durch die Antragsgegnerin gewonnenen neuen Erkenntnisse und der zunehmenden Widersprüche, in die sich der Antragsteller verstrickt hat, bestehen erhebliche Anhaltspunkte dafür, dass der Antragsteller, der bereits wegen gemeinschaftliches Betruges in drei Fällen durch Urteil des Landgerichts Berlin vom 31.10.2005 rechtskräftig zu einer Bewährungsstrafe verurteilt wurde, fortlaufend bandenmäßig Betrugsstraftaten betreibt. Dies erlaubt die Annahme, dass er das sichergestellte Geld im Falle einer Herausgabe umgehend wieder in die Begehung strafbarer Handlungen investieren würde (zumindest durch Weitergabe an seine Familienmitglieder, die nach Aktenlage insoweit umfangreich zusammenwirken). Angesichts des hohen Wertes der durch diese Straftaten gefährdeten Rechtsgüter ist hier bereits von einer gegenwärtigen Gefahr für die öffentliche Sicherheit in der Gestalt der Unverletzlichkeit der Rechtsordnung auszugehen (so auch in einem vergleichbaren Fall: VG Aachen, Beschluss vom 10.02.2005, a. a. O.).

Eine gegenwärtige Gefahr i. S. des § 26 Nr. 1 Nds. SOG besteht auch deshalb, weil bei einer Herausgabe des Geldes an den Antragsteller die Verwirklichung von potentiellen Rückforderungsansprüchen der Geschädigten vereitelt oder wesentlich erschwert werden würde (vgl. zum Ausnahmefall des Schutzes privater Rechte, § 1 Abs. 3 Nds. SOG).

Die Sicherstellung ist das geeignete Mittel zur Vermeidung der genannten Gefahren; Ermessensfehler der Antragsgegnerin sind nicht zu erkennen.

Selbst wenn hinsichtlich des Vorliegens einer gegenwärtigen Gefahr und damit hinsichtlich der Rechtmäßigkeit der Sicherstellungsverfügung derzeit von einem offenen Ausgang des Hauptsacheverfahrens auszugehen wäre, würde auch eine davon unabhängige Interessenabwägung zu Lasten des Antragstellers ausfallen. Zwar ist er vorübergehend daran gehindert über das Bargeld zu verfügen, was schon infolge des hohen Betrages von über 10.000 EUR eine nicht nur geringfügige Beeinträchtigung ist. Er hat jedoch nicht vorgetragen, auf dieses Geld zur Sicherung seiner Existenz dringend angewiesen zu sein, so dass davon auszugehen ist, dass ihm lediglich Zinsverluste drohen. Demgegenüber ergäben sich im Falle der Stattgabe des Antrags und einer Finanzierung strafbarer Handlungen durch das herausgegebene Geld sowie der Vereitelung von berechtigten Zahlungsansprüchen der durch den Antragsteller Geschädigten erhebliche Gefahren für die Allgemeinheit. Diese Folgen wiegen gegenüber den sich für den Antragsteller aus einer Ablehnung seines Antrags ergebenden Konsequenzen weitaus schwerer. Das Interesse des Antragstellers an der aufschiebenden Wirkung seiner Klage muss daher gegenüber dem höher zu bewertenden öffentlichem Interesse an einer sofortigen Vollziehung der Sicherstellungsverfügung zurücktreten.

Die Kostenentscheidung folgt aus § 154 Abs. 1 VwGO.

Die Streitwertfestsetzung beruht auf § 53 Abs. 3 Nr. 2 i.V.m. § 52 Abs. 1 GKG, wobei wegen der Vorläufigkeit des begehrten Rechtsschutzes hier nur der Zinsvorteil berücksichtigt wird, den der Antragsteller bei einer stattgebenden Entscheidung bereits im Eilverfahren erlangen können. Da Zinshöhe und Laufzeit sich hier schwer exakt bemessen lassen, ist in Anlehnung an Ziff. 1.5 des Streitwertkatalogs für die Verwaltungsgerichtsbarkeit (vgl. NVwZ 2004, 1327) pauschal ein Viertel des maßgeblichen Betrages (10.850 EUR : 4 = rund 2.700,- EUR) in Ansatz gebracht worden (anders VG Aachen, Beschluss vom 10.02.2005 a.a.O.: Zinsvorteil von 10%).

Hinweis:
Die Zustimmung des Verwaltungsgerichts Braunschweig zu dieser Veröffentlichung liegt vor.

Entscheidung II./8
(Übertragung aus dem Internet)

> **Rechtsprechungsdatenbank**
>
> **Hinweis:** Die Benutzung der Texte für den privaten Gebrauch ist frei. Jede Form der kommerziellen Nutzung bedarf der Zustimmung des Gerichts.

5 B 332/06
VG Braunschweig
Beschluss vom 18.01.2007

Polizeirechtliche Sicherstellung von Bargeld

Rechtsquellen	Fundstellen	Suchworte
Nds SOG 26		Bargeld
Nds SOG 26 1		Gefahr
Nds SOG 26 II[14]		Polizeirecht
StPO 111b		präventiv
StPO 94		Sicherstellung

Leitsatz/Leitsätze (amtlich)

Die präventativ-polizeiliche[15] Sicherstellung eines Bargeldbetrages ist trotz Freigabe durch die Strafverfolgungsbehörde möglich. Voraussetzung ist aber, dass die Höhe des Betrages das zum Lebensunterhalt Erforderliche übersteigt und ein gewisser Zusammenhang zwischen dem sicherzustellenden Geld und den dem Betroffenen vorgeworfenen und in Zukunft zu befürchtenden Delikten besteht.

---

[14] Gemeint sein dürfte § 26 **Nr. 2** Nds. SOG und nicht § 26 **Abs. 2** Nds. SOG.
[15] Gemeint sein dürfte die **präventiv**-polizeiliche Sicherstellung.

Aus dem Entscheidungstext

Die aufschiebende Wirkung der Klage (5 A 331/06) gegen den Bescheid der Antragsgegnerin vom 06.11.2006 wird wiederherstellt.

Die Antragsgegnerin trägt die Kosten des Verfahrens.

Der Wert des Streitgegenstandes wird auf 159,34 Euro festgesetzt.

G r ü n d e :

I.

Die Antragstellerin begehrt einstweiligen Rechtsschutz gegen eine unter Sofortvollzug angeordnete Sicherstellung von Bargeld in Höhe von 637,35 Euro.

Am 14.09.2006 beobachtete der Hausdetektiv der Firma D. in Braunschweig, Casparistraße, wie der mit der Antragstellerin bekannte Herr E. Brillengestelle im Gesamtwert von ca. 5.500,00 Euro den Auslagen entnahm, sie zunächst unter einer mitgeführten Jacke versteckte und dann mithilfe der Antragstellerin, die ihm Sichtschutz bot, ohne den Kaufpreis zu entrichten aus dem Laden mitnahm. Herr F. bestieg dann zusammen mit der Antragstellerin den Pkw Audi A 8, den die Antragstellerin von ihrem Bruder entliehen hatte, um mit diesem zurück nach Hannover zu fahren. Nach eingeleiteter Fahndung wurde dieser Pkw von der Polizei Braunschweig angehalten und durchsucht. Herr F. und die Antragstellerin wurden vorläufig festgenommen. Die an diesem Tag bei der Firma D. entwendeten Brillengestelle wurden beschlagnahmt, sichergestellt und der Firma zurückgegeben. Bei der Durchsuchung des Fahrzeuges und der Personen wurden Armbanduhren und Kleidungsstücke (zum Teil neuwertig) aufgefunden und bei der Durchsuchung der Handtasche der Antragsstellerin der hier streitgegenständliche Bargeldbetrag in Höhe von 637,35 Euro.

Bei der richterlichen Vernehmung gab die Antragstellerin zur Herkunft dieses Geldbetrages an, dass sie 500,00 Euro von ihrem Geliebten für die Anschaffung eines neuen Sofas bekommen habe. Den Namen ihres Geliebten könne sich nicht nennen, da dieser verheiratet sei. Sie verfüge über ein monatliches Einkommen aus ALG II in Höhe von 410,00 Euro und habe Kreditschulden von ca. 10.000,00 Euro.

Mit Verfügung vom 27.09.2006 gab die Staatsanwaltschaft im Rahmen des Ermittlungsverfahrens das sichergestellte bzw. beschlagnahmte Bargeld heraus, weil ein direkter Zusammenhang mit dem Gegenstand der Ermittlungen nicht zu erkennen war.

Am 27.09.2006 stellte die Polizei nach vorheriger mündlicher Anordnung des zuständigen Beamten der Stadt Braunschweig den streitgegenständlichen Bargeldbetrag nach § 26 NSOG sicher. Die Staatsanwaltschaft händigte das Bargeld aus und es wurde an die Stadt Braunschweig übergeben.

Mit schriftlicher Verfügung vom 06.11.2006 ordnete die Antragsgegnerin die Sicherstellung und öffentliche Verwahrung des am 14.09.2006 von der Polizei beschlagnahmten Bargelds an. Gleichzeitig wurde ein Verfügungsverbot ausgesprochen und die sofortige Vollziehung der Maßnahme angeordnet. Als Rechtsgrundlage für die Sicherstellung und Verwahrung führte die Antragsgegnerin § 26 Nr. 1 und Nr. 2 NSOG an, die Maßnahme sei notwendig zur Abwendung einer gegenwärtigen Gefahr und um den Eigentümer vor dem Verlust zu schützen. Aus den Umständen des Auffindens des Bargelds und dem Vortrag der Antragstellerin ergäbe sich Überwiegendes für die Annahme, dass der fragliche Betrag unrechtmäßig erworben worden sei. Angesichts des angegebenen monatlichen Nettoeinkommens von 410,00 Euro und den angegebenen Schulden erscheine das Einkommen der Antragstellerin zu gering, um hiervon einen Betrag in der mitgeführten Höhe anzusparen. Der Vortrag, sie habe das Geld von einem Geliebten für die Anschaffung eines neuen Sofas bekommen, sei nicht belegt worden. Im Übrigen hätten polizeiliche Ermittlungen ergeben, dass die Antragstellerin auch wegen einer Diebstahlstat in Göttingen polizeilich in Erscheinung getreten sei, die Ermittlungen liefen noch. Außerdem gebe es erhebliche Verdachtsindizien dafür, dass die Antragstellerin bereits am 26.09.2005 an einem vollendeten gewerbsmäßigen Diebstahl bei der Firma D. in Hannover mit einer Schadenshöhe von ca. 10.000,00 Euro beteiligt gewesen sei. Die auf einem der Polizei vorliegenden Video zu sehende dortige Täterin weise eine erhebliche Ähnlichkeit mit der Antragstellerin auf. Deshalb sei davon auszugehen, dass das Geld unrechtmäßig erworben sei und die Antragstellerin ihren Lebensunterhalt, zumindest teilweise, aus kriminellen Handlungen bestreite. Es müsse dringend befürchtet werden, dass das bei der Antragstellerin sichergestellte Bargeld zumindest teilweise zur Begehung weiterer Straftaten in Braunschweig und in anderen Städten benutzt werde. Für die Begehung solcher Straftaten fielen u.a. Auto- und Benzinkosten an, die vermutlich mit diesem Geld finanziert werden sollten. Aus den Umständen des Auffindens des Bargeldes und weil die Antragstellerin angesichts ihres geschilderten Nettoeinkommens und ihrer Verschuldung einen solchen Betrag nicht habe ansparen können, ergebe sich eine Beweislastumkehr im Hinblick auf § 1006 BGB. Außerdem bestehe eine gegenwärtige Gefahr, dass durch Aushändigung des sichergestellten Bargeldes an die Antragstellerin eine Rückgabe an den vermutlichen rechtmäßigen Eigentümern unmöglich gemacht werde.

Zur Begründung der Anordnung der sofortigen Vollziehung führte die Antragsgegnerin aus, dass aus polizeilicher Sicht und Erfahrung eine Vielzahl von Anhaltspunkten dafür vorläge, dass das Bargeld unrechtmäßig erworben worden sei. Es lägen daher besondere Gründe vor, die dafür sprächen, die Sicherstellung unmittelbar und nicht erst nach Eintritt der Bestandskraft der Verfügung zu vollziehen. Die im Falle einer erhobenen Klage eintretende aufschiebende Wirkung würde den Zweck der Sicherstellung vereiteln. Es bestehe ferner die Besorgnis, dass ein behördlicher Zugriff auf das sichergestellte Bargeld im Falle einer Herausgabe an die Antragstellerin nicht gewährleistet sein würde. Die sofortige Vollziehung sei auch erforderlich, um die tatsächlichen Eigentümer des Bargelds vor dessen Verlust zu bewahren.

Am 06.12.2006 hat die Antragstellerin gegen diesen Bescheid Klage erhoben (5 A 331/06) und gleichzeitig um Gewährung vorläufigen Rechtsschutzes nachgesucht. Zur Begründung führt sie an, sie stehe noch keineswegs als Mittäterin des Diebstahls am 14.09.2006 fest. Die Staatsanwaltschaft habe gegen sie und Herrn F. gemeinschaftlich Anklage erhoben. Die Hauptverhandlung sei für den 29.01.2007 terminiert. Die Antragsgegnerin habe die behauptete deliktische Herkunft des Geldes lediglich mit Vermutungen, nicht aber mit gesicherten Erkenntnissen begründet. Die Diebstahlstat in Göttingen, die der Antragstellerin zur Last gelegt werde, sei bereits am 21.12.2005 verübt worden, sodass vor diesem Hintergrund die Behauptung, die Antragstellerin versuche dauerhaft, ihren Lebensunterhalt mit der Begehung von Straftaten aufzubessern, haltlos sei. Es sei beim Amtsgericht Göttingen das Strafverfahren anhängig und die Hauptverhandlung zur Zeit unterbrochen. Die Ermittlungen seien abgeschlossen. Die Antragstellerin sei im Übrigen auch nicht vorbestraft. Auch die Tatsache, dass in dem von der Antragstellerin geführten Kraftfahrzeug sog. Diebesschürzen aufgefunden worden seien, sei kein Beweis dafür, dass die Antragstellerin auf Dauer mit Herrn F. zusammengewirkt habe. Auch der Haftrichter habe eine Mittäterschaft bei dem Delikt am 14.09.2006 nicht festgestellt. Die Staatsanwältin habe im Vermerk vom 26.09.2006 festgestellt, dass eine deliktische Herkunft des Bargelds nicht festgestellt werden könne. Es greife auch hier der verfassungsrechtliche Grundsatz der Unschuldsvermutung. Es sei zudem durchaus im Bereich des Möglichen, dass die Antragstellerin als Empfängerin öffentlicher Leistungen auch zur Mitte des Monats über ausreichendes Bargeld verfüge. Abzüglich des von dem Geliebten erhaltenen Geldgeschenkes in Höhe von 500,00 Euro handele es sich nämlich lediglich um 137,35 Euro. Die Verschuldung der Antragstellerin stehe dem nicht entgegen, da die Leistungen der öffentlichen Hand pfändungsfrei seien. Den Namen ihres Geliebten könne die Antragstellerin nicht nennen, da dieser verheiratet sei. Da auch hinsichtlich der anderen in dem von der Antragstellerin geführten Kraftfahrzeug aufgefundenen Gegenstände keineswegs nachgewiesen sei, dass es sich um Gegenstände von einem solchen Wert handele, den die Antragstellerin angesichts ihrer Einkommensverhältnisse nicht aufbringen könne, sei auch aus diesem Zusammenhang die deliktische Herkunft des Geldes nicht zu begründen. Die ermittelnde Polizei habe nicht festgestellt, ob es sich bei den sichergestellten Gegenständen tatsächlich um Markenfabrikate oder um Plagiate handele. Hinsichtlich des Diebstahls bei der Firma D. am 26.09.2005 bestehe lediglich ein Anfangsverdacht. Herr F. habe gegenüber dem Haftrichter nämlich ausgesagt, dass er die Klägerin erst vor zwei bis drei Monaten, also nach dem Delikt, kennen gelernt habe. Auch soweit der Antragstellerin vorgeworfen werde, dass sie ein aus einem Diebstahl stammendes Notebook einem Verwandten im ehemaligen Jugoslawien geschenkt habe, ergäbe sich daraus nicht, dass auch das fragliche Geld aus deliktischen Handlungen stamme. Im Übrigen sei diese Anschuldigung der jetzigen Ehefrau des geschiedenen Ehemannes der Antragstellerin in den Rahmen einer familiengerichtlichen Auseinandersetzung um das gemeinsame Kind zu stellen.

Auch die Höhe des sichergestellten Bargeldsbetrag trage die Vermutung, dass es sich um deliktisch erlangte Barmittel handele, die zur Begehung weiterer Straftaten eingesetzt werden sollten, nicht.

Die Antragstellerin beantragt,

die aufschiebende Wirkung der Klage gegen den Bescheid der Beklagten vom 06.11.2006 wiederherzustellen.

Die Antragsgegnerin beantragt,

den Antrag abzulehnen.
Sie wiederholt und vertieft die Gründe des angefochtenen Bescheides.

Wegen der weiteren Einzelheiten des Sachverhalts wird auf die Gerichtsakte und die Verwaltungsvorgänge der Antragsgegnerin Bezug genommen. Diese Unterlagen waren Gegenstand der Entscheidungsfindung.

II.

Der nach § 80 Abs. 5 VwGO statthafte Antrag auf Gewährung vorläufigen Rechtsschutzes ist zulässig und begründet. Zwar hat die Antragsgegnerin die sofortige Vollziehung der Sicherstellungsverfügung in formell ordnungsgemäßer Weise angeordnet (§ 80 Abs. 2 Nr. 4 VwGO) und in ausreichender Weise schriftlich begründet, warum das besondere Interesse an dem Sofortvollzug als gegeben erachtet wird (§ 80 Abs. 3 Satz 1 VwGO). Der Hinweis darauf, dass die mit der Klageerhebung verbundene aufschiebende Wirkung den Zweck der Sicherstellung vereiteln und eine Herausgabe des Geldes an die Antragstellerin bis zum Eintritt der Bestandskraft einen behördlichen Zugriff auf das sichergestellte Geld nicht gewährleisten würde, genügt dem gesetzlich vorgeschriebenen Begründungserfordernis.

Nach § 80 Abs. 5 VwGO kann das Gericht der Hauptsache die aufschiebende Wirkung einer Klage, der - wie hier gemäß § 80 Abs. 2 Satz 1 Nr. 4 VwGO - keine aufschiebende Wirkung zukommt, anordnen, wenn das private Interesse des Antragstellers, von der belastenden Maßnahme zunächst verschont zu bleiben, gegenüber dem öffentlichen Interesse an einer sofortigen Vollziehung des Verwaltungsaktes überwiegt. Dies ist regelmäßig dann der Fall, wenn die Klage, mit der die vollziehbare Entscheidung angefochten wird, voraussichtlich Aussicht auf Erfolg hat. So liegt es hier. Der angegriffene Bescheid vom 06.11.2006 ist nach der im Verfahren auf Gewährung vorläufigen Rechtsschutzes durchzuführenden summarischen Überprüfung voraussichtlich rechtswidrig.

Soweit die Antragsgegnerin sich als Rechtsgrundlage für die Verfügung auf § 26 Nr. 2 NSOG stützt, die Sicherstellung also für notwendig hält, um den Eigentümer oder den rechtmäßigen Inhaber der tatsächlichen Gewalt vor Verlust oder Beschädigung einer Sache zu schützen, sind die Voraussetzungen dieser Vorschrift vorliegend nicht erfüllt. Da es sich weder bei dem Delikt am 14.09.2006 noch bei dem Delikt vom 26.09.2005 um den Diebstahl oder eine anderweitige unrechtmäßige Erlangung von Geld gehandelt hat, und der Kammer nicht bekannt ist, ob es sich bei dem Delikt in Göttingen um den Diebstahl von Geld gehandelt hat, sprechen nicht ausreichende Anhaltspunkte dafür, dass der bei der Antragstellerin am 14.09.2006 in ihrer Handtasche aufgefundene Geldbetrag direkt aus einer deliktischen Handlung stammt und der Geldbetrag sichergestellt werden muss, um die Rückgabe (der Geldscheine) an den oder die Eigentümer sicherzustellen.

Auch auf der Rechtsgrundlage des § 26 Nr. 1 NSOG begegnet die Sicherstellungsverfügung durchgreifenden rechtlichen Bedenken. Nach dieser Vorschrift kann eine Sache sichergestellt werden, um eine gegenwärtige Gefahr abzuwehren.

Zwar steht der Rechtmäßigkeit der Sicherstellungsverfügung nicht von vornherein entgegen, dass die Staatsanwaltschaft Braunschweig in dem aktuellen Ermittlungsverfahren die Freigabe der zunächst für die Zwecke der Durchführung eines Strafverfahrens nach §§ 94 ff., 111b StPO beschlagnahmten Geldscheine verfügt hat. Die Erkenntnis, dass das beschlagnahmte Geld für die Zwecke der Durchführung eines Strafverfahrens nicht mehr benötigt wird, erstreckt sich nicht auf außerhalb eines Ermittlungs- oder Strafverfahrens erfolgende Präventivmaßnahmen der Polizei aus Gründen der Gefahrenabwehr. Bei präventiv-polizeilicher Betrachtung kann sogar trotz Einstellung eines staatsanwaltschaftlichen Ermittlungsverfahrens allein aufgrund verbliebender Verdachtsmomente ein Bedürfnis für die Aufrechterhaltung von polizeilichem Gewahrsam an beschlagnahmtem Geld bestehen (vgl. dazu: VG Aachen, Beschl. vom 10.02.2005 - 6 L 825/04 - m.w.N., juris). Dem entspricht auch der Vermerk der Staatsanwaltschaft, die ausdrücklich auf § 26 SOG Bezug genommen hat. Außerdem bestehen gegenüber der Antragstellerin weitere, aus dem Delikt in Göttingen und dem vollendeten Diebstahl bei D. am 26.09.2005 resultierende Anhaltspunkte für deliktisches Handeln. Die Freigabe des Geldes durch die Staatsanwaltschaft Braunschweig erfolgte auch nicht mangels hinreichenden Tatverdachts, denn die Anklage ist erhoben worden, sondern nur deshalb, weil die Geldscheine als Beweismittel in diesem Strafverfahren nicht mehr benötigt wurden und die Tat am 14.09.2006 nicht ohne Weiteres in Zusammenhang mit dem bei der Antragstellerin aufgefundenen Geldbetrag in Verbindung gebracht werden konnten. Dies allein spricht nicht gegen einen weiterhin bestehenden Verdacht, dass das Geld deliktischer Herkunft sein könnte.

Jedoch ergeben sich aus dem übrigen Gesamtzusammenhang keine ausreichenden Anhaltspunkte dafür, dass dieser konkrete, am 14.09.2006 bei der Antragstellerin aufgefundene Betrag tatsächlich deliktischer Herkunft ist. Bei der am 14.09.2006 vom Hausdetektiv der Firma D. beobachteten Tat wurden Brillengestelle entwendet, kein Geldbetrag. Ein direkter Zusammenhang mit dem Delikt in Göttingen und dem Delikt im Jahre 2005 bei der Firma D. kann im gegenwärtigen Zeitpunkt nicht festgestellt werden. Auch bei dem Delikt im September 2005 bei D. in Hannover wurden Brillengestelle entwendet, kein Bargeld. Da aber nach den bisherigen Einlassungen nicht feststeht, dass die Antragstellerin eine auf Dauer angelegte Zusammenarbeit mit Herrn F. betreibt, kann nicht ohne Weiteres angenommen werden, dass der bei der Antragstellerin aufgefundene Barbetrag etwa ein Anteil an dem durch Hehlerei erlangten Verkaufspreis ist.

Auch aus den finanziellen Verhältnissen der Antragstellerin ergibt sich nicht ohne Weiteres, dass sie nicht in der Lage ist, einen Betrag von 637,35 Euro auf rechtmäßige Weise erlangt zu haben. Das Vorbringen, sie habe 500,00 Euro von ihrem verheirateten Geliebten bekommen, dessen Namen sie nicht nennen wolle, lässt sich nicht ohne Weiteres entkräften. Im Übrigen ist der Betrag keineswegs so hoch, dass sich bereits aus seiner Höhe in Relation zu den wirtschaftlichen Verhältnissen der Antragstellerin der Verdacht ergibt, dass es sich um deliktisch erlangtes Geld handelt (anders als in dem von der Kammer entschiedenen Fall 5 B 284/06, Entscheidung vom 19.10.2006, und in dem vom VG Aachen, aaO. entschiedenen Fall). Auch aus der Art und Weise der der Antragstellerin vorgeworfenen Delikte ergibt sich - anders als in den benannten Fällen - nicht ohne Weiteres, dass für eine weitere Begehung solcher Delikte ein erheblicher Bargeldbetrag notwendig ist. In dem von der Kammer entschiedenen Fall (aaO.) handelte es sich um eine Gruppe von Personen, die nicht aus Braunschweig stammte und der vorgeworfen wurde, zur Durchführung sog. Enkelbetrügereien durch Deutschland zu reisen. Für diese Art der Deliktsausführung fielen Hotelkosten etc. an, für die das aufgefundene, mit hoher Wahrscheinlichkeit zuvor betrügerisch erlangte Bargeld Verwendung finden konnte. Auch in dem vom VG Aachen (aaO.) entschiedenen Fall des Verdachts auf Zigarettenschmuggel leuchtet ohne Weiteres ein, dass für eine weitere Ausführung von Delikten dieser Art größere Geldbeträge zum Ankauf der Zigaretten notwendig waren. Anders liegt der vorliegende Fall, in dem die Antragstellerin in Hannover wohnt, ihr ein Delikt in Hannover, eins in Göttingen und ein weiteres in Braunschweig vorgeworfen werden. Diese Orte sind vom Wohnsitz der Antragstellerin ohne Weiteres zu erreichen, am 14.09.2006 verfügte die Antragstellerin auch über das Kraftfahrzeug ihres Bruders.

Die Sicherstellung sämtlicher bei „auf frischer Tat betroffenen" Tätern aufgefundener Bargeldbeträge mit der Begründung, dass der Verdacht bestehe, dass mit diesem unrechtmäßig erlangten Geld der Lebensunterhalt bestritten werde und damit die Möglichkeit der Begehung weiterer strafbarer Handlungen geschaffen werde, müsste im Endergebnis dazu führen, dass Beschuldigten, auch wenn sie wieder auf freien Fuß gesetzt werden, ohne Beachtung von Pfändungsfreigrenzen etc. sämtliche Mittel zum Lebensunterhalt, die sie bei sich führen, abgenommen würden. Aus dieser Argumentation ergibt sich, dass es sich im Falle der Sicherstellung von Bargeldbeträgen, die bei der Begehung einer Tat aufgefunden werden, zum einen um größere Summen handeln muss, als sie üblicherweise zum Lebensunterhalt notwendig sind, und zum anderen der Zusammenhang zwischen dem Besitz der größeren Bargeldsumme und den Delikten, die dem Antragsteller in der Vergangenheit vorgeworfen wurden und deren erneute Begehung zu befürchten sein soll, enger sein muss, als im vorliegenden Fall.

Nach alledem ist der angefochtene Bescheid nach der im Verfahren vorläufigen Rechtsschutzes angebrachten summarischen Prüfung aller Voraussicht nach rechtswidrig.

Auch die unabhängig von den Erfolgsaussichten in der Hauptsache vorzunehmende Interessenabwägung fällt zulasten der Antragsgegnerin aus. Abzustellen ist insoweit auf die Höhe des Schadens, der einzutreten droht im Verhältnis zu den Interessen der Antragstellerin.

Nach dem oben Gesagten ist es angesichts der Art und Weise der der Antragstellerin vorgeworfenen Delikte nicht überwiegend wahrscheinlich, dass das Geld zur Begehung weiterer Straftaten, die eine Gefährdung der öffentlichen Sicherheit darstellen, eingesetzt wird. Die Möglichkeit, dass das Geld, wenn es von der Antragstellerin verbraucht worden ist, nicht mehr zur Befriedigung möglicher Ansprüche etwaiger gutgläubiger Käufer von gestohlenen Brillengestellen zur Verfügung steht, erscheint in der Konstellation des vorliegenden Falles nicht groß. Demgegenüber überwiegt das Interesse der Antragstellerin, die nach eigenem - bisher nicht widerlegten - Vorbringen über geringe Mittel zum Bestreiten des Lebensunterhalts verfügt.

Die Kostenentscheidung folgt aus § 154 Abs. 1 VwGO.

Die Streitwertfeststellung beruht auf § 53 Abs. 3 Nr. 2 i.V.m. § 52 Abs. 1 GKG, wobei wegen der Vorläufigkeit des begehrten Rechtsschutzes hier nur der Zinsvorteil berücksichtigt wird, den die Antragstellerin bei einer stattgebenden Entscheidung bereits im Eilverfahren erlangen kann. Da Zinshöhe und Laufzeit sich schwer exakt bemessen lassen, ist in Anlehnung an Ziff. 1.5 des Streitwertkatalogs für die Verwaltungsgerichtsbarkeit (vgl. NVwZ 2004, 1327) pauschal ein Viertel des maßgeblichen Betrages in Ansatz gebracht worden (anders VG Aachen, aaO.).

Hinweis:
Die Zustimmung des Verwaltungsgerichts Braunschweig zu dieser Veröffentlichung liegt vor.

Entscheidung II./9
(Übertragung aus dem Internet)

Rechtsprechungsdatenbank

Hinweis: Die Benutzung der Texte für den privaten Gebrauch ist frei. Jede Form der kommerziellen Nutzung bedarf der Zustimmung des Gerichts.

---

11 LC 4/08	Vorinstanz
OVG Lüneburg	4 A 149/06
Urteil vom 02.07.2009	VG Osnabrück
	Urteil vom 08.11.2007

Rechtsquellen	Fundstellen	Suchworte
Nds.SOG 2 Nr 1a	NdsVBl 2009, 283	Bargeld
Nds.SOG 2 Nr 1b	NdsRpfl 2009, 363	Gefahr, gegenwärtige
Nds.SOG 26 Nr 1	DVBl 2009, 1320 (Anm.)	Gewinnabschöpfung, präventive
Nds.SOG 29	NordÖR 2009, 403	Sicherstellung
	NVwZ-RR 2009, 954	

Leitsatz/Leitsätze (amtlich)

1. Die Sicherstellung von Bargeld im Rahmen der sog. „Präventiven Gewinnabschöpfung" kann als präventiv-polizeiliche Maßnahme auf der Grundlage von § 26 Nr. 1 Nds. SOG gerechtfertigt sein, wenn dies zur Abwehr einer gegenwärtigen Gefahr erforderlich ist.

2. Dabei stellt der Begriff „gegenwärtige Gefahr" hohe Anforderungen an die zeitliche Nähe und den Grad der Wahrscheinlichkeit des Schadenseintritts. Eine solche gegenwärtige Gefahr ist anzunehmen, wenn das sichergestellte Bargeld aufgrund der vorliegenden Erkenntnisse aller Wahrscheinlichkeit nach aus Drogengeschäften stammt und im Falle einer Herausgabe dafür unmittelbar wieder eingesetzt werden soll.

Aus dem Entscheidungstext

Tatbestand

Der Kläger begehrt von der Beklagten die Herausgabe eines sichergestellten Geldbetrages.

Am 21. Dezember 2005 überprüfte die Mobile Kontrollgruppe des Hauptzollamts Osnabrück an der Bundesautobahn A 30 einen aus den Niederlanden eingereisten PKW Mercedes Benz E 320 mit polnischem Kennzeichen, der von dem Kläger geführt wurde. In dem Fahrzeug befand sich außerdem als Beifahrer A. B., wohnhaft in Warschau, der wie der Kläger polnischer Staatsangehöriger ist. Halter des PKW ist ein ebenfalls in Warschau wohnhafter polnischer Staatsangehöriger. Auf Befragung gaben der Kläger und sein Begleiter an, ca. 27.000,-- Euro bei sich zu führen. Ein vor Ort durchgeführter sogenannter Drugwipe-Test erbrachte bei beiden in den Bereichen Amphetamine und Kokain positive Ergebnisse. Betäubungsmittel wurden in dem PKW nicht gefunden. Von dem Geld befanden sich 5.360,-- Euro in den Hosentaschen des Klägers, 3.905,-- Euro in den Hosentaschen des Beifahrers sowie 18.215,-- Euro in einer Herrenhandtasche, deren Besitzer der Beifahrer war. Die Zollbeamten überließen dem Kläger und seinem Beifahrer einen Betrag von 200,-- Euro für die Rückreise und stellten den Betrag von 27.280,-- Euro wegen des Verdachts der Geldwäsche sicher. Dieser Betrag war wie folgt gestückelt: 18 Geldscheine à 5,-- Euro, 46 Geldscheine à 10,-- Euro, 9 Geldscheine à 20,-- Euro, 289 Geldscheine à 50,-- Euro, 87 Geldscheine à 100,-- Euro, 2 Geldscheine à 200,-- Euro und 6 Geldscheine à 500,-- Euro.

Die Staatsanwaltschaft Osnabrück teilte dem Kläger mit Schreiben vom 16. Februar 2006 mit, dass das eingeleitete Verfahren wegen des Verdachts der Geldwäsche zunächst gemäß § 170 Abs. 2 StPO eingestellt und das streitbefangene Geld an die Beklagte im Rahmen der von dort veranlassten präventiven Gewinnabschöpfung herausgegeben worden sei.

Im März 2006 wandte sich der Prozessbevollmächtigte des Klägers unter Vorlage einer Vollmacht an die Beklagte und beantragte, den sichergestellten Geldbetrag an den Kläger auszukehren. Er legte in Kopie Übersetzungen von zwei Verkaufsscheinen einer Wechselstube aus C. vor, aus denen sich ergab, dass am 12. Dezember 2005 polnische Zloty in Beträge von 14.000,-- Euro sowie 15.000,-- Euro umgewechselt worden waren. Er führte aus, der Kläger habe ihm erklärt, dass mit dem Geldbetrag von 27.000,-- Euro ein PKW in den Niederlanden erworben werden sollte, was letztlich jedoch nicht zustande gekommen sei.

Mit laut Postzustellungsurkunde dem Prozessbevollmächtigten des Klägers am 28. August 2006 zugestelltem Bescheid vom 24. August 2006 ordnete die Beklagte die Sicherstellung und öffentliche Verwahrung des von der Mobilen Kontrollgruppe des Hauptzollamts Osnabrück in Verwahrung genommenen Bargeldbetrages in Höhe von 27.280,-- Euro an. Zur Begründung gab die Beklagte an, dass der genannte Bargeldbetrag gemäß § 26 Nr. 1 Nds. SOG aus Gründen der Gefahrenabwehr sichergestellt und gemäß § 27 Abs. 1 Nds. SOG in öffentliche Verwahrung genommen werde. Nach § 26 Nr. 1 Nds. SOG könne die zuständige Verwaltungsbehörde u. a. eine Sache, zu der auch Bargeld zähle, sicherstellen, um eine gegenwärtige Gefahr abzuwenden. Die Ermittlungen in dem von der Staatsanwaltschaft u. a. gegen den Kläger wegen Verdachts auf Geldwäsche durchgeführten Strafverfahren begründeten hier die gegenwärtige Gefahr, dass das Bargeld illegal erlangt worden sei. Der Kläger habe bei der polizeilichen Vernehmung angegeben, dass sein Jahreseinkommen als selbständiger Holzhändler bei ca. 36.000,-- Euro liegen würde. Nach den Ermittlungen der polnischen Polizeibehörden habe der Kläger jedoch kein Gewerbe als Holzhändler angemeldet. Nach Aussage seiner Ehefrau betreibe er bereits seit 4 Jahren kein derartiges Gewerbe mehr. Zudem habe der Kläger bei der polizeilichen Vernehmung angegeben, dass von dem Geld 2 oder 3 VW Golf oder VW-Busse zum Weiterverkauf in Polen erworben werden sollten. Zusätzlich habe sein Bekannter, Herr B., für sich selbst noch einen Golf IV erwerben wollen. Dagegen habe Herr B. erklärt, dass in den Niederlanden lediglich ein hochwertiger PKW ab der Klasse Golf IV erworben werden sollte, wobei ein späterer Verkauf in Polen wahrscheinlich gewesen wäre. Sowohl der Kläger als auch sein Begleiter seien in Bezug auf Amphetamine und Kokain durch den Drugwipe-Test positiv getestet worden. Die bei ihnen sichergestellte Bargeldsumme habe sich durch eine drogentypische Stückelung ausgezeichnet. Zudem lägen in Polen gegen Herrn B. polizeiliche Erkenntnisse aufgrund einer Straftat im Bereich von Drogendelikten vor. Die von dem Kläger gemachten Angaben zur Herkunft des Geldes seien nicht geeignet, den Eigentümer zweifelsfrei festzustellen.

Nach einem Aktenvermerk der Beklagten bat der Prozessbevollmächtigte des Klägers am 24. August 2006 telefonisch um Übersendung des Sicherstellungsbescheides per Fax. Die Übermittlung des Bescheides per Fax erfolgte am gleichen Tage. Auf der ersten Seite des per Fax übermittelten Bescheides befand sich folgender handschriftlicher Zusatz: „Vorab per Fax an RA Thumser, 040/670488-110, Original befindet sich auf dem Postweg (per ZU)." Der Vermerk ist mit dem Namenskürzel des zuständigen Sachbearbeiters unter dem Datum 24. 8. 2006 abgezeichnet.

Der Kläger hat am 28. September 2006 Klage erhoben.

Zur Begründung hat er vorgetragen:

Er habe die Klagefrist eingehalten habe. Der Bescheid sei zwar am 24. August 2006 per Fax im Büro seines Prozessbevollmächtigten eingegangen. Bei Zustellungen an Rechtsanwälte sei jedoch das Datum des Empfangsbekenntnisses bzw. der Stempel auf der Postzustellungsurkunde entscheidend und nicht der Zeitpunkt des tatsächlichen Zugangs.

Die angefochtene Verfügung, die sich auf § 26 Nr. 1 Nds. SOG stütze, sei rechtswidrig. Im Hinblick auf das Urteil des Bundesverfassungsgerichts vom 27. Juli 2005 (NJW 2005, 2603) seien verfassungsrechtliche Bedenken gegen die genannte Bestimmung gegeben. Das Bundesverfassungsgericht habe ausgeführt, dass das Land Niedersachsen seine Gesetzgebungskompetenzen überschritten habe, soweit es in § 33 Nds. SOG die Telekommunikationsüberwachung „zur Vorsorge für die Verfolgung von Straftaten" vorgesehen habe. Denn die Vorsorge noch gar nicht begangener, sondern in ungewisser Zukunft bevorstehender Straftaten gehöre zum Strafverfahren, für welches der Bundesgesetzgeber die Kompetenz habe. Außerdem könnten Überlegungen zur Vereinbarkeit der genannten Bestimmung mit dem Bestimmtheitsgrundsatz und dem Verhältnismäßigkeitsgrundsatz angebracht sein, weil die Vorschrift die Sicherstellung ermögliche, ohne dass die Tatsachen, die die Annahme rechtfertigten, dass die Person künftig Straftaten begehen werde, durch den Wortlaut des Gesetzes näher eingegrenzt und spezifiziert würden. Im Übrigen seien keine Anhaltspunkte dafür gegeben, dass er künftig Straftaten begehen werde. Er und sein Beifahrer hätten angegeben, dass ihnen jeweils die Hälfte des Geldes gehöre. Er habe mit der ihm zustehenden Hälfte des sichergestellten Geldbetrages drei relativ günstige PKW und Herr B. für seinen Betrag einen etwas höherwertigen PKW der Marke VW Golf erwerben wollen. Die von der Beklagten bezeichnete szenetypische Stückelung resultiere nicht etwa aus einem Drogendelikt, sondern sei deshalb erfolgt, weil auch im europäischen Ausland die Zahlung mit Banknoten der Stückelung von 200,-- Euro oder 500,-- Euro nahezu unmöglich sei. Es sei mit seinem Persönlichkeitsrecht, der ihm zustehenden Unschuldsvermutung und dem Verhältnismäßigkeitsgrundsatz nicht vereinbar, wenn er aufgrund diffuser Anhaltspunkte pauschal verdächtigt und unter strafrechtlichen Generalverdacht gestellt werde. Gerade aufgrund des Umstandes, dass die Staatsanwaltschaft Osnabrück keinen Anlass gesehen habe, weitergehende Ermittlungen anzustellen, wäre es in besonderem Maße notwendig gewesen, im Einzelnen darzulegen, welche weiteren Verdachtsmomente gegen ihn bestehen würden und in welcher Hinsicht die Sicherstellung und Verwahrung des Geldbetrages zur präventiv-polizeilichen Gefahrenbekämpfung beitragen könne. Daran fehle es hier jedoch.

Der Kläger hat beantragt,

> den Bescheid der Beklagten vom 24. August 2006 aufzuheben und die Beklagte zu verurteilen, den Geldbetrag in Höhe von 27.280,-- Euro an Rechtsanwalt Thumser, Wandsbeker Allee 77, 22041 Hamburg, auszukehren.

Die Beklagte hat beantragt,

> die Klage abzuweisen.

Sie hat geltend gemacht, dass die Klage bereits verfristet sei. Der angefochtene Bescheid sei unstreitig am 24. August 2006 im Büro des Prozessbevollmächtigten des Klägers eingegangen. Die tatsächliche Kenntnisnahme durch den Prozessbevollmächtigten des Klägers sei unerheblich, da es auf die Möglichkeit der Kenntnisnahme ankomme. Die Zustellung des Bescheides sei auch keine Wirksamkeitsvoraussetzung, weil es sich hier um einen Erstbescheid handele, der nach Ermessen der Behörde bekannt zu geben sei.

Die angefochtene Verfügung sei auch rechtmäßig. Anhand der ausgewerteten Indizien habe mit an Sicherheit grenzender Wahrscheinlichkeit festgestanden, dass das mitgeführte Geld aus Drogengeschäften stammte und hierfür wieder eingesetzt werden sollte. Die damaligen Angaben des Klägers und seines Beifahrers seien widersprüchlich gewesen. So werde häufig zur Verschleierung von Drogengeschäften angegeben, dass mitgeführte Geldbeträge zum Erwerb von Fahrzeugen dienen sollten. Es fehle eine schlüssige Erklärung für das Verhalten des Klägers und seines Begleiters dafür, dass diese angeblich mit der Hälfte ihres jeweiligen Jahresverdienstes in die Niederlande gefahren seien, um ein bzw. mehrere Autos zu kaufen. Zudem stelle sich die Frage, warum der aufgefundene Geldbetrag in einer Art und Weise aufgeteilt gewesen sei, die eine komplizierte Abrechnung erforderte. Zwar bestünden keine Zweifel mehr an der Echtheit der vom Kläger vorgelegten Belege der Wechselstube in C.. Aus der Mitteilung des Generalkonsulats der Bundesrepublik Deutschland in Danzig vom 17. August 2007 ergebe sich aber auch, dass ein Identitätsnachweis des Wechselnden nicht erforderlich gewesen sei.

Das Verwaltungsgericht hat mit Urteil vom 8. November 2007 den Bescheid der Beklagten vom 24. August 2006 aufgehoben und die Beklagte verurteilt, von dem sichergestellten Geldbetrag einen Betrag in Höhe von 13.640,-- Euro an den Prozessbevollmächtigten des Klägers auszukehren. Im Übrigen hat es die Klage abgewiesen.

Zur Begründung hat das Verwaltungsgericht ausgeführt, dass die Klage zulässig und insbesondere fristgemäß erhoben worden sei. Die Übermittlung des angefochtenen Bescheides an den Prozessbevollmächtigten des Klägers habe die Klagefrist nicht in Gang gesetzt. Die Beklagte habe bei der Auswahl der Bekanntgabe des Verwaltungsaktes das ihr zustehende Ermessen dahingehend ausgeübt, dass der Verwaltungsakt förmlich zugestellt werden sollte. Entscheide sich aber eine Behörde dafür, einen Bescheid förmlich zuzustellen, so müsse sie die dafür gesetzlich vorgeschriebenen Förmlichkeiten beachten, auch wenn sie berechtigt gewesen wäre, den Verwaltungsakt statt in der gewählten Form auch formlos bekannt zu geben. Eine derartige Zustellung sei aber erst am 28. August 2006 erfolgt. Die Übermittlung des Bescheides am 24. August 2006 per Telefax stelle keine Zustellung dar. Dabei könne offen gelassen werden, ob ein Bescheid an einen Rechtsanwalt per Telefax und mit Hilfe eines Empfangsbekenntnisses überhaupt zugestellt werden könne. Voraussetzung dafür sei aber in jedem Fall, dass der Empfänger die Übermittlung des Bescheides per Fax zweifelsfrei als Zustellung des Bescheides erkennen könne. Daran fehle es hier jedoch. So sei dem per Telefax übermittelten Bescheid ein Empfangsbekenntnisformular nicht beigefügt gewesen. Auch der auf dem übermittelten Bescheid enthaltene Zusatz "Vorab per Fax" habe für eine bloße informatorische Mitteilung des Bescheides gesprochen.

Die Klage sei auch zum Teil begründet. Der angefochtene Bescheid sei rechtswidrig und verletze den Kläger in seinen Rechten. Dieser habe den geltend gemachten Anspruch auf Auskehrung eines Geldbetrages in Höhe von 27.280,-- Euro aber nur in hälftiger Höhe. Die Beklagte könne den angefochtenen Bescheid nicht mit Erfolg auf § 26 Nr. 1 Nds. SOG stützen. Diese Vorschrift finde bereits deshalb keine Anwendung, weil es an einer gegenwärtigen Gefahr fehle. Diese sei nur dann gegeben, wenn die Einwirkungen des schädigenden Ereignisses in allernächster Zeit mit einer an Sicherheit grenzenden Wahrscheinlichkeit bevorstehen. Diese Qualifizierung des Gefahrenbegriffs verlange damit eine besondere zeitliche Nähe der Gefahrverwirklichung und ein gesteigertes Maß der Wahrscheinlichkeit des Schadenseintritts. Hinsichtlich des Grades der Wahrscheinlichkeit sei allerdings zu differenzieren. Je größer und folgenschwerer der möglicherweise eintretende Schaden sei, umso geringer seien die

Anforderungen, die an die Wahrscheinlichkeit gestellt werden könnten. Von diesen Grundsätzen ausgehend seien vorliegend keine hinreichenden Anhaltspunkte für das Vorliegen einer gegenwärtigen Gefahr gegeben. Zwar stehe der Rechtmäßigkeit der Sicherstellungsverfügung nicht von vornherein entgegen, dass die Staatsanwaltschaft in dem betreffenden Ermittlungsverfahren die Freigabe der zunächst für Zwecke der Durchführung eines Strafverfahrens beschlagnahmten Geldscheine verfügt habe. Bei präventiv-polizeilicher Betrachtung komme sogar trotz Einstellung eines staatsanwaltschaftlichen Ermittlungsverfahrens allein aufgrund verbliebener Verdachtsmomente ein Bedürfnis für die Aufrechterhaltung von polizeilichem Gewahrsam am beschlagnahmten Geld bestehen. Entgegen der Auffassung der Beklagten ergäben sich jedoch vorliegend aus dem Gesamtzusammenhang keine ausreichenden Anhaltspunkte dafür, dass der sichergestellte Geldbetrag deliktischer Herkunft sei, insbesondere aus Drogengeschäften stamme und auch hierfür wieder eingesetzt werden sollte. Allerdings weise die Beklagte zu Recht darauf hin, dass die Angaben des Klägers und seines Begleiters in erheblichem Umfang Widersprüchlichkeiten und Ungereimtheiten aufwiesen. Vorliegend sei aber kein konkreter Anhaltspunkt dafür gegeben, dass der sichergestellte Geldbetrag aus Drogengeschäften stamme und hierfür wieder verwendet werden solle. Es gäbe keinen Nachweis dafür, dass der Kläger und/oder Herr B. illegal mit Drogen gehandelt haben oder im Besitz von Drogen gewesen seien. Der Drugwipe-Test lasse keinen sicheren Schluss zu, dass die betreffende Person tatsächlich Drogen konsumiert oder bewusst mit Drogen körperlichen Kontakt gehabt habe. Die aufgrund des positiven Testergebnisses durchgeführte Untersuchung des vom Kläger seinerzeit geführten Fahrzeugs habe auch nicht zum Auffinden von Drogen geführt. Außerdem habe der Kläger zum Beleg seines Vorbringens, das sichergestellte Geld sei zuvor in Polen gegen polnische Zloty eingetauscht worden, zwei Wechselquittungen einer Wechselstube in C. vorgelegt. Dieses Vorbringen könne nicht widerlegt werden. Da somit die Voraussetzungen für eine Sicherstellung des Geldbetrages nicht gegeben seien, habe die Auskehrung des Betrages im Wege der Folgenbeseitigung zu erfolgen. Dabei könne allerdings der Kläger nicht den gesamten sichergestellten Betrag für sich beanspruchen, da er nach eigenem Vortrag nur hinsichtlich des hälftigen Geldbetrages Eigentümer sei.

Die Beklagte hat am 14. Dezember 2007 die von dem Verwaltungsgericht zugelassene Berufung gegen das ihr am 16. November 2007 zugestellte Urteil eingelegt.

Zur Begründung trägt die Beklagte vor, dass sie weiterhin die Auffassung vertrete, die Klage sei verfristet. Zudem habe sie zur Abwehr einer gegenwärtigen Gefahr im Sinne des § 26 Nr. 1 Nds. SOG handeln dürfen. Nach kriminalistischen Erkenntnissen stehe fest, dass durch die organisierte Drogenkriminalität die Niederlande als Drogenumschlagsplatz genutzt werden. Dabei würden nicht nur Drogen aus den Niederlanden in die umliegenden EU-Länder exportiert, sondern, wie mutmaßlich auch im vorliegenden Fall, Drogen mit Herkunft aus den Ländern des nahen Ostens über das Gebiet der Bundesrepublik Deutschland importiert werden. Die Drogen würden in den Niederlanden verkauft und das erlöste Geld in der szenetypischen Stückelung zum Erwerb weiterer Drogen benutzt werden. Das Ziel der präventiven Gewinnabschöpfung sei es, diese Gelder dem Drogenkreislauf zu entziehen und somit weitere Straftaten zu verhindern. Die von ihr zusammengetragenen Indizien reichten aus, um eine den Wahrscheinlichkeitsanforderungen des § 26 Nr. 1 Nds. SOG entsprechende Gefahrenprognose anzunehmen. Die vorgetragenen Anhaltspunkte reichten aus, die Herkunft des Geldes aus Drogendelikten nachzuweisen. Der Kläger und sein Begleiter hätten unterschiedliche Angaben über die An- bzw. Verkaufsgeschäfte von Personenkraftwagen gemacht. Der Kläger habe gegenüber den Zollbeamten angegeben, dass er mit seinem hälftigen Anteil des Gesamtbetrages zwei oder drei VW-Golf oder VW-Busse erwerben wolle. Ein Weiterverkauf sei vorgesehen. Sein Begleiter habe für sich selbst noch einen VW-Golf IV erwerben wollen. Dieser habe jedoch erklärt, es habe insgesamt nur ein hochwertiger PKW ab der Klasse Golf IV erworben werden sollen, wobei ein späterer Verkauf wahrscheinlich gewesen sei. In diesem Zusammenhang sei nicht gewürdigt worden, dass weder der Kläger noch sein Begleiter Angaben dazu gemacht haben, wie sie die drei bis vier Fahrzeuge nach Polen zurücktransportiert hätten. Außerdem hätte berücksichtigt werden müssen, dass der Erwerb von Fahrzeugen häufig zur Verschleierung von Drogengeschäften angegeben werde. Darüber hinaus besitze der Kläger selbst offenbar gar kein eigenes Auto, mache aber dennoch geltend, mit Autos zu handeln. Es sei auch keine Erklärung dazu abgegeben worden, weshalb es gewinnbringend sei, Fahrzeuge in Hochpreisländern anzukaufen und sodann in Niedrigpreisländern zu verkaufen. Nicht hinreichend berücksichtigt worden seien die widersprüchlichen Angaben zu der Vermischung des Geldes des Klägers und des Geldes seines Begleiters. Das Verwaltungsgericht sei weiterhin nicht auf die Tatsache der szenetypischen Stückelung des Bargeldbetrages eingegangen. Der Verkauf einer größeren Hartdrogenmenge im Wert von ca. 30.000,-- Euro werde in den Niederlanden regelmäßig über Verbindungsleute zu den Dealern abgewickelt. Die Dealer verkauften die Drogen in Konsumentenportionen an die Endverbraucher weiter, wobei diese nach kriminalistischen Erkenntnissen typischerweise in Größenordnungen von 50,-- Euro aufgeteilt werden. Mit diesem sogenannten „Straßengeld" würden die Importeure bezahlt, die dann ihrerseits das Geld in der zusammengetragenen drogentypischen Stückelung zum Ankauf weiterer Drogen nutzten. Da der An- und Verkauf der Drogen ein geschlossener Kreislauf sei, bei dem typischerweise weder Dritte noch Banken beteiligt seien, sei bei einer auffälligen Häufung von 50,-- Euro-Noten von einer szenetypischen Stückelung auszugehen. Das Verwaltungsgericht habe in diesem Zusammenhang zu Unrecht die vom Kläger vorgelegten Belege dahingehend eingestuft, dass eine deliktische Herkunft des Geldes ausscheide. Wenn der Wechselstubeninhaber schon eine undatierte Erklärung verfasse, damit der Vorwurf der szenetypischen Stückelung entkräftet werde, liege es nahe, dass auch die ebenfalls beigefügten Kaufscheine zielgerichtet zur Entkräftung des Vorwurfs der deliktischen Herkunft gefertigt worden seien. Nach Mitteilung der gemeinsamen Finanzermittlungsgruppen Polizei/Zoll sei im Übrigen der Begleiter des Klägers am 18. Februar 2003 im Besitz von Amphetaminen in Warschau verhaftet worden. Dieser sei zudem am 9. Oktober 2008 am Tatort einer Wohnung in Amsterdam neben einer nicht identifizierten Leiche, die in einer Reisetasche verstaut gewesen sei, aufgefunden und festgenommen worden. Diese Tat sei dem innereuropäischen Drogenhandel zugeordnet worden. Herr B. sei zudem im Zusammenhang mit Ermittlungen zum Schmuggel der Betäubungsmittelvorläufersubstanz Phenyl-2 Propanon (BMK) von Ost- nach Westeuropa (vor allem u. a. in die Niederlande) in Erscheinung getreten. Er habe einem deutschen Staatsangehörigen ein gemietetes Auto zur Verfügung gestellt, welcher Tatverdächtiger bei Ermittlungen im Zusammenhang mit MDMA- und Amphetaminschmuggel aus den Niederlanden nach Großbritannien sei. Herr B. solle zudem in einem von diesem deutschen Staatsangehörigen gemieteten Haus in Amsterdam wohnen. Der Bezug von ihm zum organisierten Drogenhandel sei daher offenkundig. In diesem Zusammenhang sei auch zu beachten, dass das Opfer des Tötungsdelikts wie der Kläger aus C. in Polen stamme. Die gemeinsame Finanzermittlungsgruppe Polizei/Zoll habe mit Fax vom 2. Februar 2009 mitgeteilt, dass sich der Kläger zwischenzeitlich in Polen in Gewahrsam befinde und kein Fahrzeug und keine Firma mehr besitze. Als Haftgrund sei „connection to narcotics offence in 2008" angegeben worden. Nach einer Mitteilung der Hauptkommandantur der Polizei in Gdansk - Abteilung für Bekämpfung der Organisierten Drogenkriminalität - vom 18. Mai 2009 sei der Kläger am 21. November 2008 wegen des Verdachts der Begehung von Straftaten mit Drogenhintergrund festgenommen worden und befinde sich seitdem in dem Untersuchungsamt zur Verhandlung der Strafsache.

Die Beklagte beantragt,

    unter Abänderung des angefochtenen Urteils die Klage vollumfänglich abzuweisen.

Der Kläger beantragt,

die Berufung der Beklagten zurückzuweisen.

Er tritt dem Vorbringen der Beklagten entgegen und macht geltend, dass er die Klage fristgemäß erhoben habe. Die Beklagte könne vorliegend keinen einzigen Anhaltspunkt dafür geben, dass der sichergestellte Geldbetrag aus Drogengeschäften stamme und hierfür erneut eingesetzt werden sollte. Es gebe keinen Nachweis dafür, dass er oder Herr B. mit Drogen handelten oder im Besitz von Drogen gewesen seien. Bei der Stückelunge des Geldbetrages habe es sich nicht um eine sogenannte szenetypische Stückelung gehandelt. Er habe insofern eine Bestätigung der Wechselstube eingereicht. Soweit er vorgetragen habe, dass er von seinem hälftigen Betrag zwei oder drei VW-Golf oder VW-Busse erwerben wollte, sei dies unwiderlegt geblieben. Aus dem von der Beklagten vorgelegten Preisvergleich über Anschaffungswerte für Neuwagen im Rahmen der EU-Mitgliedstaaten könne nicht auf Preise auf dem Gebrauchtwagenmarkt geschlossen werden.

Wegen der weiteren Einzelheiten des Sach- und Streitstandes wird auf die Gerichtsakte sowie auf die beigezogenen Verwaltungsvorgänge der Beklagten verwiesen.

Entscheidungsgründe

Die Berufung der Beklagten ist begründet. Das Verwaltungsgericht hat der Klage zu Unrecht teilweise stattgegeben.

Die Klage ist allerdings, wie das Verwaltungsgericht zu Recht entschieden hat, zulässig.

Ist ein Widerspruchsbescheid wie im vorliegenden Fall nicht erforderlich, muss die Klage innerhalb eines Monats nach Bekanntgabe des Verwaltungsakts erhoben werden (§ 74 Abs. 1 Satz 2 VwGO). Die Behörde entscheidet grundsätzlich nach pflichtgemäßem Ermessen, ob sie den Verwaltungsakt dem Betroffenen oder einem von ihm bestellten Bevollmächtigten gegenüber bekannt gibt. Wählt die Behörde, obwohl sie das Gesetz dazu nicht verpflichtet, die Zustellung als Bekanntgabeform (vgl. § 2 NVwZG), so ist sie auch den einschlägigen Zustellungserfordernissen unterworfen. Erfolgt daher die vom Gesetz nicht vorgeschriebene Zustellung fehlerhaft, so ist die Klagefrist aufgrund dieser Selbstbindung der Verwaltung nicht in Lauf gesetzt (Sodan/Ziekow, VwGO, 2. Aufl., § 74 Rn. 15; Kopp/Schenke, VwGO, 15. Aufl., § 74 Rn. 4). Wie das Verwaltungsgericht zutreffend ausgeführt hat, hat sich die Beklagte hier im Rahmen ihres Ermessens für die förmliche Zustellung des Bescheides an den Prozessbevollmächtigten des Klägers entschieden. Dies ergibt sich eindeutig aus dem Zusatz „Per Zustellungsurkunde" auf dem Bescheid oberhalb der Anschrift des Prozessbevollmächtigten des Klägers. Somit ist erst durch die diesem gegenüber erfolgte Zustellung per Postzustellungsurkunde am 28. August 2006 die Klagefrist in Lauf gesetzt worden, so dass die Klage am 28. September 2006 rechtzeitig erhoben worden ist. Dass die Beklagte dem Prozessbevollmächtigten des Klägers den Bescheid auf dessen Bitte außerdem bereits am 24. August 2006 vorab per Fax übermittelt hat, führt zu keiner anderen Beurteilung. Denn durch diese Übermittlung per Fax konnte wegen des fehlenden Empfangsbekenntnisses weder eine förmliche Zustellung erfolgen noch hat die Beklagte hinreichend deutlich gemacht, dass sie statt der zuvor gewählten förmlichen Zustellung nunmehr nur noch eine einfache Bekanntgabe vornehmen wollte. Sowohl der bereits genannte Zusatz auf dem Bescheid „Per Zustellungsurkunde" als auch der handschriftliche Zusatz „Vorab per Fax an RA Thümser ... Original befindet sich auf dem Postweg (per ZU)" lassen aus Sicht des Empfängers vielmehr darauf schließen, dass die Faxübersendung lediglich vorab zur Information erfolgen und für den Lauf von Fristen die förmliche Zustellung maßgebend sein sollte.

Die Klage ist aber nicht begründet. Denn die Sicherstellungsverfügung der Beklagten vom 24. August 2006 ist rechtmäßig und verletzt den Kläger nicht in seinen Rechten. Er hat auch keinen Anspruch auf (teilweise) Herausgabe des sichergestellten Geldbetrages.

Rechtsgrundlage für den angefochtenen Bescheid der Beklagten ist § 26 Nr. 1 Nds. SOG. Danach kann die Verwaltungsbehörde eine Sache sicherstellen, um eine gegenwärtige Gefahr abzuwehren. Diese Voraussetzungen sind hier erfüllt.

Die vom Kläger im Klageverfahren vorgetragenen verfassungsrechtlichen Bedenken gegen die genannte Vorschrift im Hinblick auf das Urteil des Bundesverfassungsgerichts vom 27. Juli 2005 (- 1 BvR 668/04 -, BVerfGE 113, 348 = NJW 2005, 2603) teilt der Senat nicht. Mit diesem Urteil hat das Bundesverfassungsgericht für den Bereich der Telekommunikationsüberwachung zwischen der Gesetzgebungskompetenz des Bundesgesetzgebers zur Regelung der Vorsorge für die Verfolgung von Straftaten und der des Landesgesetzgebers zur Regelung der Verhütung von Straftaten als landesrechtliche Aufgabe der Gefahrenabwehr unterschieden. Da §

26 Nr. 1 Nds. SOG gerade nicht die Vorsorge für die Verfolgung von Straftaten, sondern die Sicherstellung zu Zwecken der Gefahrenabwehr regelt, ist die Gesetzgebungskompetenz des Landesgesetzgebers unzweifelhaft gegeben. Es liegen auch keine Anhaltspunkte dafür vor, dass diese Vorschrift gegen den Bestimmtheitsgrundsatz oder den Verhältnismäßigkeitsgrundsatz verstoßen könnte. Denn die Sicherstellung als Maßnahme der Gefahrenabwehr setzt eine gegenwärtige Gefahr (vgl. dazu die Begriffsbestimmung in § 2 Nr. 1 b Nds. SOG) und damit eine gesicherte Tatsachengrundlage voraus, so dass die Regelung hinreichend bestimmt ist und daher auch nicht das Risiko in sich birgt, dass die rechtsstaatliche Begrenzungsfunktion des Abwägungsgebots verfehlt wird.

Der Rechtmäßigkeit der Sicherstellungsverfügung steht weiterhin nicht von vornherein entgegen, dass die Staatsanwaltschaft Osnabrück das gegen den Kläger geführte strafrechtliche Ermittlungsverfahren wegen des Tatvorwurfs der Geldwäsche im Oktober 2006 zunächst nach § 170 Abs. 2 StPO eingestellt hat, weil die Ermittlungen keine Anhaltspunkte für eine konkrete Geldwäschevortat ergeben haben. Bei präventiv-polizeilicher Betrachtung kann trotz Einstellung eines Ermittlungsverfahrens allein aufgrund verbliebener Verdachtsmomente ein Bedürfnis für die Aufrechterhaltung von polizeilichem Gewahrsam an beschlagnahmtem Geld bestehen. Ein solches Bedürfnis besteht hier erst recht, weil das strafrechtliche Ermittlungsverfahren in der Zwischenzeit wieder aufgenommen worden ist.

Im Übrigen ist darauf hinzuweisen, dass die in Art. 2 Abs. 1 des Grundgesetzes i.V.m. dem Rechtsstaatsprinzip sowie in Art. 6 Abs. 2 der Europäischen Menschenrechtskonvention verankerte Unschuldsvermutung zwar den Schutz des Beschuldigten auch vor Nachteilen erfordert, die Schuldspruch oder Strafe gleichkommen, denen aber kein rechtsstaatliches prozessordnungsgemäßes Verfahren zur Schuldfeststellung vorausgegangen ist. Die Unschuldsvermutung steht präventiv-polizeilichen Maßnahmen jedoch regelmäßig dann nicht entgegen, wenn trotz eines Freispruchs oder einer Verfahrenseinstellung die gegen den Betroffenen gerichteten Verdachtsmomente nicht ausgeräumt sind. Denn die Feststellung eines Tatverdachts ist etwas substantiell anderes als eine Schuldfeststellung. Der Freispruch oder die Verfahrenseinstellung bleiben andererseits nicht ohne Auswirkungen auf die Entscheidung über die Vornahme präventivpolizeilicher Maßnahmen. Diese Umstände sind vielmehr im Rahmen der Prüfung des Vorliegens der gesetzlichen Voraussetzungen der Maßnahme und insoweit insbesondere bei der Frage zu berücksichtigen, ob die konkrete Maßnahme dem Verhältnismäßigkeitsgrundsatz Rechnung trägt (vgl. BVerfG, Beschl. v. 16.5.2002 -1 BvR 2257/01-, NJW 2002, 3231 (zur fortdauernden Datenspeicherung trotz Freispruchs); BVerwG, Beschl. v. 6.7.1988 -1 B 61.88-, NJW 1989, 2640 (zur weiteren Aufbewahrung erkennungsdienstlicher Unterlagen trotz Freispruchs).

Gegen die Sicherstellung von Bargeld bestehen auch keine grundsätzlichen Bedenken. Bargeld ist eine Sache und damit tauglicher Gegenstand einer Sicherstellung nach § 26 Nr. 1 Nds. SOG. Die Gefahrenlage braucht nicht in einer Eigenschaft der sicherzustellenden Sache begründet sein (wie beispielsweise bei Waffen), sondern kann sich aus dem Verhalten des Besitzers ergeben (Rachor, in: Lisken/Denninger, Handbuch des Polizeirechts, 4. Aufl., Kap. F Rn. 743). Dazu gehört auch die Sicherstellung im Rahmen der sog. „Präventiven Gewinnabschöpfung" (vgl. Böhrenz/Unger/Siefken, Nds. SOG, 9. Aufl., § 26 Rn. 8; Waechter, Präventive Gewinnabschöpfung, NordÖR 2008, 473, 477 ff.; Hunsicker, Präventive Gewinnabschöpfung, NordÖR 2009, 62). Diese dient dem Zweck Sachen, die ganz offensichtlich deliktischer Herkunft sind, nicht berechtigten Personen zu entziehen. Allerdings ist der in diesem Zusammenhang verwendete Begriff der „Gewinnabschöpfung" missverständlich. Es geht nicht vorrangig darum, dass der Erlös aus diesen Sachen bzw. der betreffende Geldbetrag letztlich an den Staat (Fiskus) fällt, sondern die Sicherstellung nach § 26 Nr. 1 Nds. SOG soll verhindern, dass mit Hilfe der vermutlich illegal erworbenen Werte neue Straftaten vorbereitet und begangen werden. Im Vordergrund steht deshalb der präventive Charakter der Maßnahme.

Die Beklagte hat weiterhin zu Recht angenommen, dass die Sicherstellung des bei dem Kläger gefundenen Bargeldes zur Abwehr einer gegenwärtigen Gefahr erforderlich gewesen ist.

Unter (konkreter) Gefahr ist nach der Legaldefinition in § 2 Nr. 1 a Nds. SOG eine Sachlage zu verstehen, bei der im einzelnen Fall die hinreichende Wahrscheinlichkeit besteht, dass in absehbarer Zeit ein Schaden für die öffentliche Sicherheit und Ordnung eintreten wird. Die Gefahr ist nach § 2 Nr. 1 b Nds. SOG gegenwärtig, wenn die Einwirkung des schädigenden Ereignisses bereits begonnen hat oder wenn diese Einwirkung unmittelbar oder in allernächster Zeit mit einer an Sicherheit grenzenden Wahrscheinlichkeit bevorsteht. Eine bereits eingetretene, in ihrer Wirkung noch andauernde Störung ist immer eine gegenwärtige Gefahr (vgl. Hunsicker, Präventive Gewinnabschöpfung in Theorie und Praxis, 3. Aufl., S. 48). In den Fällen, in denen der Schaden noch nicht eingetreten ist, bedarf es zur Feststellung einer gegenwärtigen Gefahr einer Wahrscheinlichkeitsprognose, der das Tatsachenwissen, das der Verwaltungsbehörde zum Zeitpunkt ihres Einschreitens bekannt war, zugrunde zu legen ist. Anhand dieses Tatsachenwissens muss aus Sicht eines objektiven, besonnenen Amtswalters das Vorliegen einer Gefahr bejaht werden können (Urt. d. Sen. v. 22.9.2005 - 11 LC 51/04 -, NVwZ 2006, 391, zur Wahrscheinlichkeitsprognose bei einer konkreten Gefahr). Hieran wird deutlich, dass der Begriff „gegenwärtige Gefahr" hohe Anforderungen an die zeitliche Nähe und den Grad der Wahrscheinlichkeit des Schadenseintritts stellt. Es kommt insoweit aber auch auf die Schwere des drohenden Schadens und die Intensität des Eingriffs an (vgl. Böhrenz/Unger/Siefken, a.a.O., § 2 Rn. 5).

Daran gemessen lagen bei Erlass der Sicherstellungsverfügung hinreichende Anhaltspunkte für die Annahme vor, es bestehe die gegenwärtige Gefahr, der Kläger werde das zuvor beschlagnahmte Geld im Falle einer Herausgabe unmittelbar zur Begehung von Straftaten nach dem Betäubungsmittelgesetz verwenden und daher wegen der Verletzung von Rechtsnormen gegen die öffentliche Sicherheit verstoßen.

Entgegen der Auffassung des Verwaltungsgerichts besteht nach Überzeugung des Senats - auch aufgrund neuerer Erkenntnisse - kein vernünftiger Zweifel daran, dass der Kläger und sein Begleiter die am 21. Dezember 2005 bei ihnen sichergestellten 27.280,-- Euro durch Drogenhandel erworben haben und dafür wieder einsetzen wollten. Die gegenwärtige Gefahr des Drogenhandels bestand auch noch im Zeitpunkt des Erlasses der Sicherstellungsverfügung vom 24. August 2006 und besteht im Übrigen auch zum jetzigen Zeitpunkt weiter.

Das für die Wahrscheinlichkeitsprognose heranzuziehende Tatsachenwissen kann sich aus verschiedenartigen Erkenntnissen unterschiedlichen Gewichts zusammensetzen. Es ist deshalb nicht zu beanstanden, dass die Beklagte aufgrund einer Gesamtschau des vorliegenden Tatsachenmaterials zu der Einschätzung gelangt ist, die Sicherstellung des Barbetrages sei zur Abwendung einer gegenwärtigen Gefahr erforderlich. Dabei kommt dem Umstand, dass das sichergestellte Bargeld nach Würdigung der vorliegenden Erkenntnisse aus Drogengeschäften stammt, erhebliches Gewicht zu.

Dafür, dass es sich bei dem sichergestellten Barbetrag um aus Drogengeschäften stammendes Geld handelt, liegen nach Auffassung des Senats aus folgenden Gründen hinreichende Anhaltspunkte vor:

Bei der Kontrolle durch Beamte des Hauptzollamtes Osnabrück am 21. Dezember 2005 führten der Kläger und sein Begleiter, die mit einem Pkw aus den Niederlanden eingereist waren, das dann sichergestellte Bargeld in Höhe von rund 27.000,-- Euro mit sich. Nach den von der Beklagten vorgetragenen kriminalistischen Erkenntnissen, an deren Richtigkeit keine Zweifel bestehen, werden die Niederlande durch die organisierte Drogenkriminalität als Drogenumschlagplatz genutzt und dabei auch Drogen aus dem Nahen Osten u.a. über Polen und Deutschland eingeführt und in den Niederlanden abgesetzt. Dabei verkaufen die Dealer die Drogen typischerweise portionsweise in Größenordnungen von 50,-- Euro an die Konsumenten und bezahlen mit diesem Geld in den szenetypischen Stückelungen die Importeure, die das Geld ihrerseits zum Kauf weiterer Drogen verwenden. Da somit der An- und Verkauf von Drogen regelmäßig in einem geschlossenen Kreislauf stattfindet, ist bei einer auffälligen Häufung von 50,-- Euro - Scheinen von einer im Drogenhandel üblichen Stückelung auszugehen. Dies ist hier der Fall. Das bei dem Kläger und seinem Begleiter sichergestellte Bargeld begründet aufgrund der Gesamthöhe und vor allem aber aufgrund der auffälligen Häufung von 50,-- Euro - Scheinen - es wurden 289 Scheine à 50,-- Euro und damit insgesamt 14.450,-- Euro in dieser Stückelung gefunden - den dringenden Verdacht der Herkunft aus Drogenhandel.

Gegen eine legale Herkunft des sichergestellten Bargeldes sprechen auch die widersprüchlichen Angaben des Klägers und seines Begleiters zu den beabsichtigten Autokäufen in den Niederlanden. Während der Kläger gegenüber den Zollbeamten ausgesagt hat, er habe mit seinem Anteil des Geldes zwei oder drei VW-Golf oder VW-Busse zum Weiterverkauf erwerben wollen und sein Begleiter habe für sich einen VW-Golf IV kaufen wollen, hat dieser demgegenüber erklärt, dass nur ein hochwertiger Pkw ab Klasse Golf IV erworben und in Polen weiterverkauft werden sollte. Zudem ist nicht nachvollziehbar, wie ein von dem Kläger behaupteter Kauf von drei bis vier Autos abgewickelt werden sollte, d.h. wie der Kläger und sein Begleiter mit insgesamt vier bis fünf Autos nach Polen zurückkehren wollten.

Dass der Kläger zum Zeitpunkt der Sicherstellung des Geldes einer beruflichen Tätigkeit nachgegangen ist, aus der er legale geregelte Einkünfte bezogen hat, aus denen sein Anteil an dem sichergestellten Bargeld stammen könnte, hat er nicht nachvollziehbar vorgetragen und belegt. Seine Angaben gegenüber den Zollbeamten, er betreibe seit 1995 in Polen einen Holzhandel und verdiene daraus ca. 3.000,-- Euro monatlich, treffen offensichtlich nicht zu. So hat nach einer Mitteilung der Gemeinsamen Finanzermittlungsgruppen Polizei/Zoll vom 23. Mai 2006 die Ehefrau des Klägers 2006 gegenüber der örtlichen Polizei in Polen erklärt, dass dieser derzeit keine Geschäfte führe, die Gewinn abwerfen würden. Den Holzhandel habe er vor vier Jahren eingestellt und handele seitdem mit Kfz, die er nach Polen zum Weiterverkauf einführe. Nach einer weiteren Mitteilung der Gemeinsamen Finanzermittlungsgruppen Polizei/Zoll vom 2. Februar 2009 hat der Kläger in Polen allerdings gar keine Firma angemeldet, so dass auch nicht ersichtlich ist, dass er legal mit Autos gehandelt hat. Wenn der Kläger tatsächlich seit 2002 einen Autohandel in Polen betrieben hätte, wäre im Übrigen nicht verständlich, warum er dies dann nicht gegenüber den Zollbeamten im Dezember 2005 angegeben, sondern stattdessen erklärt hat, er sei selbständiger Holzhändler. Zudem hat der Kläger bei seiner Vernehmung durch die polnische Polizei am 21. November 2008 erklärt, gar keine eigenen Einkünfte zu haben und von seiner Frau, die in einem Schneidersalon arbeite, unterhalten zu werden, wobei er allerdings nicht angeben konnte, wie viel seine Frau verdient.

Weiterhin ist nicht nachvollziehbar, aus welchen Gründen das Geld, von dem nach Angaben des Klägers und seines Begleiters jedem die Hälfte gehören sollte, so aufgeteilt war, dass sich 5.360,-- Euro in den Hosentaschen des Klägers, 3.905,-- Euro in den Hosentaschen seines Begleiters und 18.215,-- Euro in einer dem Begleiter gehörenden Herrenhandtasche befunden haben. Der Kläger und sein Begleiter haben keine plausible Erklärung dafür liefern können, warum sie ihre angeblichen Ersparnisse überhaupt vermischt haben und wie das Geld, aus dem der Kläger nach seinem Vorbringen auch noch größere Weihnachtseinkäufe getätigt haben will, in Polen wieder aufgeteilt werden sollte.

Dass das sichergestellte Bargeld aus dem Drogenhandel stammt, wird auch durch weitere Indizien bestätigt. Der Kläger und sein Begleiter sind zwar in Deutschland nicht wegen Drogenhandels vorbestraft. Inzwischen liegen jedoch hinreichende polizeiliche Erkenntnisse der Gemeinsamen Finanzermittlungsgruppen Polizei/Zoll darüber vor, dass beide Kontakte zur Drogenszene haben und gegen sie wegen Straftaten im Drogenmilieu ermittelt worden ist und wird. Danach ist der Begleiter des Klägers u.a. 2003 in Polen wegen des Besitzes von Amphetamin verhaftet worden, 2006 im Zusammenhang mit Ermittlungen zum Schmuggel von Betäubungsmitteln von Ost- nach Westeuropa in Erscheinung getreten und im Oktober 2008 als Tatverdächtiger eines Tötungsdeliktes verhaftet worden, als er am Tatort einer Wohnung in Amsterdam angetroffen worden ist. Als Tatverdächtiger dieses Tötungsdeliktes ist inzwischen ein im innereuropäischen Drogenhandel aktiver deutscher Staatsangehöriger inhaftiert worden, zu dem der Begleiter des Klägers nach den polizeilichen Erkenntnissen offenbar seit Jahren Verbindungen hat und in dessen angemietetem Haus in Amsterdam er derzeit leben soll. Auffällig ist zudem, dass sowohl der Kläger als auch das Mordopfer aus C. in Polen stammen und der tatverdächtige deutsche Staatsangehörige dort ebenfalls mit

Wohnsitz gemeldet ist. Wie sich aus der Mitteilung der Hauptkommandantur der Polizei in Gdansk - Abteilung für Bekämpfung der Organisierten Drogenkriminalität - vom 18. Mai 2009 ergibt, prüft diese, ob der Kläger, der mit dem im Drogenhandel tätigen Mordopfer in Kontakt stand, an dem Verbrechen beteiligt war. Ganz entscheidende Bedeutung für das vorliegende Verfahren hat zudem der Umstand, dass der Kläger nach der Mitteilung der Hauptkommandantur der Polizei in Gdansk am 21. November 2008 von der polnischen Polizei wegen des Verdachts der Begehung von Straftaten mit Drogenhintergrund festgenommen worden ist und sich seitdem in dem „Untersuchungsamt" zur Verhandlung der Strafsache befinde. Gerade diese aktuellen Ermittlungen der polnischen Polizei zeigen, dass der Kläger nach wie vor mit Straftaten im Drogenmilieu in Verbindung zu bringen ist.

Angesichts der vorliegenden eindeutigen Hinweise auf die deliktische Herkunft des Geldes reichen die von dem Kläger vorgelegten Belege einer Wechselstube in seiner Heimatstadt nicht aus, eine andere Bewertung der Sachlage herbeizuführen. Diese Quittungen belegen lediglich, dass in dieser Wechselstube am 12. und 14. Dezember 2005 53.900,-- und 57.225,-- polnische Zloty in 14.000,-- bzw. 15.000,-- Euro gewechselt worden sind. Wer den Geldwechsel vorgenommen hat, ergibt sich daraus jedoch nicht. Wie die Gemeinsamen Finanzermittlungsgruppen Polizei/Zoll mit Schreiben vom 2. Februar 2009 aufgrund einer Mitteilung der polnischen Behörden ausgeführt haben, werden von dem Besitzer der Wechselstube keine Personaldaten von den Kunden erhoben und kann sich dieser auch nicht erinnern, ob der Kläger oder sein Begleiter jemals seine Kunden gewesen waren. Ein Identitätsnachweis ist nach der Mitteilung der Hauptkommandantur der Polizei in Gdansk vom 18. Mai 2009 nur für Transaktionen ab 20.000,-- Euro erforderlich. Da die vom Kläger vorgelegten Belege Beträge unter dieser Grenze betreffen, dürften weitere Ermittlungen dazu, wer die Beträge tatsächlich getauscht hat, keinen Erfolg versprechen. Der undatierten Bescheinigung der Wechselstube, wonach die Euro - Geldscheine auf Bitten des Kunden in Kleingeld verkauft worden seien, kann daher ebenfalls keine maßgebende Bedeutung zukommen.

Vor diesem Hintergrund passt auch ins Bild, dass der Kläger und sein Begleiter bei den anlässlich der Kontrolle am 21. Dezember 2005 durchgeführten Drugwipe-Tests beide positiv auf Kokain und Amphetamine getestet wurden. Wenn dieser Test auch Fehlerquoten aufweisen und nicht den vollen Beweis eines Drogenkonsums bzw. -kontakts erbringen mag, sind die gewonnenen Ergebnisse neben den übrigen eindeutigen Hinweisen aber zumindest ein weiteres Indiz für die deliktische Herkunft des sichergestellten Geldes.

Dass das somit mit hoher Wahrscheinlichkeit aus Drogengeschäften herrührende Geld ohne die angeordnete Sicherstellung erneut in Drogengeschäfte investiert werden würde, liegt nach den vorstehenden Ausführungen zum Drogenhandel und den insofern weiterhin bestehenden Kontakten des Klägers und seines Begleiters auf der Hand. Durchgreifende Indizien, die eine andere Einschätzung der Sachlage rechtfertigen könnten, hat der Kläger nicht vorgetragen. Auch angesichts des hohen Wertes der durch die diese Straftaten gefährdeten Rechtsgüter ist von dem Vorliegen einer gegenwärtigen Gefahr für die öffentliche Sicherheit auszugehen.

Das Verwaltungsgericht hat weiterhin zu Unrecht dem Herausgabeanspruch des Klägers teilweise stattgegeben.

Nach § 29 Abs. 1 Satz 1 Nds. SOG sind, sobald die Voraussetzungen für die Sicherstellung weggefallen sind, die Sachen an diejenige Person herauszugeben, bei der sie sichergestellt worden sind. Die Herausgabe ist nach § 29 Abs. 1 Satz 4 Nds. SOG[16] ausgeschlossen, wenn dadurch erneut die Voraussetzungen für eine Sicherstellung eintreten würden. Danach kann der Kläger keine - auch nur teilweise - Herausgabe des sichergestellten Bargeldes verlangen. Denn wie sich aus den vorstehenden Ausführungen ergibt, sind die Voraussetzungen für die Sicherstellung nicht weggefallen. Vielmehr sind durch die neueren polizeilichen Erkenntnisse weitere aktuelle Indizien zu Tage getreten, die die gegenwärtige Gefahr begründen, dass das sichergestellte Geld bei einer Herausgabe im Drogenhandel eingesetzt werden würde. Insbesondere der Umstand, dass der Kläger inzwischen im November 2008 im Zusammenhang mit Drogendelikten in Polen verhaftet worden ist und das Verfahren gegen ihn auch derzeit noch läuft, zeigt die nach wie vor bestehenden Verbindungen des Klägers zum Drogenhandel und die daraus resultierende gegenwärtige Gefahr eines Einsatzes des sichergestellten Geldes für Zwecke des Drogenhandels.

Hinweis:
Die Zustimmung des Nds. OVG (Lüneburg) zu dieser Veröffentlichung liegt vor.

---

[16] Gemeint sein dürfte § 29 Abs. 1 **Satz 3** Nds. SOG.

Vorbemerkungen zum Urteil des VG Braunschweig
(Entscheidung II./10)

Das Urteil des VG Braunschweig, Az. 5 A 25/08, vom 02.12.2009, enthält einen neuen Aspekt, der bisher in – mir bekannten – verwaltungsgerichtlichen Verfahren so nicht ausgeführt wurde:

Bei der **Sicherstellung eines Bargeldbetrages zur Abwehr einer gegenwärtigen Gefahr** (§ 26 Nr. 1 Nds. SOG) im Rahmen der präventiven Gewinnabschöpfung sind zwei Varianten denkbar:

1. Die gegenwärtige Gefahr für die öffentliche Sicherheit kann sich zum einen aus der Verwendungsabsicht des Besitzers des Geldbetrages ergeben (Gefahr **durch** das Geld) und
zum anderen daraus,
2. dass durch die Auszahlung des Geldes an den Besitzer Rückzahlungsansprüche des wahren Berechtigten vereitelt oder erschwert werden (Gefahr **für** das Geld).

Die Variante zu 1. ist gängige Praxis – z.B. im Hinblick auf kriminellen Drogenhandel, illegalen Zigarettenhandel oder Enkeltrickbetrug.

Dagegen enthält die Variante zu 2. neben § 26 Nr. 2 Nds. SOG (**originärer „Eigentumsschutz"**) wohl einen **subsidiären „Eigentumsschutz"** zur Abwehr einer gegenwärtigen Gefahr bezüglich Bargeld. Folglich Bargeld auch dann zur Gefahrenabwehr sichergestellt werden kann, wenn es offensichtlich nicht gestohlen wurde, sondern auch aus anderen Eigentumsdelikten (insbesondere Betrug, Untreue, Unterschlagung) hervorgegangen sein könnte.

Entscheidung II./10
(Übertragung aus dem Internet)

Niedersächsisches Oberverwaltungsgericht Rechtsprechungsdatenbank	**Hinweis:** Die Benutzung der Texte für den privaten Gebrauch ist frei. Jede Form der kommerziellen Nutzung bedarf der Zustimmung des Gerichts.

5 A 25/08
VG Braunschweig
Urteil vom 02.12.2009

Sicherstellung eines Geldbetrages im Rahmen der präventiven Gewinnabschöpfung

Rechtsquellen/Fundstellen	Suchworte
100b Abs. 5 a.F. StPO	Bankkonto
1006 BGB	Bargeld
100b Abs. 6 a.F. StPO	Beweislast
101 Abs. 8 n.F. StPO	Beweisverwertung
2 Nr. 1a Nds. SOG	Dauerverwaltungsakt
2 Nr. 1b Nds. SOG	Eigentumsvermutung
26 Nr. 1 Nds. SOG	Einzahlung
26 Nr. 2 Nds. SOG	Gefahr
29 Nds. SOG	Gefahr durch das Geld
	Gefahr für das Geld
	Gewinnabschöpfung
	Herkunft
	Konto
	Prognose
	Sicherstellung
	Telefonüberwachung
	Verwertungsverbot
	deliktische
	gegenwärtige Gefahr
	präventive

Leitsatz/Leitsätze (amtlich)

1. Nach Einzahlung eines Bargeldbetrages auf ein Bankkonto kann dessen Sicherstellung im Rahmen der - präventiven Gewinnabschöpfung - nicht mehr auf § 26 Nr. 2 Nds. SOG gestützt werden.
2. Bei der Sicherstellung eines Geldbetrages zur Abwehr einer gegenwärtigen Gefahr (§ 26 Nr. 1 Nds. SOG) im Rahmen der - präventiven - Gewinnabschöpfung sind zwei Varianten denkbar: Die gegenwärtige Gefahr für die öffentliche Sicherheit kann sich zum einen aus der Verwendungsabsicht des Besitzers des Geldbetrages ergeben (Gefahr **durch** das Geld) und zum anderen daraus, dass durch die Auszahlung des Geldes an den Besitzer Rückzahlungsansprüche des wahren Berechtigten vereitelt oder erschwert werden (Gefahr **für** das Geld).
3. Maßgeblicher Zeitpunkt für die Beurteilung der Sach- und Rechtslage bei einer Anfechtungsklage gegen einen Sicherstellungsbescheid ist wegen des Charakters dieser Verfügung als Dauerverwaltungsakt grundsätzlich der Zeitpunkt der mündlichen Verhandlung.
4. Eine gegenwärtige Gefahr für das Geld kann nur bestehen, wenn Rückforderungsansprüche des wahren Berechtigten existieren. Für diesen Umstand ist die Behörde materiell beweisbelastet. Deshalb geht die Nichterweislichkeit der deliktischen Herkunft des Geldes trotz verbleibender Zweifel zu Lasten der Behörde.
5. Aufzeichnungen über eine Telefonüberwachung unterliegen im Verwaltungsrechtsstreit grundsätzlich einem Beweisverwertungsverbot. Dies folgt aus § 100b Abs. 6 und Abs. 5 StPO a.F. bzw. § 101 Abs. 8 StPO n.F.

Aus dem Entscheidungstext

Der Sicherstellungsbescheid der Beklagten vom 14. Januar 2008 sowie der Kostenbescheid vom 17.01.2008 werden aufgehoben und die Beklagte wird verurteilt, den Geldbetrag von 8.400 EUR an den Kläger auszuzahlen.

Die Beklagte trägt die Kosten des Verfahrens.

Das Urteil ist hinsichtlich der Kosten vorläufig vollstreckbar.

Die Beklagte kann die Vollstreckung durch Sicherheitsleistung in Höhe der vollstreckbaren Kosten abwenden, wenn nicht der Kläger zuvor Sicherheit in gleicher Höhe leistet.

Der Streitwert wird auf 8.552,30 EUR festgesetzt.

Tatbestand:

Der am F. geborene Kläger klagt gegen eine unter Sofortvollzug angeordnete Sicherstellung von Bargeld in Höhe von 8.400 EUR, das ihm anlässlich einer Durchsuchung seiner Wohnung in G., H. am 08.03.2007 abgenommen worden ist. Er lebte mit seiner Ehefrau 8 Jahre (von 2000 bis 2008) in Deutschland, hat zwei kleine Kinder und bezog Leistungen nach dem AsylbLG in Höhe von monatlich etwa 600 EUR. Der Aufenthalt des Klägers und seiner Familie wurde aufenthaltsrechtlich geduldet. Der Kläger und seine Familie haben die Bundesrepublik etwa vor einem Jahr freiwillig verlassen und leben seitdem in I..

Im Dezember 2006 gab es in Braunschweig und Umgebung eine Serie von 24 schweren Einbruchdiebstählen, die von einer Bande mit professionellen Organisationsstrukturen ausgeführt wurden und bei denen ein Gesamtschaden von etwa 600.000 EUR entstand. Bei den Ermittlungen gegen die aus dem ehemaligen Jugoslawien stammenden Täter wurde festgestellt, dass der später festgenommene Cousin des Klägers, J. K., vor und nach der Ausführung eines Einbruchdiebstahls am 31.12.2006 bei einem Autohändler in L. (Schaden: 300.000 EUR), den der Kläger nach den Feststellungen der Polizei (Abschlussbericht Zentrale Kriminalinspektion BS vom 10.04.07, S. 25) persönlich kannte, seinen Pkw jeweils an dem vom Kläger bewohnten Haus abgestellt hatte. Mittels anschließender Überwachung der Mobilfunkanschlüsse wurden Gespräche mit dem Kläger registriert, die den Verdacht begründeten, er sei in das organisatorische Netzwerk der Bande eingebunden. Eine Wohnungsdurchsuchung bei ihm am 28.01.2007 ergab jedoch zunächst keine weiteren Erkenntnisse. In weiteren überwachten Telefongesprächen war jedoch die Rede davon, dass die Ehefrau des Klägers bei der Durchsuchung noch wichtige Sachen habe verstecken können und deshalb nichts gefunden worden sei. Bei einer weiteren Wohnungsdurchsuchung am 08.03.2007 stellte die Zentrale Kriminalinspektion - ZKI - Braunschweig u. a. Schmuck, Uhren und einen DVD-Player sowie einen Briefumschlag mit Bargeld in Höhe von 8.400,- EUR sicher. Im Durchsuchungsbericht wurde festgestellt, auffällig seien ein großer Rückprojektionsfernseher im Wohnzimmer sowie eine große Zahl hochwertiger Bekleidungsgegenstände, die in der Wohnung vorgefunden worden seien und darauf hindeuten würden, dass die Familie neben den Leistungen des Sozialamts über weitere Geldquellen verfüge. Der Kläger gab bei der Befragung an, dass der Geldbetrag von seinem Cousin aus der Heimat stamme, für dessen Firma er in Deutschland einen Bus kaufen solle. Seine Ehefrau hingegen gab an, der Kläger habe einen Bus von Verwandten aus M. in

Deutschland verkauft und dafür den Geldbetrag erhalten, den er noch nach M. schicken müsse.

Die Staatsanwaltschaft Braunschweig leitete am 12.04.2007 gegen den Kläger und seine Ehefrau ein Ermittlungsverfahren wegen schweren Bandendiebstahls (122 Js 18224/07) und gegen den Kläger allein ein Ermittlungsverfahren wegen Sozialhilfebetrugs (122 Js 18637/07) ein. Bereits zuvor, mit Anwaltsschriftsatz vom 28.03.2007 an die Staatsanwaltschaft Braunschweig, hatte der Kläger die Ablichtung und Übersetzung einer Bestätigung der Firma N. (O.) über die Zahlung von 7.500,- EUR zur Anschaffung eines Pkws vorgelegt und die Freigabe dieses Betrages beantragt. Unter dem 30.04.2007 legte er weitere Unterlagen aus I. zum Nachweis der Herkunft des sichergestellten Geldbetrages vor. Die Staatsanwaltschaft Braunschweig lehnte mit Verfügung vom 27.07.2007 die Freigabe des Geldes ab.

Mit Verfügung vom 05.09.2007 stellte die Staatsanwaltschaft Braunschweig das Ermittlungsverfahren wegen schweren Bandendiebstahls nach § 170 Abs. 2 StPO ein, weil es an dem für die Anklageerhebung erforderlichen Nachweis der direkten Tatbeteiligung des Klägers fehle. Im Hinblick auf die Tat zum Nachteil des Autohändlers lägen verschiedene Indizien für eine Tatbeteiligung des Klägers vor, die für eine Anklageerhebung aber nicht ausreichen würden. Die sichergestellten Gegenstände (Schmuck, PC, DVD-Player) seien bis auf das Bargeld bereits an den Kläger ausgehändigt worden. Das Geld könne zwar einer konkreten Tat nicht zugeordnet werden. In Anbetracht der beruflichen und wirtschaftlichen Situation des Klägers und seiner Frau sowie ihren unterschiedlichen Angaben zu der angeblich legalen Herkunft des Geldes, könne es aber nicht aus legalen Quellen stammen. Da der Kläger die Herausgabe des Geldes forderte, gab die Staatsanwaltschaft unter dem 05.11.2007 das Verfahren an die Polizeiinspektion Braunschweig zwecks Überprüfung ab, ob „präventive Gewinnabschöpfung" in Betracht komme. Die Polizeiinspektion Braunschweig leitete ein Verfahren nach § 26 Nds. SOG ein und gab es zuständigkeitshalber an die Beklagte ab.

Das Ermittlungsverfahren wegen Betruges (122 Js 18637/07) stellte die Staatsanwaltschaft am 17.12.2007 vorläufig gemäß § 153a StPO gegen Zahlung eines Geldbetrages von 2.000 EUR zur Wiedergutmachung des Schadens an den Landkreis Helmstedt ein.

Mit Bescheid vom 14.01.2008 verfügte die Beklagte unter Anordnung der sofortigen Vollziehung, dass das von der Polizei beschlagnahmte Bargeld in Höhe von 8.400 EUR sichergestellt und in öffentliche Verwahrung genommen wird. Zur Begründung für das Vorliegen einer Gefahrenlage i. S. des § 26 Nr. 1 Nds. SOG führte sie aus, es müsse dringend befürchtet werden, dass das beim Kläger sichergestellte Bargeld u. a. zur Begehung, Vorbereitung oder Organisation weiterer Straftaten benutzt werden sollte, und es bestehe die gegenwärtige Gefahr, dass „durch die Aushändigung des sichergestellten Bargeldes an den Kläger das Eigentums- und das Besitzrecht zu Lasten des rechtmäßigen Eigentümers widerrechtlich vom Kläger ausgeübt werde". Sie verwies hierzu darauf, dass die tatsächliche Herkunft des Geldes noch immer nicht schlüssig erklärt und belegt sei. Eine Sicherstellung könne auch nach § 26 Nr. 2 Nds. SOG erfolgen, um die Eigentümerin oder den Eigentümer vor Verlust zu schützen.

Am 14.02.2008 hat der Kläger Klage erhoben und zugleich um Aussetzung der Vollziehung des Kostenfestsetzungsbescheides vom 17.01.2008, mit dem er zu einer Verwaltungsgebühr für die Sicherstellung von 152,30 EUR herangezogen wurde, nachgesucht (5 B 26/08). Er ist der Ansicht, die unterschiedlichen Angaben von ihm und seiner Frau zur Herkunft des Geldes würden sich ohne weiteres auf Grund der großen Aufregung, die bei der Durchsuchung bei seiner Familie produziert worden sei und durch Sprachdifferenzen sowie Ungenauigkeiten erklären. Gegen seine Beteiligung an den Straftaten der drei verurteilten Täter spreche, dass er alle sichergestellten Gegenstände mittlerweile zurück erhalten habe, nachdem die Geschädigten erklärt hätten, sie würden ihnen nicht gehören. Der Verdacht gegen ihn sei überhaupt nur entstanden, weil sein Cousin am Silvestertag seine Frau für die Silvesterfeier bei ihm vorbeigebracht habe und selbst noch einmal weggefahren sei. Ohne dieses Ereignis wäre er nicht in Verdacht geraten. Herr P. Q. in I. könne auch als Zeuge bestätigen, dass der Kläger 7.500 EUR für die Anschaffung eines Transporter bzw. Busses erhalten habe. Die weiteren 900 EUR habe er im Laufe der Zeit für seine Kinder angespart.

Der Kläger beantragt,

> den Bescheid der Beklagten vom 14.01.2008 über die Sicherstellung und den Kostenbescheid vom 17.01.2008 aufzuheben und die Beklagte zu verurteilen, den Geldbetrag von 8.400 EUR an ihn auszuzahlen.

Die Beklagte beantragt,

> die Klage abzuweisen.

Sie bezieht sich auf die angegriffene Sicherstellungsverfügung und verweist ergänzend auf das abgehörte Telefonat zwischen zwei Beschuldigten, in dem davon die Rede gewesen sei, die Ehefrau des Klägers habe eine wichtige Sache verstecken können. In einem weiteren Telefonat nach der zweiten Durchsuchung habe die Ehefrau des Klägers angegeben, man habe zwar R. Geld gefunden, das von S. jedoch nicht. Dies spreche dafür, dass die Wohnung als Versteck für unrechtmäßig erlangtes Geld und andere Wertgegenstände genutzt werde. Daher sei davon auszugehen, dass diese Gelder zur Finanzierung weiterer Straftaten, etwa zum Ankauf von Fahrzeugen, Arbeitshandys, Werkzeug o. ä. dienen sollen. Die Bescheinigung des Herrn T. werde als Gefälligkeitsbescheinigung gewertet, was vor allem aus einem abgehörten Gespräch des Klägers mit einer anderen Person folge, in dem über die Beschaffung eines legalen Nachweises für das sichergestellte Geld gesprochen worden sei. Die Beklagte nimmt weiter Bezug auf eine Stellungnahme der ZKI Braunschweig vom 04.03.2008 nebst Telefonprotokollen über die den Kläger betreffenden bzw. von ihm geführten und ihn belastenden Gespräche.

Mit Beschluss vom 05.03.2008 und Berichtigungsbeschluss vom 18.03.2008 (5 B 26/08) hat die Kammer den Antrag auf Gewährung vorläufigen Rechtsschutzes abgelehnt und bei der Prüfung der Vollziehbarkeit des Kostenbescheides vom 17.01.2008 eine Prüfung der Vollziehbarkeit der Sicherstellungsverfügung vom 14.01.2008 zugrunde gelegt. Dabei hat die Kammer den Ausgang des Hauptsacheverfahrens noch als offen bewertet und bei der Interessenabwägung darauf abgestellt, dass die widersprüchlichen Angaben des Klägers und seiner Ehefrau über die Herkunft des Geldes ebenso ein Indiz für den illegalen Erwerb wie die abgehörten Telefongespräche sein können. Mit Beschluss vom 28.08.2008 hat die Kammer den Antrag auf Bewilligung von Prozesskostenhilfe für das Klageverfahren abgelehnt. Die hiergegen erhobene Beschwerde, die der Kläger darauf gestützt hat, seine Rechtsverfolgung habe hinreichende Aussicht auf Erfolg, weil zur Klärung des Sachverhaltes eine Beweisaufnahme erforderlich sei, hat das Niedersächsische Oberverwaltungsgericht mit Beschluss vom 07.01.2009 (11 PA 340/08) zurückgewiesen.

Unter dem 26.05.2009 hat Herr O. mit notariell beglaubigter Unterschrift nochmals schriftlich bestätigt, im November 2006 geschäftlich in Deutschland gewesen zu sein und vorgehabt zu haben, einen Transporter für seine Firma in I. zu erwerben. Wegen der Kürze seines Aufenthalts habe er es nicht geschafft, ein geeignetes Fahrzeug zu finden und habe deshalb dem Kläger einen Barbetrag von 7.500 EUR gegeben, damit dieser ein Fahrzeug für ihn besorge.

Wegen der weiteren Einzelheiten des Sachverhalts und des Vorbringens der Beteiligten im Übrigen wird Bezug genommen auf den Inhalt der Gerichtsakte, den Verwaltungsvorgang der Beklagten und die beigezogenen Akten der Staatsanwaltschaft (122 Js 18637/07 und 122 Js 18224/07).

Entscheidungsgründe:

Die zulässige Klage ist begründet. Der angefochtene Sicherstellungsbescheid der Beklagten vom 14.01.2008 sowie der Kostenfestsetzungsbescheid vom 17.01.2008 sind rechtswidrig und verletzen den Kläger in seinen Rechten (§ 113 Abs. 1 Satz 1 VwGO). Er hat deshalb auch einen Anspruch auf Herausgabe des sichergestellten Geldbetrages.

Rechtsgrundlage für die Sicherstellungsverfügung ist § 26 des Niedersächsischen Gesetzes über die öffentliche Sicherheit und Ordnung - Nds. SOG -. Danach können die zuständige Verwaltungsbehörde sowie auch die Polizei eine Sache sicherstellen, um eine gegenwärtige Gefahr abzuwehren (Nr. 1) oder um den Eigentümer oder den rechtmäßigen Inhaber der tatsächlichen Gewalt vor Verlust oder Beschädigung einer Sache zu schützen (Nr. 2).

Die Voraussetzungen für eine Sicherstellung sind hier weder nach § 26 Nr. 1 Nds. SOG noch nach § 26 Nr. 2 Nds. SOG gegeben.

Da der Geldbetrag bereits am 14.03.2007 und damit vor Erlass der Sicherstellungsverfügung auf ein Konto eingezahlt wurde, sind nach der Rechtsauffassung der erkennenden Kammer die Voraussetzungen des § 26 Nr. 2 Nds. SOG von vornherein nicht gegeben, weil nicht mehr bestimmte Gegenstände - Geldscheine - sichergestellt sind, die potentiellen Eigentümern herausgegeben werden könnten, sondern lediglich der Betrag. Jedoch besteht in diesen Fällen die polizeirechtliche Gefahr i. S. des § 26 Nr. 1 Nds. SOG darin, dass bei einer Herausgabe des Betrages an den Kläger und dem Verbrauch durch ihn Rückforderungsansprüche Geschädigter vereitelt oder erschwert würden (erkennende Kammer, Beschluss v. 18.01.2007, 5 B 332/06, www.dbovg.niedersachsen.de, m. w. N. - Urt. v. 29.05.2008 - 5 A 251/07 -; a. A. wohl VG Oldenburg, Beschluss v. 30.01.2008, 2 A 969/07, www.dbovg.niedersachsen.de).

Der Annahme einer polizeirechtlichen Gefahr i. S. des § 26 Nr. 1 Nds. SOG steht nicht von vornherein entgegen, dass die Staatsanwaltschaft Braunschweig in dem gegen den Kläger geführten Ermittlungsverfahren wegen schweren Bandendiebstahls - 122 Js 1822407 - das Verfahren nach § 170 Abs. 2 StPO eingestellt hat und das Geld einer konkreten Straftat nicht hat zuordnen können. Die Erkenntnis, dass das beschlagnahmte Geld für die Zwecke der Durchführung eines Strafverfahrens nicht mehr benötigt wird, erstreckt sich nicht auf außerhalb eines Ermittlungs- oder Strafverfahrens erfolgende Präventivmaßnahmen der Polizei aus Gründen der Gefahrenabwehr. Bei präventiv-polizeilicher Betrachtung kann trotz Einstellung eines staatsanwaltlichen Ermittlungsverfahrens allein aufgrund verbliebener Verdachtsmomente ein Bedürfnis für die Aufrechterhaltung von polizeilichem Gewahrsam an beschlagnahmtem Geld bestehen (vgl. dazu: VG Aachen, Beschluss v. 10.02.2005 - 6 L 825/04 - m. w. N., zitiert nach Juris).

Die Sicherstellung des beim Kläger gefundenen Bargelds ist jedoch zur Abwehr einer gegenwärtigen Gefahr nicht erforderlich (§ 26 Nr. 1 Nds. SOG).

Den für die Sicherstellung des zuvor eingezahlten Bargelds aus den o. g. Gründen hier allein als Rechtsgrundlage in Betracht kommenden § 26 Nr. 1 Nds. SOG versteht die erkennende Kammer dahin, dass sich die gegenwärtige Gefahr für die öffentliche Sicherheit i. S. v. § 26 Nr. 1 Nds. SOG aus der Verwendungsabsicht des Besitzers ergeben kann (1. Alt.: "Gefahr durch das Geld") und/oder daraus, dass bei der Herausgabe des Geldes Rückzahlungsansprüche des Berechtigten vereitelt oder erschwert würden (2. Alt.: "Gefahr für das Geld"). Für die Annahme einer gegenwärtigen Gefahr durch das Geld ist unerheblich, wer Eigentümer ist, solange es in den Händen seines Besitzers eine Gefahr darstellt (Söllner, NJW 2009, 3339). Dies ist dann der Fall, wenn konkrete Hinweise für die Verwendung des Geldes für (weitere) Straftaten bestehen, vor allem bei organisierter Kriminalität und wiederholtem strafrechtlichen In-Erscheinung-Treten des Besitzers.

Unter (konkreter) Gefahr ist nach der Legaldefinition in § 2 Nr. 1 a Nds. SOG eine Sachlage zu verstehen, bei der im einzelnen Fall die hinreichende Wahrscheinlichkeit besteht, dass in absehbarer Zeit ein Schaden für die öffentliche Sicherheit und Ordnung eintreten wird. Die Gefahr ist nach § 2 Nr. 1 b Nds. SOG gegenwärtig, wenn die Einwirkung des schädigenden Ereignisses bereits begonnen hat oder wenn diese Einwirkung unmittelbar oder in allernächster Zeit mit einer an Sicherheit grenzenden Wahrscheinlichkeit bevorsteht. Eine bereits eingetretene, in ihrer Wirkung noch andauernde Störung ist immer eine gegenwärtige Gefahr (vgl. Hunsicker, Präventive Gewinnabschöpfung in Theorie und Praxis, 3. Aufl., S. 48). In den Fällen, in denen der Schaden noch nicht eingetreten ist, bedarf es zur Feststellung einer gegenwärtigen Gefahr einer Wahrscheinlichkeitsprognose, der das Tatsachenwissen, das der Verwaltungsbehörde zum Zeitpunkt ihres Einschreitens bekannt war, zugrunde zu legen ist. Anhand dieses Tatsachenwissens muss aus Sicht eines objektiven, besonnenen Amtswalters das Vorliegen einer Gefahr bejaht werden können (Nds. OVG, Urt. v. 17.11.2009 - 11 LB 401/09 -; Urt. v. 02.07.2009 - 11 LC 4/08 -, "www.dbovg.niedersachsen.de"). Hieran wird deutlich, dass der Begriff "gegenwärtige Gefahr" hohe Anforderungen an die zeitliche Nähe und den Grad der Wahrscheinlichkeit des Schadenseintritts stellt. Es kommt insoweit aber auch auf die Schwere des drohenden Schadens und die Intensität des Eingriffs an (vgl. Böhrenz/Unger/Siefken, Nds. SOG, 9. Aufl., § 2 Rn. 5).

Daran gemessen liegen keine hinreichenden Anhaltspunkte für die Annahme vor, es bestehe die gegenwärtige Gefahr, der Kläger werde das zuvor beschlagnahmte Geld im Falle einer Herausgabe unmittelbar zur Begehung von Straftaten verwenden (z. B. für den Kauf von Handys, Werkzeug, Fahrzeugen) und daher wegen der Verletzung von Rechtsnormen die öffentliche Sicherheit schädigen (1. Alt., Gefahr "durch" das Geld).

Maßgeblicher Zeitpunkt für die Beurteilung der Sach- und Rechtslage bei einer Anfechtungsklage gegen einen Sicherstellungsbescheid ist wegen des Charakters dieser Verfügung als Dauerverwaltungsakt mangels entgegenstehender rechtlicher Bestimmungen der Zeitpunkt der mündlichen Verhandlung (vgl. VG Oldenburg, Beschluss v. 30.01.2008, a.a.O.), hier also der 02.12.2009. Deshalb ist zu berücksichtigen, dass der Kläger bereits vor etwa einem Jahr aus der Bundesrepublik ausgereist ist und seitdem in I. lebt. Auch wenn für den Kläger wegen seiner freiwilligen Ausreise aus der Bundesrepublik Deutschland ein Einreiseverbot nach § 11 AufenthG nicht gilt, hat er keinen Anspruch auf eine Wiedereinreise nach Deutschland, denn seine Duldung ist mit der Ausreise erloschen (§ 60a Abs. 5 Satz 1 AufenthG) und lebt nicht wieder auf. Damit ist die gegenwärtige Gefahr, dass der Kläger durch das Begehen von Straftaten gegen die öffentliche Sicherheit in der Bundesrepublik Deutschland verstößt, nicht (mehr) gegeben. Dafür, dass er aus dem Ausland "Einfluss nimmt" und sich indirekt über Mittelspersonen mit dem Geld an Straftaten in Deutschland beteiligt, gibt es keine Anhaltspunkte. Er ist weder vor dem Zeitraum, in der die Einbruchdiebstähle begangen wurden, noch zu einem späteren Zeitpunkt strafrechtlich in Erscheinung getreten.

Nach dem o. g. Maßstab liegen auch nicht hinreichende Anhaltspunkte für die Annahme vor, es bestehe die gegenwärtige Gefahr, dass bei Herausgabe des sichergestellten Geldes an den Kläger Rückzahlungsansprüche eines Berechtigten vereitelt oder erschwert würden (2. Alt., Gefahr "für" das Geld).

Da bislang von einem Berechtigten Rückzahlungsansprüche nicht geltend gemacht worden sind, ist Voraussetzung für die Annahme des Bestehens solcher Ansprüche, dass die erkennende Kammer zu der Überzeugung gelangt, dass das sichergestellte Geld aus den Einbruchdiebstählen stammt und der Kläger weder Eigentümer des Betrages von 900 EUR noch rechtmäßiger Besitzer des Betrages von 7.500 EUR ist, der nach seinen Angaben Herrn T. gehört. An dieser Überzeugung fehlt es der Kammer im vorliegenden Fall. Auch wenn Zweifel am Eigentum bzw. rechtmäßigen Fremdbesitz des Klägers bleiben, so ist der Beklagten der Nachweis der deliktischen Herkunft des Geldes nicht gelungen. Sie hat nicht widerlegt, dass der Kläger Eigentümer der 900 EUR und rechtmäßiger Fremdbesitzer der 7.500 EUR von Herrn T. ist.

Zunächst ist hier von der Vermutung des § 1006 Abs 1 Satz 1 BGB zu Gunsten des Klägers als Besitzer des sichergestellten Geldbetrages im Zeitpunkt der Durchsuchung im März 2007 auszugehen. Danach wird vermutet, dass er auch Eigentümer des Geldes war. Ob diese Vermutung nur hinsichtlich des Teilbetrages von 900 EUR gilt, nicht aber für die 7.500 EUR, deren Eigentümer nach dem Vortrag des Klägers nicht er, sondern Herr T. sein soll, kann hier letztlich dahinstehen. Dies ergibt sich aus Folgendem:

Die gesetzliche Vermutung des § 1006 BGB kann grundsätzlich von der sicherstellenden Behörde widerlegt werden, aber nur durch den Beweis des Gegenteils (§ 292 ZPO) zu voller - gemäß § 286 ZPO allerdings auch aus den Gesamtumständen zu gewinnender -Überzeugung des Gerichts (BGH, Urt. v. 04.02.2002 - II ZR 37/00 -, NJW 2002, 2101-2102). Neben den in § 1006 BGB ausdrücklich genannten Fällen ist in der Rechtsprechung anerkannt, dass die Eigentumsvermutung auch mit Hilfe von Beweisanzeichen, sogenannten Indiztatsachen und Erfahrungssätzen, die gegen einen rechtmäßigen Besitzerwerb sprechen, widerlegt werden kann (BVerwG, Urt. v. 24.04.2002 - 8 C 9/01 - NJW 2003, 689 ff.; VG Osnabrück, Urt. v. 02.05.2005 - 4 A 136/05 - n. v.). Selbst bei Zubilligung von Beweiserleichterungen müssen zumindest Umstände bewiesen werden, die das Eigentum eines (unbekannten) Dritten "wahrscheinlicher erscheinen lassen" als das Eigentum des Besitzers (BVerwG, Urt. v. 24.04.2002, a.a.O.). Gelingt dies nicht, wirkt sich dies zu Lasten der sicherstellenden Behörde aus, und es bleibt es bei der gesetzlichen Vermutung.

Auch ohne Anwendbarkeit von § 1006 BGB trägt die Beklagte hier nach allgemeinen materiellen Beweislastregeln die Beweislast für die deliktische Herkunft des Geldes, weil sie auf diese Tatsache ihre Befugnis zur Sicherstellung des Geldbetrages stützt (vgl. zur Beweislast: Kopp/Schenke,

VwGO, § 108 Rn. 13). Die Unerweislichkeit einer Tatsache geht grundsätzlich zu Lasten des Beteiligten, der aus ihr eine für sich günstige Rechtsfolge herleitet. Die Nichterweislichkeit der deliktischen Herkunft des Geldes geht deshalb hier ebenso zu Lasten der Beklagten wie das nicht gelungene Widerlegen der Eigentumsvermutung des § 1006 BGB. Da die Beklagte demnach für beide Teilbeträge nachweisen muss, dass sie aus den Einbruchdiebstählen stammen, kann unabhängig von der Anwendbarkeit des § 1006 BGB einheitlich für den Gesamtbetrag von 8.400 EUR geprüft werden, ob hinreichende Indizien für einen deliktischen Erwerb vorliegen. Nach Auffassung der Kammer genügen diese Indizien hier nicht.

Zwar sprechen zunächst die widersprüchlichen Angaben des Klägers und seiner Frau über die Herkunft des Geldes für einen illegalen Erwerb. Soweit der Kläger meint, dies mit der Aufregung, die bei der Wohnungsdurchsuchung geherrscht habe, erklären zu können, steht dem entgegen, dass laut Stellungnahme der ZKI die Vernehmungen erst im Anschluss an die Durchsuchung getrennt durchgeführt worden sind. Die abgehörten Telefongespräche des Klägers und seiner Frau mit verschiedenen Personen, in denen diese über die Durchsuchung, über das gefundene sowie das nicht gefundene Geld und über die Möglichkeit der Beschaffung eines legalen Nachweises für die Herkunft des Geldes gesprochen haben, verstärken den Verdacht gegen den Kläger. Auch fällt auf, dass der Kläger zunächst nur pauschal angegeben hatte, das Geld solle für den Kauf eines Transporters für seinen Cousin verwendet werden, während er später vortrug, er habe den Teilbetrag von 900 EUR für seine Kinder aus einer Nebenerwerbsquelle selbst angespart, und für 7.500 EUR habe er einem Herrn T. einen Transporter besorgen sollen. Herr T. hielt sich zwar laut der mit der Klageschrift vorgelegten Kopie seines Visums vom 18.11.bis 02.12.2006 in Deutschland auf und hatte seiner schriftlichen Erklärung vom 26.05.2009 zufolge dem Kläger das Geld zwecks Autokaufs am Ende seines Aufenthalts übergeben. Nicht nachvollziehbar ist aber insoweit, dass das Geld bei der Wohnungsdurchsuchung am 08.03.2007 und damit drei Monate später noch immer beim Kläger vorhanden war, obgleich der Markt für den Kauf gebrauchter Fahrzeuge groß ist und sich üblicherweise der Erwerb eines Transporters nicht über Monate hinzieht.

Auch wenn die vorgenannten Indizien erhebliche Zweifel an der legalen Herkunft des Geldes aufkommen lassen, überwiegen diese letztlich nicht gegenüber den Anhaltspunkten, die für den rechtmäßigen Besitz des Klägers sprechen.

Zunächst muss zu Gunsten des Klägers berücksichtigt werden, dass ihm eine Tatbeteiligung an den Einbruchdiebstählen nicht nachzuweisen war (vgl. Einstellungsverfügung der Staatsanwaltschaft Braunschweig vom 05.09.2007, 122 Js 18224/07) und er weder vorbestraft ist, noch Informationen über spätere Straftaten vorliegen. Das Geld wurde bei ihm auch nicht zeitnah zu den Diebstählen oder in Tatortnähe aufgefunden. Insbesondere wurde der Kläger nicht mit dem Geld auf dem Grundstück eines Geschädigten angetroffen.

Soweit sich aus den Aufzeichnungen über die Telefonüberwachung Hinweise darauf ergeben haben, dass der Kläger in das organisatorische Netzwerk der Bande eingebunden gewesen ist, dürfen sie im vorliegenden Verfahren nicht in die Beweiswürdigung mit einbezogen werden (vgl. VG Osnabrück, Urteil vom 16.11.2006, a.a.O.). Dass insoweit ein Beweisverwertungsverbot besteht, folgt aus § 100b Abs. 6 StPO, der die unverzügliche Vernichtung der Unterlagen aus der Telefonüberwachung vorschreibt, sobald sie zur Strafverfolgung nicht mehr erforderlich sind. Die Pflicht zur unverzüglichen Vernichtung zeigt, dass auf diesem Weg gefertigte Unterlagen allein Strafverfolgungszwecken dienen sollen. Dafür, dass im vorliegenden Verfahren die Telekommunikationsüberwachungsergebnisse nicht verwertet werden dürfen, spricht auch § 100b Abs. 5 StPO, wonach die nach § 100a StPO erlangten Daten ausschließlich dann in einen anderen Verwendungszusammenhang überführt werden dürfen, wenn sich aus ihnen der Verdacht auf eine andere Katalogstraftat i. S. des § 100a StPO ergibt, wegen der die Telekommunikationsüberwachung nicht angeordnet worden ist. Dies ist im vorliegenden Verwaltungsrechtsstreit nicht der Fall. Die Verwertung der Erkenntnisse der Telefonüberwachung zu Beweiszwecken würde deshalb einen unzulässigen Eingriff in das grundgesetzlich geschützte Fernmeldegeheimnis (Art. 10 GG) des Klägers bedeuten (vgl. dazu auch: Finanzgericht Bad.-Württ., Urteil v. 11.06.2002 - 11 K 70/99 -, Juris, Rn. 47 ff.).

Dass der Kläger einen Betrag von 900 EUR selbst angespart hat, erscheint denkbar, denn er hat neben den Leistungen, die er nach dem AsylbLG bezogen hat, kleinere Provisionen für die Vermittlung von An- und Verkäufen von Fahrzeugen erhalten. Dies hat er auch im Verfahren vor der Staatsanwaltschaft Braunschweig wegen Sozialhilfebetruges (122 Js 18637/07) eingeräumt. Soweit die Kammer in ihrem Prozesskostenhilfebeschluss vom 28.08.2008 hierzu andere Ausführungen gemacht hat, nimmt sie davon Abstand, weil sie auf dem Missverständnis beruhten, der Kläger habe im Verlaufe des Verfahrens angegeben, den Gesamtbetrag von 8.400 EUR aus Provisionen angespart zu haben.

Schließlich erscheint auch der Auftrag zum Autokauf für Herrn T. nicht völlig unglaubhaft. Herr P. T. ist laut einer Recherche im Internet Inhaber der U. mit Hauptsitz in I. (www. V..com). Ob es sich bei den von ihm erstellten Bestätigungen um Gefälligkeitsbescheinigungen handelt, vermag die Kammer weder festzustellen noch auszuschließen. Das Schreiben des Herrn T. vom 26.05.2009, mit dem er die Herausgabe seines Geldes fordert, ist jedenfalls mit einer notariellen Unterschriftsbeglaubigung versehen, was den Schluss zulässt, dass das Schreiben tatsächlich von ihm verfasst wurde.

Angesichts der etwa gleichen Anzahl gleichwertiger Indizien, die für und gegen den berechtigten Besitz des Klägers sprechen, geht die Kammer trotz verbleibender Zweifel davon aus, dass die Beklagte die Eigentumsvermutung nicht widerlegt bzw. die deliktische Herkunft des beim Kläger aufgefundenen Geldes nicht nachgewiesen hat. Deshalb ist nicht von einer Beweislastumkehr dahingehend auszugehen, dass der Kläger sein Eigentum bzw. seinen berechtigten Besitz an dem sichergestellten Geld nachzuweisen hat. Aus diesem Grund brauchte die Kammer auch nicht den vom Kläger benannten Zeugen Q. zu vernehmen.

Mit diesem Ergebnis weicht die Kammer von ihren Ausführungen im Prozesskostenhilfebeschluss vom 28.08.2008 ab, in dem sie wegen der Indizien, die für eine deliktische Herkunft des Geldes sprechen, davon ausgegangen war, dass die dem Kläger zukommende Eigentumsvermutung "erschüttert" sei und er wegen einer dadurch eingetretenen Beweislastumkehr den Nachweis des rechtmäßigen Besitzerwerbs erbringen müsse. Diese Rechtsauffassung wird aus folgenden Gründen nicht aufrechterhalten:

Zum einen genügt es nach Auffassung der Kammer bei richtigem Verständnis einer gesetzlichen Vermutung wie in § 1006 BGB nicht, diese Vermutung zu "erschüttern", sondern die Vermutung kann - wie oben ausgeführt - nur durch den Beweis des Gegenteils (§§ 173 VwGO, 292 ZPO) zu voller Überzeugung des Gerichts widerlegt werden. Zum anderen ergibt sich aus der neueren Rechtsprechung des Niedersächsischen Oberverwaltungsgerichts, dass bei den Anforderungen an die Indizien für eine deliktische Herkunft ein strengerer Maßstab anzuwenden ist, als die Kammer es bisher getan hat (vgl. nur: Nds. OVG, Urteil vom 17.11.2009 - 11 LB 401/09 -, mit dem der Senat das Urteil der Kammer vom 08.05.2008 - 5 A 251/07 - aufgehoben hat).

Die Folge der nicht widerlegten Eigentumsvermutung bzw. des nicht nachgewiesenen illegalen Erwerbs ist hier, dass die Voraussetzungen der Sicherstellung nach § 26 Nr. 1 Nds. SOG nicht vorliegen und der Bescheid vom 14.01.2008 auch hinsichtlich der an die Sicherstellung anknüpfenden öffentlichen Verwahrung und des Verfügungsverbots rechtswidrig ist. Mit der Aufhebung der Sicherstellungsverfügung ist auch der Kostenfestsetzungsbescheid vom 17.01.2008 aufzuheben. Der Kläger hat nach § 29 Abs. 1 Satz 1 Nds. SOG außerdem - wie beantragt - einen Anspruch auf Auszahlung des sichergestellten Geldbetrages.

Hinweis:
Die Zustimmung des VG Braunschweig zu dieser Veröffentlichung liegt vor.

Vor Entscheidung II./11

11 LB 401/09 / 5 A 251/07
Niedersächsisches Oberverwaltungsgericht
Urteil vom 17.11.2009

Sicherstellung von 12.328,13 € Bargeld wegen Verdachts des illegalen Waffenhandels

Rechtsquellen/Fundstellen	Suchworte
184 b StGB	Waffen, Waffenteile, Waffenzubehör, Munition
26 Nds. SOG	
26 Nr. 1 Nds. SOG	Waffenbesitzkarte
26 Nr. 2 Nds. SOG	Plastiktüte mit Bargeld
2 Nr. 1 a Nds. SOG	Eigentumsvermutung
2 Nr. 1 b Nds. SOG	Beweiszeichen
1006 Abs. 1 S. 1 BGB	konkrete Gefahr
124 Abs. 2 Nr. 1 VwGO	gegenwärtige Gefahr
	rechtswidriger Bescheid

Leitsatz/Leitsätze (des Autors)

1. Kläger wendet sich gegen die Sicherstellung und öffentliche Verwahrung eines Bargeldbetrages in Höhe von 12.328,13 €.
2. Durchsuchung auf Grund richterlicher Anordnung des Einfamilienhauses des Klägers wegen Verdachts des Erwerbs und Besitzes kinderpornografischer Schriften nach § 184 b StGB.
3. Bei der Durchsuchung wurden neben einer Vielzahl von Datenträgern mit kinderpornografischem Inhalt zahlreiche Waffen, Waffenteile, Waffenzubehör und Munition gefunden.
4. Unter diesen Waffen, die überwiegend nicht in der Waffenbesitzkarte des Klägers eingetragen waren, befanden sich viele Waffen, die ursprünglich unbrauchbar gemacht worden waren und nachträgliche Veränderungen aufwiesen. Im Keller standen zudem diverse Werkzeugmaschinen zur Metallbearbeitung.
5. In einem Schubladenschrank wurde unter Putzlappen eine Plastiktüte mit Bargeld im Gesamtwert von 12.328,13 € aufgefunden und sichergestellt, da die Herkunft und Bestimmung nicht genau geklärt werden konnten.

6. Verdacht, dass der Kläger dieses Geld in Verbindung mit „illegalen Waffengeschäften" erhalten hatte.
7. Polizeiinspektion Braunschweig stellte das Bargeld zur Abwehr einer gegenwärtigen Gefahr sowie zur „Eigentumssicherung" gemäß § 26 Nrn. 1, 2 Nds. SOG sicher.
8. Kläger behauptete dagegen, das Geld legal erwirtschaftet zu haben und klagte gegen die Sicherstellung.
9. Verwaltungsgericht Braunschweig hat mit Urteil vom 29.05.2008 die Klage abgewiesen.
10. Kläger wurde im Strafverfahren durch das AG Braunschweig u.a. wegen Verstoßes gegen das Waffengesetz ... zu einer Gesamtfreiheitsstrafe von einem Jahr verurteilt; Vollstreckung wurde zur Bewährung ausgesetzt.
11. Kläger hat Aufhebung des Urteils des VG Braunschweig beim OVG Lüneburg beantragt; Beklagte hat beantragt, die Berufung zurückzuweisen.
12. Angefochtener Bescheid der Beklagten ist rechtswidrig und verletzt den Kläger in seinen Rechten.
13. Voraussetzungen des § 26 Nrn. 1, 2 Nds. SOG sind laut Urteil des OVG Lüneburg nicht erfüllt.

Entscheidung II./11
(Übertragung von einem Datenträger)

**NIEDERSÄCHSISCHES
OBERVERWALTUNGSGERICHT**

Az.: 11 LB 401/09
5 A 251/07

IM NAMEN DES VOLKES

URTEIL

In der Verwaltungsrechtssache

des Herrn

Klägers und Berufungsklägers,

Proz.-Bev.: Rechtsanwalt Johannes,
Wolfenbütteler Straße 79, 38102 Braunschweig,

gegen

die Stadt Braunschweig, vertreten durch den Oberbürgermeister,
Bohlweg 30, 38100 Braunschweig,

Beklagte und
Berufungsbeklagte,

Streitgegenstand: Polizeirecht (Sicherstellung)

hat das Niedersächsische Oberverwaltungsgericht - 11. Senat - auf die mündliche Verhandlung vom 17. November 2009 durch die Richterin am Oberverwaltungsgericht Vogel als Vorsitzende, die Richterin am Oberverwaltungsgericht Tröster, den Richter am Oberverwaltungsgericht Kurbjuhn sowie die ehrenamtlichen Richterinnen Grafe und Meyer-Grosu für Recht erkannt:

Auf die Berufung des Klägers wird das Urteil des Verwaltungsgerichts Braunschweig -5. Kammer - vom 29. Mai 2008 geändert.

Die Bescheide der Beklagten vom 12. September 2007 werden aufgehoben.

Die Beklagte trägt die Kosten des gesamten Verfahrens; in soweit ist das Urteil vorläufig vollstreckbar.

Die Revision wird nicht zugelassen.

Tatbestand

Der Kläger wendet sich gegen die Sicherstellung und öffentliche Verwahrung eines Bargeldbetrages in Höhe von 12.328,13 Euro.

Der 1961 geborene Kläger ist von Beruf Apotheker. Er ist verheiratet und hat eine 1993 geborene Tochter. Am 24. April 2007 wurde aufgrund richterlicher Anordnung das Einfamilienhaus des Klägers durchsucht. Anlass war der Verdacht des Erwerbs und Besitzes kinderpornografischer Schriften nach § 184 b StGB. Nach dem Durchsuchungsbericht der Polizeiinspektion Braunschweig wurden bei der Durchsuchung neben einer Vielzahl von Datenträgern mit kinderpornografischem Inhalt im Arbeitszimmer, Dachgeschoss und im Keller des Hauses zahlreiche Waffen, Waffenteile, Waffenzubehör und Munition gefunden. Unter diesen -überwiegend nicht in der Waffenbesitzkarte des Klägers eingetragenen Waffen - befanden sich viele, die ursprünglich unbrauchbar gemacht worden waren und nachträgliche Veränderungen aufwiesen. In der Werkstatt im Keller standen zudem diverse Werkzeugmaschinen zur Metallbearbeitung. Dort wurde außerdem in einem Schubladenschrank, in dem diverse Kartons und Tüten mit Waffen und Waffenteilen lagen, in der unteren Schublade unter Putzlappen eine Plastiktüte mit Bargeld in Beträgen von 10.450,--Euro, 1.510,--Euro und 720,--DM aufgefunden. Das Bargeld im Gesamtwert von 12.328,13 Euro wurde sichergestellt, da die Herkunft und Bestimmung nicht genau geklärt werden konnten und der Verdacht bestand, dass der Kläger dieses Geld für die Bearbeitung von Waffen erhalten hatte oder für die Bearbeitung von Waffen in seinem Auftrag bestimmt gewesen war. Der Kläger gab bei der Durchsuchung zu dem vorgefundenen Bargeld an, dass dieses privat sei und jeder sein Geld aufbewahren könne, wo er wolle. Zu den Waffen erklärte er, dass er Waffen sammle. Die nicht zugelassenen Waffen habe er nicht als solche angesehen, da sie "kriegsuntauglich" gemacht worden seien. Er bezeichnete sie daher als "Schrott" oder "Alteisen".

Die Waffen, Waffenteile und das Waffenzubehör wurden vom Landeskriminalamt kriminaltechnisch untersucht. Nach dem Gutachten vom 16. Mai 2007 waren zahlreiche Waffen schussfähig. Bei mehreren der aufgefundenen Waffen handelte es sich um ursprünglich zu Salutwaffen umgebaute Waffen, die nachträglich technisch so bearbeitet worden waren, dass sie überwiegend wieder schussfähig waren. Im Griff des Klappschaftes einer Maschinenpistole wurde ein handgeschriebener Zettel gefunden, bei dem es sich nach Auffassung des Gutachters offensichtlich um eine Anleitung zur Wiederbrauchbarmachung des eingesetzten Laufes handelte.

Im Rahmen des Ermittlungsverfahrens gegen den Kläger beantragte die Staatsanwaltschaft Braunschweig, den dinglichen Arrest hinsichtlich des Betrages von 12.328,13 Euro anzuordnen. Diesen Antrag lehnte das Amtsgericht Braunschweig mit Beschluss vom 30. Juli 2007 ab. Zur Begründung wurde ausgeführt, dass zwar festzustellen sei, dass der Kläger unerlaubt Waffen verändert und hergestellt habe. Es sei hingegen nicht belegt, dass er dieses auch für andere gemacht und aus diesen Tätigkeiten Geld erwirtschaftet habe.

Mit Schreiben vom 18. Juni 2007 gab der Kläger gegenüber der Staatsanwaltschaft Braunschweig an, dass das sichergestellte Bargeld an ihn herauszugeben sei, da es nicht aus rechtswidrigen Handlungen stamme. Er habe das Geld in seinem Beruf verdient und von seinem Arbeitslohn immer wieder Beträge zurückgelegt, um sie zu sparen. Hintergrund sei gewesen, dass er seine Ehefrau zur silbernen Hochzeit mit einer Kreuzfahrt überraschen wollte. Durch die Wahl des Verstecks habe er sicher sein können, dass seine Ehefrau das Geld nicht finde. Er habe keine Waffen verkauft und auch keine Waffen für Dritte bearbeitet. Bei dem aufgefundenen Zettel handele es sich nicht um einen Auftragszettel, sondern um eine von ihm selbst geschriebene Gedankennotiz.

Mit Bescheid vom 12. September 2007 stellte die Beklagte das bei dem Kläger von der Polizeiinspektion Braunschweig beschlagnahmte Bargeld in Höhe von insgesamt 12.328,13 Euro sicher und ordnete die öffentliche Verwahrung an. Zur Begründung führte die Beklagte aus, dass die tatsächliche Herkunft des sichergestellten Bargeldes von dem Kläger bislang nicht schlüssig erklärt worden sei. Aus gefahrenabwehrrechtlichen Gründen sei zu verhindern, dass dieses Geld möglicherweise zur Fortsetzung von strafbaren Handlungen im Zusammenhang mit illegalen Waffengeschäften oder auch für den Handel mit kinderpornografischen Erzeugnissen genutzt werde. Außerdem sei nicht auszuschließen, dass das sichergestellte Geld aus strafbaren Handlungen stamme, die im Zusammenhang mit den ursprünglichen Ermittlungen nach § 185 b StGB bestanden haben. Die ersten Einlassungen des Klägers, dass es sein Geld sei und er es verwahren könne wie er wolle, trage nicht zur Überzeugung bei, dass das Geld tatsächlich legal erworben worden sei. Die direkte Nähe des Geldes zu dem gefundenen Waffenlager und die Verstecksituation ließen vielmehr den Schluss zu, dass es sich um inkriminierte Gelder handele, die vor dem Zugriff anderer Personen unter Putzlappen versteckt worden waren. Die Angaben des Klägers, das Geld sei zur Finanzierung eines Urlaubs von ihm angespart worden, seien durch nichts belegt. Außerdem bestehe die gegenwärtige Gefahr, dass durch die Aushändigung des sichergestellten Bargeldes das Eigentums- sowie das Besitzrecht zu Lasten des rechtmäßigen Eigentümers widerrechtlich ausgeübt werden würde.

Mit weiterem Bescheid vom 12. September 2007 setzte die Beklagte für die Sicherstellung des Bargeldes eine Gebühr in Höhe von 150,--Euro fest.

Der Kläger hat gegen beide Bescheide der Beklagten am 8. Oktober 2007 Klage erhoben.

Zur Begründung hat er vorgetragen, dass der Sicherstellungsbescheid der Beklagten schon nichtig sei, weil § 26 Nds. SOG im Rahmen eines noch laufenden Strafverfahrens nicht anwendbar sei. Der Bescheid sei auch rechtswidrig, weil eine gegenwärtige Gefahr im Sinne von § 26 Nr. 1 Nds. SOG nicht vorliege. Die Mutmaßung der Beklagten, er werde das Geld zum unerlaubten Ankauf von Waffen oder kinderpornografischen Materials benutzen, überzeuge nicht. Er habe das bei ihm beschlagnahmte pornografische Material über das Internet bezogen, wo nicht mit Bargeld gezahlt werde. Die beschlagnahmten Waffen habe er sämtlich legal, entweder mit Waffenbesitzkarte oder als gebrauchsuntaugliche Dekowaffen erworben. Eine Wiederholung derartiger Käufe würde keine Straftat darstellen. Außerdem werde er derartige Anschaffungen nicht mehr vornehmen. Vielmehr habe er sich bereits in therapeutische Behandlung begeben, um die Vergangenheit aufzuarbeiten. Die Voraussetzungen für eine Sicherstellung nach § 26 Nr. 2 Nds. SOG seien ebenfalls nicht erfüllt. Es greife schon die Eigentumsvermutung des Besitzers aus § 1006 BGB. Alle Indizien sprächen für sein Eigentum. Er habe eine Summe Geld in seinem Haus verwahrt und es gebe keine Anhaltpunkte dafür, dass das Geld aus illegalen Geschäften stamme. Er habe die bei ihm gefundenen Waffen lediglich laienhaft bearbeitet. An einem Erwerb derartiger Waffen hätte niemand ein Interesse. Das gefundene Bargeld habe er in seinem Hobbykeller versteckt, weil er seine Ehefrau mit einer Kreuzfahrt habe überraschen wollen und weil er gewusst habe, dass sie aufgrund ihrer Spinnenphobie dort das Geld nicht finden würde. Er habe an den als Dekorationswaffen legal erworbenen Waffen lediglich herumgebastelt. Durch das Entfernen der bei den Salutwaffen eingeschweißten Zylinderstifte bleibe im Magazinrohr ein Loch, das nur gelernte Büchsenmacher mit entsprechendem Werkzeug schließen könnten. Der Beschusstest durch das Landeskriminalamt sei lediglich durch die Zündung einer Knallkartusche durchgeführt worden. Dabei verlasse keine Kugel den Lauf. Die von ihm bearbeiteten Waffen seien daher nicht schussfähig im eigentlichen Sinne, so dass es dafür auch gar keinen Käufermarkt gebe. Auch wenn bei ihm in der Wohnung keine Dekorationswaffen aufgehängt seien, spreche dies nicht dagegen, dass er die bei ihm gefundenen Waffen und Waffenteile gesammelt habe. Er sei eher ein Bastler als ein Sammler.

Im Termin zur mündlichen Verhandlung vor dem Verwaltungsgericht hat der Kläger erklärt, dass er in der Vergangenheit eine technische Vorliebe für Waffen gehabt und das ganze Zubehör und die Waffen gekauft habe, um daran herumzubasteln. Etwa seit der Geburt seiner Tochter im Jahre 1993 habe er damit aufgehört. Er habe nie irgendwelche Verkaufsabsichten gehabt und sei auch der Auffassung, dass er als Laie nicht in der Lage sei, Waffen so zurückzubauen, dass man damit sicher schießen könne. Diese hätten seitdem im Keller und auf dem Boden herumgelegen. Seine Frau und seine Tochter beträten diese Räume nicht, da beide an einer Spinnenphobie litten. Er verdiene etwa 2.000,-- Euro netto im Monat, vorher habe er etwa 20 bis 15 % mehr verdient. Er habe den sichergestellten Betrag von den von ihm abgehobenen Bargeldsummen erspart und im Keller versteckt, da seine Ehefrau seit der Geburt der Tochter die Finanzen verwalte. Seine Absicht sei es gewesen, seiner Ehefrau eine Kreuzfahrt in die Karibik zu schenken. Der Termin
"Silberhochzeit" sei so zu verstehen, dass es sich um den 25. Jahrestag der am 24. September 1983 stattgefundenen Verlobung gehandelt habe.
Der Kläger hat beantragt,

> die Bescheide der Beklagten vom 12. September 2007 aufzuheben.

Die Beklagte hat beantragt,

> die Klage abzuweisen.

Sie hat erwidert, dass es sich nach dem Gutachten des Landeskriminalamtes bei den vom Kläger an den Waffen durchgeführten Veränderungen keineswegs nur um laienhafte Bearbeitungen gehandelt habe. Im Rahmen der Begutachtung durch das Landeskriminalamt sei der Beschuss einiger Waffen möglich gewesen. Entgegen den Ausführungen des Klägers habe sich in den manipulierten Dekorationswaffen nach dem Entfernen der Blockierstifte gerade kein Loch im Magazinrohr befunden. Dieses sei ausgebessert und verschlossen gewesen. Der bei den Dekorationswaffen ebenfalls durch einen Stift blockierte Lauf sei abgesägt worden. Ferner seien die Patronenlager ehemaliger Dekorationswaffen nachträglich verstärkt worden, offenbar um die Schussfähigkeit mit scharfer Munition herzustellen. Die Knallkartuschen, die das Landeskriminalamt verwandt habe, seien zum Nachweis der Schussfähigkeit geeignet, da es sich dem Grunde nach um Patronen handele, bei denen lediglich statt eines Geschosses ein Knall austrete. Es bestehe daher sehr wohl für diese Waffen ein Käufermarkt. Die Anzahl der Waffen, deren Funktionsfähigkeit wiederhergestellt worden sei, spreche auch gegen die Annahme, dass der Kläger als Bastler nur habe herumprobieren wollen. Auch der an einer Waffe aufgefundene Zettel sei ein eindeutiger Hinweis auf eine Auftragsarbeit. Soweit der Kläger angeführt habe, er habe den Geldbetrag gespart, um eine Kreuzfahrt finanzieren zu können, sei darauf hinzuweisen, dass ein Betrag dieser Größenordnung üblicherweise nicht zuhause aufbewahrt werde und die Angaben über die beabsichtigte Kreuzfahrt wenig konkret seien.

Mit Urteil des Amtsgerichts Braunschweig vom 8. Mai 2008 ist der Kläger wegen des Verstoßes gegen das Waffengesetz in Tateinheit mit Verstoß gegen das Sprengstoffgesetz in

Tatmehrheit mit dem Besitz kinderpornografischer Schriften zu einer Gesamtfreiheitsstreife von einem Jahr verurteilt worden, deren Vollstreckung zur Bewährung ausgesetzt worden ist. Die Bewährungszeit ist auf drei Jahre festgesetzt worden. Dem Kläger ist außerdem die Auflage erteilt worden, 1.500 Euro an die Stiftung Opferhilfe des Landes Niedersachsen zu zahlen.

Im Termin zur mündlichen Verhandlung vor dem Verwaltungsgericht hat der Kläger eine Bescheinigung des Dipl.-Psychologen A. B. vom 28. Mai 2008 vorgelegt, nach der sich der Kläger seit dem 15. Juni 2007 in regelmäßiger psychotherapeutischer Behandlung befindet.

Das Verwaltungsgericht hat mit Urteil vom 29. Mai 2008 die Klage abgewiesen. Zur Begründung ist ausgeführt worden, dass die Beklagte die Sicherstellung des Bargeldes zu Recht auf § 26 Nr. 1 Nds. SOG gestützt habe. Die Sicherstellung diene der Abwehr einer gegenwärtigen Gefahr, weil der dringende Verdacht bestehe, dass die bei dem Kläger aufgefundene Summe nicht in seinem Eigentum stehe und nicht auszuschließen sei, dass sie zur Begehung von Fortsetzungsstraftaten im Bereich des Waffenrechts verwendet werde. Die Voraussetzungen einer Sicherstellung nach § 26 Nr. 2 Nds. SOG seien dagegen nicht gegeben, da nicht mehr bestimmte Gegenstände - Geldscheine - sichergestellt seien, die potenziellen Eigentümern herausgegeben werden könnten. Der Rechtmäßigkeit der Sicherstellungsverfügung stehe nicht entgegen, dass das Amtsgericht Braunschweig den dinglichen Arrest abgelehnt habe. Im Bereich des Polizeirechts sei ein anderer Maßstab anzulegen als im Bereich der StPO und des Ermittlungsverfahrens. Die Eigentumsvermutung des § 1006 Abs. 1 Satz 1 BGB greife im vorliegenden Fall nicht zugunsten des Klägers durch. Angesichts des Auffindungsortes des Geldes im Hobbykeller des Klägers bestünden keine Zweifel daran, dass er Eigenbesitzer gewesen sei. Im vorliegenden Fall würden aber Beweiszeichen überwiegen, die gegen einen wirksamen Eigentumserwerb des Klägers sprechen würden. Soweit er im Termin zur mündlichen Verhandlung seinen Vortrag, das Geld habe er für eine Kreuzfahrt als Überraschung für seine Ehefrau zurückgelegt, substantiiert habe und dieser Verwendungszweck nicht mehr völlig unwahrscheinlich sei, stehe er aber nicht der Annahme entgegen, dass das Geld durch Waffenverkäufe erlangt worden sei. Er habe nämlich nicht glaubhaft machen können, dass er entgegen der durch die Anzahl der Waffen und die Veränderungen an diesen bestehende Vermutung nur in der weiten Vergangenheit und nur zur Freude am Basteln mit den Waffen hantiert habe. Nach dem Gutachten des Landeskriminalamtes stehe zur Überzeugung der Kammer fest, dass der Kläger Waffen bearbeitet habe, die er wieder schussfähig gemacht habe. Für diese funktionsfähigen Waffen gebe es aber einen Markt. Auch eigneten sich die bei ihm vorgefundenen Werkzeuge zur Bearbeitung von Waffen. Angesichts der Tatsache, dass in seiner Wohnung keine Dekorationswaffen aufgefunden worden seien, spreche Überwiegendes dafür, dass die Waffen zum Verkauf hergestellt worden seien. Selbst wenn er den Umbau der Waffen hobbymäßig betreibe und ein leidenschaftlicher Bastler sein sollte, seien doch bei ihm so zahlreiche Waffen vorgefunden worden, dass eine ausschließliche Bastelei zum Eigenbedarf auszuschließen sei. Der angefochtene Kostenfestsetzungsbescheid sei ebenfalls nicht zu beanstanden.

Auf den Antrag des Klägers hat der Senat mit Beschluss vom 28. Juli 2009 die Berufung gegen das Urteil des Verwaltungsgerichts wegen ernstlicher Zweifel an der Richtigkeit der erstinstanzlichen Entscheidung nach § 124 Abs. 2 Nr. 1 VwGO zugelassen.

Der Kläger trägt zur Begründung der Berufung vor, dass er verheiratet sei, eine Tochter habe, einen Beruf mit gutem Einkommen ausübe, in einem Eigenheim wohne und das erste Mal strafrechtlich verurteilt worden sei. Wegen der in der Vergangenheit bestehenden Vorliebe für das Basteln an Waffen habe er sich in psychotherapeutische Behandlung begeben. Es sei überhaupt nicht wahrscheinlich, dass er weiterhin an Waffen basteln werde, zumal er dieses Hobby bereits vor Jahren aufgegeben habe. Eine Gefahr, dass er mit Waffen handeln könnte und damit seine Bewährung aufs Spiel setzen würde, bestehe in keiner Weise. Ihm sei es damals darum gegangen, an den Waffen zu basteln und nicht sie in der Wohnung auszustellen. Hätte er mit den von ihm zuvor bearbeiteten Waffen gehandelt, hätten diese Waffen nicht in seinem Keller, sondern vielmehr beim Kunden gelegen. Bewahre jemand wie er viel Metallschrott in seinem Keller auf, so spreche überhaupt nichts dafür, dass er damit handele, sondern alles dafür, dass er nichts wegschmeißen könne. Er bleibe auch dabei, dass für die von ihm bearbeiteten Waffen gar kein Käufermarkt existiere. Hinsichtlich der Eigentumsvermutung des § 1006 BGB habe er dargelegt, woher das Geld, welches er in seinem Hobbykeller aufbewahrt habe, stamme und wofür er es ausgeben wollte. Dass das Verwaltungsgericht ausgeführt habe, der von ihm benannte Verwendungszweck stehe der Annahme nicht entgegen, dass das Geld durch Waffenkäufe erlangt worden sei, genüge für eine Beweislastumkehr nicht. Es sei nicht an ihm gewesen zu beweisen, dass er kein Waffenhändler sei. Dies hätte ihm von der Beklagten nachgewiesen werden müssen, was jedoch nicht gelungen sei. Selbst die Staatsanwaltschaft und das Strafgericht hätten dafür keine entsprechenden Anhaltspunkte gefunden. Er bleibe dabei, dass er niemals Waffen an Dritte verkauft habe. Das Verwaltungsgericht habe sich auch nicht dazu verhalten, warum polizeirechtlich die Gefahr bestehe, dass Rückforderungsansprüche Geschädigter vereitelt oder erschwert würden.

Der Kläger beantragt,

> das Urteil des Verwaltungsgerichts Braunschweig -5. Kammer - vom 29. Mai 2008 zu ändern und die Bescheide der Beklagten vom 12. September 2007 aufzuheben.

Die Beklagte beantragt,

> die Berufung zurückzuweisen.

Sie trägt vor, dass nach wie vor die Gefahr bestehe, dass der Kläger das sichergestellte Bargeld für illegale Waffengeschäfte verwenden werde. Diese Gefahr sei angesichts der Umstände des Auffindens der Waffen sowie der Angaben des Klägers in der mündlichen Verhandlung vor dem Verwaltungsgericht auch gegenwärtig. Er habe nicht glaubhaft darlegen können, dass er das Verändern von Waffen bereits längere Zeit aufgegeben habe. Soweit er behauptet habe, etwa seit Geburt seiner Tochter im Jahre 1993 mit dem Basteln an den Waffen aufgehört zu haben, sei dies dadurch widerlegt worden, dass eine bei ihm aufgefundene Waffe ein Beschusszeichen aus dem Jahre 1997 trage. Auch der Vortrag des Klägers, er habe die Waffen seit 1993 lediglich nicht weggeräumt, überzeuge nicht. Ein solch sorgloser Umgang mit einer so erheblichen Anzahl von Waffen erscheine angesichts des familiären Zusammenlebens mit der minderjährigen Tochter lebensfremd. Dass bei dem Kläger auch DM-Beträge sichergestellt worden seien, deute darauf hin, dass dieser seit geraumer Zeit Waffen für einen illegalen Käufermarkt verändert und schussfähig gemacht habe.

Wegen der weiteren Einzelheiten des Sach- und Streitstandes wird auf die Gerichtsakte sowie auf die beigezogenen Verwaltungsvorgänge und die Strafakten der Staatsanwaltschaft Braunschweig verwiesen.

Entscheidungsgründe

Die Berufung des Klägers ist zulässig und begründet. Das Verwaltungsgericht hat die Klage zu Unrecht abgewiesen.

Der angefochtene Bescheid der Beklagten, mit dem das bei dem Kläger von der Polizeiinspektion Braunschweig beschlagnahmte Bargeld in Höhe von insgesamt 12.328,13 Euro sichergestellt und die öffentliche Verwahrung angeordnet worden ist, ist rechtswidrig und verletzt den Kläger in seinen Rechten.

Rechtsgrundlage für den Bescheid der Beklagten ist § 26 Nr. 1 Nds. SOG. Danach kann die Verwaltungsbehörde eine Sache sicherstellen, um eine gegenwärtige Gefahr abzuwehren. Diese Voraussetzungen sind hier nicht erfüllt.

Wie das Verwaltungsgericht zutreffend dargelegt hat, steht der Rechtmäßigkeit der Sicherstellungsverfügung allerdings nicht von vornherein entgegen, dass das Amtsgericht Braunschweig mit Beschluss vom 30. Juli 2007 die Anordnung des dinglichen Arrestes abgelehnt hat. Bei präventivpolizeilicher Betrachtung kann selbst bei Einstellung eines Ermittlungsverfahrens allein aufgrund verbliebener Verdachtsmomente ein Bedürfnis für die Aufrechterhaltung von polizeilichem Gewahrsam an beschlagnahmtem Geld bestehen.

Gegen die Sicherstellung von Bargeld bestehen auch keine grundsätzlichen Bedenken. Bargeld ist eine Sache und damit tauglicher Gegenstand einer Sicherstellung nach § 26 Nr. 1 Nds. SOG. Die Gefahrenlage braucht nicht in einer Eigenschaft der sicherzustellenden Sache begründet sein (wie beispielsweise bei Waffen), sondern kann sich aus dem Verhalten des Besitzers ergeben (Rachor, in: Lisken/Denninger, Handbuch des Polizei-rechts, 4. Aufl., Kap. F Rn. 743). Dazu gehört auch die Sicherstellung im Rahmen der sog. "Präventiven Gewinnabschöpfung" (vgl. Böhrenz/Unger/Siefken, Nds. SOG, 9. Aufl., § 26 Rn. 8; Waechter, Präventive Gewinnabschöpfung, NordÖR 2008, 473, 477 ff.; Hunsicker, Präventive Gewinnabschöpfung, NordÖR 2009, 62). Diese dient dem Zweck, Sachen, die ganz offensichtlich deliktischer Herkunft sind, nicht berechtigten Personen zu entziehen. Allerdings ist der in diesem Zusammenhang verwendete Begriff der "Gewinnabschöpfung" missverständlich. Es geht nicht vorrangig darum, dass der Erlös aus diesen Sachen bzw. der betreffende Geldbetrag letztlich an den Staat (Fiskus) fällt, sondern die Sicherstellung nach § 26 Nr. 1 Nds. SOG soll verhindern, dass mit Hilfe der vermutlich illegal erworbenen Werte neue Straftaten vorbereitet und begangen werden. Im Vordergrund steht deshalb der präventive Charakter der Maßnahme.

Die Sicherstellung des bei dem Kläger gefundenen Bargeldes ist jedoch nicht zur Abwehr einer gegenwärtigen Gefahr erforderlich gewesen.

Unter (konkreter) Gefahr ist nach der Legaldefinition in § 2 Nr. 1 a Nds. SOG eine Sachlage zu verstehen, bei der im einzelnen Fall die hinreichende Wahrscheinlichkeit besteht, dass in absehbarer Zeit ein Schaden für die öffentliche Sicherheit und Ordnung eintreten wird. Die Gefahr ist nach § 2 Nr. 1 b Nds. SOG gegenwärtig, wenn die Einwirkung des schädigenden Ereignisses bereits begonnen hat oder wenn diese Einwirkung unmittelbar oder in allernächster Zeit mit einer an Sicherheit grenzenden Wahrscheinlichkeit bevorsteht. Eine bereits eingetretene, in ihrer Wirkung noch andauernde Störung ist immer eine gegenwärtige Gefahr (vgl. Hunsicker, Präventive Gewinnabschöpfung in Theorie und Praxis, 3. Aufl., S. 48). In den Fällen, in denen der Schaden noch nicht eingetreten ist, bedarf es zur Feststellung einer gegenwärtigen Gefahr einer Wahrscheinlichkeitsprognose, der das Tatsachenwissen, das der Verwaltungsbehörde zum Zeitpunkt ihres Einschreitens bekannt war, zugrunde zu legen ist. Anhand dieses Tatsachenwissens muss aus Sicht eines objektiven, besonnenen Amtswalters das Vorliegen einer Gefahr bejaht werden können (Urt. d. Sen. v. 22.9.2005 -11 LC 51/04 -, NVwZ 2006, 391, zur Wahrscheinlichkeitsprognose bei einer konkreten Gefahr). Hieran wird deutlich, dass der Begriff "gegenwärtige Gefahr" hohe Anforderungen an die zeitliche Nähe und den Grad der Wahrscheinlichkeit des Schadenseintritts stellt. Es kommt insoweit aber auch auf die Schwere des drohenden Schadens und die Intensität des Eingriffs an (vgl. Böhrenz/Unger/Siefken, a.a.O., § 2 Rn. 5).

Daran gemessen lagen bei Erlass der Sicherstellungsverfügung keine hinreichenden Anhaltspunkte für die Annahme vor, es bestehe die gegenwärtige Gefahr, der Kläger werde das zuvor beschlagnahmte Geld im Falle einer Herausgabe unmittelbar zur Begehung von Straftaten verwenden und daher wegen der Verletzung von Rechtsnormen gegen die öffentliche Sicherheit verstoßen.

Das für die Wahrscheinlichkeitsprognose heranzuziehende Tatsachenwissen kann sich aus verschiedenartigen Erkenntnissen unterschiedlichen Gewichts zusammensetzen. Dabei ist aufgrund einer Gesamtschau des vorliegenden Tatsachenmaterials zu prüfen, ob die Sicherstellung des Barbetrages zur Abwendung einer gegenwärtigen Gefahr erforderlich ist (Urt. d. Sen. v. 2.7.2009 -11 LC 4/08 -, Nds. VBl. 2009, 283).

Ein gewichtiges Indiz dafür wäre, dass das Bargeld selbst aus Straftaten stammt. Entgegen der Auffassung des Verwaltungsgerichts lässt sich dies nach Würdigung der vorliegenden Erkenntnisse allerdings nicht mit der erforderlichen Sicherheit feststellen.

Zwar könnten der Fundort des Bargeldes in der Werkstatt des Klägers im Keller und insbesondere der Umstand, dass das Geld in drei Beträgen in einer Plastiktüte unter Putzlappen in einer Schublade lag, darauf hindeuten, dass der Kläger das Geld deshalb dort versteckt hat, weil er es nicht legal erworben hat. Da der Kläger in der Werkstatt zahlreiche Waffen bearbeitet und wieder funktionsfähig gemacht hat, liegt der Verdacht nahe, dass er auf diese Weise bearbeitete Waffen auch verkauft oder Waffen im Auftrag bearbeitet hat und das gefundene Bargeld aus solchen Verkäufen bzw. Auftragsarbeiten stammt. Dass der Kläger durch entsprechende Bearbeitung u.a. ursprünglich zu Salutwaffen umgebaute Waffen wieder funktionsfähig gemacht hat, ergibt sich aus dem Gutachten des Landeskriminalamtes. Allerdings haben sich im strafrechtlichen Ermittlungsverfahren keine Hinweise darauf ergeben, dass der Kläger mit Waffen gehandelt hat. Der Kläger ist daher auch (nur) wegen unerlaubten Waffen- und Sprengstoffbesitzes und nicht wegen Waffenhandels angeklagt und verurteilt worden. Den einzigen konkreten Hinweis darauf, dass der Kläger im Auftrag Waffen bearbeitet haben könnte, könnte ein Zettel liefern, der im Griff des Klappschaftes einer Maschinenpistole gefunden wurde. Nach dem Gutachten des Landeskriminalamtes handelt es sich dabei offensichtlich um eine Anleitung zur Wiederbrauchbarmachung des eingesetzten Laufes. Hinweise auf einen Auftraggeber finden sich darauf allerdings nicht. Insofern kann es sich auch durchaus, wie der Kläger vorgetragen hat, um einen von ihm geschriebenen Merkzettel für die weitere Bearbeitung der Waffe handeln, ohne dass damit ein konkreter Auftrag gegen Bezahlung verbunden war.

Die große Anzahl der bei dem Kläger gefundenen Waffen und Waffenteile schließt es ebenfalls nicht aus, dass er nur hobbymäßig an den Waffen gebastelt hat. Gerade wenn der Kläger Auftragsarbeiten an Waffen erledigt oder funktionsfähig gemachte Waffen verkauft hätte, würde es nahe liegen, dass sich dann nur wenige von ihm fertig bearbeitete Waffen in seinem Haus befunden hätten. Dies ist nach den Feststellungen des Landeskriminalamtes jedoch nicht der Fall gewesen. So waren unter den untersuchten Waffen u.a. acht wieder schussfähig gemachte Salutwaffen und vier weitere bearbeitete und funktionsfähige Waffen.

Auch der Umstand, dass sich in den Wohnräumen keine Dekorationswaffen befunden haben, lässt nicht hinreichend sicher darauf schließen, dass der Kläger Auftragsarbeiten an Waffen erledigt bzw. mit Waffen gehandelt hat. Die zahlreichen Waffen und Waffenteile, die bei der Hausdurchsuchung sichergestellt worden sind, wurden entweder im Waffenschrank im Arbeitszimmer des Klägers, auf dem Dachboden oder in der Werkstatt im Keller gefunden. Der Kläger hat diese Waffen, wie er selbst angegeben hat, nicht gesammelt, um sie als Ausstellungsstücke zu präsentieren, sondern um an ihnen herumzubasteln. In der mündlichen Verhandlung vor dem Senat hat der Kläger erklärt, dass er schon vor der Ehe Interesse an dem Basteln an Waffen gehabt habe und dieses Hobby seiner Ehefrau bekannt gewesen und von ihr nicht weiter hinterfragt worden sei. Dazu passt dann aber auch, dass im Haus keine Dekorationswaffen ausgestellt waren. Dass der Kläger kein typischer Waffensammler gewesen ist und die Waffen nicht in seinem Haus ausgestellt hat, ist daher kein ausreichendes Indiz, um von einem illegalen Handel mit Waffen ausgehen zu können.

Zweifelhaft sind allerdings die Angaben des Klägers, er habe etwa seit der Geburt seiner Tochter mit der Bastelei an den Waffen aufgehört. Denn da die Tochter bereits 1993 geboren wurde, ist es nicht nachvollziehbar, dass der Kläger bis zur Hausdurchsuchung im April 2007 und damit über einen Zeitraum von etwa 14 Jahren die zahlreichen Waffen und Waffenteile nur nicht weggeräumt hat. Dagegen spricht schon, dass eine der von dem Kläger bearbeiteten Waffen nach dem Gutachten des Landeskriminalamtes ein Beschusszeichen aus April 1997 aufweist. Diese Waffe ist nach dem Ergebnis des Gutachtens ursprünglich legal zu einer Salutwaffe umgebaut worden. Anschließend wurden die dabei eingebauten Sperren wieder entfernt. Auch der Umstand, dass sich in der Werkstatt des Klägers im Keller nicht nur die zur Metallbearbeitung geeigneten Werkzeugmaschinen, sondern auch diverse Waffen und Waffenteile befunden haben, lässt darauf schließen, dass der Kläger noch in jüngerer Vergangenheit an Waffen gebastelt hat. Im Übrigen wäre es nicht verständlich, warum sich der Kläger auch wegen des Bastelns an Waffen in psychotherapeutische Behandlung begeben hätte, wenn er dieses Hobby bereits seit langer Zeit aufgegeben hätte.

Soweit die Angaben des Klägers zur Herkunft des in der Werkstatt gefundenen Bargeldes bisher nicht ganz überzeugend gewesen sind, lässt sich jedenfalls nach der Anhörung des Klägers in der mündlichen Verhandlung vor dem Senat nicht mehr ausschließen, dass er die sichergestellten Beträge tatsächlich über mehrere Jahre von dem Bargeld, welches er für sich von dem gemeinsamen Girokonto bei der Bank oder am Automaten abgehoben hatte, abgezweigt hat. Angesichts der von dem Kläger geschilderten guten finanziellen Situation insbesondere in den Jahren 1992 bis 2004 aufgrund seiner damaligen übertariflichen Bezahlung und des Einkommens seiner in dieser Zeit ebenfalls voll berufstätig gewesenen Ehefrau dürfte es für ihn ohne Weiteres möglich gewesen sein, die sichergestellte Bargeldsumme anzusparen. Dass sogar noch DM-Scheine gefunden wurden, spricht im Übrigen für das behauptete Ansparen über einen längeren Zeitraum.

Auch wenn nach wie vor einige Ungereimtheiten bestehen, reichen die vorliegenden Erkenntnisse jedenfalls nicht dazu aus, um mit an Sicherheit grenzender Wahrscheinlichkeit feststellen zu können, dass das gefundene Bargeld deliktischen Ursprungs ist.

Weitere Indizien, die - neben einer deliktischen Herkunft des Geldes -eine gegenwärtige Gefahr für die öffentliche Sicherheit begründen könnten, liegen ebenfalls nicht in ausreichendem Maße vor. Weder das Versteckhalten des Geldes noch die von dem Kläger behauptete beabsichtigte Verwendung lassen mit hinreichender Sicherheit darauf schließen, dass das Bargeld ohne die angeordnete Sicherstellung in illegale Waffengeschäfte oder sonstige strafrechtlich relevante Geschäfte investiert werden würde.

Da bei dem Kläger eine Vielzahl von Datenträgern mit kinderpornographischen Inhalten gefunden wurde und er wegen des Besitzes dieses kinderpornografischen Materials auch verurteilt worden ist, ist davon auszugehen, dass er für den Erwerb der Dateien nicht unerhebliche Geldbeträge aufgewendet hat. Allerdings erscheint es unwahrscheinlich, dass er das bei ihm sichergestellte Bargeld für den Erwerb von kinderpornografischen Bilddateien einsetzen wollte. Denn, wie er selbst vorgetragen hat, erfolgt der Handel mit kinderpornografischen Inhalten über Tauschbörsen im Internet und dürfte daher auch nur bargeldlos abgewickelt werden. Dass in diesem Milieu mit Bargeld bezahlt wird, hat auch die Beklagte nicht vorgetragen.

Der Senat hat allerdings Zweifel daran, ob das Vorbringen des Klägers, er habe das Geld zurückgelegt und im Keller versteckt, um seine Ehefrau mit einer Kreuzfahrt in der Karibik überraschen zu können, wirklich zutrifft. Der Kläger hat dazu in der mündlichen Verhandlung vor dem Verwaltungsgericht erklärt, dass er und seine Ehefrau bereits dreimal in der Karibik gewesen seien und es seiner Ehefrau dort gut gefallen habe. Er habe sich eine Kreuzfahrt auf einem großen Schiff rund um die Karibik vorgestellt. Dass für eine exklusive zwei- bis dreiwöchige Karibikkreuzfahrt einschließlich Nebenkosten für zwei Personen Kosten in Höhe der sichergestellten Geldsumme benötigt werden könnten, ist zwar nicht ausgeschlossen. Unklar ist aber geblieben, wann die Reise stattfinden sollte und wie lange der Kläger darauf sparen wollte. Wie der Kläger selbst angegeben hat, hatte er weder einen genauen Überblick darüber, wie viel Geld er bereits zurückgelegt hatte, noch konnte er sich erklären, warum er das Geld in drei Paketen gesammelt hatte. Soweit er als Zeitpunkt der geplanten Reise ursprünglich die Silberhochzeit genannt hatte, deren Termin erst am 28. März 2013 wäre, hat er in der mündlichen Verhandlung vor dem Verwaltungsgericht klargestellt, dass er die Kreuzfahrt schon eher und zwar zum 25. Jahrestag ihrer Verlobung geplant habe, der am 24. September 2008 gewesen ist. Dass die vom Kläger behauptete Verwendung des Geldes nicht überzeugend dargelegt worden ist, reicht aber gerade vor dem Hintergrund, dass eine deliktische Herkunft des Bargeldes nicht festgestellt werden konnte, nicht aus, um mit der erforderlichen Sicherheit annehmen zu können, dass dieses Geld zu illegalen Zwecken eingesetzt werden sollte.

Soweit die Beklagte die Sicherstellung des Bargeldes auch auf § 26 Nr. 2 Nds. SOG gestützt hat, liegen die dafür erforderlichen Voraussetzungen erst recht nicht vor.

Danach kann eine Sache sichergestellt werden, um die Eigentümerin oder den Eigentümer oder die Person, die rechtmäßig die tatsächliche Gewalt innehat, vor Verlust oder
Beschädigung einer Sache zu schützen. Hier kann nach den vorstehenden Ausführungen aber nicht widerlegt werden, dass der Kläger Eigentümer des bei ihm sichergestellten Bargeldes ist (vgl. § 1006 BGB).

Da der Bescheid über die Sicherstellung des Bargeldes und die Anordnung der öffentlichen Verwahrung rechtswidrig ist, ist der Bescheid der Beklagten vom 12. September 2007, mit dem dafür eine Gebühr in Höhe von 150 Euro festgesetzt worden ist, ebenfalls rechtswidrig.
Die Kostenentscheidung beruht auf § 154 Abs. 1 VwGO.

Die Entscheidung über die vorläufige Vollstreckbarkeit folgt aus § 167 VwGO i. V. m. §§ 708 Nr. 10, 711 ZPO.

Gründe für eine Zulassung der Revision gemäß § 132 Abs. 2 VwGO liegen nicht vor.

Rechtsmittelbelehrung

Die Nichtzulassung der Revision kann innerhalb eines Monats nach Zustellung dieses Urteils beim

Niedersächsischen Oberverwaltungsgericht,
Uelzener Straße 40, 21335 Lüneburg
oder
Postfach 2371, 21313 Lüneburg,

durch Beschwerde angefochten werden. Die Beschwerde ist schriftlich oder in elektronischer Form nach Maßgabe der Verordnung des Niedersächsischen Justizministeriums über den elektronischen Rechtsverkehr in der Justiz vom 3. Juli 2006 (Nds. GVBl. S. 247) einzulegen. Die Beschwerde muss das angefochtene Urteil bezeichnen. Die Beschwerde ist innerhalb von zwei Monaten nach der Zustellung dieses Urteils zu begründen. Die Begründung ist bei dem Oberverwaltungsgericht einzureichen. In der Begründung der Beschwerde muss die grundsätzliche Bedeutung der Rechtssache dargelegt oder die Entscheidung des Bundesverwaltungsgerichts, des Gemeinsamen Senats der obersten Gerichtshöfe des Bundes oder des Bundesverfassungsgerichts, von der das Urteil abweicht, oder der Verfahrensmangel bezeichnet werden. Der Beschwerdeführer muss sich durch einen Rechtsanwalt oder durch einen Rechtslehrer an einer deutschen Hochschule im Sinne des Hochschulrahmengesetzes mit Befähigung zum Richteramt als Bevollmächtigten vertreten lassen. Behörden und juristische Personen des öffentlichen Rechts einschließlich der von ihnen zur Erfüllung ihrer öffentlichen Aufgaben gebildeten Zusammenschlüsse können sich durch eigene Beschäftigte mit Befähigung zum Richteramt oder durch Beschäftigte mit Befähigung zum Richteramt anderer Behörden oder juristischer Personen des öffentlichen Rechts einschließlich der von ihnen zur Erfüllung ihrer öffentlichen Aufgaben gebildeten Zusammenschlüsse vertreten lassen; dabei stehen Diplomjuristen nach Maßgabe des § 5 Nr. 6 2. Alt. RDGEG den Personen mit Befähigung zum Richteramt gleich. Ein Rechtsanwalt oder Rechtslehrer an einer deutschen Hochschule im Sinn des Hochschulrahmengesetzes mit Befähigung zum Richteramt kann sich selbst vertreten.

Vogel   Tröster   Kurbjuhn

Beschluss

Der Wert des Streitgegenstandes wird für das Verfahren zweiter Instanz auf

12.328,13 Euro

festgesetzt (§§ 47 Abs. 1, 52 Abs. 3 GKG).

Dieser Beschluss ist unanfechtbar.

Vogel   Tröster   Kurbjuhn

Vorbemerkungen zum Urteil des VG Berlin (Entscheidung II./12)

Das Urteil des VG Berlin, Az. VG 1 A 137.06, hat besondere Bedeutung, weil nach Auffassung der 1. Kammer

- ein im Strafermittlungsverfahren festgestelltes **Beweisverwertungsverbot** nicht automatisch für präventive Maßnahmen der Polizei zur Gefahrenabwehr gilt, weshalb die Kammer wegen der grundsätzlich zu klärenden Frage der Verwertbarkeit rechtswidrig gewonnener Erkenntnisse aus Strafverfahren (hier: Hausdurchsuchungen ohne richterliche Anordnung) für Zwecke der Gefahrenabwehr die Berufung an das Oberverwaltungsgericht (OVG) Berlin-Brandenburg, Az. 1 B 19.08, ausdrücklich zugelassen hat.[17]

> **Eine Mail-Anfrage an das OVG Berlin-Brandenburg vom 15.09.2014 hat ergeben, dass es in dem Verfahren OVG 1 B 19.08 keine Sachentscheidung gibt; das Verfahren ist wegen Rücknahme des Rechtsmittels eingestellt worden. Somit ist das Urteil des VG Berlin, Az. VG 1 A 137.06, rechtskräftig.**

- die durch **Abhörmaßnahmen im Fahrzeuginnenraum** und durch **Telekommunikationsüberwachung** gewonnenen Erkenntnisse – im Gegensatz zu Entscheidungen des VG Osnabrück (*vgl. Entscheidung III./1*) – verwertet werden können:
„Auch die durch Abhörmaßnahmen im Fahrzeuginnenraum und durch Telefonüberwachung gewonnenen Erkenntnisse dürfen verwertet werden. Die Kammer schließt sich der Einschätzung des Landgerichts Berlin an, dass die Abhörmaßnahmen im Innenraum des klägerischen Fahrzeugs rechtmäßig erfolgt sind; für die Telefonüberwachungen lagen jeweils richterliche Beschlüsse vor, die den gesetzlichen Anforderungen entsprachen."

---

[17] In diesem Zusammenhang wird auf den Beschluss des Bundesverfassungsgerichts, Az. 2 BvR 2225/08, vom 02.07.2009 hingewiesen („Kein Beweisverwertungsverbot nach rechtswidriger Hausdurchsuchung"), unter: »http://openjur.de/u/31205.html«.

An den restriktiven Voraussetzungen des Prüfungskriteriums **„gegenwärtige Gefahr"** aus dem durch mich diesbezüglich kritisierten Beschluss, Az. VG 1 A 442.01, vom 11.02.2004[18] hält die 1. Kammer des VG Berlin allerdings fest (*vgl. Entscheidung II./3*):
*„Soweit die Polizei zur Verhinderung der Begehung von Straftaten sichergestelltes Bargeld nicht nach § 41 Abs. 1 ASOG herausgibt, weil die **gegenwärtige Gefahr** fortbesteht, ist sie nach Ablauf eines Jahres regelmäßig verpflichtet, das Geld gemäß § 40 Abs. 1 Nr. 4 ASOG zu verwerten und den Erlös gemäß § 41 Abs. 2 Satz 1 ASOG an den Berechtigten herauszugeben."*

Es sei aber auch hier noch einmal auf die abweichende Auffassung des VG Aachen, Az. 6 L 825/04 hingewiesen (*vgl. Entscheidung II./5*):
„Angesichts des Umstandes, dass der Antragsteller bis zum heutigen Tage in keiner Weise vorgetragen hat, auf diesen Geldwert – etwa zur Sicherung seiner eigenen wirtschaftlichen Existenz oder der Solvenz der von ihm und seinem Bruder betriebenen Transportfirma – derzeit dringend angewiesen zu sein, ist davon auszugehen, dass ihm insoweit lediglich Zinsverluste drohen. Demgegenüber ergäben sich im Falle der Stattgabe des Antrages und einer Realisierung der von der Polizei angenommenen Gefahr der Finanzierung strafbarer Handlungen durch das herausgegebene Geld erhebliche Gefahren für die Allgemeinheit."

Dieser Beschluss des VG Aachen findet seine Bestätigung in dem Urteil des VG Aachen, Az. 6 K 1757/05 (*vgl. Entscheidung II./6*):
*„Ausgehend von diesen Grundsätzen dürften vorliegend hinreichende Anhaltspunkte für das Vorliegen einer **gegenwärtigen Gefahr** bestehen. Denn es ist aufgrund der derzeitigen Erkenntnislage davon auszugehen, dass der Antragsteller das sichergestellte Geld im Falle einer Herausgabe unmittelbar zur Begehung von Straftaten, namentlich für die Abwicklung des illegalen Zigarettenschmuggels, verwenden würde."*

Auch das VG Braunschweig, Az. 5 B 284/06, schließt sich den Einschätzungen des VG Aachen an (*vgl. Entscheidung II./7*):
„Zwar ist er vorübergehend daran gehindert über das Bargeld zu verfügen, was schon infolge des hohen Betrages von über 10.000 EUR eine nicht nur geringfügige Beeinträchtigung ist. Er hat jedoch nicht vorgetragen, auf

---

[18] *Ernst Hunsicker*,
- Präventive Gewinnabschöpfung (PräGe) in Theorie und Praxis ..., 3., vollst. überarb. & erw. Auflage (2008), Verlag für Polizeiwissenschaft, S. 30 ff.
- Präventive Gewinnabschöpfung – Verunsicherung durch abweichende Rechtsprechung zur Sicherstellung und Verwertung von Bargeld, in: DIE POLIZEI 7-8/2006, S. 252 ff.

dieses Geld zur Sicherung seiner Existenz dringend angewiesen zu sein, so dass davon auszugehen ist, dass ihm lediglich Zinsverluste drohen. Demgegenüber ergäben sich im Falle der Stattgabe des Antrags und einer Finanzierung strafbarer Handlungen durch das herausgegebene Geld sowie der Vereitelung von berechtigten Zahlungsansprüchen der durch den Antragsteller Geschädigten erhebliche Gefahren für die Allgemeinheit."

Das Bay. VG Regensburg, Az. RN 11 K 03.1962, begründet die Nichtherausgabe des Bargeldbetrages wie folgt (*vgl. Entscheidung II./4*):
"Auch ein Herausgabeanspruch gemäß § 113 Abs.1 Satz 2 VwGO beziehungsweise Art. 28 Abs. 1 Satz 1 PAG ist nicht gegeben, da die Voraussetzungen des Art. 25 PAG unverändert fortbestehen (vgl. o.), die Sicherstellung mithin erneut anzuordnen wäre (vgl. Art. 28 Abs. 1 Satz 3 PAG). Die von Seiten des Klägers geltend gemachten zivilrechtlichen Herausgabeansprüche aus §§ 985, 861 BGB können dem nicht entgegengehalten werden. Sie werden durch die wirksame Sicherstellung von vornherein ausgeschlossen (Schmidbauer/Steiner/Roese, Bayerisches Polizeiaufgabengesetz, Art. 25 PAG, RdNr. 20). Ohnehin liegen die Voraussetzungen der §§ 985, 861 BGB hier nicht vor, da weder der Kläger noch seine Ehefrau Eigentümer der 225.000,-- € sind und zudem die wirksame Sicherstellung keine verbotene Eigenmacht im Sinne von §§ 861, 858 BGB darstellt (Palandt-Bassenge, Bürgerliches Gesetzbuch, 63. Aufl., § 858 BGB, RdNr. 6).
Die hilfsweise beantragte Herausgabe der 225.000,-- € an die Prozessbevollmächtigten des Klägers als Sequester liefe den Art. 26 ff. PAG zuwider und ist daher ausgeschlossen."

Letztendlich aus einem Urteil des Nds. OVG (Lüneburg), Az. 11 LC 4/08, vom 02.07.2009 (*vgl. Entscheidung II./9*):
*"**Leitsatz/Leitsätze**
1. Die Sicherstellung von Bargeld im Rahmen der sog. „Präventiven Gewinnabschöpfung" kann als präventiv-polizeiliche Maßnahme auf der Grundlage von § 26 Nr. 1 Nds. SOG gerechtfertigt sein, wenn dies zur Abwehr einer gegenwärtigen Gefahr erforderlich ist.
2. Dabei stellt der Begriff „gegenwärtige Gefahr" hohe Anforderungen an die zeitliche Nähe und den Grad der Wahrscheinlichkeit des Schadenseintritts. Eine solche gegenwärtige Gefahr ist anzunehmen, wenn das sichergestellte Bargeld aufgrund der vorliegenden Erkenntnisse aller Wahrscheinlichkeit nach aus Drogengeschäften stammt und im Falle einer Herausgabe dafür unmittelbar wieder eingesetzt werden soll."*

Vor Entscheidung II./12

VG 1 A 137.06
VG Berlin
Urteil vom 28.02.2008

Polizei darf Geld zum Drogenkauf trotz Freispruchs im Strafverfahren sicherstellen – Berufung ausdrücklich zugelassen

Rechtsquellen/Fundstellen	Suchworte
ASOG 38 Nr. 1	Bargeld
ASOG 41 I	Wohnungsdurchsuchung
ASOG 1 III	Beweisverwertungsverbot
ASOG 42 III	Gefahrenabwehr
ASOG 40 I Nr. 4	Sicherstellung
BGB 134	Gefahrenprognose
StPO 136a III S. 2	Berufung

Leitsatz/Leitsätze (des Autors)

1. Polizei darf Bargeld, das zum Kauf von Drogen verwendet werden soll, zum Zwecke der Gefahrenabwehr auch dann sicherstellen, wenn der Besitzer in einem Strafverfahren freigesprochen wurde.
2. Landgericht Berlin sprach den Kläger mit Urteil vom Vorwurf des unerlaubten Handeltreibens mit Betäubungsmitteln frei, weil die beiden Hausdurchsuchungen ohne richterliche Anordnung erfolgt waren.
3. Dabei gewonnene Erkenntnisse durften dem Kläger wegen eines Beweisverwertungsgebots nicht entgegengehalten werden.
4. Wenige Tage später stellte der Polizeipräsident in Berlin den Bargeldbetrag in Höhe von 99.420,00 € zur Gefahrenabwehr sicher.
5. Zur Begründung wurde ausgeführt, es bestehe die gegenwärtige Gefahr, dass das Geld zum Drogenhandel eingesetzt würde.
6. Strafprozessuales Beweisverwertungsverbot gelte nicht automatisch auch für präventive Maßnahmen der Polizei zur Gefahrenabwehr.
7. Auch durch Abhörmaßnahmen im Fahrzeuginnenraum und durch Telefonüberwachung gewonnene Erkenntnisse dürfen verwertet werden.
8. Gericht hat wegen der grundsätzlich zu klärenden Frage der Verwertbarkeit rechtswidrig gewonnener Erkenntnisse aus Strafverfahren für

Zwecke der Gefahrenabwehr die Berufung an das OVG Berlin-Brandenburg zugelassen.

Gegen dieses Urteil des VG Berlin, Az. VG 1 A 137.06, ist zunächst beim OVG Berlin-Brandenburg, Az. OVG 1 B 19.08, ein Rechtsmittel eingelegt worden.
Auf Mail-Anfrage vom 15.09.2014 hat die Pressebeauftragte des OVG Berlin-Brandenburg mitgeteilt, dass es in dem Verfahren OVG 1 B 19.08 keine Sachentscheidung gibt. Das Verfahren ist wegen Rücknahme des Rechtsmittels eingestellt worden.
Das Urteil des VG Berlin, Az. VG 1 A 137.06, ist somit rechtskräftig.

Entscheidung II./12
(Übertragung aus dem Internet)

VG 1 A 137.06   Schriftliche Entscheidung
Mitgeteilt durch Zustellung an
a) Kl.-Vertr.   am
b) Bekl.   am

als Urkundsbeamter der Geschäftsstelle

VERWALTUNGSGERICHT BERLIN

URTEIL

Im Namen des Volkes

In der Verwaltungsstreitsache

des Herrn ,

Klägers,

Prozessbevollmächtigte:[19]

g e g e n

das Land Berlin,
vertreten durch den Polizeipräsidenten in Berlin,
Stab PPr - Stab 6 -,
Platz der Luftbrücke 6, 12096 Berlin,

Beklagten,

hat das Verwaltungsgericht Berlin, 1. Kammer, durch

den Vizepräsidenten des Verwaltungsgerichts Dr. Rueß,
den Richter am Verwaltungsgericht Marticke,
die Richterin Wulff,
die ehrenamtliche Richterin und
den ehrenamtlichen Richter

im Wege schriftlicher Entscheidung am 28. Februar 2008

---

[19] Name und Anschrift des prozessbevollmächtigten Rechtsanwalts wurden entfernt.

für Recht erkannt:

Die Klage wird abgewiesen.
Der Kläger trägt die Kosten des Verfahrens.
Die Berufung wird zugelassen.

Tatbestand

Der Kläger wendet sich im Wege der Fortsetzungsfeststellungsklage gegen eine Sicherstellung von Bargeld in Höhe von ca. 100.000 Euro.

Der Bundeszentralregisterauszug des 1979 geborenen Klägers enthält acht Eintragungen, darunter eine zur Bewährung ausgesetzte Jugendstrafe von neun Monaten wegen unerlaubten Herstellens von Betäubungsmitteln in Tateinheit mit unerlaubtem Erwerb und mit unerlaubtem Handeltreiben von Betäubungsmitteln in nicht geringer Menge (Urteil des Amtsgerichts Tiergarten vom 26. Mai 2003 – 401 – 54/03).

Am 11. Juli 2001 fand die Polizei beim Kläger anlässlich einer Geschwindigkeitsüberschreitung in Berlin etwa 215 g Marihuana und insgesamt 64.920,00 DM in kleiner Stückelung. Der Kläger gab an, 66.000 DM von seiner Mutter erhalten zu haben. Am 15. August 2001 wurden bei einer Durchsuchung der Wohnung des Klägers rund 2 kg Marihuana und 124 Gramm Haschisch sowie weitere 12.150 DM Bargeld beschlagnahmt, die sich in verschiedenen Blechdosen befanden (Ermittlungsverfahren 4 Op Js 1414/01; Vermerk des Zollamts Kleve vom 20. November 2002, Strafakte 69 Js 32/04, Doppelbd. X, Bl. 276).

Am 9. Oktober 2002 wurden bei einer Kontrolle beim Grenzübertritt aus den Niederlanden beim Beifahrer des Klägers, dem späteren Mitangeklagten R., 1,5 g Marihuana sowie im Kofferraum des auf die Mutter des Klägers zugelassenen Fahrzeugs 33.000 Euro Bargeld in kleiner Stückelung sowie 28 Rollen Klarsichtfolie beschlagnahmt (Strafakte, Doppelbd. II, Bl. 53; X, 257 ff.). Der Kläger gab zunächst an, er habe das Geld von einem Bekannten zur Aufbewahrung bekommen. Später trug er vor, er habe die Absicht gehabt, mit dem Geld ein Fahrzeug zu kaufen. Als Zeugen benannte er einen Herrn K., der angab, er habe dem Kläger 13.500 Euro als Anzahlung für ein Fahrzeug übergeben (Vernehmungsprotokoll des Zollfahndungsamts Essen vom 12. März 2003, Strafakte Doppelbd. X, Bl. 281 ff.).

Von Juli 2003 bis Ende Dezember 2004 war der Kläger als selbstständiger Autoverkäufer und -vermieter an der Firma xxx in xxx beteiligt.

Anlass für das Strafermittlungsverfahren 69 Js 32/04, das später zur strittigen Sicherstellung von knapp 100.000 Euro führte, waren folgende Vorgänge: Am 16. Februar 2004 öffnete ein Monteur wegen eines Wasserschadens die Wohnung F. Str. (...)in (...) Berlin. Die benachrichtigte Polizei fand in der Küche in Hängeschränken und in einer Kühltruhe große Mengen Rauschgift, und zwar 23,6 kg Amphetamingemische mit einem Wirkstoffanteil von 3,5 Kilogramm sowie knapp 59.000 Ecstasytabletten. In der Wohnung befand sich eine Pressvorrichtung, an der u.a. Kokain nachgewiesen wurde. Die Polizei traf gegen 15.30 Uhr in der Wohnung ein. Am darauf folgenden Morgen wurde Herr R. verhaftet, als er versuchte, in die Wohnung zu gelangen. Wie spätere Ermittlungen ergaben, hatte eine Frau D. nach ihrer Aussage die Wohnung unter falschem Namen für den Kläger angemietet. In der Wohnung fanden sich zwei Zigarettenkippen der Marke Lucky Strike, auf denen DNA-Spuren des Klägers nachgewiesen wurden. Die Tiefkühltruhe hatte ein Mann unter dem Namen M. M. in der F-straße in R. gekauft, den die dortige Vermieterin auf einer Wahlbildvorschlage[20] als den Kläger erkannte. Bei der Durchsuchung der Garage der Mutter des Klägers in Kempenich wurden zwei Mietverträge auf den Namen M. M. und eine Gebrauchsanweisung für die Tiefkühltruhe gefunden. Bei Herrn R. wurde ein Schlüsselbund gefunden, an dem neben Wohnungs- und Kühltruhenschlüssel auch der Schlüssel einer Wohnung hing, die für den Kläger in der N-straße in Bonn angemietet worden war.

Nach Angaben der Zeugin D. mietete diese für den Kläger eine weitere Wohnung in der K.-Straße in Berlin an. Die Polizei fand im Laufe des Strafermittlungsverfahrens bei der Durchsuchung dieser Wohnung eine schwarze und eine rote Tasche sowie einen Rucksack, an denen Spuren von Kokain und Tetrahydrocannabinol nachgewiesen wurden. Die rote Tasche gehörte einem Herrn W., in dessen Wohnung die Polizei zwei Stofftüten und zwei Plastiktüten mit insgesamt 36.855 Euro Bargeld fand. Herr W. und seine Freundin gaben an, nicht zu wissen, woher das Geld stamme.

Am 10. September und 13. Dezember 2004 sowie am 12. Januar 2005 ordnete das Amtsgericht Tiergarten die akustische Innenraumüberwachung des Fahrzeugs des Klägers an (Doppelbd. 10, Bl. 10 ff.). Es wurden im Januar und Februar 2005 Gespräche mit verschiedenen Personen abgehört, in denen der Kläger sich auch zum Strafermittlungsverfahren und zu seinen Geschäften äußerte. Aus einem Gespräch am 7. Januar 2005 ergibt sich, dass ihm die Durchsuchung der beiden Berliner Wohnungen, die er als „Bunkerwohnungen" bezeichnete, bekannt war und dass der Kläger veranlasst hatte, dass die zweite Wohnung ausgeräumt worden war (Protokoll Nr. 1,

---

[20] Gemeint sein dürfte eine **Wahllichtbildvorlage**.

Doppelbd. VI, Bl. 78). In einem Gespräch am 8. Januar 2005 erzählte der Kläger, dass er seit einem Jahr keine Geschäfte mehr gemacht habe und er erst seit drei Monaten wieder im Geschäft sei. Als das Fahrzeug auf dem Mieterparkplatz der P-straße hielt, erklärte er, er habe seine „Wiese" jetzt hier zu liegen (Wortprotokoll Nr. 7, Doppelbd. VIII, Bl. 20 ff.). In einem Gespräch am 10. Januar 2005 äußerte der Kläger, er habe mit 15 g Haschisch angefangen. „Im Augenblick lasse ich 200.000 Euro arbeiten. Früher habe ich mit 100.000 Euro gearbeitet." (Doppelbd. VI, Bl. 121).

Ab Ende 2004 wohnte der Kläger in der Wohnung eines Bekannten in der P-straße in Berlin-(…). Am 18. Februar 2005 wurde der Kläger um 17.30 Uhr festgenommen, nachdem er sich technische Geräte zum Aufspüren von Abhöreinrichtungen besorgt hatte. Kurz nach 20.00 Uhr durchsuchte die Polizei die Wohnung in der P-straße (vgl. das Urteil des Landgerichts vom 21. Februar 2006 in der Sache 69 Js 32/04, Urteilsabdruck S. 19 f.). Auf dem Balkon der Wohnung wurde eine silberfarbene Transportkiste „Wisent" gefunden, in der ein Müllsack und zwei Tüten mit etwa 3,5 Kilogramm Marihuana (Wirkstoffgehalt 458,6 g) lagen. In einer Sporttasche befanden sich 99.420 Euro in kleiner Stückelung. Rauschgift und Bargeld wurden beschlagnahmt.

Der Kläger behauptete zunächst, das Geld gehöre ihm und er habe es zum Kauf eines teuren PKWs verwenden wollen. Später machte er geltend, das Geld sei ihm zum großen Teil geliehen worden. In der Hauptverhandlung des Strafverfahrens vor dem Landgericht gab der Zeuge K. am 20. Dezember 2005 an, er habe dem Kläger Anfang 2005 25.000 Euro geliehen. Schriftliche Unterlagen und Vereinbarungen zu den Rückzahlungsmodalitäten habe es nicht gegeben. Er sei sich über die Höhe des Darlehns nicht sicher. Er selbst habe nicht genug Geld gehabt und deshalb einen Teil heimlich seiner Ehefrau weggenommen. Am 3. Januar 2005 berief sich der Zeuge dann auf § 55 StPO und machte keine weiteren Angaben. Die Zeugin S., die Mutter des Klägers, trug am 20. Dezember 2005 vor, sie habe ihrem Sohn Anfang des Jahres 35.000 Euro geliehen. Bei Rückfragen der Staatsanwaltschaft machte die Zeugin von ihrem Zeugnisverweigerungsrecht als Mutter Gebrauch (Doppelbd. XII, Bl. 215 ff.). Am 6. April 2004 hatte sie 32.000 Euro von einem Sparkonto abgehoben (Doppelbd. X, Bl. 255). Der Zeuge Sch., Verkäufer im Autohaus Marzahn, bekundete, der Kläger sei ihm als Inhaber der Firma ASG bekannt und er habe Ende 2004 für die Firma ASG einen Audi A 6 für 110.000 bis 130.000 Euro kaufen wollen. Es sei ein mehrstündiges Verkaufsgespräch geführt worden. Die Staatsanwaltschaft stellte dagegen anhand einer Telefonüberwachungsmaßnahme unter Beweis, dass der Zeuge Sch. bereits Anfang Dezember 2004 gewusst habe, dass der Kläger aus der Firma ASG ausscheiden würde

(Doppelbd. XII, Bl. 97). Aus den abgehörten Gesprächen des Klägers und seiner Mutter ergebe sich, dass sich die beiden im Jahre 2005 bis zur Festnahme des Klägers nicht getroffen hätten (Doppelbd. XII, Bl. 219). Der Steuerberater der Firma ASG könne ausschließen, dass der Kläger höhere Beträge mit der Firma erwirtschaftet habe; bei seinem Ausscheiden habe er kein Geld erhalten (Anklageschrift, VV Bl. 68).

Mit Urteil vom 21. Februar 2006 in der Sache 69 Js 32/04 sprach das Landgericht Berlin den Kläger vom Vorwurf des unerlaubten Handeltreibens mit Betäubungsmitteln frei. Zur Begründung führte es aus, dass zu seinen Gunsten ein Beweisverwertungsverbot sowohl hinsichtlich der Durchsuchung der Wohnung F-Straße als auch der P-straße eingreife, da diese ohne vorherige richterliche Anordnung erfolgt seien. Darüber hinaus habe es weitere schwerwiegende Ermittlungsfehler gegeben, u.a. das Erschleichen einer DNA-Probe des Klägers bei einer fingierten Verkehrskontrolle und die Durchsuchung der Garage der Mutter des Klägers ohne richterliche Anordnung. Hinsichtlich der F-Straße ergäben sich aus anderen Umständen Zweifel an der Täterschaft des Klägers: In der Wohnung sei eine türkische Zeitung gefunden worden, andere Zigarettenkippen hätten eine andere DNA aufgewiesen, und der Angeklagte R. habe den Kläger ausdrücklich entlastet. Aus den im Auto mitgehörten Gesprächen, deren Verwertung das Landgericht zuließ (Doppelbd. XII, Bl. 48 f.), ließe sich ein Umgang des Klägers und auch mögliche Handelstätigkeiten mit Betäubungsmitteln schlussfolgern. Feststellungen, dass sich in einer der Wohnungen Betäubungsmittel einer konkreten Art und Menge befunden hätten, hätten hierdurch indes nicht getroffen werden können. Der Kläger wurde am 21. Februar 2006 aus der Untersuchungshaft entlassen. Die Staatsanwaltschaft legte gegen das Urteil des Landgerichts am selben Tage Revision ein.

Mit Bescheid vom 24. Februar 2006 stellte der Polizeipräsident in Berlin den Bargeldbetrag in Höhe von 99.420 Euro zur Gefahrenabwehr sicher. Zur Begründung wurde ausgeführt, das beschlagnahmte Geld werde nach Beendigung des ersten Rechtszugs im Strafverfahren sichergestellt. Nach den vorliegenden Erkenntnissen handle der Kläger gewerbsmäßig mit Substanzen, die dem Betäubungsmittelgesetz unterlägen. Außerdem bestünden Zweifel daran, dass er rechtmäßiger Eigentümer des Bargeldes sei. Hiergegen legte der Kläger am 13. März 2006 Widerspruch ein, der mit Bescheid vom 1. Juni 2006 zurückgewiesen wurde. Zur Begründung heißt es darin, es bestehe aus präventiven Gründen ein Bedürfnis für die Aufrechterhaltung des polizeilichen Gewahrsams, da trotz Freispruchs nach Auswertung der polizeilichen Ermittlungsergebnisse Verdachtsmomente gegen den Kläger verblieben seien. Die Unschuldsvermutung stehe einer Sicherstellung nicht entgegen. Es bestehe die gegenwärtige Gefahr, dass das sichergestellte Bargeld in Drogengeschäfte investiert werde. Es drohten Gefahren für Leib und Leben der Konsumenten und nachhaltige Verstöße gegen das Betäubungsmittelgesetz. Die Auffindesituation und die Stückelung des Bargelds sprächen gegen die Behauptung des Klägers, mit dem Geld ein hochwertiges Auto kaufen zu wollen.

Hiergegen hat der Kläger am 21. Juni 2006 Klage erhoben.

Mit Schreiben vom 23. und 25. August 2006 kündigten Herr K. und Frau S. schriftlich ihre dem Kläger gewährten Darlehn. Der Kläger trat mit Schreiben vom 24. Oktober 2006 seinen Anspruch auf Herausgabe des sichergestellten Geldbetrages in Höhe von 25.000 Euro an Herrn K. und in Höhe von 35.000 Euro an seine Mutter ab. Mit eidesstattlicher Versicherung vom 19. und 28. Dezember 2006 sicherten Frau S. und Herr K. zu, einen auszuzahlenden Betrag nicht an den Kläger auszuhändigen.

Am 18. April 2007 verwarf der Bundesgerichtshof die Revision der Staatsanwaltschaft gegen das Urteil des Landgerichts Berlin vom 21. Februar 2006. Der Bundesgerichtshof ließ dabei offen, ob hinsichtlich der Hausdurchsuchung in der F-Straße ein Beweisverwertungsverbot vorgelegen habe.

Am 22. August 2007 kündigte der Beklagte die Auszahlung von 80.000 Euro an den Kläger an, die kurze Zeit später erfolgte. Mit Bescheid vom gleichen Tage stellte der Polizeipräsident in Berlin den Restbetrag von 19.420 Euro erneut sicher. Es seien staatliche und privatrechtliche Forderungen gegen den Kläger geltend gemacht worden, die vorrangig zu befriedigen seien. Hiergegen legte der Kläger am darauf folgenden Tage Widerspruch ein. In der Folge wurden weitere 7828,28 Euro an den Kläger ausgezahlt.

Im Erörterungstermin am 20. November 2007 hat der Klägervertreter erklärt, dass er die Klage als Fortsetzungsfeststellungsklage unter dem Gesichtspunkt der Wiederholungsgefahr und im Hinblick auf die Verfolgung von Amtshaftungsansprüchen aufrechterhalte. Er ist der Ansicht, dass die Voraussetzungen für eine Sicherstellung des Geldes nach § 38 Nr. 1 ASOG nicht vorgelegen hätten. Die Vorschriften des Allgemeinen Sicherheits- und Ordnungsgesetzes Berlin (ASOG) seien nicht anwendbar. Der Beklagte beziehe sich lediglich auf die Anklageschrift, ohne die schriftlichen Urteilsgründe des Landgerichts Berlin zu würdigen. Er hätte die vom Landgericht Berlin festgestellten Beweisverwertungsverbote berücksichtigen müssen. Der Exekutive sei strikt untersagt, aufgrund rechtswidriger polizeilicher Maßnahmen unverwertbare Beweisergebnisse zu benutzen. Es habe zum Zeitpunkt der Sicherstellung keine gegenwärtige Gefahr bestanden. Der sichergestellte Betrag stamme nicht aus Straftaten und sollte auch nicht für Straftaten verwendet werden. Er hat vorsorglich die Vernehmung der Zeugen K., S. und Sch. beantragt.

Der Kläger beantragt,

> festzustellen, dass der Bescheid des Polizeipräsidenten in Berlin vom 24. Februar 2006 in der Fassung des Widerspruchsbescheids vom 1. Juni 2006 rechtswidrig war.

Der Beklagte beantragt,

> die Klage abzuweisen.

Der Beklagte ist der Ansicht, dass die Sicherstellung ursprünglich rechtmäßig gewesen sei. Es bestünden erhebliche Verdachtsmomente, dass die Gelder dem Kläger gehörten und aus Drogengeschäften stammten. Sie seien wie Fundsachen zu behandeln, da der Kläger gemäß § 134 BGB nicht Eigentümer des Geldes geworden sei.

Wegen der weiteren Einzelheiten des Sach- und Streitstandes wird auf den Verwaltungsvorgang des Beklagten sowie die Streitakte und die Strafakte 69 Js 32/04 verwiesen.

Entscheidungsgründe

Es konnte ohne mündliche Verhandlung entschieden werden, weil sich die Beteiligten damit einverstanden erklärt haben (§ 101 Abs. 2 VwGO).

Die zulässige Klage ist unbegründet.

Zwar scheidet eine Anfechtungsklage im Sinne von § 42 Abs. 1 VwGO aus, weil sich der angefochtene Verwaltungsakt nach Klageerhebung erledigt hat. Ein Verwaltungsakt erledigt sich jedenfalls dann, wenn die beschwerende Regelung nachträglich wegfällt. Gemäß § 38 ASOG sichergestellte Gegenstände werden gemäß § 39 Abs. 1 ASOG in Verwahrung genommen. Wird das sichergestellte Geld wie hier gemäß § 41 Abs. 1 ASOG an den Betroffenen ausgezahlt, so endet damit die Verwahrung. Wird der Restbetrag für eine Auszahlung an Dritte mit gesondertem Bescheid erneut sichergestellt, so entfaltet die ursprüngliche Sicherstellung keine Rechtswirkungen mehr. Statthafte Klageart ist aber eine Fortsetzungsfeststellungsklage nach § 113 Abs. 1 Satz 4 VwGO. Ein Fortsetzungsfeststellungsinteresses ist zu bejahen. Die Absicht, eine Amtshaftungsklage zu erheben, begründet ein ausreichendes Interesse an der Feststellung der Rechtswidrigkeit eines Verwaltungsakts, wenn sich dieser wie hier erst nach Klageerhebung erledigt hat (vgl. BVerwG, Beschluss vom 18. Mai 2004 – 3 B 117/03 –, juris). Ob zusätzlich eine Widerholungsgefahr besteht, kann offen bleiben.

Die zulässige Feststellungsklage ist unbegründet. Der Bescheid des Polizeipräsidenten in Berlin vom 24. Februar 2006 in der Gestalt des Widerspruchsbescheides derselben Behörde vom 1. Juni 2006 war rechtmäßig und verletzte deshalb den Kläger nicht in seinen Rechten (§ 113 Abs. 1 Satz 1 VwGO).

Gemäß § 38 Nr. 1 ASOG kann die Polizei eine Sache sicherstellen, um eine gegenwärtige Gefahr abzuwenden. Diese Voraussetzung lag nach Überzeugung der Kammer nicht nur zum Zeitpunkt der Beschlagnahme der 99.420 Euro am 18. Februar 2005, sondern auch zum Zeitpunkt der Sicherstellung am 24. Februar 2006 und der Klageerhebung am 21. Juni 2006 vor. Es bestand die gegenwärtige Gefahr, dass der Kläger das Geld für illegale Drogengeschäfte verwenden würde.

Bargeld ist eine Sache und damit tauglicher Gegenstand einer Sicherstellung. Die Gefahrenlage braucht nicht in einer Eigenschaft der sicherzustellenden Sache begründet sein (wie beispielsweise bei Waffen), sondern kann sich aus dem Verhalten ihres Besitzers ergeben (Lisken/Denninger, Handbuch des Polizeirechts, 3. Auflage 2001, Rdnr. F 662). Zwar ist die Gesamtregelung der Sicherstellung nicht auf Bargeld zugeschnitten: Wird das Bargeld gemäß § 40 Abs. 1 Nr. 4 ASOG etwa durch Einzahlung auf ein Konto verwertet, weil es nach Ablauf eines Jahres noch immer nicht an den Berechtigten herausgegeben werden kann, ohne dass die Voraussetzungen der Sicherstellung erneut eintreten würden, so ist gleichwohl der Erlös aus der Verwertung gemäß § 41 Abs. 2 Satz 1 ASOG an den Berechtigten herauszugeben, selbst wenn damit weiterhin eine Gefahrenlage verbunden ist. Diese Ungereimtheiten sprechen allerdings nicht prinzipiell gegen eine Sicherstellung von Bargeld (vgl. Urteil der Kammer vom 2. Februar 2000 – VG 1 A 173.98), sondern schließen lediglich eine dauerhafte Entziehung von Bargeld im Wege der Sicherstellung aus.

Die Sicherstellung von Bargeld zur Gefahrenabwehr ist neben oder im Anschluss an eine Beschlagnahme auf strafprozessualer Grundlage zulässig. Beide Instrumente verfolgen unterschiedliche Zielrichtungen. Allerdings darf die Sicherstellung nicht zu dem Zweck erfolgen, einen etwa wegen

Freispruchs nicht möglichen Verfall oder eine Einziehung (vgl. §§ 73 ff. StGB) zu bewirken. Während diese Strafsanktionen die Entziehung eines Gegenstandes auf Dauer vorsehen, ist eine Sicherstellung ihrer Natur nach vorübergehend (vgl. die Definition bei Berg/Knape/Kiworr, Allgemeines Polizei- und Ordnungsrecht für Berlin, 9. Aufl. 2006, § 38 Anm. I. A.) und soll bei Fortbestehen der Gefahr in eine endgültige Verwertung münden. Soweit die Polizei zur Verhinderung der Begehung von Straftaten sichergestelltes Bargeld nicht nach § 41 Abs. 1 ASOG herausgibt, weil die gegenwärtige Gefahr fortbesteht, ist sie nach Ablauf eines Jahres regelmäßig verpflichtet, das Geld gemäß § 40 Abs. 1 Nr. 4 ASOG zu verwerten und den Erlös gemäß § 41 Abs. 2 Satz 1 ASOG an den Berechtigten herauszugeben. Das Entschließungsermessen der Polizei hinsichtlich der nach Ablauf eines Jahres zulässigen Verwertung reduziert sich unter Berücksichtigung des grundrechtlichen Schutzes des Eigentums des Berechtigten auf Null, wenn ein hoher Geldbetrag sichergestellt worden ist, der einen wesentlichen Teil des Vermögens des Berechtigten ausmacht (Beschluss der Kammer vom 11. Februar 2004 – VG 1 A 442.01).

Die Verwendung großer Summen Bargeldes zum Ankauf von Drogen und damit die drohende Begehung von Straftaten nach dem Betäubungsmittelgesetz stellt eine Gefahr für die öffentliche Sicherheit dar (vgl. § 1 Abs. 3 ASOG), selbst wenn das Geschehen noch nicht das Stadium des strafbaren Versuchs erreicht hat. Entsprechend dem präventiven Charakter der Maßnahme kommt es allein darauf an, ob das Geld zum Handel von Drogen verwendet werden soll. Dem Umstand, ob das Geld aus Straftaten stammt, kommt insoweit lediglich eine Indizwirkung zu.

An eine nach § 38 Nr. 1 ASOG für die Sicherstellung erforderliche gegenwärtige Gefahr sind allerdings erhöhte Anforderungen zu stellen. Nach der Amtlichen Begründung zum ASOG 1975 (zitiert nach Berg/Knape/Kiworr, Allgemeines Polizei- und Ordnungsrecht für Berlin, 9. Aufl. 2006, § 17 Anm. Teil 2, IV.B.1.) liegt eine gegenwärtige Gefahr vor, wenn die Einwirkung des schädigenden Ereignisses bereits begonnen hat oder wenn diese Einwirkung unmittelbar oder in nächster Zeit mit an Sicherheit grenzender Wahrscheinlichkeit bevorsteht. Der Begriff „gegenwärtig" soll sich mit dem in den Notwehrvorschriften (§ 32 Abs. 2 StGB, § 227 BGB) verwendeten Begriff des gegenwärtigen Angriffs decken. Diese Definition wird in der Literatur zu Recht als zu eng angesehen. Stattdessen wird nach dem Zweck der Eingriffsnorm darauf abgestellt, zu welchem Zeitpunkt ein polizeiliches Handeln zur Abwendung der Gefahr unabweisbar notwendig wird. Entscheidend ist danach, dass ein sofortiges Eingreifen erforderlich ist, weil sonst ein mit an Sicherheit grenzender Wahrscheinlichkeit bevorstehender Schaden nicht mehr abgewendet werden kann

(Berg/Knape/Kiworr, a.a.O. m.w.N.). Gegen eine zu enge Auslegung des Tatbestandsmerkmals „gegenwärtig" spricht auch die Regelung des § 40 Abs. 1 Nr. 4 ASOG, die davon ausgeht, dass eine gegenwärtige Gefahr für einen erheblichen Zeitraum fortbestehen und damit naturgemäß nicht in jedem Augenblick mit der gleichen Aktualität drohen kann.

Nach Überzeugung der Kammer ist es ganz überwiegend wahrscheinlich, dass der Kläger die am 18. Februar 2005 sichergestellten 99.420 Euro durch Drogenhandel erworben hat und dort weiter einsetzen wollte. Die gegenwärtige Gefahr des Drogenhandels bestand auch noch am Tag der Sicherstellung am 24. Februar 2006 und zum Zeitpunkt der Klageerhebung am 1. Juni 2006. Für die Gefahrenprognose ist auf den Zeitpunkt der behördlichen Entscheidung abzustellen. Dementsprechend hat die Kammer auch die Strafakte beigezogen und das Ergebnis des Strafverfahrens im ersten Rechtszug berücksichtigt. Es ist unerheblich, wie sich die Prognose aus heutiger Sicht darstellt, so dass es nicht darauf ankommt, was die vom Klägervertreter benannten Zeugen heute aussagen und wie das Gericht deren Glaubwürdigkeit einschätzen würde. Deshalb war der vorsorglich gestellte Beweisantrag abzulehnen.

Bei der Gefahrenprognose dürfen sämtliche im Strafermittlungsverfahren gewonnenen Erkenntnisse berücksichtigt werden. Da es um Maßnahmen der Gefahrenabwehr geht, kommt es nicht darauf an, ob der Betroffene wegen der ihm zur Last gelegten Straftaten verurteilt worden ist. Auch noch nicht abgeschlossene Verfahren und eingestellte Verfahren können Berücksichtigung finden, soweit ein Restverdacht verbleibt und keine Einstellung oder ein Freispruch wegen erwiesener Unschuld erfolgt ist. Dies verstößt nicht gegen die im Rechtsstaatsprinzip verankerte Unschuldsvermutung. Die Unschuldsvermutung schließt nicht aus, in einem Strafverfahren ohne förmlichen Schuldspruch einen verbleibenden Tatverdacht – mit daran anknüpfenden Rechtsfolgen, die keinen Strafcharakter haben – festzustellen und zu bewerten (BVerfG, Beschluss vom 29. Mai 1990, 2 BvR 1343/88, BVerfGE 82, 106, 117).

Auch die im Strafverfahren festgestellten Ermittlungsfehler, die dort zu einem Beweisverwertungsverbot geführt haben, schließen eine Verwertung der Ermittlungsergebnisse des Strafverfahrens im Rahmen der Gefahrenabwehr nicht aus. Zwar darf die Polizei gemäß § 42 Abs. 1 ASOG nur rechtmäßig erworbene personenbezogene Daten in Akten speichern und nutzen, was einem strikten Beweisverwertungsverbot entspricht (so Baller/Eiffler/Tschisch, Allgemeines Sicherheits- und Ordnungsgesetz Berlin, 2004, § 42 Rn. 14). Diese Vorschrift gilt aber nur für Daten, die auf der Grundlage des Allgemeinen Sicherheits- und Ordnungsgesetzes gewonnen worden sind (so Knape/Kiworr, Allgemeines Polizei- und Ordnungsrecht für Berlin, 9. Aufl. 2006, § 42 Anm. B. 1.). Für Erkenntnisse aus Strafermittlungsverfahren enthält § 42 Abs. 3 ASOG eine Sonderregelung, nach der personenbezogene Daten aus Strafermittlungsverfahren zur Gefahrenabwehr genutzt werden dürfen, soweit Bestimmungen der Strafprozessordnung und andere gesetzliche Regelungen nicht entgegenstehen. Eine ausdrückliche Regelung, nach der rechtswidrig gewonnene Erkenntnisse in Strafermittlungsverfahren nicht zur Gefahrenabwehr genutzt werden dürfen, enthält die Strafprozessordnung – vom hier nicht einschlägigen § 136a Abs. 3 Satz 2 StPO abgesehen – nicht. Die Grundsätze zu Beweisverwertungsverboten sind im Wesentlichen durch die höchstrichterliche Rechtsprechung entwickelt worden. Die Gründe, die im Strafverfahren nach der Rechtsprechung zu einem Beweisverwertungsverbot führen, sind aber nicht ohne weiteres auf die polizeiliche Gefahrenabwehr übertragbar: Während dort der Strafanspruch des Staates mit der Gewähr eines rechtsstaatlichen Verfahrens sowie den Grundrechte des Angeklagten abzuwägen ist, spielt im Polizeirecht der Aspekt der schuldangemessenen Strafe keine Rolle; dafür sind im Bereich der Gefahrenabwehr zusätzlich die Rechtgüter Dritter zu berücksichtigen, denen ohne Verwertung der rechtswidrig gewonnenen Erkenntnisse eine Gefahr droht (ausführlich Schumacher, Verwertbarkeit rechtswidrig erhobener Daten im Polizeirecht, Diss. Freiburg 2001, S. 134 ff, 160 f.). Auch im Rahmen des Polizeirechts hat nach Überzeugung der Kammer eine Abwägung stattzufinden, in deren Rahmen geprüft wird, ob die Verfahrensverstöße bei rechtswidrig gewonnenen Erkenntnissen in einem Strafverfahren von derart großem Gewicht sind, dass sich trotz Gefahrenlage eine Verwendung verbietet. Abzuwägen ist zwischen dem informationellen Selbstbestimmungsrecht des Adressaten der polizeilichen Maßnahme, der Gewähr eines rechtsstaatlichen Verfahrens und der Schutzpflicht des Staates zugunsten der Rechte und Rechtsgüter Dritter. Das Gericht folgt der Einschätzung des Landgerichts Berlin, dass die Durchsuchung der Wohnungen in der F- Straße und der P-straße und der Garage der Zeugin Sch. in Kempenich ohne vorherige richterliche Anordnung rechtswidrig waren. Zwar sind diese Verfahrensverstöße gravierend. Die Gefahren für die Volksgesundheit und die durch den Handel mit Drogen im großen Stil betroffenen Konsumenten und Abhängigen sind aber als so schwerwiegend anzusehen, dass die Erkenntnisse trotz der Missachtung des Richtervorbehalts bei Hausdurchsuchungen zur Gefahrenprognose herangezogen werden dürfen. Auch die durch Abhörmaßnahmen im Fahrzeuginnenraum und durch Telefonüberwachung gewonnenen Erkenntnisse dürfen verwertet werden. Die Kammer schließt sich der Einschätzung des Landgerichts Berlin an, dass die Abhörmaßnahmen im Innenraum des klägerischen Fahrzeugs rechtmäßig erfolgt sind; für die Telefonüberwachungen lagen jeweils richterliche Beschlüsse vor, die den gesetzlichen Anforderungen entsprachen.

Auch bei Berücksichtigung der den Kläger möglicherweise entlastenden Umstände ist die Beweislage erdrückend. Der Kläger kann eindeutig mit der Wohnung in der F- Straße in Verbindung gebracht werden, in der große Mengen Amphetamine und Ecstasy-Tabletten gefunden worden sind. Die Wohnung wurde für ihn angemietet, er hat eine Tiefkühltruhe hineingestellt. Der verurteilte frühere Mitangeklagte Herr R. handelte höchstwahrscheinlich im Auftrag des Klägers. Beide waren schon einmal im Jahr 2002 an der deutsch-niederländischen Grenze mit einer kleinen Menge Rauschgift, einer großen Menge Bargeld in drogenhandelstypischer Stückelung und einer großen Zahl von im Drogenhandel gebräuchlichen Rollen mit Klarsichtfolie angetroffen worden. Herr R. hatte bei seiner Verhaftung in der FStraße einen Schlüsselbund für die „Bunkerwohnung" und die Tiefkühltruhe bei sich, an dem sich unter anderem auch der Schlüssel zu einer Wohnung befand, die für den Kläger in Bonn angemietet worden war. Der Leihwagen, mit dem die Ware transportiert werden sollte, war von einem Geschäftspartner der ASG im Rheinland angemietet worden. Insoweit erscheinen die den Kläger entlastenden Darlegungen des Mitangeklagten R. im Strafverfahren als bloße Schutzbehauptungen. Die Zeugin D. mietete für den Kläger eine weitere Wohnung in der K- Straße an, in der Taschen mit Drogenspuren gefunden wurden und die der Kläger selbst in den abgehörten Gesprächen in seinem Fahrzeug erwähnt hatte. Nachdem er erfahren hatte, dass die Wohnung in der F-Straße von der Polizei entdeckt worden war, ließ er selbst die Wohnung in der K-Straße nach einem mitgehörten Gespräch ausräumen. Etwa seit April 2004 tauchte der Kläger unter. Er war eine Zeit lang in der Türkei. Seine Mutter wusste danach nicht mehr, wo er sich aufhielt. Er hielt regelmäßig Kontakt zum Geschäftsführer der ASG, der dies aber gegenüber Dritten leugnen musste. Seinen Bewährungshelfer, aber auch seine Mutter ließ er in dem Glauben, er habe eine Geliebte im Baltikum und würde demnächst Vater. Nach seinen Äußerungen in mitgehörten Gesprächen konnte er fast ein Jahr lang keine Geschäfte machen, nahm diese aber gegen Ende 2004 wieder auf. Zahlreiche Hinweise deuten darauf hin, dass der Kläger mit Drogen handelte. Nach seinen Angaben ließ er 200.000 Euro „arbeiten", was nur so zu verstehen ist, dass er seine Drogengeschäfte mit einem Betriebskapital in dieser Höhe betrieb, wobei ein Teil des Geldes auch von dritter Seite stammte. Gegenüber der Zeugin D. erwähnte er in einem Gespräch, dass er seine „Wiese", also seinen Vorrat an Marihuana, nunmehr in der Wohnung in der Pstraße hatte, wo 3,5 Kilogramm Mariahana und die knapp 100.000 Euro in Bar und in szenetypischer Stückelung gefunden wurden.

Die Umstände, die das Landgericht Berlin in seinem Urteil zur Entlastung des Klägers aufgeführt hat, ändern nichts am Gesamteindruck. Dass in der Wohnung in der F- Straße eine türkische Zeitung und Zigarettenkippen auch einer anderen Person gefunden wurden, lässt sich zwanglos damit erklären, dass der Kläger seine Geschäfte nicht allein betrieb, sondern Helfer wie den Mitangeklagten R. engagiert hatte. Dass er in den abgehörten Gesprächen das Auffliegen der „Bunkerwohnung" erwähnt hat, aber nicht, was er dort genau gelagert hatte, kann sich rein zufällig ergeben haben, lässt aber keine Schlüsse zugunsten des Klägers zu.

Auch die Einlassungen des Klägers über Herkunft und Verwendungszweck der 99.420 Euro können ihn nicht entlasten. Der Zeuge K., dessen Aussage zur Sache in der Hauptverhandlung vor dem Landgericht nicht protokolliert worden ist, hat dort offenbar keinen besonders glaubwürdigen Eindruck hinterlassen. Es fällt auf, dass das Gericht ihn ungewöhnlich häufig an seine Wahrheitspflicht erinnern musste und dass der Verteidiger des Klägers am Ende der Sitzung am 20. Dezember 2005 den Antrag stellte, die Aussage des von ihm benannten Zeugen nicht zu Lasten des Klägers zu verwenden (Doppelakte Bd. XII, Bl. 69). Danach verweigerte der Zeuge die Aussage gemäß § 55 StPO, um sich selbst nicht zu belasten. Er hatte bereits nach dem Fund des Bargeldes im Kofferraum an der deutsch-niederländischen Grenze im Jahre 2002 eine zweifelhafte Aussage zugunsten des Klägers gemacht, die protokolliert ist. Die Mutter des Klägers, die dieser schon einmal im Jahr 2001 als Eigentümerin von damals bei ihm gefundenen 66.000 DM benannt hatte, hob zwar im April 2004 einen Betrag von 32.000 Euro von einem Sparkonto ab. Es ist aber in keiner Weise plausibel, warum sie dieses Geld fast ein dreiviertel Jahr aufbewahrt haben soll für ein Geschäft des Klägers, zu dem sich dieser erst Ende 2004 entschlossen haben will. Zudem deuten die auf richterliche Anordnung hin abgehörten Telefonate der Mutter darauf hin, dass diese lange Zeit nicht wusste, wo sich der Kläger aufhielt, und dass sie ihn im Jahr 2005 bis zu seiner Verhaftung nicht gesehen hat. Was die Absicht des Klägers anbelangt, sich für über 100.000 Euro einen neuen teuren Audi zu kaufen, so spricht dagegen zunächst der Inhalt eines mitgehörten Gesprächs, das der Kläger am 8. Januar 2005 mit der Zeugin D. geführt hat. Dort sprach er über seine Absicht, seinen Audi A 6 zu verkaufen, um sich einen Smart mit vier Türen „so für Undercover" sowie einen sehr unauffälligen Volvo zuzulegen (Doppelakte Bd. VIII, Bl. 230 f.). Der Umstand, dass er mit dem Zeugen Sch. Ende 2004 ein längeres Verkaufsgespräch geführt hat, besagt für sich genommen nichts. Der Zeuge stand offenbar in enger Verbindung zur ASG und zum Kläger. Der Kläger hatte bereits früher einen hochpreisigen Audi erworben, und es mag ihm zunächst um die Erörterung einer denkbaren Option gegangen sein. Es ist nicht nachvollziehbar, warum der Kläger nach dem

Verkaufsgespräch mit dem Kauf so lange gewartet haben soll und das Risiko eingegangen ist, eine so große Menge Bargeld in kleinen Scheinen in einer ihm zeitweise überlassenen fremden Wohnung aufzubewahren. Weit nahe liegender ist die Vermutung, dass das Geld mit dem gleichzeitig gefundenen Marihuana in Zusammenhang stand, zumal der Kläger schon öfters mit drogentypischen Bargeldmengen angetroffen worden ist und selbst bekundet hat, eine Summe von 200.000 Euro für sich arbeiten zu lassen. Insoweit ist – anders als im Strafverfahren – keine letzte Gewissheit erforderlich. Im Rahmen der Gefahrenabwehr genügt eine überwiegende Wahrscheinlichkeit.

Die gegenwärtige Gefahr, dass der Kläger das Geld zeitnah für neue Drogengeschäfte benutzen würde, bestand auch noch ein Jahr später nach dem Freispruch des Klägers in erster Instanz. Hierbei ist zu berücksichtigen, dass sich der Kläger durch frühere Bewährungsstrafen und durch die Aufsicht eines Bewährungshelfers nicht hat abschrecken lassen. Im Jahr 2004 nahm er nach einer vorübergehenden Pause trotz von ihm wahrgenommenen Fahndungsdrucks der Polizei den Drogenhandel im großen Stil wieder auf. Vor diesem Hintergrund bestand nach Entlassung des Klägers aus der Untersuchungshaft eine gegenwärtige Wiederholungsgefahr. Anzeichen für einen Sinneswandel des Klägers waren nicht erkennbar. Zwar ist zu hoffen, dass die einjährige Untersuchungshaft den Kläger motiviert hat, künftig nicht mehr mit Drogen zu handeln. Überwiegend wahrscheinlich ist dies jedoch – auch nach kriminalistischer Erfahrung – leider nicht.

Da die Sicherstellung zur Gefahrenabwehr rechtmäßig war, kann die Frage offen bleiben, ob das Geld nach § 38 Nr. 2 ASOG auch zum Schutz unbekannter Eigentümer sichergestellt werden durfte.

Die Berufung war gemäß § 124 Abs. 1, 2 Nr. 3 VwGO zuzulassen, da der obergerichtlich bislang nicht geklärten Frage der Verwertbarkeit rechtswidrig gewonnener Erkenntnisse aus Strafermittlungsverfahren für Maßnahmen der Gefahrenabwehr grundsätzliche Bedeutung zukommt.

Die Nebenentscheidungen beruhen auf § 154 Abs. 1 VwGO, § 167 VwGO in Verbindung mit § 708 Nr. 11 ZPO.

Rechtsmittelbelehrung

Gegen dieses Urteil steht den Beteiligten die Berufung an das Oberverwaltungsgericht Berlin-Brandenburg zu.

Die Berufung ist bei dem Verwaltungsgericht Berlin, Kirchstraße 7, 10557 Berlin, innerhalb eines Monats nach Zustellung des Urteils einzulegen. Sie muss das angefochtene Urteil bezeichnen.

Die Berufung ist innerhalb von zwei Monaten nach Zustellung des Urteils zu begründen. Die Begründung ist, sofern sie nicht zugleich mit der Einlegung der Berufung erfolgt, bei dem Oberverwaltungsgericht Berlin-Brandenburg, Hardenbergstraße 31, 10623 Berlin, einzureichen. Die Begründung muss einen bestimmten Antrag enthalten sowie die im Einzelnen anzuführenden Gründe der Anfechtung (Berufungsgründe).

Für das Berufungsverfahren besteht Vertretungszwang. Danach muss sich jeder Beteiligte durch einen Rechtsanwalt oder einen Rechtslehrer an einer deutschen Hochschule im Sinne des Hochschulrahmengesetzes mit Befähigung zum Richteramt als Bevollmächtigten vertreten lassen. Juristische Personen des öffentlichen Rechts und Behörden können sich auch durch Beamte oder Angestellte mit Befähigung zum Richteramt sowie Diplomjuristen im höheren Dienst, Gebietskörperschaften auch durch Beamte oder Angestellte mit Befähigung zum Richteramt der zuständigen Aufsichtsbehörde oder des jeweiligen kommunalen Spitzenverbandes des Landes, dem sie als Mitglied zugehören, vertreten lassen.

Dr. Rueß   Wulff   Marticke

Beschluss

Der Wert des Streitgegenstandes wird gemäß §§ 39 ff., 52 f. des Gerichtskostengesetzes (Art. 1 des Kostenrechtsmodernisierungsgesetzes vom 5.5.2004, BGBl. I S. 718) auf 99.420 Euro festgesetzt.

Rechtsmittelbelehrung

Gegen diese Entscheidung ist die Beschwerde an das Oberverwaltungsgericht Berlin-Brandenburg zulässig, wenn der Wert des Beschwerdegegenstandes 200 Euro übersteigt.

Die Beschwerde ist bei dem Verwaltungsgericht Berlin, Kirchstraße 7, 10557 Berlin, schriftlich oder zur Niederschrift des Urkundsbeamten der Geschäftsstelle einzulegen.

Sie ist innerhalb von sechs Monaten einzulegen, nachdem die Entscheidung in der Hauptsache Rechtskraft erlangt oder das Verfahren sich anderweitig erledigt hat.

Dr. Rueß   Wulff   Marticke

Ma./Neu./gr

Ausgefertigt

Justizangestellte
als Urkundsbeamte der Geschäftsstelle

Vor Entscheidung II./13

11 B 438/10 / 6 A 22/07
OVG Lüneburg
Urteil vom 07.03.2013

Polizeiliche Sicherstellung eines Bargeldbetrages

Rechtsquellen/Fundstellen	Suchworte
§ 170 Abs. 2 StPO	Bargeld
§ 12a Abs. 1 S. 1 ZollVG a.F.	Buchgeld
§ 26 Nr. 1 Nds. SOG	Verfügungsverbot
§ 11 Nds. SOG	Sofortige Vollziehung
§ 27 Nds. SOG	Verwahrung
§ 124 Abs. 2 Nr. 2 VwGO	Berufung
§ 90 BGB	Bargeld ist eine Sache
§§ 111c Abs. 3, 111d StPO	Pfändung/Arrestanordnung
§ 2 Nr. 1a Nds. SOG	Konkrete Gefahr
§ 2 Nr. 1b Nds. SOG	Gegenwärtige Gefahr
§ 29 Abs. 1 S. 1 Nds. SOG	Voraussetzungen Sicherstellung
§ 29 Abs. 1 S. 4 Nds. SOG[21]	Ausschluss der Herausgabe

Leitsatz/Leitsätze (amtlich)

Wird Bargeld durch strafprozessuale oder vergleichbare Sicherstellungsmaßnahmen vereinnahmt und zur weiteren Verwahrung auf ein Konto eingezahlt, bleibt das dadurch entstandene Buchgeld tauglicher Gegenstand einer sich anschließenden polizeirechtlichen Sicherstellung nach § 26 Nds. SOG.

Die Passage aus dem Runderlass (*vgl. Anhang 1, Ziff. 3.1 – Sicherstellungsobjekte*)
„... Sofern sichergestelltes Bargeld durch die Strafverfolgungsbehörden zwecks Verwahrung auf ein Verwahrkonto eingezahlt wird, gilt dieses für eine sich anschließende, auf § 26 Nds. SOG gestützte Sicherstellung weiterhin als Bargeld. ..."
findet durch dieses Urteil Bestätigung.

---

[21] Gemeint sein dürfte § 29 Abs. 1 **S. 3** Nds. SOG.

Entscheidung II./13
(Übertragung aus dem Internet)

Tatbestand

1 Der Kläger wendet sich mit seiner Klage gegen die polizeirechtliche Sicherstellung eines bei ihm aufgefundenen Bargeldbetrages.

2 Der Kläger, ein niederländischer Staatsbürger, wurde am 29. November 2005 von Zollfahndern auf der Bundesautobahn (BAB) 30 in Höhe des Schüttorfer Kreuzes im Rahmen einer mobilen Kontrolle an der niederländischen Grenze in dem von ihm mitgeführten PKW Range Rover mit einem belgischen Ausfuhrkennzeichen überprüft. Bei der Durchsuchung des Fahrzeuges fanden die Beamten in einer Reisetasche einen vom Kläger nicht angemeldeten Bargeldbetrag von 15.990,-- EUR vor, der sich aus einem Teilbetrag von 4.000,-- EUR (80 Banknoten á 50,-- EUR) und einem weiteren Teilbetrag in kleiner Stückelung in Höhe von 11.990,-- EUR (52 Banknoten á 50,-- EUR, 353 Noten á 20,-- EUR, 218 Noten á 10,-- EUR und 30 Noten á 5,-- EUR) zusammensetzte, der in der Reisetasche gesondert in einer zugeknoteten Plastiktragetasche verwahrt wurde. Der Kläger gab hierzu an, dass er unterwegs nach Litauen sei, um dort den Range Rover zu verkaufen. Bei den mitgeführten Euronoten handele es sich um "Business-Geld", das er so von der Bank erhalten habe.

3 Wegen des Verdachts der Geldwäsche stellten die Zollfahnder den Geldbetrag sicher und nahmen ihn in die zollamtliche Verwahrung. Gegen den Kläger wurde ein staatsanwaltschaftliches Ermittlungsverfahren bei der Staatsanwaltschaft Osnabrück eingeleitet (Az.: NZS F.). Erkenntnissen niederländischer Behörden zufolge wurde gegen den Kläger dort 1978 wegen "Falschgeldes", 1979 wegen Totschlages, 1978 und 1980 wegen "Diebstahls mit Gewalt", in den Jahren 1988, 1989, 1991 und 2000 wegen der Herstellung, des Besitzes und Handels mit Drogen, 1991 wegen Verstoßes gegen das Waffengesetz und wegen Urkundenfälschung und 1994 wegen Erpressung ermittelt. Im Oktober 2000 wurde der Kläger per Haftbefehl in seinem Heimatland gesucht. Er stand im Verdacht, seit Juni 2000 einer Organisation anzugehören, die u.a. mit Ecstasy und Cannabis handelt. Nach eigenen Angaben wurde der Kläger in einigen Verfahren wegen Betäubungsmittelhandels rechtskräftig verurteilt, zuletzt im Jahr 2000.

4 Nachdem sich der Verdacht der Geldwäsche nicht erhärten ließ, stellte die Staatsanwaltschaft Osnabrück das Ermittlungsverfahren gegen den Kläger am 16. Januar 2006 gemäß § 170 Abs. 2 StPO ein und forderte das Hauptzollamt Osnabrück auf, den vereinnahmten Bargeldbetrag auf

ein Konto der Beklagten zu überweisen, damit diese die Voraussetzungen einer polizeirechtlichen Sicherstellung des Geldes prüft.

5 In dem bereits zuvor eingeleiteten Bußgeldverfahren gegen den Kläger wegen des Verdachts, gegen die Pflicht gemäß § 12a Abs. 1 Satz 1 ZollVG a.F. mitgeführtes Bargeld auf Verlangen der zuständigen Beamten des Zolldienstes anzuzeigen, am 29. November 2005 durch Nichtanmeldung eines Betrages von 15.990,-- EUR verstoßen zu haben, erwirkte die Oberfinanzdirektion Hannover eine amtsgerichtliche Anordnung auf Leistung einer Sicherheit in Höhe von 4.202,98 EUR, um damit eine zu erwartende Geldstrafe und die Kosten des Verfahrens abzudecken. Den nach Abzug der Sicherheitsleistung verbleibenden Betrag von 11.787,02 EUR überwies das Hauptzollamt Osnabrück am 15. Februar 2006 an die Beklagte.

6 Mit Bescheid vom 26. April 2006 setzte die Oberfinanzdirektion Hannover gegen den Kläger ein Bußgeld in Höhe von 4.200,-- EUR wegen Verstoßes gegen die zollrechtliche Deklarationspflicht fest und verrechnete ihre Geldforderung mit der Sicherheitsleistung, die aus dem bei dem Kläger aufgefundenen Bargeldbetrag herrührt. Der überzählige Restbetrag von 2,98 EUR wurde an die Beklagte herausgegeben. Nach dem rechtskräftigen Abschluss des Bußgeldverfahrens ging am 17. August 2006 bei der Oberfinanzdirektion Hannover eine E-Mail des Klägers ein, mit der er darum bat, den nach Abzug des Bußgeldes von 4.200,-- EUR verbleibenden Betrag auf das Konto einer niederländischen Bank zu überweisen. Die Nichtanmeldung des Geldes bei der Kontrolle am 29. November 2005 begründete er mit seinen mangelhaften Deutschkenntnissen. Zur Herkunft des zollamtlich vereinnahmten Geldes führte er aus, dass das von ihm in seiner Reisetasche in einem Plastikbeutel mitgeführte Bargeld Eigentum der litauischen Staatsangehörigen G. H., wohnhaft in Klaipeda, Litauen, sei, die ihn beauftragt habe, hierfür einen BMW 530, Baujahr 2000, in Belgien zu erwerben. Frau H. habe das Geld legal verdient und bei der litauischen Steuerinspektion angemeldet. Zu dem Erwerb des Fahrzeuges sei es nicht gekommen, weil der Pkw nicht den geforderten Preis wert gewesen sei und der Besitzer ihn nicht für einen niedrigeren Preis habe verkaufen wollen. Er habe deshalb das Geld wieder nach Litauen zurückbringen wollen. Der E-Mail beigefügt waren eine Kopie des litauischen Personalausweises von Frau H. und eine schriftliche Erklärung von Frau H. vom 21. November 2005, in der sie dem Kläger, der das Schreiben ebenfalls unter dem genannten Datum unterzeichnete, bestätigte, dass sie ihm einen Betrag in Höhe von 12.000,-- EUR in Kleinstücken zur Anschaffung des genannten PKW überreicht habe.

7 Mit Bescheid vom 20. Dezember 2006 stellte die Beklagte den bei dem Kläger am 29. November 2005 aufgefundenen Geldbetrag in Höhe ei-

nes Teilbetrages von 11.790,-- EUR sicher, nahm diesen in Verwahrung, erließ ein Verfügungsverbot und ordnete die sofortige Vollziehung der Maßnahmen an. Zur Begründung wurde ausgeführt: Von dem in Verwahrung genommenen Bargeldbetrag von 15.990,-- EUR sei nach Abzug der Barsicherheit von 4.200,-- EUR ein Betrag von 11.790,-- EUR sicherzustellen. Rechtsgrundlage für die Sicherstellung sei § 26 Nr. 1 Nds. SOG. Es bestehe die gegenwärtige Gefahr, dass das sichergestellte Geld zur Begehung einer Straftat verwendet werde. Da der Kläger sich nach eigenen Angaben in einer finanziell schwierigen Situation befunden habe und das bei ihm aufgefundene Geld in einer für das Drogengeschäft typischen Art und Weise gestückelt gewesen sei, werde es als erwiesen angesehen, dass der Kläger den bei ihm aufgefundenen Betrag von 15.990,-- EUR illegal erlangt habe. Angesichts der strafrechtlichen Auffälligkeit des Klägers in der Vergangenheit sei zu befürchten, dass das sichergestellte Geld erneut zur Begehung von Straftaten eingesetzt werde. Die Angaben des Klägers zur Herkunft des bei ihm aufgefundenen Geldes seien nicht schlüssig und daher auch nicht geeignet, den Eigentümer zweifelsfrei festzustellen. Da die konkrete Gefahr bestehe, dass der Kläger das Bargeld für weitere Straftaten missbrauche, werde gemäß § 11 Nds. SOG ein Verfügungsverbot erlassen. Die Verwahrung werde auf § 27 Nds. SOG gestützt.

8   Gegen den am 27. Dezember 2006 zugestellten Bescheid hat der Kläger am 29. Januar 2007, an einem Montag, Klage erhoben, zu deren Begründung er vorgetragen hat: Die von der Beklagten angenommene Gefahr bestehe nicht. Eigentümerin des bei ihm sichergestellten Bargeldes sei Frau H., die Beamtin beim litauischen Zoll sei. Die Erklärung vom 21. November 2005 habe er von der Eigentümerin des Geldes bereits in Litauen fertigen lassen, um den jetzt aufgetretenen Schwierigkeiten hinsichtlich des Eigentumsnachweises für das ihm anvertraute Geld vorzubeugen. Mit dem von Frau H. erhaltenen Bargeldbetrag von 12.000,-- EUR habe er ein Gebrauchtfahrzeug erwerben sollen. Seine Angabe dazu bei der Kontrolle am 29. November 2005, es handele sich um "Business-Geld", stehe dazu nicht in Widerspruch. Er verdiene seinen Lebensunterhalt durch den An- und Verkauf von Autos für Privatpersonen auf dem europäischen Markt. Er verfüge über Kontakte in Litauen und in den Benelux-Ländern. Zur Vermeidung eines Wertungswiderspruches müsse die Unschuldsvermutung dazu führen, dass der sichergestellte Geldbetrag freigegeben werde.

9   Der Kläger hat beantragt,

10   den Bescheid der Beklagten vom 20. Dezember 2006 aufzuheben und das sichergestellte und verwahrte Geld an den Kläger herauszugeben.

11 Die Beklagte hat beantragt,

12 die Klage abzuweisen.

13 Sie hat erwidert: Bei der Einlassung des Klägers, Eigentümerin des sichergestellten Bargeldbetrages in Höhe eines Teilbetrages von 12.000,-- EUR sei Frau H., handele es sich um eine Schutzbehauptung. Ob Frau H. aufgrund ihres Verdienstes in der Lage gewesen sei, diesen Betrag anzusparen, werde nicht erläutert. Ihre Beschäftigung als Beamtin beim litauischen Zoll sei nicht nachgewiesen. Das vorgetragene Geschäftsmodell, in dem - teureren - Westeuropa Autos von Privatpersonen anzukaufen, um diese dann in dem - günstigeren - Osteuropa gewinnbringend zu verkaufen, sei nicht nachvollziehbar. Eher Erfolg versprechend sei die umgekehrte Praxis, Autos in den günstigeren Ländern anzukaufen und diese in den teureren Ländern zu verkaufen. Die Tatsache, dass der Bargeldbetrag szenetypisch gestückelt gewesen sei (132 x 50er Noten, 353 x 20er Noten, 218 x 10er Noten und 30 x 5er Noten) und die Banknoten jeweils zu 15 x 1000,-- EUR und einmal 990,-- EUR jeweils ohne Banderolen, statt dessen durch eine querliegende, gefaltete Note vom nächsten Bündel getrennt aufbewahrt worden seien, spreche gegen die Beteiligung einer Bank und sei ein weiteres Indiz für die Herkunft aus dem Drogenhandel bzw. die Verwendung für Drogengeschäfte. Eine präventive Sicherstellung zum Zwecke der Gefahrenabwehr sei auch dann möglich, wenn ein staatsanwaltschaftliches Ermittlungsverfahren gegen den Betroffenen eingestellt worden sei.

14 Das Verwaltungsgericht hat mit Urteil vom 28. September 2009 den Bescheid der Beklagten vom 20. Dezember 2006 aufgehoben und die Beklagte verurteilt, den sichergestellten Geldbetrag an den Kläger herauszugeben. Zur Begründung hat es ausgeführt: § 26 Nr. 1 Nds. SOG trage die Sicherstellung nicht. Der Prognose der Beklagten, der Kläger werde das Geld in Drogendelikte investieren, lägen ausreichend gesicherte Tatsachen nicht zugrunde. Konkrete Hinweise dafür, dass der Kläger in die Bundesrepublik eingereist sei, um hier eine Straftat zu begehen, gebe es nicht. Der Kläger sei seinen nicht bestrittenen Angaben zufolge lediglich als Transitreisender, von den Niederlanden kommend, auf dem Weg nach Litauen in die Bundesrepublik eingereist. In der Bundesrepublik sei er strafrechtlich nicht in Erscheinung getreten. Für eine Auslandsstraftat des Klägers, namentlich eine Verstrickung in den unbefugten Vertrieb von Betäubungsmitteln, die gemäß § 6 Nr. 5 StGB eine Gefahr für die öffentliche Sicherheit begründen könnte, gebe es keine hinreichenden Anhaltspunkte. Es fehle der gesicherte Nachweis, dass das sichergestellte Geld tatsächlich aus Drogengeschäften stamme. Zum Zeitpunkt der Sicherstellung sei gegen den Kläger nicht

wegen Drogendelikten ermittelt worden. Die von der Beklagten angeführten Vorstrafen des Klägers im Bereich der Drogenkriminalität hätten zum Zeitpunkt der Kontrolle im Jahr 2005 nahezu fünf Jahre zurückgelegen. Nach Aktenlage sei der Kläger danach nicht mehr einschlägig in Erscheinung getreten. Für eine Rückfälligkeit des Klägers gebe es keine Hinweise. Die Stückelung des sichergestellten Bargeldes lasse lediglich den Schluss zu, dass es im Zusammenhang mit der Abwicklung von Bargeschäften erlangt worden sei. Eine drogenspezifische Stückelung sei nicht feststellbar. Der Beklagten sei zwar zuzustehen, dass die Einlassungen des Klägers im zollamtlichen Verfahren zum Teil unstimmig und ungereimt gewesen seien. Auch wenn Anhaltspunkte dafür bestünden, dass das Geld aus illegalen Quellen stammen könnte, reichten die festgestellten Umstände aber nicht aus, um dem Gericht eine vernünftige Zweifel ausschließende Gewissheit zu vermitteln, dass das seinerzeit sichergestellte Bargeld tatsächlich aus dem Verkauf von Drogen stamme. Die Sicherstellung sei auch aus einem weiteren Grund rechtswidrig. § 26 Nr. 1 Nds. SOG rechtfertige nur die Sicherstellung von Sachen im Sinne des § 90 BGB. Zwar stellten Banknoten körperliche Gegenstände im Sinne der vorgenannten Vorschrift dar. Hier seien die vom Zoll in Verwahrung genommenen Banknoten nach Einstellung des Strafverfahrens auf ein Konto der Beklagten eingezahlt worden, so dass das Bargeld nicht mehr vorhanden gewesen sei. Der stattdessen entstandene schuldrechtliche Sekundäranspruch stelle keine Sache im Sinne des § 90 BGB dar.

15 Gegen das am 17. November 2009 zugestellte Urteil hat die Beklagte am 15. Dezember 2009 Antrag auf Zulassung der Berufung gestellt, dem der Senat mit Beschluss vom 1. Oktober 2010 (11 LA 575/09) wegen besonderer tatsächlicher und rechtlicher Schwierigkeiten der Rechtssache gemäß § 124 Abs. 2 Nr. 2 VwGO stattgegeben hat.

16 Zur Begründung der Berufung trägt die Beklagte vor: Der Anwendbarkeit von § 26 Nr. 1 Nds. SOG stehe nicht entgegen, dass durch die Einzahlung des sichergestellten Bargeldes auf ein Konto der Beklagten Buchgeld entstanden sei. Es bestehe insoweit im Gesetz eine planwidrige Regelungslücke bei vergleichbarer Interessenlage, die durch eine analoge Anwendung der Vorschrift auf Buchgeld zu schließen sei. Es habe auch eine gegenwärtige Gefahr im Sinne der Vorschrift vorgelegen. Aufgrund der zusammengetragenen Indizien sei davon auszugehen, dass der Kläger als Mitglied einer Bande an der fortgesetzten Einfuhr von Betäubungsmitteln in nicht geringer Menge aus den Niederlanden, einem von der organisierten Drogenkriminalität genutzten Drogenumschlagplatz, mitgewirkt habe. Da der Gesetzgeber solche Straftaten als Verbrechen mit einer hohen Mindestfreiheitsstrafe belegt habe, seien die Anforderungen an den Grad der Wahrscheinlichkeit des

Schadenseintritts geringer zu bemessen. Bei einem solchen Maßstab lägen ausreichende Indizien für die Annahme vor, dass der sichergestellte Bargeldbetrag aus Drogendelikten stamme und im Falle der Herausgabe wieder für solche Delikte eingesetzt werde. Der von dem Kläger nachgeschobene Vortrag, er überführe Gebrauchtwagen innerhalb der europäischen Union, sei nicht glaubhaft. Hierbei handele es sich um eine Erklärung, die beim Auffinden von Bargeldbeträgen häufig gegenüber den ermittelnden Zollbeamten abgegeben werde. Tatsachen, die den klägerischen Vortrag untermauern könnten, seien nicht vorgetragen worden. Die Stückelung des sichergestellten Bargeldbetrages spreche eindeutig für die Herkunft aus Drogendelikten. Das sogenannte "Straßengeld", das bei dem Verkauf von Drogen in Konsumentenportionen an die Endverbraucher den Besitzer wechsele, bestehe in der Regel aus einem Betrag von 50,-- EUR, aufgeteilt auf eine 50,-- EUR Banknote oder zwei 20,-- EUR Banknoten und eine 10,-- EUR Banknote. In dieser Stückelung diene es zur Bezahlung der Importeure, die das Geld wiederum zum Ankauf weiterer Drogen nutzten. Auch die Bündelung der aufgefundenen Banknoten spreche für eine Herkunft aus Drogengeschäften. Die von dem Kläger überreichte Bescheinigung der litauischen Staatsangehörigen H. vom 21. November 2005 sei erkennbar auf eine Entlastung des Klägers zugeschnitten, soweit dort formuliert werde, der Kläger habe von ihr 12.000,-- EUR "in Kleinstücken" erhalten. Die Angaben von Frau H. zum Grund der Weitergabe dieses Barbetrages an den Kläger in ihrer Zeugenvernehmung vor der Botschaft der Bundesrepublik Deutschland in Wilna seien nicht glaubhaft.

17 Die Beklagte beantragt,

18 das Urteil des Verwaltungsgerichts Osnabrück - Einzelrichter der 6. Kammer - vom 28. September 2009 zu ändern und die Klage abzuweisen.

19 Der Kläger beantragt,

20 die Berufung zurückzuweisen.

21 Er erwidert auf das Berufungsvorbringen der Beklagten:
22 Die Gefahrenprognose der Beklagten sei fehlerhaft. Unter Berücksichtigung des inzwischen eingetretenen Zeitablaufs gebe es keine hinreichenden Anhaltspunkte dafür, dass das sichergestellte Geld zukünftig für Drogendelikte eingesetzt werden könnte. Seine Vorverurteilungen lägen mehrere Jahre zurück. Er lebe seit Jahren unbescholten außerhalb der Bundesrepublik Deutschland. Das sichergestellte Geld rühre nicht

aus Straftaten her. Hierzu habe er sich im Verlaufe des Verfahrens nicht widersprüchlich eingelassen. Er habe vielmehr darauf verwiesen, dass er einen Betrag von 12.000,-- EUR von der Zeugin H. zum Ankauf eines Fahrzeuges in Belgien erhalten habe. Es sei durchaus sinnvoll, ein hochwertiges Fahrzeug in Westeuropa zu erwerben und in Litauen, einer Drehscheibe für den osteuropäischen Handel mit gebrauchten Pkw, wieder zu veräußern. Das gegen ihn wegen des Verdachts der Geldwäsche geführte Ermittlungsverfahren sei eingestellt worden. Die grundrechtlich und europarechtlich verankerte Unschuldsvermutung schütze ihn vor der hier streitgegenständlichen Sicherstellung. Der sichergestellte Betrag sei daher herauszugeben.

23 Der Senat hat Beweis erhoben durch Vernehmung der litauischen Staatsangehörigen G. H. zu der Herkunft des mit Bescheid der Beklagten vom 20. Dezember 2006 sichergestellten Bargeldbetrages. Die Zeugenbefragung hat der Rechtsreferent und Ständige Vertreter der Deutschen Botschaft in Wilna am 22. Oktober 2012 durchgeführt. Wegen der weiteren Einzelheiten des Sach- und Streitstandes sowie des Ergebnisses der Beweisaufnahme wird ergänzend auf die Gerichtsakte und die Beiakten Bezug genommen.

Entscheidungsgründe

24 Der Senat entscheidet im Einverständnis mit den Beteiligten über die Berufung ohne mündliche Verhandlung (§§ 125 Abs. 1, 101 Abs. 2 VwGO).
25 Die Berufung der Beklagten ist begründet.
26 Die Klage des Klägers ist abzuweisen. Sie ist unzulässig (1.) und auch unbegründet (2.).
27 1. Der Zulässigkeit der Klage steht entgegen, dass der Kläger innerhalb der ihm gemäß § 82 Abs. 2 Satz 2 VwGO mit Verfügung vom 11. Dezember 2012 gesetzten Frist (und auch danach) keine ladungsfähige Anschrift mitgeteilt hat. Gemäß § 82 Abs. 1 Satz 1 VwGO muss die Klage u.a. den Kläger bezeichnen. Die Vorschrift, die auch für das Berufungsverfahren gilt (vgl. § 125 Abs. 1 Satz 1 VwGO), erfordert bei natürlichen Personen die Angabe einer Wohnungsanschrift, unter der die Partei zu erreichen ist (BVerwG, Urt. v. 13.4.1999 - 1 C 24.97 -, NJW 1999, 2608, juris, Rn. 30; Kopp/Schenke, VwGO, 18. Aufl., § 82 Rn. 4). Wird der Kläger zur Ergänzung seiner Klage durch Angabe einer aktuellen ladungsfähigen Anschrift nach § 82 Abs. 2 Satz 2 VwGO aufgefordert und bleibt diese Aufforderung erfolglos, muss die Klage als unzulässig abgewiesen werden. § 82 Abs. 1 Satz 1 VwGO gilt auch für Ausländer (Bay.VGH, Urt. v. 23.8.2011 - 11 B 10.1202 -, juris) und ferner dann, wenn in der Klageschrift zunächst eine ladungsfähige An-

schrift genannt wurde, die Wohnungsanschrift des Klägers jedoch im Laufe des Verfahrens unbekannt geworden ist (Bay.VGH, Beschl. v. 5.12.2007 - 19 ZB 06.2329 -, InfAuslR 2008, 131, juris, Rn. 6; OVG Nordrhein-Westfalen, Urt. v. 20.2.2001 - 22 A 3200/97 -, juris, Rn. 23). Der Kläger hat zwar unmittelbar nach Erhebung der Anfechtungsklage dem Verwaltungsgericht mit Schriftsatz vom 30. Januar 2007 eine Anschrift in den Niederlanden und später mit Schriftsatz vom 5. April 2007 eine Adresse in Klaipeda, Litauen, als ladungsfähige Anschrift mitgeteilt. Es lässt sich aber nicht feststellen, dass der Kläger noch unter der zuletzt angegebenen Adresse in Litauen wohnhaft ist. Die Prozessbevollmächtigte des Klägers hat auf die Verfügung des Vorsitzenden vom 11. Dezember 2012, mit der der Kläger unter Fristsetzung aufgefordert wurde, eine aktuelle ladungsfähige Anschrift mitzuteilen, mit Schreiben vom 19. Dezember 2012 ausgeführt, dass ihr derzeit keine ladungsfähige Anschrift des Klägers bekannt sei. Soweit die Prozessbevollmächtigte in ihrer Mitteilung weiter vorträgt, sie habe keine Hinweise, dass das Mandat von ihr nicht weitergeführt werden solle, kommt es hierauf nicht. Eine anwaltliche Vertretung macht die Angabe der Anschrift, unter der gerichtliche Mitteilungen an die Partei gerichtet werden können, nicht entbehrlich (BVerwG, Urt. v. 13.4.1999 - 1 C 24.97 -, a.a.O.).

28 Wegen des vorgenannten Mangels kann auf sich beruhen, ob der Kläger eine Prozessvollmacht vorgelegt hat, die den Anforderungen gemäß § 67 Abs. 6 VwGO i.V.m. §§ 81 ff. ZPO genügt. Da eine Prozessvollmacht gemäß § 81 Halbsatz 1 ZPO zu allen den Rechtsstreit betreffenden Prozesshandlungen ermächtigt, muss sie eindeutig auf den Prozess bezogen sein. Es ist fraglich, ob der Kläger eine solche Vollmacht vorgelegt hat. Die Prozessbevollmächtigte des Klägers hat im staatsanwaltschaftlichen Ermittlungsverfahren wegen des Verdachts der Geldwäsche mit Schreiben vom 18. Januar 2006 eine unter dem 10. Januar 2006 in Englisch abgefasste Vollmacht des Klägers eingereicht, die sich nach ihrem Inhalt nur auf das staatsanwaltschaftliche Ermittlungsverfahren und bei wohlwollender Betrachtung auch auf das Bußgeldverfahren bei der Oberfinanzdirektion Hannover bezog. Dem Schreiben der Prozessbevollmächtigten des Klägers vom 7. Februar 2006 an die Beklagte im Verwaltungsverfahren war lediglich eine auf den 3. Februar 2006 datierte Vollmacht beigefügt, die nicht unterschrieben ist und zudem mit dem Schreiben vom 10. Januar 2006 mit Ausnahme des Datums identisch ist. Im gerichtlichen Verfahren hat der Kläger eine Vollmacht nicht vorgelegt.

29 2. Die Klage ist auch unbegründet. Der Bescheid der Beklagten vom 20. Dezember 2006 ist rechtmäßig und verletzt den Kläger nicht in seinen Rechten. Rechtsgrundlage ist § 26 Nr. 1 Nds. SOG. Danach kann

die Verwaltungsbehörde eine Sache sicherstellen, um eine gegenwärtige Gefahr abzuwehren. Diese Voraussetzungen sind hier erfüllt.

30 Die Beklagte hat mit dem hier streitigen Geldbetrag eine Sache sichergestellt. Der Sachbegriff des § 26 Nds. SOG entspricht dem des § 90 BGB und umfasst sämtliche körperlichen Gegenstände. Bargeld ist eine Sache und danach tauglicher Gegenstand einer Sicherstellung nach § 26 Nr. 1 Nds. SOG (Senatsurt. v. 2.7.2009 - 11 LC 4/08 -, NordÖR 2009, 403, juris, Rn. 36). Hier hat die Beklagte allerdings nicht Bargeld sichergestellt. Der bei dem Kläger aufgefundene Bargeldbetrag in Höhe 15.990,-- EUR war zunächst vom Hauptzollamt Osnabrück in Verwahrung genommen und dort auf ein Konto eingezahlt worden. Auf Veranlassung der Staatsanwaltschaft Osnabrück überwies das Hauptzollamt am 15. Februar 2006 nach Abzug einer einbehaltenen Sicherheitsleistung von 4.202,98 EUR, mit der eine zu erwartende Geldstrafe und die Kosten des Verfahrens wegen des zollamtlichen Vergehens abgedeckt werden sollten, den verbleibenden Betrag von 11.787,02 EUR auf ein Konto der Beklagten. Nach Festsetzung eines Bußgeldes von 4.200,-- EUR gegen den Kläger wegen Verstoßes gegen die zollrechtliche Deklarationspflicht wurde der Restbetrag von 2,98 EUR ebenfalls an die Beklagte (bargeldlos) herausgegeben. Objekt der Sicherstellung der Beklagten war mithin nicht Bargeld, sondern Buchgeld, das aus einer Forderung bzw. aus einem Guthaben besteht, welches bargeldlos transferiert wird. Eine Forderung gehört grundsätzlich nicht zu den sicherstellungsfähigen Gegenständen (VG Oldenburg, Urt. v. 29.6.2010 - 7 A 1634/09 -, juris, Rn. 107; Nack, in: Karlsruher Komm. zur StPO, 6. Aufl. 2008, § 94 Rn. 3). Bei der hier gegebenen Fallkonstellation ist davon eine Ausnahme zu machen.

31 Der Senat folgt der in der Literatur (Rohde/Schäfer, Nds. VBl. 2010, 41; A.A. Söllner, NJW 2009, 3339) und auch in der Rechtsprechung (VG Oldenburg, Urt. v. 29.6.2010 - 7 A 1634/09 -, a.a.O.) vertretenen Auffassung, dass § 26 Nds. SOG analog auf das unkörperliche Buchgeld anwendbar ist, wenn - wie hier - zunächst durch strafprozessuale bzw. zollamtliche Sicherstellungsmaßnahmen Bargeld vereinnahmt und zur weiteren Verwahrung auf ein Konto eingezahlt wurde (vgl. hierzu bereits Senatsurt. v. 2.7.2009 - 11 LC 4/08 -, a.a.O.). Ist beabsichtigt, den Geldbetrag gefahrenabwehrrechtlich sicherzustellen, bedarf es vorher nicht der Umwandlung des Buchgeldes in Bargeld (Senatsbeschl. v. 23.5.2011 - 11 PA 158/11 -, V.n.b.). Das Geld bleibt tauglicher Gegenstand einer Sicherstellung gemäß § 26 Nds. SOG.

32 Insoweit besteht eine planwidrige Regelungslücke, die eine analoge Anwendung des Sachbegriffs in § 26 Nds. SOG auf in Buchgeld umgewandeltes Bargeld rechtfertigt. Die Analogie setzt voraus, dass der Anwendungsbereich der Norm wegen eines versehentlichen, mit dem

Normzweck unvereinbaren Regelungsversäumnisses des Normgebers unvollständig ist. Eine derartige Lücke darf von den Gerichten im Wege der Analogie geschlossen werden, wenn sich aufgrund der gesamten Umstände feststellen lässt, dass der Normgeber die von ihm angeordnete Rechtsfolge auch auf den nicht erfassten Sachverhalt erstreckt hätte, wenn er diesen bedacht hätte (BVerwG, Urt. v. 13.12.1978 - 6 C 46.78 -, BVerwGE 57, 183, juris, Rn. 18; Beschl. v. 7.7.1993 - 6 P 15.91 -, Buchholz 251.2 § 40 BlnPersVG Nr. 1, juris, Rn. 71). Der niedersächsische Gesetzgeber, der sich mit der Vorschrift des § 26 Nds. SOG an den Musterentwurf eines einheitlichen Polizeigesetzes (vgl. § 21 MEPolG) angelehnt hat, hätte die Sicherstellung von Buchgeld bei der hier gegebenen Fallkonstellation zugelassen. Nach der Zielsetzung dieser gesetzlichen Bestimmung besteht ein zwingendes Bedürfnis, auch in den Fällen, in denen durch die Strafverfolgungsbehörden sichergestelltes Bargeld auf ein Verwahrkonto eingezahlt und der Gefahrenabwehrbehörde anschließend lediglich Buchgeld zur weiteren Verwendung zur Verfügung gestellt wird, diesen unkörperlichen Gegenstand wie eine Sache zu behandeln. In Bezug auf den Zweck der Sicherstellung, einer Person die tatsächliche Verfügungsgewalt über den sicherzustellenden Gegenstand zu entziehen, macht es keinen Unterschied, ob es sich hierbei um Bargeld oder Buchgeld handelt. Asservatenkammern oder Verwahrstellen sind angesichts der mit der Deponierung höherer Bargeldbeträge verbundenen Sicherheitsrisiken zunehmend nicht mehr als Verwahrungsstellen geeignet. Es besteht deshalb ein praktisches Bedürfnis, Bargeld möglichst nicht in einer verschlossenen Räumlichkeit zu verwahren, sondern es auf ein durch entsprechende Sicherheitsvorkehrungen schwer zugängliches Verwahrkonto einzuzahlen.

33 Mit einer solchen Auslegung wird auch vermieden, dass die gefahrenabwehrrechtliche Sicherstellung hinter den Möglichkeiten zurückbleibt, die die Strafprozessordnung im Strafverfahren nach §§ 111c Abs. 3, 111 d StPO zur Sicherstellung vorhält. Nach diesen Bestimmungen können auch Forderungen durch Pfändung beschlagnahmt oder unter Arrestanordnung gestellt werden.

34 Diese Auffassung liegt auch dem gemeinsamen Runderlass des MI und des MJ vom 16. November 2007 (- P 22.2-1201-26, Nds. MBl. 2007, S. 1515, zur sogen. präventiven Gewinnabschöpfung), dort unter Nr. 3.1, zugrunde, nach dem durch die Strafverfolgungsbehörden sichergestelltes Bargeld, das zwecks Verwahrung auf ein Verwahrkonto eingezahlt wurde, weiterhin als Bargeld gilt, wenn dieses Gegenstand einer sich anschließenden, auf § 26 Nds. SOG gestützten Sicherstellung sein soll.

35 Mit der Sicherstellung des Geldbetrages von 11.790,-- EUR wird eine gegenwärtige Gefahr abgewendet. Die Gefahrenlage braucht nicht in einer Eigenschaft der sicherzustellenden Sache begründet sein, sondern

kann sich auch aus dem Verhalten des Besitzers ergeben (Rachor, in: Lisken/Denninger, Handbuch des Polizeirechts, 5. Aufl., Kap. F Rn. 743). Hat dieser das Geld aller Wahrscheinlichkeit nach im Rahmen von illegalen Drogengeschäften erhalten bzw. eingesetzt, kann es ihm wegen seiner offensichtlich deliktischen Herkunft aus Gründen der Gefahrenabwehr entzogen werden. Damit soll erreicht werden, dass zuvor in einem strafrechtlichen Ermittlungsverfahren sichergestellte bzw. beschlagnahmte Sachen, die keiner konkreten Straftat zugeordnet werden können, bei denen aber hinreichende Anhaltspunkte vorliegen, dass sie unrechtmäßig erlangt wurden, nicht an den letzten Gewahrsamsinhaber zurückgegeben werden müssen. § 26 Nr. 1 Nds. SOG soll verhindern, dass mit Hilfe der vermutlich illegal erworbenen Werte neue Straftaten vorbereitet und begangen werden. Im Vordergrund steht der präventive Charakter der Maßnahme (Senatsurt. v. 2.7.2009 - 11 LC 4/08 -, a.a.O.; Senatsbeschl. v. 29.9.2010 - 11 LA 574/09 -, V.n.b.). Als Maßnahme der Gefahrenabwehr setzt die Sicherstellung eine gegenwärtige Gefahr und damit eine gesicherte Tatsachengrundlage voraus.

36 Unter (konkreter) Gefahr ist nach der Legaldefinition in § 2 Nr. 1a Nds. SOG eine Sachlage zu verstehen, bei der im einzelnen Fall die hinreichende Wahrscheinlichkeit besteht, dass in absehbarer Zeit ein Schaden für die öffentliche Sicherheit und Ordnung eintreten wird. Die Gefahr ist nach § 2 Nr. 1b Nds. SOG gegenwärtig, wenn die Einwirkung des schädigenden Ereignisses bereits begonnen hat oder wenn diese Einwirkung unmittelbar oder in allernächster Zeit mit einer an Sicherheit grenzenden Wahrscheinlichkeit bevorsteht. Der Begriff "gegenwärtige Gefahr" stellt also grundsätzlich strenge Anforderungen an die zeitliche Nähe und den Grad der Wahrscheinlichkeit des Schadenseintritts; es kommt aber auch auf die Schwere des drohenden Schadens und die Intensität des Eingriffs an (vgl. Senatsurt. v. 2.7.2009 - 11 LC 4/08 -, a.a.O.; Böhrenz/Unger/Siefken, Nds. SOG, Komm., 9. Aufl., § 2 Rn. 5). Je größer und folgenschwerer der möglicherweise eintretende Schaden ist, umso geringer sind die Anforderungen, die an die Wahrscheinlichkeit gestellt werden können. Bei gefährlichen und schwer zu bekämpfenden Straftaten wie dem Rauschgifthandel sind deshalb die Anforderungen an die Wahrscheinlichkeitsprognose nicht zu hoch anzusetzen (vgl. Rohde/Schäfer, a.a.O., S. 44). Für die Herkunft eines sichergestellten Bargeldbetrages aus dem Drogenhandel können folgende Gesichtspunkte sprechen (vgl. dazu Senatsurt. v. 2.7.2009 - 11 LC 4/08 -, a.a.O., und Senatsbeschl. v. 29.9.2010 - 11 LA 574/09 -; Söllner, NJW 2009, 3339 ff.; Waechter, NordÖR 2008, 473, 477):

37
- Hoher Geldbetrag
- Versteckthalten oder zumindest Aufbewahrung an einem ungewöhnlichen Ort
- Szenetypische Stückelung der Geldscheine
- Nicht plausibel erklärte Herkunft der Mittel
- Verdachtsmomente aus der organisierten Kriminalität
- Einschlägige strafrechtliche Ermittlungsverfahren bzw. Verurteilungen.

38 Ist anhand dieser Indizien davon auszugehen, dass das Geld offensichtlich aus Drogengeschäften stammt, kommt diesem Umstand bei der Prüfung der Frage, ob eine gegenwärtige Gefahr für die öffentliche Sicherheit nach § 26 Nr. 1 i.V.m. § 2 Nr. 1b Nds. SOG vorliegt, ein erhebliches Gewicht zu. Denn es entspricht kriminalistischer Erfahrung, dass das aus Drogengeschäften gewonnene Geld in der Regel zumindest teilweise wieder in die Beschaffung von Betäubungsmitteln investiert wird. Nach dem Gesamtergebnis des Verfahrens in zwei Instanzen bestehen gewichtige Beweisanzeichen dafür, dass der bei dem Kläger aufgefundene Bargeldbetrag in Höhe des sichergestellten Teilbetrages mit einer an Sicherheit grenzender Wahrscheinlichkeit zum Zwecke der Beschaffung bzw. des Handeltreibens mit Betäubungsmitteln in nicht unerheblichem Umfang gedient hat und im Falle einer Auszahlung an den Kläger erneut einer illegalen Verwendung zugeführt werden soll.

39 Zollfahnder fanden bei dem Kläger anlässlich einer mobilen Kontrolle an der niederländischen Grenze am 29. November 2005 einen Bargeldbetrag von 15.990,-- EUR. Dieser Betrag war von dem Kläger zuvor nicht zollamtlich angemeldet worden. Der Betrag befand sich nicht in einer Geldbörse des Klägers, sondern wurde in einer Reisetasche aufgefunden. Lediglich ein Teilbetrag von 4.000,-- EUR lag in der Reisetasche oben auf und war sofort einsehbar. Der größere Teilbetrag von 11.990,-- EUR befand sich weiter unten in der Reisetasche in einer zugeknoteten Plastiktragetasche.

40 Die Herkunft des Geldes konnte der Kläger nicht plausibel erklären. Bei seiner Befragung durch die Zollfahnder gab der Kläger an, es handele sich dabei um "Businessgeld", welches er so von der Bank erhalten habe und einfach so mit sich führe. Einen Bankauszahlungsbeleg konnte der Kläger nicht vorweisen. An diesem Sachvortrag hielt der Kläger später nicht fest. Vielmehr machte er in einer E-Mail vom 17. August 2006 an das Hauptzollamt Osnabrück geltend, dass er am 29. November 2005 die Fragen der Zollfahnder nicht gut verstanden habe. Dieser Vortrag vermag nicht zu überzeugen. Dem Verwaltungsvorgang lässt sich nicht entnehmen, dass es bei der Befragung des Klägers im Rah-

men der Kontrolle am 29. November 2005 Verständigungsschwierigkeiten mit dem Kläger, der die niederländische Staatsangehörigkeit besitzt, gegeben hat. Außerdem hat der Kläger seine vorerwähnte E-Mail in einwandfreiem Deutsch abgefasst, so dass seine Einlassung, er beherrsche die deutsche Sprache nicht so gut, nicht überzeugend ist.

41 Für eine illegale Herkunft des bei dem Kläger aufgefundenen Bargeldbetrages spricht die szenetypische Stückelung der Geldscheine. Nach den von der Beklagten vorgetragenen kriminalistischen Erkenntnissen, an deren Richtigkeit keine Zweifel bestehen, werden die Niederlande durch die organisierte Drogenkriminalität als Drogenumschlagplatz genutzt. Dabei verkaufen die Dealer die Drogen in Konsumentenportionen an die Endverbraucher weiter. Typischerweise wird hierfür ein Betrag von rd. 50,-- EUR (entweder mit einer 50,--EUR-Note oder zwei 20,-- EUR-Noten und einer 10,-- EUR-Note) entrichtet. Mit diesem Erlös werden die Importeure bezahlt, die ihrerseits das Geld in der zusammengetragenen drogentypischen Stückelung zum Ankauf weiterer Drogen nutzen. Im vorliegenden Fall deutet die Stückelung des bei dem Kläger aufgefundenen Bargeldbetrages (132 x 50er Noten, 353 x 20er Noten, 218 x 10er Noten und 30 x 5er Noten) daraufhin, dass das Geld aus dem Drogenhandel herrührt. Insbesondere die auffällige Häufung von 20 Euro- und 10 Euro-Scheinen legt den dringenden Verdacht der Herkunft aus Drogenhandel nahe. Selbst wenn der beim Kläger aufgefundene Bargeldbetrag hinsichtlich der Häufigkeit und Verteilung der Banknoten auf die einzelnen Nennwerte statistisch dem jeweiligen Anteil der einzelnen Note am gesamten Eurobanknotenumlauf entspräche, wäre nicht geklärt, warum der Kläger einen derart gestückelten Bargeldbetrag mit sich geführt hat.

42 Ein deutliches Indiz für die illegale Herkunft des Geldes ist auch dessen Aufbewahrungsart. Die Banknoten waren jeweils zu 1000 EUR gebündelt, wobei jedes Bündel durch eine gefaltete, quer liegende Note vom nächsten getrennt war. Die Bündel waren größtenteils mit Gummibändern umwickelt. Dies schließt es aus, dass eine Bank an dem Geldkreislauf beteiligt war.

43 Zu Lasten des Klägers ist weiter zu berücksichtigen, dass er in der Vergangenheit mehrfach in Verbindung mit Drogendelikten gebracht worden ist. Gegen ihn wurde nach Erkenntnissen niederländischer Behörden in den Jahren 1988, 1989, 1991 und 2000 u.a. wegen der Herstellung, des Besitzes und Handels mit Drogen ermittelt. Im Oktober 2000 wurde der Kläger per Haftbefehl in seinem Heimatland gesucht. Er stand im Verdacht, seit Juni 2000 einer Organisation anzugehören, die u.a. mit Ecstacy und Cannabis handelte. Nach eigenen Angaben wurde der Kläger in einigen Verfahren wegen Betäubungsmittelhandels rechtskräftig verurteilt, zuletzt im Jahr 2000. Angesichts dieser Vorge-

schichte besteht der begründete Verdacht, dass der Kläger auch noch im Jahr 2005 mit dem Transport von Drogengeldern befasst war. Durchgreifende Anhaltspunkte dafür, dass sich an dieser Situation in der Zwischenzeit bis zur Entscheidung des Senats etwas geändert haben könnte, liegen nicht vor.

44 Der Senat hat nicht die Überzeugung gewonnen, dass der Kläger einen Teilbetrag in Höhe von 12.000,-- EUR von der litauischen Staatsangehörigen I. H. erhalten hat, um damit für sie in Belgien einen gebrauchten Pkw zu erwerben. Die Vernehmung der Zeugin H. wurde in Ermanglung bilateraler Abkommen zwischen Litauen und der Bundesrepublik Deutschland zur Rechtshilfe bzw. zur Beweisaufnahme in entsprechender Anwendung von § 98 VwGO i.V.m. § 363 ZPO durch den Rechtsreferenten und Ständigen Vertreter an der Botschaft Wilna durchgeführt. Gegen eine solche Vorgehensweise sind rechtliche Bedenken nicht zu erheben, wenn - wie hier - die ausländische Zeugin kooperiert (Geimer, in: Zöller, ZPO, 29. Aufl., § 363, Rn. 28 ff.).

45 Die Angaben der Zeugin H. zu der Hergabe eines Betrages von 12.000 EUR an den Kläger zum Zwecke des Erwerbs eines Fahrzeuges in Belgien sind aus mehreren Gründen nicht glaubhaft. Die Zeugin hat zu ihrem Beruf sowie zu ihren Einkommens- und Vermögensverhältnissen ausgeführt, dass sie seit 1993 beim litauischen Steueramt arbeite und dort 2.000 litauische Litas monatlich verdiene. Bei dem an den Kläger übergebenen Betrag von 12.000 EUR habe es sich um ihre Ersparnisse seit 1996 gehandelt, die sie in litauischer Währung zuhause aufbewahrt habe. Es vermag nicht zu überzeugen, dass es der Zeugin bei einem Einkommen von derzeit umgerechnet 579 EUR im Monat, das 2005 und in den Jahren davor noch deutlich geringer gewesen sein dürfte, gelungen sein soll, über einen Zeitraum von 9 Jahren in den Jahren 1996 bis 2005 durchschnittlich einen Betrag von rund 111 EUR (= 383 Litas) monatlich zurückzulegen. Der Beklagten ist beizupflichten, dass der vorgetragene Lebenssachverhalt angesichts der allgemeinen Lebenshaltungskosten wenig wahrscheinlich ist.

46 Anzuzweifeln ist auch der Wahrheitsgehalt der Aussage der Zeugin, sie habe den angesparten Betrag von 12.000 EUR in litauischer Währung zuhause aufbewahrt, diesen vor den Übergabe an den Kläger an sieben verschiedenen Tagen in dem Zeitraum vom 13. bis zum 21. November 2005 in unterschiedlichen Teilbeträgen zwischen 645 EUR und 4395 EUR in verschiedenen Wechselstuben in Klaipeda von Litas in Euro umgetauscht und hierbei auch kleinere Scheine erhalten. Der Geldumtausch ist zwar durch von der Zeugin bei der Botschaft in Wilna eingereichte Quittungen der Wechselstuben belegt. Wer den Geldwechsel vorgenommen hat, ergibt sich daraus aber nicht. Es ist auch lebensfremd, dass die Zeugin die von ihr vorgetragene Umtauschaktion

durchgeführt, über den genannten Zeitraum gestreckt und dabei jeweils nur Teilbeträge in unterschiedlicher Höhe gewechselt haben will, obwohl sie nach ihren eigenen Bekundungen schon bei Beginn des Währungstausches wusste, dass sie einen Betrag von 12.000 EUR für den beabsichtigten Ankauf des Fahrzeuges benötigte. Die Zeugin hat ferner nicht plausibel erläutert, warum ihr bei den Wechselvorgängen mit Umtauschhöchstbeträgen von 4395 EUR bzw. nächstfolgend 1955 EUR nur Euro-Banknoten mit einem Nennwert von maximal 50 EUR und darüber hinaus eine Vielzahl von Euro-Banknoten mit einem geringeren Nennwert von 20, 10 bzw. 5 EUR ausgegeben worden sein sollen. Sie hat hierzu lediglich angegeben, es seien auch kleinere Scheine beim Umtausch dabei gewesen, weil sie den Geldwechsel an verschiedenen Wechselstuben vorgenommen habe. Damit wird jedoch nicht die ungewöhnliche Stückelung des eingetauschten Geldbetrages erklärt.

47 Unpräzise und ausweichend hat die Zeugin auch den Anlass für die Geldübergabe an den Kläger geschildert. Sie hat zwar bestätigt, dass es um den Erwerb eines bestimmten Wagens in Belgien ging. An den genauen Fahrzeugtyp und das Baujahr konnte sie sich jedoch trotz Vorhalts in der zeugenschaftlichen Befragung und trotz ausdrücklicher Aufnahme dieser Angaben in die von ihr und dem Kläger am 21. November 2005 unterzeichneten Abmachung nicht erinnern. Das im Internet aufgefundene Verkaufsangebot über das Fahrzeug hat die Zeugin nicht ausgedruckt oder anderweitig abgelegt. Andererseits konnte sie Jahre nach dem Geldtausch noch Belege der Wechselstuben über den Umtausch vorlegen. Zu dem Verkäufer des Fahrzeuges hat die Zeugin lediglich angegeben, dass es sich dabei um eine Privatperson gehandelt habe. Hätte die Zeugin dem Kläger tatsächlich den Auftrag zum Erwerb des PKW in Belgien erteilt, hätte es ihr möglich sein müssen, genauere Angaben zum Verkäufer und zu sonstigen Details des Verkaufsgespräches zu machen. Denn der Kläger hat bekundet, dass er den Verkäufer in Belgien aufgesucht habe, der Ankauf des Fahrzeuges letztlich aber gescheitert sei. Treffen diese Angaben zu, wird der Kläger der Zeugin auch Angaben zur Person des Verkäufers, zum Ort und zum Ablauf der Verkaufsverhandlungen und zu den Gründen des Scheiterns des Autokaufs gemacht haben. Solche Einzelheiten hat die Zeugin trotz gezielter Nachfrage nicht benannt. Auffällig ist insbesondere, dass sie nicht erklären konnte, welche Gründe letztlich für den Abbruch der Verkaufsverhandlungen maßgeblich waren. Zudem leuchtet es nicht ein, dass die Zeugin den Zeitpunkt der Geldübergabe an den Kläger nicht datieren konnte, sondern lediglich ausgeführt hat, dass der Betrag „höchstwahrscheinlich" im November 2005 übergeben worden sei.

48 Ungewöhnlich und von der Zeugin nicht ausreichend erläutert ist auch der Umstand, dass die Zeugin und der Kläger unter dem 21. November

2005 eine schriftliche Vereinbarung getroffen haben, wonach die Zeugin dem Kläger einen Betrag von 12.000 EUR „in Kleinstücken" zur Anschaffung eines PKW der Marke BMW übergeben habe. Der für die Zeugenvernehmung in der Botschaft Wilna vom Senat vorbereitete Fragenkatalog enthält hierzu unter anderem die Fragen, warum die Formulierung „in Kleinstücken" gewählt worden sei und was die Zeugin darunter verstehe. Ausweislich der Niederschrift der Botschaft hat die Zeugin die gestellten Fragen gar nicht oder nur ausweichend beantwortet, indem sie ausgeführt hat, dass sie sich nicht erinnere, aus welchen Geldscheinen sich der gewechselte Geldbetrag zusammengesetzt habe, und dass sie den übergebenen Geldbetrag so in den Wechselstuben erhalten habe. Eine tiefergehende Begründung wäre hier insbesondere deshalb erforderlich gewesen, weil ein solcher Auftrag zum Erwerb eines Fahrzeuges, der nach dem Vorbringen der Zeugin auch als Quittung dienen sollte, üblicherweise nicht einen Hinweis zur Stückelung des überreichten Geldbetrages enthält.

49 Schließlich nimmt gegen die Glaubhaftigkeit des Vortrages der Zeugin ein, dass sie auf die Fragen, ob sie das Geld zwischenzeitlich von dem Kläger zurückgefordert habe, und, wenn ja, auf welchem Weg, geantwortet hat, dass sie keine weiteren Anstrengungen unternommen habe, um das Geld zurückzubekommen, und auch nicht gerichtlich gegen den Kläger vorgegangen sei. Diese Reaktion ist angesichts des eingetretenen Verlustes von Ersparnissen, die über 9 Jahre angesammelt wurden, unverständlich und nicht lebensnah.

50 Der Rechtmäßigkeit des Sicherstellungsbescheides steht nicht entgegen, dass die Staatsanwaltschaft Osnabrück das gegen den Kläger geführte strafrechtliche Ermittlungsverfahren wegen des Verdachts der Geldwäsche am 16. Januar 2006 gemäß § 170 Abs. 2 StPO eingestellt hat. Bei präventiv-polizeilicher Betrachtung kann trotz Einstellung eines Ermittlungsverfahrens allein aufgrund verbliebener Verdachtsmomente ein Bedürfnis für die Aufrechterhaltung von polizeilichem Gewahrsam an beschlagnahmtem Geld bestehen (Senatsurt. v. 2.7.2009 - 11 LC 4/08 -, a.a.O.). Der Kläger macht auch vergeblich geltend, dass ihm die in Art. 2 Abs. 1 GG in Verbindung mit dem Rechtsstaatsprinzip sowie in Art. 6 Abs. 2 der europäischen Menschenrechtskonvention (EMRK) verankerte Unschuldsvermutung zugute kommen müsse. Die Unschuldsvermutung steht präventiv-polizeilichen Maßnahmen regelmäßig nicht entgegen, wenn trotz eines Freispruchs oder einer Verfahrenseinstellung die gegen den Betroffenen gerichteten Verdachtsmomente nicht ausgeräumt sind. Denn die Feststellung eines Tatverdachts ist etwas substantiell anderes als eine Schuldfeststellung. Der Freispruch oder die Verfahrenseinstellung bleiben andererseits nicht ohne Auswirkungen auf die Entscheidung über die Vornahme präventiv-

polizeilicher Maßnahmen. Diese Umstände sind vielmehr im Rahmen der Prüfung des Vorliegens der gesetzlichen Voraussetzungen der Maßnahme und insoweit insbesondere bei der Frage zu berücksichtigen, ob die konkrete Maßnahme dem Verhältnismäßigkeitsgrundsatz Rechnung trägt (BVerfG, Beschl. v. 16.5.2002 - 1 BvR 2257/01 -, NJW 2002, 3231, juris, Rn. 20, zur fortdauernden Datenspeicherung trotz Freispruchs; BVerwG, Beschl. v. 6.7.1988 - 1 B 61.88 -, NJW 1989, 2640, zur weiteren Aufbewahrung erkennungsdienstlicher Unterlagen trotz Freispruchs).

51 Angesichts der vorliegenden eindeutigen Hinweise auf die deliktische Herkunft des Geldes und der Wiederholungsgefahr ist der Sicherstellungsbescheid auch verhältnismäßig im engeren Sinne.

52 Der Kläger hat keinen Herausgabeanspruch gegen die Beklagte. Nach § 29 Abs. 1 Satz 1 Nds. SOG sind, sobald die Voraussetzungen für die Sicherstellung weggefallen sind, die Sachen an diejenige Person herauszugeben, bei der sie sichergestellt worden sind. Die Herausgabe ist nach § 29 Abs. 1 Satz 4 Nds. SOG[22] ausgeschlossen, wenn dadurch erneut die Voraussetzungen für eine Sicherstellung eintreten würden. Danach kann der Kläger die Herausgabe des sichergestellten Bargeldes nicht verlangen. Denn wie sich aus den vorstehenden Ausführungen ergibt, sind die Voraussetzungen für die Sicherstellung nicht weggefallen. Es liegen keine Anhaltspunkte dafür vor, dass die gegenwärtige Gefahr eines Einsatzes des sichergestellten Geldes für Zwecke des Drogenhandels entfallen ist.

Hinweis:
Die Zustimmung des Nds. OVG (Lüneburg) zu dieser Veröffentlichung liegt vor.

---

[22] Gemeint sein dürfte § 29 Abs. 1 **Satz 3** Nds. SOG.

Vor Entscheidung II./14

1 BVR 732/11
Bundesverfassungsgericht
Entscheidung (Beschluss) vom 24.10.2011

Gefahrenabwehrrechtliche Sicherstellung von Bargeld; Nichtannahme der Verfassungsbeschwerde

Rechtsquellen/Fundstellen	Suchworte
§ 92b i.V.m. § 93a BverfGG	Bargeld
§ 93d Abs. 1 S. 3 BVerfGG	gegenwärtige Gefahr
§ 26 Nrn. 1, 2 Nds. SOG	Sicherstellung und Verwahrung
§ 27 Abs. 1 Nds. SOG	Sofortige Vollziehung
§ 1006 Abs. 1 S. 1 BGB	Nichtherausgabe
§ 124 Abs. 2 Nrn. 1, 2, 3 VwGO	Klageabweisung (VG)
§§ 73 ff. StGB	Zulassung der Berufung abgelehnt (OVG)
Art. 2 Abs. 1 GG	Verfassungsbeschwerde
Art. 14 GG	Unzulässigkeit der Verfassungsbeschwerde
Art. 19 Abs. 4 GG	Unanfechtbarkeit der Entscheidung

Leitsatz/Leitsätze (des Autors)

1. Überprüfung eines abgestellten Fahrzeugs vor der Grenze zu den Niederlanden am … durch Zollbeamte. Anlässlich der Durchsuchung des Fahrzeugs wurde neben Drogen in Kleistmengen Bargeld in Höhe von 33.000 € gefunden, welches vorläufig sichergestellt und in Verwahrung genommen wurde.
2. Mit Bescheid vom … stellte der Oberbürgermeister der Stadt O. den Bargeldbetrag sicher und nahm das Geld in öffentliche Verwahrung, lehnte die von den Beschwerdeführern geltend gemachten Herausgabeansprüche ab und ordnete die sofortige Vollziehung der Sicherstellung und Verwahrung an.
3. Sicherstellung erfolgte zur Abwehr einer gegenwärtigen Gefahr (§ 26 Nr. 1 Nds. SOG); die öffentliche Verwahrung gem. § 27 Abs. 1 Nds. SOG.
4. Mit angegriffenem Urteil vom … hat das VG Osnabrück die Klage der Beschwerdeführer auf Aufhebung der Bescheide vom … und Herausgabe des sichergestellten Geldbetrages abgewiesen.

5. Mit angegriffenem Beschluss vom ... hat das Nds. OVG den Antrag der Beschwerdeführer auf Zulassung der Berufung gegen das Urteil des VG Osnabrück abgelehnt.
6. Beschwerdeführer rügen die Verletzung ihrer Rechte aus Art. 14, Art. 2 Abs. 1 und Art. 19 Abs. 4 GG.

   §§ 26 ff. Nds. SOG genügten den verfassungsrechtlichen Anforderungen an eine Rechtfertigung des Eingriffs in ihr Eigentum nicht.

   Für eine präventive Gewinnabschöpfung nach §§ 26 ff. Nds. SOG bestehe kein Regelungsbedarf, da der Bundesgesetzgeber in den §§ 73 ff. StGB bereits präventive strafrechtliche Maßnahmen zur Gewinnabschöpfung vorgesehen habe.

   In den angegriffenen Entscheidungen werde die Reichweite des § 1006 BGB unter Beachtung des Spannungsverhältnisses zu Art. 14 GG verkannt.

   Das OVG habe schließlich Art. 19 Abs. 4 GG verletzt, indem es den Antrag auf Berufung trotz grundsätzlicher Bedeutung zurückgewiesen habe.
7. Die Verfassungsbeschwerde, die die Herausgabe sichergestellten Bargelds betrifft, wird nicht zur Entscheidung angenommen, weil sie aus mehreren Gründen unzulässig ist.
8. Die Entscheidung ist unanfechtbar.

Entscheidung II./14
(Übertragung aus dem Internet, teils Abschrift)

BUNDESVERFASSUNGSGERICHT
- 1 BvR 732/11 -

In dem Verfahren
über
die Verfassungsbeschwerde

1. des Herrn K...,
2. des Herrn F...,
3. des Herrn G...

- Bevollmächtigte:
John Rechtsanwälte,
Kaiser-Wilhelm-Straße 93, 20355 Hamburg -

1. unmittelbar gegen
a) den Beschluss des Niedersächsischen Oberverwaltungsgerichts vom 8. Februar 2011 - 11 LA 6/11 -,
b) das Urteil des Verwaltungsgerichts Osnabrück vom 13. Oktober 2010 -6 A 105/08 -,
c) den Bescheid der Stadt Osnabrück vom 25. Februar 2008 - ... -
2. mittelbar gegen
§§ 26 ff. des Niedersächsischen Gesetzes über die öffentliche Sicherheit und Ordnung (Nds. SOG)

hat die 1. Kammer des Ersten Senats des Bundesverfassungsgerichts durch

> den Vizepräsidenten Kirchhof
> und die Richter Eichberger,
> Masing

gemäß § 93b in Verbindung mit § 93a BVerfGG in der Fassung der Bekanntmachung vom 11. August 1993 (BGBl I S. 1473) am 24. Oktober 2011 einstimmig beschlossen:

Die Verfassungsbeschwerde wird nicht zur Entscheidung angenommen.

Gründe:

1

Die Verfassungsbeschwerde betrifft die Herausgabe sichergestellten Bargelds.

I.

2

1. Am Morgen des 12. Oktober 2006 überprüften Zollbeamte ein auf einem Autobahnparkplatz vor der Grenze zu den Niederlanden abgestelltes Fahrzeug, in dem sich die Beschwerdeführer befanden. Die Frage nach mitgeführten Waffen, Betäubungsmitteln und Bargeldbeträgen von mehr als 15.000 € verneinten die Beschwerdeführer. Anlässlich der Durchsuchung des Fahrzeugs wurde neben Drogen in Kleinstmengen Bargeld in Höhe von 33.000 € gefunden, welches vorläufig sichergestellt und in Verwahrung genommen wurde.

3

2. Mit Bescheiden vom 25. Februar 2008, von denen nur der an den Beschwerdeführer zu 1) gerichtete Bescheid angegriffen ist, stellte der Oberbürgermeister der Stadt O. den Bargeldbetrag sicher und nahm das Geld in öffentliche Verwahrung, lehnte die von den Beschwerdeführern geltend gemachten Herausgabeansprüche ab und ordnete die sofortige Vollziehung der Sicherstellung und Verwahrung an. Zur Begründung berief sich der Oberbürgermeister darauf, dass das Bargeld nach § 26 Nr. 1 des Niedersächsischen Gesetzes über die öffentliche Sicherheit und Ordnung (Nds. SOG) zur Abwehr einer gegenwärtigen Gefahr sichergestellt und nach § 27 Abs. 1 Nds. SOG in öffentliche Verwahrung genommen werde.

4

3. Mit angegriffenem Urteil vom 13. Oktober 2010 hat das Verwaltungsgericht Osnabrück die Klage der Beschwerdeführer auf Aufhebung der Bescheide vom 25. Februar 2008 und Herausgabe des sichergestellten Geldbetrages abgewiesen.

5

Das auf Erstattung des beschlagnahmten Geldes gerichtete Klagebegehren habe keinen Erfolg. Zwar werde zugunsten des Besitzers einer beweglichen Sache gemäß § 1006 Abs. 1 Satz 1 BGB vermutet, dass er auch Eigentümer der Sache sei. Das Gericht sehe es aber nach den Gesamtumständen als widerlegt an, dass die Beschwerdeführer Eigentümer des sichergestellten Bargeldbetrages gewesen seien. Nachhaltig gegen das von den Beschwerdeführern behauptete Eigentum sprächen die Umstände bei der Kontrolle durch den Zoll und die von den Beschwerdeführern seinerzeit gemachten Angaben. Gleiches gelte im Hinblick auf die Herkunft des Geldes. Die Beschwerdeführer seien - wie sie selbst eingeräumt hätten - wirtschaftlich überhaupt nicht in der Lage gewesen, den Geldbetrag aus eigenen Mitteln aufzubringen. Das Gericht sehe es als nicht erwiesen an, dass den Beschwerdeführern das Geld - wie von ihnen behauptet - als Darlehen von den vernommenen Zeugen übereignet worden sei.

6
Mit angegriffenem Beschluss vom 8. Februar 2011 hat das Niedersächsische Oberverwaltungsgericht den Antrag der Beschwerdeführer auf Zulassung der Berufung gegen das Urteil des Verwaltungsgerichts abgelehnt.

7
Ernstliche Zweifel im Sinne des § 124 Abs. 2 Nr. 1 VwGO an der Richtigkeit des Urteils bestünden nicht. Aus der Begründung der Entscheidung ergebe sich, dass das Verwaltungsgericht § 26 Nr. 2 Alt. 1 Nds. SOG, wonach eine Sache sichergestellt werden kann, um den Eigentümer vor Verlust oder Beschädigung der Sache zu schützen, sinngemäß als maßgebende Rechtsgrundlage für die Sicherstellung angesehen habe. Soweit die Beschwerdeführer der Auffassung seien, das Verwaltungsgericht habe die Anforderungen an die Widerlegung der zur Bestimmung des „Eigentümers" im Sinne des § 26 Nr. 2 Nds. SOG herangezogenen Vermutung nach § 1006 Abs. 1 Satz 1 BGB verkannt, griffen ihre Einwände nicht durch. Widerlegt werden könne die Eigentumsvermutung nach § 1006 Abs. 1 Satz 1 BGB entweder durch den Beweis von Umständen, die das Eigentum eines Dritten wahrscheinlicher erscheinen ließen, oder von Umständen, die die vom Besitzer behaupteten Erwerbstatsachen widerlegten. Letzteres habe das Verwaltungsgericht seiner Prüfung rechtsfehlerfrei zugrunde gelegt. Ob dieser Maßstab des § 1006 Abs. 1 Satz 1 BGB ohne weiteres auf die Auslegung des § 26 Nr. 2 Nds. SOG übertragen werden könne oder diese Bestimmung im Hinblick auf ihren Schutzzweck, gerade auch einen (bislang) unbekannten Eigentümer vor dem drohenden Verlust zu schützen, nicht ohnehin autonom auszulegen sei, könne deshalb offen bleiben.

8
Die Rechtssache weise unter dem von den Beschwerdeführern vorgetragenen Gesichtspunkt auch keine besonderen rechtlichen Schwierigkeiten im Sinne des § 124 Abs. 2 Nr. 2 VwGO auf. Ebenso wenig vermittele die von den Beschwerdeführern aufgeworfene Frage, „ob der Beklagte darlegen muss, wessen Eigentum wahrscheinlicher ist als (das) des unmittelbaren Besitzers(,) für den § 1006 (BGB) streitet", dem Rechtsstreit grundsätzliche Bedeutung im Sinne des § 124 Abs. 2 Nr. 3 VwGO.

II.

9

Die Beschwerdeführer rügen die Verletzung ihrer Rechte aus Art. 14, Art. 2 Abs. 1 und Art. 19 Abs. 4 GG.

10

1. Durch die Sicherstellung des Geldes und die diese Maßnahme bestätigenden Entscheidungen sei in ihr Eigentum eingegriffen worden. Die §§ 26 ff. Nds. SOG genügten den verfassungsrechtlichen Anforderungen an eine Rechtfertigung dieses Eingriffs nicht.

11

a) Für eine präventive Gewinnabschöpfung nach §§ 26 ff. Nds. SOG bestehe angesichts dessen, dass der Bundesgesetzgeber in den §§ 73 ff. StGB bereits präventive strafrechtliche Maßnahmen zur Gewinnabschöpfung vorgesehen habe, kein Regelungsbedarf. Ohnehin seien die Voraussetzungen des § 26 Nds. SOG nicht gegeben. Die Gefahrenprognose der Stadt O. habe sich nicht bestätigt.

12

b) Darüber hinaus werde in den angegriffenen Entscheidungen die Reichweite des § 1006 BGB unter Beachtung des Spannungsverhältnisses zu Art. 14 GG verkannt. § 1006 BGB solle den unmittelbaren Besitzer schützen und nicht schlechter stellen. Unter Beachtung der dem Besitzer vermittelten Beweiserleichterungen müsse „der Gegner" darlegen, wer der wahrscheinlichere Eigentümer sei, zumindest müsse dieser aber bestimmbar sein. Die Stadt O. habe jedoch nicht ansatzweise eine andere „bestimmbare" Person ermittelt oder erwähnt, deren Eigentum wahrscheinlicher sei.

13

2. Das Oberverwaltungsgericht habe schließlich Art. 19 Abs. 4 GG verletzt, indem es den Antrag auf Zulassung der Berufung trotz grundsätzlicher Bedeutung zurückgewiesen habe.

III.

14

Die Verfassungsbeschwerde wird nicht zur Entscheidung angenommen, weil sie unzulässig ist.

15

1. Es kann offenbleiben, ob verfassungsrechtliche Bedenken, insbesondere wegen einer Verletzung von Art. 14 GG in Verbindung mit dem Be-

stimmtheits- oder Verhältnismäßigkeitsgrundsatz, gegen eine Sicherstellung und Verwahrung bestehen, die auf die allgemeinen polizeirechtlichen Eingriffsermächtigungen nach § 26 Nr. 2, § 27 Nds. SOG gestützt werden, wenn der von diesen Maßnahmen betroffene Besitzer des Bargelds sein Eigentum daran wegen einer Widerlegung der Vermutung des § 1006 Abs. 1 Satz 1 BGB nicht beweisen kann, der Eigentümer der sichergestellten Sache unbekannt ist und die sicherstellende Behörde zugleich nicht davon ausgeht, dass der rechtmäßige Eigentümer aufzufinden sein wird, so dass die eigentlich dem Schutz privater Rechte dienende Sicherstellung und Verwahrung letztlich eine dauerhafte Entziehung des Eigentums zugunsten des Staates bewirkt.

16
Denn die Beschwerdeführer rügen unter diesem Gesichtspunkt weder eine Verletzung spezifischen Verfassungsrechts noch legen sie eine solche den Anforderungen der §§ 92, 23 Abs. 1 Satz 2 BVerfGG entsprechend dar. Vielmehr bezweifeln die Beschwerdeführer lediglich die Verfassungsmäßigkeit der - in Ansehung der gerichtlichen Entscheidungen nicht (mehr) streitgegenständlichen - präventiven Gewinnabschöpfung nach § 26 Nr. 1 Nds. SOG und beanstanden im Übrigen eine falsche Auslegung und Anwendung des § 1006 Abs. 1 Satz 1 BGB, ohne sich mit der diesbezüglichen verwaltungsgerichtlichen Rechtsprechung (vgl. die von den Gerichten zitierte Entscheidung des OVG für das Land Nordrhein-Westfalen, Beschluss vom 11. August 2010 - 5 A 298/09 -, juris, sowie BayVGH, Beschluss vom 19. November 2010 - 10 ZB 10.1707 -, juris) auseinanderzusetzen. Damit werfen sie jedoch nicht die Frage auf, ob und aufgrund welcher verfassungsrechtlicher Maßstäbe eine Sicherstellung zum Schutz eines unbekannten Eigentümers nach § 26 Nr. 2 Nds. SOG die Eigentumsgarantie verletzen könnte. Eine substantiierte Begründung im Sinne der §§ 92, 23 Abs. 1 Satz 2 BVerfGG erfordert jedoch, dass die Beschwerdeführer hinreichend deutlich und insbesondere anhand der vom Bundesverfassungsgericht geklärten verfassungsrechtliche Maßstäbe darlegen, inwieweit ihre Grundrechte durch die angegriffenen Maßnahmen verletzt werden (vgl. BVerfGE 99, 84 <87>; BVerfG, Beschluss der 1. Kammer des Ersten Senats vom 12. Dezember 2007 - 1 BvR 2697/07 -, juris, Rn. 13; Beschluss der 2. Kammer des Ersten Senats vom 2. September 2009 - 1 BvR 1997/08 -, juris, Rn. 5).

17
2. Ebenso wenig genügt die Verfassungsbeschwerde den Begründungsanforderungen, soweit die Beschwerdeführer rügen, dass das Oberverwaltungsgericht die Berufung wegen grundsätzlicher Bedeutung im Sinne von § 124 Abs. 2 Nr. 3 VwGO hätte zulassen müssen. Denn die Beschwerdeführer setzen sich weder mit den Voraussetzungen der Zulassung wegen

grundsätzlicher Bedeutung im Sinne von § 124 Abs. 2 Nr. 3 VwGO oder wegen eines anderen Zulassungsgrundes auseinander, noch verhalten sie sich zu den vom Bundesverfassungsgericht hinreichend geklärten Maßstäben einer Verletzung von Art. 19 Abs. 4 GG durch Nichtzulassung eines Rechtsmittels (vgl. nur BVerfGK 5, 369 <374>; 10, 208 <213>).

18
Von einer weiteren Begründung wird nach § 93d Abs. 1 Satz 3 BVerfGG abgesehen.

19
Diese Entscheidung ist unanfechtbar.

   Kirchhof   Eichberger   Masing

Auflistung weiterer verwaltungsgerichtlicher Entscheidungen „Sicherstellung von Bargeld"

1.) **Urteil VG Düsseldorf, Az. 18 K 4188/08, vom 10.12.2008 [–]**
– *Sicherstellung von 11.140 € Bargeld*; dazu Berufung zugelassen auf Antrag des Polizeipräsidiums Krefeld (Beklagte) durch
Beschluss des Oberverwaltungsgerichts Nordrhein-Westfalen (Münster), Az. 5 A 298/09 / 18 K 4188/08 Düsseldorf, vom 29.10.2009 (Antragsverfahren wird als Berufungsverfahren fortgesetzt), danach:
Beschluss des Oberverwaltungsgerichts Nordrhein-Westfalen (Münster), Az. 5 A 298/09, vom 11.08.2010[23] – *rechtskräftig* [+]

> **Orientierungssatz zum Beschluss des OVG NRW, Az. 5 A 298/09**
>
> 1. Für eine Sicherstellung nach § 43 Nr 2 PolG NW genügt es, dass eine Ermittlung des Eigentümers der sichergestellten Sachen nicht auszuschließen ist. In diesem Fall dient die Sicherstellung dem Schutz des noch unbekannten Eigentümers vor Verlust (oder Beschädigung) seines Eigentums. (Rn. 49)
> 2. Zur Widerlegung der Eigentumsvermutung des § 1006 BGB. (Rn. 29).
>
> **Tenor zum Beschluss des OVG NRW, Az. 5 A 298/09**
> Das angefochtene Urteil wird geändert.
> Die Klage wird abgewiesen.
> Der Kläger trägt die Kosten des Verfahrens erster und zweiter Instanz.
> Die Kostenentscheidung ist vorläufig vollstreckbar. ...
> Der Streitwert wird auch für das Berufungsverfahren auf 11.140,-- Euro festgesetzt.
> Die Revision wird nicht zugelassen.

2.) **Urteil VG Stade, Az. 1 A 1504/08, vom 17.11.2009 [+]**
– *Sicherstellung von 27.000,00 € Bargeld („Drogengeschäfte")*; dazu: Antrag auf Zulassung der Berufung wird abgelehnt durch
Beschluss des Nds. OVG (Lüneburg), Az. 11 LA 574/09, vom 29.09.2010 mit dem Tenor „Dieser Beschluss ist unanfechtbar." – *rechtskräftig* [+]

---

[23] »https://openjur.de/u/146402.html«

3.) **Urteil VG Lüneburg, Az. 6 A 143/09, vom 13.01.2011**[24] [–]
– Sicherstellung von 27.000,00 € Bargeld (54 500-€-Scheine, mitgeführt in einer Tasche der Unterhose, beabsichtigte „Ausfuhr" in die Türkei)

Leitsatz/Leitsätze (amtlich, zum Urteil VG Lüneburg, Az. 6 A143/09)
Erforderlich für eine Sicherstellung sind hinreichende Indizien für das Vorliegen einer gegenwärtigen Gefahr (hier verneint), rechtskräftig.

4.) **Urteil Bay. VG Ansbach, Az. AN 5 K 09.01212, vom 14.01.2010**[25]
[+] – Sicherstellung eines Geldbetrages in Höhe von 86.100,00 € im Safe einer Sparkasse - rechtskräftig

Leitsätze (amtlich, zum Urteil Bay. VG Ansbach, Az. AN 5 K 09.01212)
Auch dann, wenn der wahre Eigentümer oder rechtmäßige Besitzer nicht (mehr) ermittelt werden kann, kann eine Sicherstellung beibehalten und in der Folgezeit eine Verwertung durchgeführt werden, wenn nach Überzeugung des Gerichts jedenfalls derjenige, bei dem die Sache sichergestellt wurde, nicht Eigentümer oder rechtmäßiger Besitzer ist.

---

[24] »https://openjur.de/u/326472.html«
[25] « https://openjur.de/u/481776.html«

III. Sicherstellung von Gegenständen und Bargeld

Sofern in einem Verfahren Gegenstände und Bargeld zugleich sichergestellt werden, gilt:
- Die Sicherstellung von offensichtlich deliktischen – inkriminierten, bemakelten – Gegenständen, die kein Bargeld sind, erfolgt über das Strafermittlungsverfahren hinaus vorrangig zum **„Eigentumsschutz"**, soll aber auch Fortsetzungsstraftaten wie Hehlereidelikte „zur Abwehr einer gegenwärtigen Gefahr" verhindern.
- Die Sicherstellung von offensichtlich deliktischem – inkriminiertem, bemakeltem – Bargeld erfolgt über das Strafermittlungsverfahren hinaus vorrangig **„zur Abwehr einer gegenwärtigen Gefahr"** (insbesondere im Hinblick auf Drogenhandel, illegalen Zigarettenhandel oder Enkeltrickbetrug); es kann aber auch zusätzlich dem „Eigentumsschutz" dienen, weil nicht auszuschließen ist, dass das Bargeld aus Diebstahlsstraftaten[26] hervorgegangen ist (vgl. Urteil VG Braunschweig, Az. 5 A 25/08, vom 02.12.2009 – *Sicherstellung von 8.400 € Bargeld – „Verdacht des schweren Bandendiebstahls"; vgl. Entscheidung II./10*).

Gesetzliche Grundlage (Beispiel: § 26 Nds. SOG)

---

§ 26 Sicherstellung

Die Verwaltungsbehörden und die Polizei können eine Sache sicherstellen,
1. um eine gegenwärtige Gefahr abzuwehren,
2. um die Eigentümerin oder den Eigentümer oder die Person, die rechtmäßig die tatsächliche Gewalt innehat, vor Verlust oder Beschädigung einer Sache zu schützen oder
3. ...

Der Erlös der sichergestellten und danach in Verwahrung genommenen Gegenstände fällt an den Fiskus (je nach Zuständigkeit Kommune, Land oder Bund), sofern nach Ablauf der gesetzlichen Fristen keine Eigentümer oder sonst Berechtigte festgestellt werden können.

---

[26] Bargeld, das im Rahmen von Straftaten erlangt wird – sofern es nicht gestohlen wurde – gilt sachenrechtlich als Eigentum der oder des Beschuldigten, da die Rechtswidrigkeit des Verpflichtungsgeschäftes nicht zwangsläufig auf die Wirksamkeit der sachenrechtlichen Eigentumsübertragung durchschlägt. Eine Sicherstellung von Bargeld ist wenn möglich auf § 26 Nr. 1 Nds. SOG zu stützen. (Ziff. 3.3 des Gem. RdErl. d. MI u. d. MJ v. 16.11.2007, a.a.O.).

Das sichergestellte und danach auf ein Konto in Verwahrung genommene Bargeld fällt nach Ablauf der gesetzlichen Fristen an den Fiskus (je nach Zuständigkeit Kommune, Land oder Bund).[27]
Die fiskalische Verwertung ist im Falle der Nicht-Herausgabe von sekundärer Bedeutung.

---

[27] „Eine Verwertung sichergestellten Bargeldes sowie Buchgeldes, das nach Nummer 3.1 als Bargeld behandelt wird, erübrigt sich. Unter den Voraussetzungen des § 28 Abs. 1 Nr. 4 Nds. SOG kann dieses Bargeld jedoch als Erlös behandelt werden." (Ziff. 7 des Gem. RdErl. d. MI u. d. MJ v. 16.11.2007, a.a.O.).

Vor Entscheidung III./1

4 A 136/05
VG Osnabrück
Urteil vom 16.11.2006

Parteien streiten über die Herausgabe eines sichergestellten goldenen Armbandes sowie eines Geldbetrages in Höhe von 1.300,00 €

Rechtsquellen/Fundstellen	Suchworte
StPO 111 b, c	Verwahrung
StPO 170 II	Gefahrenabwehrrecht
StPO 100 b V, VI	Abtretungserklärung
StPO 100 a	Sicherstellung
Nds. SOG 26 Nr. 2, 27 I	Verfügungsverbot
Nds. SOG 26 Nr. 1	Beweisverwertungsverbot
BGB 1006	Telefonüberwachung
BGB 136	Fernmeldegeheimnis
BGB 291	Zinsen

Leitsatz/Leitsätze (des Autors)

1. Bei dem Kläger sowie einem gesondert Verfolgten wurden wegen Verdachts des gemeinschaftlichen Raubes nach den Vorschriften der StPO 1.300 € in Scheinen sowie ein goldfarbenes Armband sichergestellt.
2. Ermittlungsverfahren gegen den Kläger wurde durch die StA gemäß § 170 Abs. 2 StPO eingestellt.
3. Zu einer Auskehr der sichergestellten Gegenstände kam es nicht, da in der Folgezeit von der Beklagten eine mögliche Sicherstellung nach dem Gefahrenabwehrrecht geprüft wurde.
4. Prozessbevollmächtigter des Klägers überreichte eine Abtretungserklärung, wonach der Kläger den beschlagnahmten Betrag an ihn abgetreten habe.
5. Beklagte ordnete per Bescheid die gefahrenabwehrrechtliche Sicherstellung der 1.300 € und des goldenen Armbandes gegenüber dem Kläger an und nahm die Gegenstände in öffentliche Verwahrung; gleichzeitige Anordnung eines Verfügungsverbotes.
6. Beklagte stützt ihren Bescheid auf § 26 Nr. 2 und § 27 Abs. 1 Nds. SOG, um die Eigentümerin/den Eigentümer vor Verlust oder Beschädigung einer Sache zu schützen.
7. Kläger hat gegen diesen Bescheid Klage erhoben.

8. Sicherstellungsverfügung der Beklagten ist rechtswidrig und verletzt den Kläger in seinen Rechten.
9. Hinweise oder Erkenntnisse auf deliktische Handlungen aus Protokollen der richterlich angeordneten Telefonüberwachung unterliegen einem Beweisverwertungsverbot.
10. Vorschrift des § 100 b Abs. 6 StPO fordert nämlich die unverzügliche Vernichtung der Unterlagen aus der Telefonüberwachung, sobald die Unterlagen zur Strafverfolgung nicht mehr erforderlich sind.
11. Verfügung kann nach Ansicht der Kammer nicht auf § 26 Nr. 1 Nds. SOG gestützt werden, da das Vorliegen einer gegenwärtigen Gefahr für die öffentliche Sicherheit und Ordnung auch im Zeitpunkt der Sicherstellung nicht gegeben war.
12. Folglich hat die Beklagte die sichergestellten Gegenstände an den Kläger herauszugeben.
13. Zinsen werden grundsätzlich erst ab Rechtshängigkeit zugesprochen.

Entscheidung III./1 (Abschrift)

VERWALTUNGSGERICHT OSNABRÜCK

Az.: 4 A 136/05

IM NAMEN DES VOLKES
URTEIL

In der Verwaltungsrechtssache

des Herrn

                              Klägers,

Proz.-Bev.: Rechtsanwälte

g e g e n

die Stadt Osnabrück, - Fachbereich Recht -, vertreten durch den Oberbürgermeister, Natruper-Tor-Wall 5, 49076 Osnabrück, - 30-681/05 –

                              Beklagte,

Streitgegenstand: Ordnungsrecht (Gefahrenabwehr)

hat das Verwaltungsgericht Osnabrück – 4. Kammer – auf die mündliche Verhandlung vom 16. November 2006 durch die Vorsitzende Richterin am Verwaltungsgericht , den Richter am Verwaltungsgericht , die Richterin sowie die ehrenamtlichen Richter und für Recht erkannt:

    Der Bescheid der Beklagten vom 02.05.2005 wird aufgehoben.

    Die Beklagte wird verurteilt, den sichergestellten Betrag von 1.300,00 € nebst 5 % Zinsen über dem Basiszinssatz seit dem 25.05.2005 an den Prozessbevollmächtigten des Klägers, Rechtsanwalt , auszukehren und das sichergestellte goldene Armband an den Kläger herauszugeben.

Im Übrigen wird die Klage abgewiesen

Die Beklagte trägt die Kosten des Verfahrens.

Das Urteil ist wegen der Kosten vorläufig vollstreckbar.

Die Beklagte kann die Vollstreckung durch Sicherheitsleistung in Höhe des zu vollstreckenden Betrags abwenden, wenn nicht der Kläger zuvor Sicherheit in gleicher Höhe leistet.

Tatbestand

Die Parteien streiten über die Herausgabe eines sichergestellten goldenen Armbandes sowie eines Geldbetrages in Höhe von 1.300,00 €.

Im Rahmen eines staatsanwaltschaftlichen Ermittlungsverfahrens (Az. 130 Js ...../03) gegen den Kläger sowie den gesondert verfolgten .... wegen des Verdachts des gemeinschaftlichen Raubes wurden am 04.03.2003 aufgrund des richterlichen Beschlusses des Amtsgerichts Osnabrück vom 27.02.2003 (Az. 79 Gs .../03) die damalige Wohnung des Klägers, ... Straße .., 49... ...., und sein Lkw, amtliches Kennezichen OS - .. .., durchsucht. Im Rahmen der Durchsuchung wurden im Schlafzimmer des Klägers im Nachtschrank unter anderem 1.000,00 € in Scheinen, darunter ein 500 €-Schein sowie ein goldfarbenes Armband, 750-er Gold, ca. 95,4 g und in der ....-Arbeitshose des Klägers 300,00 € in Scheinen vorgefunden und nach den Vorschriften der StPO sichergestellt – der Kläger übergab die genannten Gegenstände laut Protokoll freiwillig – und zur Vorbereitung des Verfalls in amtliche Verwahrung genommen (vgl. §§ 111 b, c StPO). Wegen der weiteren Einzelheiten wird auf den Durchsuchungsbericht sowie das gleichzeitig angefertigte Protokoll über die Durchsuchung (Blatt 84 bis 88 der Verwaltungsvorgänge) Bezug genommen.

Das Ermittlungsverfahren gegen den Kläger wurde am 14.10.2003 gem. § 170 Abs. 2 StPO eingestellt, da es ausweislich des Vermerks der Staatsanwaltschaft (Blatt 174, 175 der Verwaltungsvorgänge) nicht gelungen war, festzustellen, wer Opfer der vermuteten Raubstraftaten war. Zu einer Auskehr der sichergestellten Gegenstände kam es jedoch nicht, da in der Folgezeit von der Beklagten eine mögliche Sicherstellung nach Gefahrenabwehrrecht geprüft wurde, in deren Verlauf die sichergestellten Gegenstände an die Beklagte übergeben wurden. Mit Schreiben an die Staatsanwaltschaft Osnabrück vom 02.03.2004 überreichte der Prozessbevollmächtigte des Klägers eine Abtretungserklärung (Bl. 189 der Verwaltungsvorgänge) vom 20.02.2004, wonach der Kläger den beschlagnahmten Betrag in Höhe von 1.300,00 € an ihn abgetreten habe.

Mit Bescheid vom 02.05.2005 ordnete die Beklagte die Sicherstellung der 1.300,00 € und des goldenen Armbandes gegenüber dem Kläger an und nahm die Gegenstände in öffentliche Verwahrung unter gleichzeitiger Anordnung eines Verfügungsverbotes. Die Beklagte stützt den Bescheid auf § 26 Nr. 2 und § 27 Abs. 1 des Nds. Gesetzes über die öffentliche Sicherheit und Ordnung (Nds. SOG), um die Eigentümerin/den Eigentümer vor Verlust oder Beschädigung seiner Sache zu schützen. Zur Begründung führt sie aus:
Zwar habe hier der rechtmäßige Eigentümer bzw. der berechtigte Gewahrsamsinhaber der sichergestellten Wertgegenstände nicht im strafrechtlichen Ermittlungsverfahren ermittelt werden können. Der Kläger habe jedoch bezüglich der Herkunft der sichergestellten Wertgegenstände weder Angaben gemacht, noch Belege beigebracht, die den redlichen Erwerb der Gegenstände glaubhaft machen würden. Aus diesem Grunde würde dem Anspruch des rechtmäßigen Eigentümers der Wertgegenstände nicht Rechnung getragen, wenn die Gegenstände an einen Dritten herausgegeben werden würden, ohne dass dieser den glaubhaften Nachweis über seinen rechtmäßigen Anspruch erbracht hätte. Dem stehe nicht entgegen, dass der Eigentümer noch unbekannt sei. Zwar werde nach § 1006 BGB grundsätzlich zu Gunsten des Besitzers einer beweglichen Sache vermutet, dass dieser Eigentümer der Sache sei, diese Beweislastregel könne jedoch aufgrund von Indizien, die nicht für einen rechtmäßigen Besitzerwerb sprechen, widerlegt werden. Dies könne auch mit Hilfe von Beweistatsachen (Indiztatsachen) und Erfahrungsgrundsätzen erfolgen, mit der Konsequenz, dass sich die grundsätzlich bei der Beklagten liegende materielle Beweislast mit der Folge umkehre, dass der von der Sicherstellung Betroffene den Nachweis des von ihm behaupteten Eigentums an den sichergestellten Gegenständen zu erbringen habe. Einen derartigen Eigentumsnachweis habe der Kläger hier nicht führen können. Nach Vorliegen der Gesamtumstände und im Hinblick darauf, dass der Kläger noch im März 2003 Sozialhilfe erhalten habe – insoweit stützt sie sich auf die eingeholten Berechnungsnachweise – sieht die Beklagte es als erwiesen an, dass der Kläger die sichergestellten Wertgegenstände illegal erlangt habe. Das Allgemeinwohl und der Schutz des rechtmäßigen Eigentümers vor unerlaubtem Besitz durch Dritte hätten daher geboten, die Gegenstände sicherzustellen. Das Verfügungsverbot wird auf § 11 Nds. SOG gestützt. Die darin geforderte konkrete Gefahr für die öffentliche Sicherheit und Ordnung bestehe vorliegend darin, dass ein schuldrechtliches Verfügungs-/Verpflichtungsgeschäft, wie beispielsweise die Abtretung des Herausgabeanspruchs, über die sichergestell-

ten Gegenstände die rechtliche Position des tatsächlichen Eigentümers in nicht hinnehmbarer Weise beeinträchtigt würde.

Der Kläger hat am 25.05.2005 Klage gegen diesen Bescheid erhoben, mit der er die Herausgabe der sichergestellten Gegenstände an sich bzw. seinen Prozessbevollmächtigten begehrt. Zur Begründung macht der Kläger geltend, die Sicherstellung des Geldbetrages habe schon aufgrund der Abtretung, die mit der Abtretungsurkunde nachgewiesen worden sei, nicht erfolgen dürfen. Auch lägen keine Indizien vor, die die Beweisregelung gem. § 1006 BGB widerlegen könnten. Einem Sozialhilfeempfänger sei es nicht verwehrt, einen Betrag in Höhe von 1.300,00 € zu besitzen. Hinzu komme, dass er zum Zeitpunkt der Sicherstellung im Rahmen der Durchsuchung im Hilfeplan des Sozialamtes gewesen sei, der ihm bei seinem Start in die Selbständigkeit helfen sollte. In diesem Zusammenhang sei es ihm erlaubt worden, Geld mit sich zu führen, um Materialien und Benzinkosten zu decken. Zudem sei nicht nachvollziehbar, dass trotz Einstellung des Strafverfahrens weiterhin davon ausgegangen werde, die Gegenstände seien illegal erlangt worden. Das ausgesprochene Verfügungsverbot sei schon deswegen gegenstandslos, weil bereits vorher die Abtretung an den Prozessbevollmächtigten erfolgt sei. Überdies sei hinsichtlich des Goldarmbandes nicht nachvollziehbar dargelegt worden, dass es im Eigentum eines anderen stehen könnte. Wenn dem Kläger vorgeworfen werde, er habe keine Einlassungen hinsichtlich seines Eigentums vorgenommen, so verweise er auf das Recht der Aussageverweigerung im Strafverfahren. Schließlich handele es sich bei dem Goldarmband um ein Erbstück der Großmutter des Klägers. Zudem sei eine gegenwärtige Gefahr bei einer Sicherstellung durch die Beklagte fast zwei Jahre nach der Durchsuchung nicht nachzuvollziehen.

Der Kläger beantragt sinngemäß,

> den Bescheid der Beklagten vom 02.05.2005 aufzuheben und die Beklagte zu verurteilen, 1.300,00 € nebst 5 % Zinsen über dem Basiszinssatz ab dem 27.07.2003 an Rechtsanwalt .... auszukehren und das goldene Armband, 750-er Gold, ca. 95,4 g, an den Kläger herauszugeben.

Die Beklagte beantragt,

> die Klage abzuweisen.

Zur Begründung verweist sie zunächst auf die Ausführungen des angefochtenen Bescheides. Darüber hinaus benennt sie im Einzelnen Indizien, die ihrer Ansicht nach gegen die Eigentümerstellung des Klägers sprechen, weshalb es an diesem liege, seine rechtmäßige Eigentümerstellung gegenüber der Beklagten nachzuweisen. Zunächst spreche die wirtschaftliche Situation des Klägers – er stand im März 2003 im Bezug von Leistungen nach dem BSHG – gegen die Eigentümerstellung hinsichtlich des Bargeldes und des Armbandes, da es der allgemeinen Lebenserfahrung widerspreche, dass Sozialhilfeempfänger rechtmäßiges Eigentum an Bargeld und Schmuck im vierstelligen €-Bereich hätten. Hinsichtlich des 500,00 €-Scheins, der im Alltagsgeschäft nahezu keine Bedeutung habe, bestünden ebenfalls angesichts der wirtschaftlichen Situation des Klägers Zweifel an der rechtmäßigen Eigentümerstellung. Der Sozialhilferegelsatz habe im einschlägigen Zeitraum deutlich unter monatlich 500,00 € gelegen. Zudem sei eine „Erlaubnis zum Mitführen von Geld" nie erteilt worden; zwar habe das Sozialamt mehrere Hilfepläne für den Kläger erstellt, die Hilfe habe sich jedoch auf die fachkundliche Beratung durch den Sachbearbeiter Herrn …… beschränkt. Die Tatsache, dass das Strafverfahren gegen den Kläger eingestellt worden sei, führe nicht notwendigerweise dazu, dass die Beklagte nicht mehr präventiv tätig werden könne. Denn die Einstellung eines staatsanwaltschaftlichen Ermittlungsverfahrens stehe der aus präventivpolizeilichen Gründen erfolgten Sicherstellungsverfügung nicht grundsätzlich entgegen. Diesbezüglich zitiert sie einen Beschluss des VG Aachen vom 10.02.2005, Az. 6 L 825/04. Ein Wertungswiderspruch bestehe somit nicht. Aufgrund der genannten Indizien sei die Beweislastregel des § 1006 BGB widerlegt, weshalb der Kläger seinerseits Nachweise für das von ihm behauptete Eigentum zu erbringen habe. Diesbezüglich stützt sie sich auf ein Urteil des VG Karlsruhe vom 10.05.2001, Az. 9 K 2018/99.

Der gerichtlich eingeholte Auszug aus dem Bundeszentralregister enthält hinsichtlich des Klägers keine Eintragungen.

In der mündlichen Verhandlung teilte der Vertreter der Beklagten mit, dass der Wert des Armbandes auf ca. 50,00 - 60,00 € geschätzt worden sei und es sich nicht um 750er Gold, sondern lediglich um eine Vergoldung handele.

Wegen des weiteren Vortrags der Beteiligten wird auf deren Schriftsätze, wegen des Sachverhalts im Übrigen wird auf die Gerichtsakten sowie die beigezogenen Verwaltungsvorgänge Bezug genommen.

Entscheidungsgründe

Die Klage ist zulässig und begründet. Die Sicherstellungsverfügung vom 02.05.2005 ist rechtswidrig und verletzt den Kläger in seinen Rechten. Die

Voraussetzungen für die auf § 26 Nr. 2 Nds. SOG gestützte Sicherstellung sind nach Auffassung der Kammer vorliegend nicht gegeben.

Nach § 26 Nr. 2 Nds. SOG können die Verwaltungsbehörden und die Polizei eine Sache sicherstellen, um die Eigentümerin oder den Eigentümer oder die Person, die rechtmäßig die tatsächliche Gewalt innehat, vor Verlust oder Beschädigung einer Sache zu schützen. Dies ist dann der Fall, wenn der Sache eine konkrete Gefahr droht, also beispielsweise mit ihrer Entwendung, missbräuchlichen Benutzung oder Beschädigung zu rechnen ist (vgl. VG Karlsruhe, Urteil vom 10.05.2001, - 9 K 2018/99 - zit. nach juris). Damit beinhaltet Nr. 2 einen Anwendungsfall der Gefahrenabwehr zum Schutz privater Rechte (vgl. Saipa, Nds. SOG, § 26, Rdnr. 2). Um eine Sache mithin nach § 26 Nr. 2 Nds. SOG rechtmäßig sicherstellen zu können, muss ein, wenn auch unbekannter, wahrer Eigentümer oder rechtmäßiger Inhaber der tatsächlichen Gewalt existieren, der gerade personenverschieden von dem Adressaten der Sicherstellungsverfügung ist. Dabei ist es nicht erforderlich, dass der wahre Eigentümer oder rechtmäßiger Inhaber der tatsächlichen Gewalt feststeht, bzw. ermittelt werden kann (vgl. VG Karlsruhe, a.a.O.). Das Gericht muss jedoch zu der Überzeugung gelangen, dass der Adressat der Sicherstellungsverfügung weder Eigentümer noch der rechtmäßige Inhaber der tatsächlichen Gewalt ist. An dieser Überzeugung fehlt es der Kammer im vorliegenden Fall.

Zunächst gilt, wie von beiden Parteien erkannt, die Vermutung des § 1006 Abs. 1 Satz 1 BGB zu Gunsten des Klägers als Besitzer der sichergestellten Sachen. Da die Sicherstellung nach dem Nds. SOG unmittelbar an die Sicherstellung nach StPO anknüpft, ist hier für die Frage des Besitzes auf den Zeitpunkt der ersten Sicherstellung abzustellen. Anderenfalls würde in Fällen der nachgeschalteten präventiven Sicherstellung die Vermutung des § 1006 BGB nie zugunsten des Adressaten der Sicherstellungsverfügung gelten, da sich im Zeitpunkt der Sicherstellung nach dem Nds. SOG die betroffenen Gegenstände jeweils bereits bei den zuständigen Behörden befinden. Im Zeitpunkt der Durchsuchung im März 2003 war der Kläger unstreitig Besitzer der sichergestellten Sachen. Im Rahmen dieser Vermutungswirkung wird die Behauptungs- und Beweislast des Besitzers zunächst dahingehend verkürzt, dass er nur den Besitz als Tatsachenbasis der Vermutung darzulegen und zu beweisen hat, nicht jedoch die den Eigentumserwerb begründenden Tatsachen (vgl. Palandt-Bassenge, BGB, Kommentar, § 1006, Rdnr. 1). Im Ergebnis wird somit die Eigentümerstellung des Besitzers einer beweglichen Sache vermutet. Diese Vermutung kann jedoch auch nach Ansicht der Kammer grundsätzlich widerlegt werden (vgl. nur VG Osnabrück, Urteil vom 25.04.2006, - 4 A 41/05 -). Neben den in § 1006 BGB ausdrücklich genannten Fällen, ist in der Rechtsprechung anerkannt, dass die Eigentumsvermutung auch mit Hilfe von Beweisanzeichen, sog. Indiztatsachen und Erfahrungssätzen widerlegt werden kann (vgl. BGH, Urteil vom 19.01.1977, - VIII ZR 42/75 - WM 1977, 402-404 m.w.N.; Urteil vom 04.02.2002, - II ZR 145/59 -, NJW 2002, 2101-2102; BVerwG, Urteil vom 24.04.2002, - 8 C 9/01 - NJW 2003, 689-691; VG Karlsruhe, a.a.O. m.w.N.). Im Einzelnen hat der BGH hierzu ausgeführt.

„Das Berufungsgericht verkennt offenbar, dass eine gesetzliche Vermutung wie die des § 1006 BGB nur durch den Beweis des Gegenteils (§ 292 ZPO) zu voller - freilich gemäß § 286 ZPO auch aus den Gesamtumständen zu gewinnender - Überzeugung des Gerichts widerlegt werden kann und „§ 1006 den auf Herausgabe klagenden Besitzer im Grundsatz nicht nur der Beweis-, sondern auch der Darlegungslast dafür enthebt, dass und auf welcher Grundlage er (…) mit dem Besitzerwerb Eigentum erworben hat,"
(vgl. BGH, Urteil vom 04.02.2002, - II ZR 37/00 -, NJW 2002, 2101-2102).

Auch das Bundesverwaltungsgericht hat sich zu den konkreten Anforderungen an die Widerlegung der Eigentumsvermutung in einem vermögensrechtlichen Fall wie folgt geäußert:

„Die Widerlegung wäre beispielsweise dann gelungen, wenn der Gegner das Abhandenkommen der Sache (§ 1006 Abs. 1 Satz 2 BGB), den Fremdbesitzwillen des Besitzers oder den fehlenden Eigentumserwerb beweist (Palandt-Bassenge, BGB, 61. Aufl., 2002, § 1006 Rn. 6 f.). Zwar dürfen wegen der Unzuverlässigkeit des Schlusses vom Besitz auf das Eigentum - insbesondere bei behaupteter Schenkung - an die Widerlegung der Vermutung keine hohen Anforderungen gestellt werden (MünchKomm-Medicus, BGB, 3. Aufl., 1997, § 1006 Rn. 22). Auch bei Zubilligung von Beweiserleichterungen in derartigen Fällen müssen jedoch zumindest Umstände bewiesen werden, die das Eigentum des Gegners der Vermutung - hier also des Beigeladenen - wahrscheinlicher erscheinen lassen als das Eigentum des gegenwärtigen Besitzers, oder die die vom Besitzer behaupteten Erwerbstatsachen - hier also die Schenkung - widerlegen. Weder das eine noch das andere ist dem Beklagten oder dem Beigeladenen gelun-

gen. (…) Das Eigentum des Beigeladenen ist auch nicht wahrscheinlicher als dasjenige der Klägerin. Hierfür wären zumindest Indizienumstände erforderlich, die „mit einem für das praktische Leben brauchbaren Grad von Gewissheit" das vermutete Eigentum der Klägerin erschüttern (vgl. BGH, NJW 1993, 935 <937, 938>). Das ist nicht der Fall. Das Verwaltungsgericht hat in diesem Zusammenhang zu Gunsten des Beigeladenen auf drei Indizien zurückgegriffen, die die darauf gestützte Widerlegung der Vermutung jedoch durchweg nicht tragen. Es hat die Ambivalenz der von ihm herangezogenen Indizien verkannt und ihnen trotz ihrer objektiv mehrdeutigen Aussagekraft einseitig Indizwirkung nur in einer Richtung zuerkannt,"
(vgl. BVerwG, a.a.O)

Auch wenn es vorliegend nicht um das behauptete Eigentum eines bekannten Dritten geht, sind den zitierten Entscheidungen zumindest die Anforderungen an die Indizumstände, mit Hilfe derer unter Umständen die Widerlegung der Eigentumsvermutung gelingt, zu entnehmen. Der BGH fordert zunächst den Beweis des Gegenteils gemäß § 292 ZPO, schwächt dies jedoch dahingehend ab, dass dieser nur innerhalb vernünftiger Grenzen verlangt werden soll (vgl. auch BGH, Urteil vom 19.01.1977,- VIII ZR 42/75 - WM 1977, 402-404). Er stellt klar, dass sich der Gegenbeweis auch aus den Gesamtumständen gewinnen lasse, wobei diesbezüglich kein „besonders strenger" Maßstab angesetzt wird (BGH, a.a.O.). Das BVerwG konkretisiert die Anforderungen an den Gegenbeweis unter Verweis auf den BGH dahingehend, dass das vermutete Eigentum mit einem „für das praktische Leben brauchbaren Grad an Gewissheit" erschüttert werden muss.

Die hier von der Beklagten vorgetragenen Indizien beurteilt die Kammer jedoch im vorliegenden Fall als unzureichend, die Eigentumsvermutung mit hinreichender Gewissheit zu erschüttern. So stützt sich die Beklagte im wesentlichen darauf, dass der Kläger zumindest bis März 2003 unstreitig im Bezug von Leistungen nach dem BSHG (Hilfe zum Lebensunterhalt) stand. Nach Ansicht der Beklagten widerspreche es der allgemeinen Lebenserfahrung, dass Sozialhilfeempfänger über Goldschmuck sowie derartige Geldbeträge verfügen würden, zumal der Sozialhilferegelsatz damals wie heute weit unter der 500,00 €-Grenze liege. Auch sei ein 500,00 €-Schein keineswegs verkehrsgängig, weshalb berechtigte Zweifel an der rechtmäßigen Eigentümerstellung des Klägers bestünden. Auch das vorangegangene Ermittlungsverfahren gegen den Kläger und den mit diesem zusammen verfolgten .... bezieht die Beklagte in ihre Gesamtwürdigung mit ein.

Hinsichtlich des Geldbetrages bewertet auch die Kammer das Vorhandensein einer derartigen Summe bei einem Monatseinkommen aus selbständiger Arbeit i.H.v. 230,00 € und einem Betrag i.H.v. 121,38 € Hilfe zum Lebensunterhalt laut Berechnungsnachweis als ungewöhnlich. Daraus jedoch direkt den Schluss auf die illegale Herkunft zu ziehen, ist verfehlt. Denn obgleich die Kammer mit der Beklagten der Auffassung ist, dass grundsätzlich die Einstellung eines strafrechtlichen, also zur Strafverfolgung und damit repressiv geführten Ermittlungsverfahrens, einer präventiven Sicherstellung nach dem Nds. SOG nicht im Wege steht (vgl. nur VG Osnabrück, Beschluss vom 05.04.2006, - 4 B 3/06 -; Urteil vom 26.10.2006, - 4 A 37/06 -; Urteil vom 25.04.2006, 4 A 41/05 -; VG Aachen, Urteil vom 10.02.2005, - 6 L 825/04 -, zit. Nach juris) ist hier zu berücksichtigen, dass es trotz der im Ermittlungsverfahren erlangten Erkenntnisse über etwaige kriminelle Handlungen den Ermittlungsbehörden weder gelungen ist, einen Geschädigten noch einen Tatort, Tatzeitpunkt oder Tathergang zu konkretisieren. Die Kammer hat bei ihrer Beurteilung auch zu beachten, dass etwaige Hinweise oder Erkenntnisse auf deliktische Handlungen, die sich möglicherweise aus den in den Ermittlungsakten befindlichen Protokollen der richterlich angeordneten Telefonüberwachung ergeben würden, im vorliegenden Verfahren nicht in die Beweiswürdigung einbezogen werden dürfen. Diesbezüglich gilt ein Beweisverwertungsverbot. Dies folgt zunächst bereits aus der Vorschrift des § 100 b Abs. 6 StPO, der die unverzügliche Vernichtung der Unterlagen aus der Telefonüberwachung fordert, sobald die Unterlagen zur Strafverfolgung nicht mehr erforderlich sind. Das Bestehen dieser strengen Vernichtungspflicht zeigt, dass auf diesem Weg gefertigte Aufzeichnungen allein Strafverfolgungszwecken dienen sollen (vgl. Finanzgericht Baden-Württemberg, Urteil vom 11.06.2002, - 11 K 70/99 - zit. nach juris). In diese Richtung geht auch die Vorschrift des § 100 b Abs. 5 StPO. Danach dürfen die durch Maßnahmen der Telekommunikationsüberwachung erlangten Erkenntnisse in anderen Strafverfahren zu Beweiszwecken nur verwendet werden, soweit sich bei Gelegenheit der Auswertung Erkenntnisse ergeben, die zur Aufklärung einer der in § 100 a StPO bezeichneten Straftat benötigt werden (vgl. Finanzgericht Baden-Württemberg, a.a.O.). Dies ist vorliegend nicht der Fall. Die Verwertung der Erkenntnisse aus den Unterlagen einer Telefonüberwachung zu Beweiszwecken im hiesigen Verwaltungsrechtsstreit würde einen erneuten Eingriff in das grundgesetzlich geschützte Fernmeldegeheimnis (Art. 10 GG) bedeuten (vgl. Hamburgisches Verfassungsgericht, Urteil vom 26.04.1988, - 1/88 - zit. nach juris).

Im Hinblick auf das goldene Armband kommt hinzu, dass im gesamten Ermittlungsverfahren keinerlei dem Gericht bekannte oder verwertbare Hinweise auf gestohlenen oder anderweitig abhanden gekommenen

Schmuck auftauchen. Zu berücksichtigen ist darüber hinaus, dass der Kläger bisher nicht straffällig geworden ist. Aufgrund der vorliegend – im Gegensatz zu anderen von der Kammer bereits entschiedenen Verfahren – geringen Anzahl von Indizien, die gegen die Eigentümerstellung des Klägers sprechen, geht die Kammer hier nicht von einer Beweislastumkehr dahingehend aus, dass der Kläger nunmehr sein Eigentum an den sichergestellten Gegenständen nachzuweisen hat. Aus diesem Grund konnte die Kammer von einer Vernehmung der Mutter des Klägers als Zeugin absehen.

Die Folge der hier nicht widerlegten Eigentumsvermutung zugunsten des Klägers ist, dass die Voraussetzungen der Sicherstellung nach § 26 Nr. 2 Nds. SOG und die daran anknüpfende Inverwahrungnahme nebst Verfügungsverbot mangels eines wahren Eigentümers bzw. anderweitigen rechtmäßigen Inhabers der tatsächlichen Gewalt, den es zu schützen gilt, nicht vorliegen. Die Verfügung kann nach Ansicht der Kammer auch nicht auf § 26 Nr. 1 Nds. SOG gestützt werden, da das Vorliegen einer gegenwärtigen Gefahr für die öffentliche Sicherheit und Ordnung auch im Zeitpunkt der Sicherstellung nicht gegeben war. Folglich hat die Beklagte die sichergestellten Gegenstände an den Kläger herauszugeben. Dieser verlangt im Hinblick auf den Geldbetrag die Auskehr an seinen Prozessbevollmächtigten und beruft sich dabei auf die Abtretung an diesen. Ob der mit Abtretungserklärung vom 20.02.2004 vorgenommenen Abtretung des Geldbetrages an den Prozessbevollmächtigten möglicherweise ein Verfügungsverbot gemäß § 136 BGB (vgl. § 111 c Abs. 5 StPO) entgegenstand – dies wäre dann der Fall, wenn die Gegenstände durch förmliche Beschlagnahme nach §§ 111b, c StPO sichergestellt worden wären – kann hier dahinstehen. Denn wenn die Abtretung unwirksam gewesen sein sollte, kann der Kläger, für den die Vermutung des § 1006 BGB streitet, im Prozess die Herausgabe an seinen Prozessbevollmächtigten verlangen. Insoweit war antragsgemäß zu entscheiden, mit der Abweichung, dass Zinsen grundsätzlich erst ab Rechtshängigkeit zugesprochen werden (§ 291 BGB).

Die Kostenentscheidung beruht auf § 155 Abs. 1 Satz 3 VwGO.

Die Entscheidung über die vorläufige Vollstreckbarkeit folgt aus § 167 VwGO i.V.m. §§ 708 Nr. 11, 711 ZPO.

Gründe für eine Zulassung der Berufung (§ 124 Abs. 2 Nr. 3, 4 i.V.m. § 124a Abs. 1 Satz 1 VwGO) liegen nicht vor.

Rechtsmittelbelehrung

Gegen dieses Urteil ist die Berufung zulässig, wenn sie vom Niedersächsischen Oberverwaltungsgericht in Lüneburg zugelassen wird. Die Zulassung ist innerhalb eines Monats nach Zustellung dieses Urteils schriftlich bei dem

>Verwaltungsgericht Osnabrück,
>Hakenstraße 15,
>49074 Osnabrück,

zu beantragen. In dem Antrag ist das angefochtene Urteil zu bezeichnen. Innerhalb von zwei Monaten nach Zustellung dieses Urteils sind die Gründe darzulegen, aus denen die Berufung zuzulassen ist. Die Begründung ist, soweit sie nicht bereits mit dem Antrag vorgelegt worden ist, bei dem

>Niedersächsischen Oberverwaltungsgericht,
>Uelzener Str. 40,
>21335 Lüneburg,

einzureichen.

Die Berufung ist nur zuzulassen, wenn ernstliche Zweifel an der Richtigkeit des Urteils bestehen, die Rechtssache besondere tatsächliche oder rechtliche Schwierigkeiten aufweist oder grundsätzliche Bedeutung hat, das Urteil von einer Entscheidung des Niedersächsischen Oberverwaltungsgerichts, des Bundesverwaltungsgerichts, des Gemeinsamen Senats der obersten Gerichtshöfe des Bundes oder des Bundesverfassungsgerichts abweicht und auf dieser Abweichung beruht oder ein der Beurteilung des Berufungsgerichts unterliegender Verfahrensmangel geltend gemacht wird und vorliegt, auf dem die Entscheidung beruhen kann.

Der Antrag auf Zulassung der Berufung kann nur von einem Rechtsanwalt oder einem Rechtslehrer an einer deutschen Hochschule im Sinne des Hochschulrahmengesetzes mit Befähigung zum Richteramt oder einer nach § 67 Abs. 1 Sätze 3 bis 6 VwGO zur Vertretung berechtigten Person als Bevollmächtigter gestellt und begründet werden. Juristische Personen des öffentlichen Rechts und Behörden können den Antrag auch durch Beamte oder Angestellte mit Befähigung zum Richteramt sowie Diplomjuristen im höheren Dienst, Gebietskörperschaften auch durch Beamte oder Angestellte mit Befähigung zum Richteramt der zuständigen Aufsichtsbehörde oder des jeweiligen kommunalen Spitzenverbandes des Landes, dem sie als Mitglied zugehören, stellen und begründen lassen.

gez. ….. gez. ……….. gez. …………..

Beschluss

Der Wert des Streitgegenstandes wird auf 1360 € festgesetzt.

Gründe

Die Streitwertfestsetzung beruht auf § 52 Abs. 1 GKG.

Rechtsmittelbelehrung

Gegen diesen Beschluss ist die Beschwerde an das Niedersächsische Oberverwaltungsgericht statthaft, wenn der Beschwerdewert 200 € übersteigt. Sie ist nur zulässig, wenn sie innerhalb von 6 Monaten nach Rechtskraft der Entscheidung in der Hauptsache oder nach anderweitiger Erledigung des Verfahrens bei dem

Verwaltungsgericht Osnabrück,
Hakenstraße 15,
49074 Osnabrück,

schriftlich oder zur Niederschrift des Urkundsbeamten der Geschäftsstelle eingelegt wird.

gez. ….. gez. ……….. gez. …………..

Öffentliche Sitzung
des Verwaltungsgerichts Osnabrück
– 4. Kammer –

Az. 4 A 136/05   Osnabrück, 16.11.2006

Anwesend:
Vorsitzende Richterin am Verwaltungsgericht ……….
als Vorsitzende,
Richter am Verwaltungsgericht …………,
Richterin ………
als beisitzender Richter,

Frau ………….. und Frau …………..
als ehrenamtliche Richter.

Von der Zuziehung eines Urkundsbeamten der Geschäftsstelle wurde abgesehen.

In der Verwaltungsrechtssache
              …………./. Stadt Osnabrück
erschienen zur mündlichen Verhandlung und Beweisaufnahme nach Aufruf der Sache:

Der Kläger in Person mit Rechtsanwalt …………….. .
Für die Beklagte Herr ….. und Herr ………. .

Außerdem war als Zeugin Frau …… …….. erschienen.

Die Zeugin verließ den Sitzungssaal.

Anschließend trug die Berichterstatterin den wesentlichen Inhalt der Akten vor.

Mit den Beteiligten wurde die Sach- und Rechtslage erörtert.

Der Prozessbevollmächtigte des Klägers erhielt das Wort zu seinen Ausführungen.

Er beantragte,

>   den Bescheid der Beklagten vom 02.05.2005 aufzuheben und die Beklagte zu verurteilen, 1.300,00

€ nebst 5 % Zinsen über dem Basiszinssatz ab dem 27.07.2003 an ihn selbst auszukehren und das goldene Armband 750er Gold, ca. 95,4 g an den Kläger herauszugeben.

Der Vertreter der Beklagten beantragte,

    die Klage abzuweisen.

Er begründete seinen Antrag.

Er legte in der Begründung das fragliche Armband vor.

Das Armband war nach den Feststellungen des Beklagten kein 750er Gold, sondern ein vergoldetes Armband.

Der Kläger hatte zuvor auf Nachfrage des Vertreters des Beklagten erklärt, dass es sich nach seiner Kenntnis um ein Armband von 750er Gold handeln würde. Er habe allerdings, weil es ein Erbstück gewesen sei, das er nie selbst getragen habe, den Goldgehalt nicht persönlich überprüft.

Die Kammer zog sich zur Beratung darüber zurück, ob die Zeugin …… …….. noch gehört werden soll.

Nach der Beratung verkündete die Vorsitzende die Entscheidung der Kammer, die Zeugin nicht mehr anzuhören.

Den Beteiligten wurde Gelegenheit gegeben, dazu Stellung zu nehmen.

Die mündliche Verhandlung wurde geschlossen.

Das Gericht zog sich zur Beratung zurück.

Nach der Beratung verkündete die Vorsitzende unter Mitteilung der wesentlichen Gründe folgende Entscheidung:

    Urteil

    Im Namen des Volkes

Der Bescheid der Beklagten vom 02.05.2005 wird aufgehoben.

Die Beklagte wird verurteilt, den sichergestellten Betrag von 1.300,00 € nebst 5 % Zinsen über dem Basiszinssatz seit dem 25.05.2005 an den Prozessbevollmächtigten des Klägers, Rechtsanwalt .... , auszukehren und das sichergestellte goldene Armband an den Kläger herauszugeben.

Im Übrigen wird die Klage abgewiesen.

Die Beklagte trägt die Kosten des Verfahrens.

Das Urteil ist wegen der Kosten vorläufig vollstreckbar.

Die Beklagte kann die Vollstreckung durch Sicherheitsleistung in Höhe des zu vollstreckenden Betrages abwenden, wenn nicht der Kläger zuvor Sicherheit in gleicher Höhe leistet.

Beginn: Uhr
Ende: Uhr

Für die Richtigkeit der Übertragung vom Tonaufnahmegerät:

gez. ....
(Vors. Richterin)   (Justizangestellte)

Vor Entscheidung III./2

7 A 1634/09
VG Oldenburg
Urteil vom 29.06.2010 (rechtskräftig)

Sicherstellung von 14.200 € Bargeld und von diversen Schmuckgegenständen („Trickdiebstahl zum Nachteil älterer Menschen")

Rechtsquellen	Fundstellen	Suchworte
Nds. SOG 26		Sicherstellung
Nds. SOG 26 Nr. 1		präventive Gewinn-
Nds. SOG 26 Nr. 2		abschöpfung
Nds. SOG 2 Nr. 1b		
BGB 1006		

Leitsatz/Leitsätze (des Autors)

1. Kläger wendet sich gegen die Sicherstellung von Schmuck und Bargeld.
2. Polizeiinspektion ... erhielt am ... einen anonymen telefonischen Hinweis, dass der Kläger und sein Bruder fortlaufend im Bereich ... und ... Trickdiebstähle begingen. Kläger halte sich auf einem Campingplatz in ... auf.
3. Auswertung des Kriminalitätslagebildes ergab, dass es am vorangegangenen Wochenende vermehrt zu Trickdiebstählen (Goldschmuck, Bargeld) zum Nachteil älterer Menschen gekommen war.
4. Mit Beschluss des zuständigen Amtsgerichts wurden auf Antrag der zuständigen Staatsanwaltschaft ein Pkw und zwei Wohnwagen durchsucht.
5. Ingesamt wurden 14.200,00 € Bargeld (9 Geldscheine á 500 €, 4 Geldscheine á 200 €, 178 Geldscheine á 50 €), mehrere Uhren und verschiedener Goldschmuck sichergestellt.
6. Geschädigte identifizierten einen Teil ihrer entwendeten Schmuckstücke.
7. Teilverzicht auf einen Teil der Schmuckstücke im Rahmen einer außergerichtlichen Einziehung durch den Kläger; auf Herausgabe der sichergestellten Bargeldbeträge wurde nicht verzichtet.
8. Sicherstellung des Bargeldes und der Schmuckstücke, auf die nicht verzichtet wurde, durch die Beklagte mit dem Ziel der Verwertung.
9. Sicherstellungsverfügung ist formell und auch materiell rechtmäßig.

10. Beklagte hat zu Recht angenommen, dass die Sicherstellung des bei dem Kläger gefundenen Bargeldes zur Abwehr einer gegenwärtigen Gefahr (§ 26 Nr. 1 Nds. SOG) erforderlich ist.
11. Im Hinblick auf den Schmuck ist zumindest der Sicherstellungsgrund gem. § 26 Nr. 2 Nds. SOG („Eigentumssicherung") gegeben
12. Eigentumsvermutung des § 1006 Abs. 1 Satz 1 BGB kann der Kläger nicht mit Erfolg für sich geltend machen.
13 Widerlegung der Eigentumsvermutung kann insbesondere auch mit Hilfe von Indiztatsachen und Erfahrungssätzen, die gegen einen rechtmäßigen Besitzerwerb sprechen, widerlegt werden.
14 Weiteres Indiz ist, dass der Kläger in der Vergangenheit einschlägig in Erscheinung getreten ist.
15 Beklagte hat ihre Ermessenerwägungen im gerichtlichen Verfahren gem. § 114 Satz 2 VwGO in hinreichender Weise ergänzt.

Entscheidung III./2 (Übertrag aus dem Internet)

Rechtsprechungsdatenbank
Hinweis: Die Benutzung der Texte für den privaten Gebrauch ist frei. Jede Form der kommerziellen Nutzung bedarf der Zustimmung des Gerichts.

7 A 1634/09
VG Oldenburg
Urteil vom 29.06.2010

Aus dem Entscheidungstext

Tatbestand:

Der Kläger wendet sich gegen die Sicherstellung von Schmuck und Bargeld.

Am 9. Oktober 2007 erhielt die Polizeiinspektion ... einen anonymen telefonischen Hinweis, dass der Kläger und eine weitere Person - sein Bruder ... - fortlaufend im Bereich ... und ... Trickdiebstähle begingen. Der Kläger halte sich auf einem Campingplatz in ... auf.

Eine Auswertung des Kriminalitätslagebildes durch die Polizeiinspektion ... ergab, dass es am vorangegangenen Wochenende in ... vermehrt zu Trickdiebstählen zum Nachteil älterer Menschen gekommen sei. Bei dem Diebesgut habe es sich vorwiegend um Goldschmuck und Bargeld gehandelt (Vermerk vom 11. Oktober 2007).

Die Ermittlungen der Polizei ergaben, dass sich auf dem Campingplatz "Camping ..." der auf den Kläger zugelassene Pkw mit dem amtlichen Kennzeichen ... sowie zwei "dazugehörige" Wohnwagen befanden. Der Wohnwagen mit dem amtlichen Kennzeichen ... war von dem Kläger bei der Firma ... GmbH aus ... gemietet worden. Als Halter des Wohnwagens mit dem amtlichen Kennzeichen ... ermittelte die Polizei den Bruder des Klägers Herrn ... . Weitere Ermittlungen der Polizei ergaben, dass der Kläger und sein Bruder "wiederholt einschlägig in Erscheinung getreten" seien. Landesweit seien aktuelle Ermittlungsverfahren gegen sie anhängig (Vermerk vom 11. Oktober 2009).

Das Amtsgericht ... erließ daraufhin auf Antrag der Staatsanwaltschaft ... Durchsuchungsbeschlüsse betreffend den Kläger und Herrn ... . Die Polizei durchsuchte sodann den PKW mit dem amtlichen Kennzeichen ... und die Wohnwagen mit den Kennzeichen ... und ... .

Die Durchsuchung des von dem Kläger gehaltenen Pkws ergab Folgendes (Durchsuchungsbericht vom 9. Oktober 2007):
„Durch den POK ... und PK´in z. A. ... wurden zunächst der Kofferraum des Fahrzeugs durchsucht. Der Kofferraum war prall mit Taschen, Kleidung, Schuhe u. ä. gefüllt.

In einer grünen Sporttasche, die sich linksseitig im unteren Bereich des Kofferraums befand, wurden im rechten Seitenfach durch POK ... folgende Gegenstände aufgefunden:
- goldene Damenarmbanduhr,
- Taschenuhr,
- Ketten mit Perlenanhänger (Silber),
- Ring mit Bernstein (Silber),
- Kette mit Dollar (Silber),
- Kette mit roten Steinen (Silber),
- Ring mit Perle (Silber),
- goldenes Kreuz (Kettenanhänger),
- silberne Kettenanhänger,
- silbernes Armband mit rotem Stein.

Nachdem alle Gegenstände aus dem Kofferraum des Fahrzeugs ausgeräumt waren, entdeckte PK´in z.A. ... eine grünliche Kunststoffverpackung mit der Aufschrift „Rolex" im linksseitig befindlichen, zusätzlichen Stauraum des Kofferraums.

In dieser Schatulle befanden sich drei Armbanduhren:
- eine Herrenarmbanduhr der Marke Glashütte,
- eine Armbanduhr der Marke bzw. des Typs Zentra Savoy mit der Individualnummer ...,
- eine Armbanduhr der Marke Cartier in Silber und gold.

Weitere verfahrensrelevante Gegenstände befanden sich nicht im Koffer des Fahrzeugs.

Durch den Unterzeichner wurde zeitgleich der Innenraum des Pkws durchsucht. In der Ablagetasche, die sich rückseitig an der Rückenlehne des Beifahrersitzes befindet, wurden eine goldene Halskette und zwei Kettenfragmente aufgefunden.
In dem in der Fahrertür befindlichen Staufach wurde durch den Unterzeichner ein Klemmtütchen mit einer grünlichen Substanz aufgefunden.

Hierbei handelt es sich vermutlich um Marihuana. Das Klemmtütchen verfügt über eine Masse von 1,4 g.

In dem ebenfalls ge- und verschlossenen, auf der Beifahrerseite befindlichen Handschuhfach, befand sich eine schwarze Fahrzeugmappe. In dieser Mappe wurden diverse Fahrzeugpapiere und insgesamt 14.200,00 € in Scheinen durch PK´in z.A. ... aufgefunden.

Das Bargeld weist folgende Stückelung auf:
9 Geldscheine á 500,00 €,
4 Geldscheine á 200,00 €,
178 Geldscheine á 50,00 €.
Weitere verfahrensrelevante Gegenstände befanden sich nicht im Durchsuchungsobjekt."

Im Einzelnen wurden aus dem PKW die auf den Bildern 61 bis 93 des Bildberichtes vom 24. Oktober 2007 ersichtlichen Schmuckstücke beschlagnahmt.

Die Durchsuchung des Wohnwagens mit dem amtlichen Kennzeichen ... ergab Folgendes (Durchsuchungsbericht vom 10. Oktober 2007):
„Nach Öffnung des Wohnwagens wurden ein relativ aufgeräumter und übersichtlicher Innenbereich vorgefunden. Im linken Teil befand sich der Wohnbereich mit einer entsprechenden Sitzecke. Oberhalb der Sitzecke waren diverse mit Klappen verschlossene Schrankfächer, die ungehindert geöffnet werden konnten. In diesen Fächern befand sich fast ausschließlich Kinderbekleidung. Tatrelevante Gegenstände konnten hier nicht gefunden werden.
Ebenso wurden in den Stauräumen unterhalb der Sitzflächen keine tatrelevanten Gegenstände gefunden.

Im Küchenbereich wurde in einem Oberschrank oberhalb des Herdes in einer Kaffeetasse 100,00 DM Bargeld gefunden und sichergestellt.

(...)

Durch PK ..., der Schlafbereich durchsuchte, wurde auf einer seitlichen Ablage eine Schmuckschatulle mit diversen Schmuckstücken gefunden. Da die Durchsuchung zum Auffinden von Schmuck als möglichem Stehlgut dienen sollte, wurde dieser Schmuck zur Klärung der Eigentumsverhältnisse sichergestellt. Unter anderem befand sich unter dem Schmuck ein rechteckiger Goldanhänger mit dem Sternbild „Steinbock" in Brilliantenform. Die Rückseite des Anhängers wies die Gravur „..., ..." auf.

Bezüglich der Durchsuchung und der Sicherstellung wurde entsprechende Protokolle gefertigt."

Aus diesem Wohnwagen wurden die auf den Bildern 29 bis 62 des Bildberichtes des Polizeikommissariats ... vom 24. Oktober 2007 ersichtlichen Schmuckstücke beschlagnahmt.

Die Durchsuchung des Wohnwagens mit dem amtlichen Kennzeichen ... ergab Folgendes (Durchsuchungsbericht vom 10. Oktober 2007):
„Am Kopfende des Wohnwagens befinden sich vier Stauschränke. Rechts und links der Stauschränke befinden sich offene Ablagen. Auf der oberen Ablage rechtsseitig steht eine Mikrostereoanlage. Unterhalb der Ablage mit der Stereoanlage befindet sich ein weiteres Board. Auf diesem wird zunächst eine Klemmverschlusstüte vorgefunden mit verschiedenem Goldschmuck. Des Weiteren wurde los dort abgelegter Goldschmuck vorgefunden. Der aufgefundene Goldschmuck aus der beschriebenen offenen Ablage wurde durch den Kollegen ... fotografisch dokumentiert. Zwischen der Eingangstür des Wohnwagens und den zuvor beschriebenen Borden mit Stereoanlage und aufgefundenem Schmuck befindet sich rechtsseitig gelegen die Küchenzeile des Wohnwagens.

Oberhalb der Küchenzeile befinden sich drei Stauschränke. Im rechten der Stauschränke wurde ebenfalls Schmuck aufgefunden. Der Auffindeort des Schmucks im Stauschrank wird ebenfalls durch den Kollegen ... fotografisch dokumentiert. Es handelt sich ebenfalls um in einer Klemmverschlusstüte abgelegte Schmuckstücke. Weiterer Schmuck wurde in dem beschriebenen Stauschrank nicht gefunden. In den anderen beiden Stauschränken oberhalb der Küchenzeile wird nun nachgesehen. In dem rechtsseitigen der beiden Stauschränke wird eine goldfarbene, sogenannte Panzerkette mit drei Schmucksteinen gefunden.

Der Auffindeort der vorgenannten Panzerkette wird durch den Kollegen ... ebenfalls fotografisch dokumentiert. Diese Kette ist nicht in einer Klemmverschlusstüte, die Kette ist lose im Schrank abgelegt.

(…)

Durch KK ... wird zunächst vom Eingang gesehen aus, die rechtsseitig gelegene Klappe geöffnet. Zuvor wurde das dort abgelegte Polstermaterial entfernt. Beim Öffnen der Stauklappe fiel eine unterhalb der Matratze befindliche Kette in den ansonsten leeren Stauraum. Bei der Kette handelt es sich um eine schwere, goldfarbene Panzerkette. Anschließend wird durch KK ... der linksseitige Stauraum geöffnet. In diesem linksseitig gelegenen

Stauraum wird ebenfalls Schmuck aufgefunden. Dabei handelt es sich um eine goldfarbene Damenarmbanduhr mit drei aufgezogenen goldfarbenen Ringen sowie einem goldfarbenen Armband. Zwei der Ringe sind mit korallenfarbenen Steinen versehen, der dritte Ring mit offensichtlich rubinfarbenen Steinen.

(…)

In dem mit Reißverschluss versehenen Schlüsselanhänger wurde noch Geld aufgefunden. Dabei handelt es sich um 120,00 DM. Die 120,00 DM bestanden aus einem Schein à 100,00 DM und zwei Scheinen à 10,00 DM. Die drei Geldscheine (insgesamt 120,00 DM) werden zu den sichergestellten Schmuckgegenständen genommen."

Im Einzelnen wurden aus diesen Wohnwagen die auf den Bildern 1 bis 28 des Bildberichtes vom 24. Oktober 2007 ersichtlichen Schmuckstücke beschlagnahmt.

Das bei der Durchsuchung beschlagnahmte Bargeld (14.200,00 Euro) wurde auf ein Konto bei der Nds. Landeshauptkasse eingezahlt. Die Schmuckstücke nahm die Polizei in Verwahrung.

Am 16. Oktober 2007 identifizierten die durch Trickdiebstähle geschädigten Frau … und Frau … die mit den laufenden Nummern 1.4.1, 1.4.3, 1.4.4, 1.5.3 und 1.5.4 bezeichneten Schmuckgegenstände als die ihnen im Rahmen des Trickdiebstahles entwendeten Gegenstände.

Am 16. Januar 2008 verurteilte das Amtsgericht … u.a. wegen Diebstahls im besonders schweren Fall zu einer Gesamtfreiheitsstrafe von drei Jahren. Wegen der Einzelheiten dieser Verurteilung wird auf den in der Gerichtsakte befindlichen Urteilsabdruck verwiesen.

Mit Schreiben vom 25. März 2008 wandte sich die Staatsanwaltschaft … an den Prozessbevollmächtigten des Klägers und teilte diesem mit, dass wegen der in dem Wohnwagen des Klägers sichergestellten Gegenstände ein hinreichender Tatverdacht wegen Hehlerei bestehe. Es werde in Betracht gezogen, das Ermittlungsverfahren im Hinblick auf die rechtskräftige Verurteilung vom 16. Januar 2008 durch das Amtsgericht … gemäß § 154 Abs. 1 StPO einzustellen. Voraussetzung hierfür sei, dass sich der Kläger mit der außergerichtlichen Einziehung der bei ihm sichergestellten Gegenstände einverstanden erkläre.

Mit Schreiben vom 13. Mai 2008 teilte der damalige Bevollmächtigte des Herrn ... der Staatsanwaltschaft ... mit, dass für den Fall einer Einstellung des Verfahrens gemäß § 154 Abs. 1 StPO auf die Herausgabe der sichergestellten Gegenstände verzichtet werde, soweit Eigentumsrechte des Herrn ... in Frage kämen.

Mit Schreiben vom 23. Juni 2008 teilte der Prozessbevollmächtigte des Klägers der Staatsanwaltschaft ... mit,
„dass auf folgende Schmuckstücke nicht verzichtet wird. Die Schmuckstücke werden anhand des Sonderheftes ‚Schmuck' benannt.
1. Kette 1.1, Bild 1
2. Uhr Zertina 1.4, Bild 17
3. Uhr Rolex 2.2 Bild 30
4. Armband 2.2, Bild 32
5. diverser Schmuck 2.5, Bild 51
6. Kette 2.6, Bild 53
7. Kette 2.6, Bild 55
8. Kette 2.6, Bild 57
9. Uhr 3.1, Bild 65
10. Anhänger 3.1, Bild 76
11. Uhr 3.3, Bild 85
12. Uhr 3.3, Bild 88
13. Uhr 3.3, Bild 91

Auf die Rückgabe sämtlicher anderen Schmuckstücke wird verzichtet. Auf die Herausgabe der sichergestellten Bargeldbeträge wird nicht verzichtet. (…)

Eigentümer dieser Gegenstände ist Herr ... . Andere Eigentumsansprüche sind nicht geltend gemacht."

Mit Schreiben vom 26. Juni 2008 teilte die Staatsanwaltschaft ... der Beklagten mit, dass in dem Ermittlungsverfahren gegen den Kläger und seinem Bruder Bargeld und Schmuck größerer Menge beschlagnahmt worden seien. Es werde eine Verwertung gemäß § 26 des Nds. SOG angestrebt.

Mit Schreiben vom 17. Juli 2008 teilte die Beklagte der Staatsanwaltschaft ... mit, dass sie für die Verwahrung gemäß § 27 Nds. SOG sowie eine ggf. durchzuführende Verwertung gemäß den §§ 28 ff. des Nds. SOG zuständig sei. Eine Übergabe der beschlagnahmten Sachen könne daher kurzfristig erfolgen.

Am 25. Juli 2008 übersandte die Staatsanwaltschaft ... der Beklagten die in dem Ermittlungsverfahren gegen den Kläger und seinem Bruder sichergestellten Wertgegenstände und teilte mit, es sei beabsichtigt, das Ermittlungsverfahren gemäß § 154 Abs. 1 StPO einzustellen.

Mit Schreiben vom 7. August 2008 wandte sich der Prozessbevollmächtigte des Klägers an die Beklagte und beantragte, die von der Polizei bzw. Staatsanwaltschaft sichergestellten Gegenstände an den Kläger herauszugeben.

Mit Schreiben vom 23. Dezember 2008 teilte die Beklagte dem Prozessbevollmächtigten des Klägers mit, dass die im Ermittlungsverfahren gegen den Kläger beschlagnahmten Schmuckgegenstände und das Bargeld zuständigkeitshalber an sie übergeben worden seien. Sie strebe eine Verwertung der Wertgegenstände gemäß § 26 des Nds. SOG an. Ein entsprechender Sicherstellungsbescheid gegen den Kläger werde in Kürze zugehen.

Mit Bescheid vom 30. April 2009 (zugestellt am 4. Mai 2009) traf die Beklagte folgende Anordnungen:
"1. Die am 09. Oktober 2007 von der Polizeiinspektion ... in Verwahrung genommenen Schmuckgegenstände sowie der in Verwahrung genommene Bargeldbetrag von 14.200,00 € werden sichergestellt und in öffentliche Verwahrung genommen.
2. Die Sicherstellung und die Überführung des Schmucks und des Geldes in ein öffentlich-rechtliches Verwahrungsverhältnis beinhalten gleichzeitig ein öffentliches Verfügungsverbot.
3. Ein Herausgabeanspruch Ihres Mandanten bezüglich des sichergestellten Schmucks und Bargeldes wird abgelehnt.
4. Die sofortige Vollziehung zu 1. und 2. wird angeordnet.
5. Die Kosten des Verfahrens hat Ihr Mandant zu tragen."

Zur Begründung führte die Beklagte aus, bei der am 09. Oktober 2007 durchgeführten Durchsuchung der auf dem Campingplatz "..." in ... stehenden Pkw, Wohnwagen und Sachen des Klägers und seines Bruders seien zahlreiche Schmuckgegenstände und Bargeld in Höhe von 14.200,00 € sichergestellt worden. Im Rahmen des strafrechtlichen Ermittlungsverfahrens hätten das Bargeld sowie der Schmuck keinem konkreten Eigentümer zugeordnet werden können. Es hätten erhebliche Zweifel daran bestanden, dass der Schmuck und das Bargeld vom Kläger rechtmäßig erworben worden seien. Der Kläger habe die Rechtmäßigkeit seines Eigentums bzw. Gewahrsams nicht nachgewiesen. Sie - die Beklagte - könne gemäß § 26 Nr. 1 Nds. SOG eine Sache sicherstellen, um eine gegenwärtige Gefahr abzuwenden. Eine solche sei u.a. anzunehmen, wenn die Sache zur Begehung einer Straftat verwendet werden solle und bereits verwendet werde. Der Sicherstellung stehe nicht entgegen, dass die Eigentümer der sichergestellten Gegenstände unbekannt seien. Die Eigentumsvermutung des § 1006 BGB könne auf Grund von Indizien, die nicht für einen rechtmäßigen Besitzerwerb sprechen, widerlegt werden. In diesem Fall kehre sich die Beweislast um mit der Folge, dass der von der Sicherstellung Betroffene den Nachweis des von ihm behaupteten Eigentums an den sichergestellten Sachen zu erbringen habe. Einen solchen Eigentumsnachweis habe der Kläger nicht erbracht. Er habe nicht belegen können, wie er an die sichergestellten Gegenstände gelangt sei. Aufgrund der Ermittlungen der Staatsanwaltschaft Aurich sei davon auszugehen, dass der Kläger die Schmuckgegenstände und das Bargeld nicht rechtmäßig, sondern aus illegalen Quellen erlangt habe. Die Sicherstellung sei auch verhältnismäßig.

Der Kläger hat am 4. Juni 2009 Klage erhoben. Zur Begründung macht er geltend, die Beklagte habe eine konkrete gegenwärtige Gefahr nicht dargetan. Die Vermutung des § 1006 BGB sei nicht widerlegt worden. Nicht ausreichend sei, dass es im Raum ... mehrere Trickdiebstähle zu Lasten älterer Menschen gegeben habe und die Ermittlungen zu ihm - dem Kläger - und seinem Bruder geführt hätten. Das Ermittlungsverfahren der Staatsanwaltschaft sei gemäß § 154 StPO eingestellt worden. Der Kläger sei in keinem Fall von den Geschädigten identifiziert worden.

Der Kläger beantragt,
den Bescheid der Beklagten vom 30. April 2009 aufzuheben, soweit mit diesem die Sicherstellung von Bargeld zu einem Betrag von 14.200,00 € (in Worten: vierzehntausendzweihundert Euro) und folgender Gegenstände (Bildnummern gemäß Bildbericht des Polizeikommissariats ... vom 24. Oktober 2007 - Beiakte E) angeordnet wurde:
1. Kette 1.1, Bild 1
2. Uhr Certina 1.4, Bild 17
3. Uhr Rolex 2.2, Bild 30
4. Armband 2.2, Bild 32
5. diverser Schmuck 2.5, Bild 51
6. Kette 2.6, Bild 53
7. Kette 2.6, Bild 55
8. Kette 2.6, Bild 57
9. Uhr 3.1, Bild 65
10. Anhänger 3.1, Bild 76
11. Uhr 3.3, Bild 85
12. Uhr 3.3, Bild 88
13. Uhr 3.3, Bild 91.

Die Beklagte beantragt, die Klage abzuweisen.

Zur Begründung vertieft sie ihr Vorbringen aus dem angefochtenen Bescheid.

Wegen des weiteren Sachverhalts wird auf die Gerichtsakten sowie die beigezogenen Verwaltungsvorgänge der Beklagten und der Staatsanwaltschaft ... Bezug genommen. Sie sind Gegenstand der mündlichen Verhandlung gewesen.

E n t s c h e i d u n g s g r ü n d e :

Die zulässige Klage ist unbegründet. Der angegriffene Bescheid der Beklagten ist rechtmäßig und verletzt den Kläger nicht in seinen Rechten (§ 113 Abs. 1 Satz 1 VwGO).

Rechtsgrundlage für die Sicherstellung des Schmucks und des Bargeldes ist § 26 Nds. SOG.

Die Sicherstellungsverfügung ist formell rechtmäßig.

Die Beklagte ist sachlich und örtlich zuständig für die Verfügung der Sicherstellung.

Sachlich zuständig für die Durchführung der Sicherstellung gemäß § 26 Nds. SOG, die anschließende Verwahrung gemäß § 27 Nds. SOG sowie eine ggf. durchzuführende Verwertung gemäß den §§ 28 ff. Nds. SOG sind gemäß § 97 Abs. 1 Nds. SOG grundsätzlich die Gemeinden.

Die örtliche Zuständigkeit richtet sich nach § 100 Abs. 1 Satz 2 Nds. SOG. Gemäß § 100 Abs. 1 Satz 2 Nds. SOG ist die Behörde örtlich zuständig, in deren Bezirk die zu schützenden Interessen verletzt oder gefährdet werden. In den Fällen, in denen - wie hier - in einem strafrechtlichen Ermittlungsverfahren Bargeld beschlagnahmt und bei einer Bank auf ein Konto eingezahlt worden ist, werden die zu schützenden Interessen im Sinne von § 100 Abs. 1 Satz 2 Nds. SOG aufgrund der bevorstehenden Herausgabeentscheidung der Staatsanwaltschaft gefährdet. Das strafrechtliche Ermittlungsverfahren führte die Staatsanwaltschaft ... durch, die ihren Sitz im Bereich der Beklagten hat. Es kommt nicht darauf an, bei welcher Bank der Betroffene den Geldbetrag von seinem Konto abheben könnte oder wo die überweisende Bank ihren Sitz hat. Denn die Verfügungsgewalt über das Geld hat bis zur Anordnung der Überweisung die das strafrechtliche Ermittlungsverfahren durchführende Staatsanwaltschaft (VG Oldenburg, Beschluss vom

30. Januar 2008 - 2 A 969/07; Nr. 2.2 des Gemeinsamen Runderlasses des MI und des MJ vom 16. November 2007, "Präventive Gewinnabschöpfung; Hinweise zum Verfahren der Sicherstellung nach § 26 Nds. SOG vor strafprozessualer Herausgabe offensichtlich nicht rechtmäßig erlangter Sachen", Nds. MBl. 2007, 1515, - "Runderlass zur präventiven Gewinnabschöpfung" -).

Die Beklagte hat den Kläger mit Schreiben vom 23. Dezember 2008 mitgeteilt, dass sie beabsichtige, die Sicherstellung des von der Polizei beschlagnahmten Schmucks und des Bargeldes zu verfügen (§ 28 VwVfG).

Die Sicherstellung ist auch materiell rechtmäßig.

Gemäß § 26 Nds. SOG können die Verwaltungsbehörden und die Polizei eine Sache sicherstellen, um eine gegenwärtige Gefahr abzuwehren (Nr. 1) oder um die Eigentümerin oder den Eigentümer oder die Person, die rechtmäßig die tatsächliche Gewalt innehat, vor Verlust oder Beschädigung einer Sache zu schützen (Nr. 2). Diese Voraussetzungen sind erfüllt.

Der entscheidungserhebliche Zeitpunkt ist wegen der Dauerwirkung des Sicherstellungsbescheides in einem verwaltungsgerichtlichen Verfahren die Sachlage im Zeitpunkt der mündlichen Verhandlung (vgl. VG Oldenburg, Beschluss vom 30. Januar 2008 - 2 A 969/07 -; VG Braunschweig, Urteil vom 2. Dezember 2009 - 5 A 238/08 -; Kopp/Schenke, VwGO, § 113, Rn. 43).

Der Rechtmäßigkeit der Sicherstellungsverfügung steht nicht von vornherein entgegen, dass die Staatsanwaltschaft ... das gegen den Kläger geführte strafrechtliche Ermittlungsverfahren wegen des Tatvorwurfs der Hehlerei nach § 154 StPO eingestellt hat. Bei präventiv-polizeilicher Betrachtung kann trotz Einstellung eines Ermittlungsverfahrens allein aufgrund verbliebener Verdachtsmomente ein Bedürfnis für die Aufrechterhaltung von polizeilichem Gewahrsam an beschlagnahmtem Geld bestehen (OVG Lüneburg, Urteil vom 2. Juli 2009 - 11 LC 4/08 -).

Bei den verwahrten Schmuckstücken und dem beschlagnahmten und auf ein Verwahrkonto eingezahlten Bargeld handelt es sich um taugliche Sicherstellungsobjekte. § 26 Nds. SOG erlaubt nur die Sicherstellung von Sachen i. S. des § 90 BGB.

Bargeld ist - ebenso wie Schmuck - eine Sache und damit tauglicher Gegenstand einer Sicherstellung nach § 26 Nds. SOG (OVG Lüneburg, Urteil vom 2. Juli 2009 - 11 LC 4/08 -). Buchgeld stellt dagegen eine Forderung dar und gehört damit grundsätzlich nicht zu den sicherstellungsfähigen Gegenständen.

Im vorliegenden Fall hat die Staatsanwaltschaft ... das beschlagnahmte Bargeld auf ein Verwahrkonto eingezahlt. Da das Geld vor der Sicherstellung durch die Beklagte nicht von diesem Konto ausgezahlt und nicht zum Zwecke der Sicherstellung wieder zu Bargeld gemacht wurde, war das Objekt der Sicherstellungsverfügung der Beklagten streng genommen nicht Bargeld, sondern Buchgeld und damit keine Sache im Sinne des § 90 BGB. Gleichwohl stellt dieses in analoger Anwendung des § 26 Nds. SOG ein taugliches Sicherstellungsobjekt dar.

Zwar wird in der Literatur zum Teil vertreten, dass Gelder, die - wie hier - nach der Sicherstellung durch die Staatsanwaltschaft auf einem Konto eingezahlt wurden, bereits dem Grunde nach nicht Gegenstand einer polizeilichen Sicherstellung sein könne. Da die polizeiliche Sicherstellung nach der Freigabe des Geldes durch die Staatsanwaltschaft erfolge, müsse dieses zum Zeitpunkt der Aushändigung an den Betroffenen in Form von Bargeld vorliegen. Zu diesem Zeitpunkt stelle es wieder ein taugliches Sicherstellungsobjekt dar (Söllner, Sicherstellung von Bargeld, in: NJW 2009, 3339 ff.). Diese Auffassung erscheint jedoch praxisfremd und wenig praktikabel. In der Konsequenz bedeutete dies, dass die Staatsanwaltschaft das im Ermittlungsverfahren sichergestellte Geld an den Betroffenen in Form von Bargeld auszahlen müsste und im Anschluss umgehend wieder von der Behörde sichergestellt zu werden.

Eine andere Auffassung in der Literatur - der sich die Kammer insoweit anschließt - geht zutreffend davon aus, dass bei der Regelung des § 26 Nr. 1 Nds. SOG eine planwidrige Regelungslücke im Hinblick auf die Behandlung von Buchgeld besteht. § 26 Nr. 1 Nds. SOG sei auf das unkörperliche Buchgeld analog anwendbar. Dies gelte vor allem dann, wenn sich die ursprüngliche strafrechtliche Sicherstellung noch auf das Bargeld als Sache erstreckt habe. Sofern sichergestelltes Bargeld zwecks Verwahrung auf ein Konto eingezahlt worden sei, sei dieses für die anschließende Sicherstellung nach § 26 Nds. SOG weiterhin als Bargeld und damit als sicherstellungsfähiger Gegenstand anzusehen (Rohde/Schäfer, Präventive Gewinnabschöpfung - Sicherstellung nach Gefahrenabwehrrecht im Rahmen des Osnabrücker Modells, in: NdsVBl. 2010, 41 ff.). Diese Auffassung liegt auch dem "Runderlass zur präventiven Gewinnabschöpfung" zugrunde. Dort heißt es unter Nr. 3.1:
"Sofern sichergestelltes Bargeld durch die Strafverfolgungsbehörden zwecks Verwahrung auf ein Verwahrkonto eingezahlt wird, gilt dieses für eine sich anschließende, auf § 26 Nds. SOG gestützte Sicherstellung wei-

terhin als Bargeld. Eine darüber hinausgehende analoge Anwendung auf Fälle, in denen die Strafverfolgungsbehörde originär Buchgeld sichergestellt hat, ist ausgeschlossen. Hier fehlt es an der Planwidrigkeit der Regelungslücke."

Auch das Nds. Oberverwaltungsgericht hat sich dieser Auffassung offenkundig angeschlossen. In den dort entschiedenen Fällen, die die Sicherstellung von Geld betrafen, ist der Tauglichkeit des vor der gefahrenabwehrrechtlichen Sicherstellung durch die Strafverfolgungsbehörden bzw. den Zoll sichergestellten Geldes nicht weiter problematisiert worden (z.B. Nds. OVG, Urteil vom 2. Juli 2009 - 11 LC 4/08).

Es liegt auch ein ausreichender Sicherstellungsgrund vor.

Die Beklagte hat zu Recht angenommen, dass die Sicherstellung des bei dem Kläger gefundenen Bargeldes zur Abwehr einer gegenwärtigen Gefahr erforderlich gewesen ist.

Unter (konkreter) Gefahr ist nach der Legaldefinition in § 2 Nr. 1 a Nds. SOG eine Sachlage zu verstehen, bei der im einzelnen Fall die hinreichende Wahrscheinlichkeit besteht, dass in absehbarer Zeit ein Schaden für die öffentliche Sicherheit und Ordnung eintreten wird. Die Gefahr ist nach § 2 Nr. 1 b Nds. SOG gegenwärtig, wenn die Einwirkung des schädigenden Ereignisses bereits begonnen hat oder wenn diese Einwirkung unmittelbar oder in allernächster Zeit mit einer an Sicherheit grenzenden Wahrscheinlichkeit bevorsteht. Eine bereits eingetretene, in ihrer Wirkung noch andauernde Störung ist immer eine gegenwärtige Gefahr (vgl. Hunsicker, Präventive Gewinnabschöpfung in Theorie und Praxis, 3. Aufl., S. 48). In den Fällen, in denen der Schaden noch nicht eingetreten ist, bedarf es zur Feststellung einer gegenwärtigen Gefahr einer Wahrscheinlichkeitsprognose, der das Tatsachenwissen, das der Verwaltungsbehörde zum Zeitpunkt ihres Einschreitens bekannt war, zugrunde zu legen ist. Anhand dieses Tatsachenwissens muss aus Sicht eines objektiven, besonnenen Amtswalters das Vorliegen einer Gefahr bejaht werden können (Urt. d. Sen. v. 22.9.2005 - 11 LC 51/04 -, NVwZ 2006, 391, zur Wahrscheinlichkeitsprognose bei einer konkreten Gefahr). Hieran wird deutlich, dass der Begriff "gegenwärtige Gefahr" hohe Anforderungen an die zeitliche Nähe und den Grad der Wahrscheinlichkeit des Schadenseintritts stellt. Es kommt insoweit aber auch auf die Schwere des drohenden Schadens und die Intensität des Eingriffs an (vgl. Böhrenz/Unger/Siefken, a.a.O., § 2 Rn. 5).

Bei der Sicherstellung eines Geldbetrages zur Abwehr einer gegenwärtigen Gefahr (§ 26 Nr. 1 Nds. SOG) im Rahmen der sogenannten „präventiven

Gewinnabschöpfung" zwei Varianten denkbar: Die gegenwärtige Gefahr für die öffentliche Sicherheit oder Ordnung im Sinne dieser Vorschrift kann sich zum einen aus der Verwendungsabsicht des Besitzers des Geldbetrages ergeben ("Gefahr durch das Geld"). In dieser Fallgruppe dient die Sicherstellung von Geldbeträgen dazu, deren ansonsten drohende Verwendung zur Vorbereitung und Begehung von Straftaten zu verhindern (vgl. Nds. OVG, Urteil vom 17. November 2009 - 11 LB 401/09 -). Für die Annahme einer gegenwärtigen Gefahr „durch das Geld" in diesem Sinne kommt es nicht maßgeblich darauf an, wer Eigentümer des Geldes ist, solange das Geld in den Händen seines Besitzers eine Gefahr darstellt (vgl. Söllner, NJW 2009, 3339, 3340). Zum anderen kann eine gegenwärtige Gefahr im Sinne des § 26 Nr. 1 Nds. SOG gegeben sein, wenn durch die Auszahlung des Geldes an den Besitzer Rückzahlungsansprüche des vom Besitzers abweichenden wahren Berechtigten vereitelt oder erschwert werden („Gefahr für das Geld").

Ob eine gegenwärtige Gefahr für die öffentliche Sicherheit oder Ordnung „durch das Geld" oder „für das Geld" besteht, beurteilt sich wegen der Dauerwirkung des Sicherstellungsbescheides in einem verwaltungsgerichtlichen Verfahren anhand der Sachlage im Zeitpunkt der mündlichen Verhandlung (vgl. VG Oldenburg, Beschluss vom 30.01.2008 - 2 A 969/07 -, juris Rn. 3; Kopp/Schenke, VwGO, 16. Aufl., § 113 Rn. 43).

Nach diesem Maßstab liegen hinreichende Anhaltspunkte für die Annahme vor, es bestehe die gegenwärtige Gefahr, der Kläger werde das zuvor beschlagnahmte Geld im Fall einer Rückzahlung unmittelbar zur Vorbereitung oder Begehung von Straftaten verwenden und somit wegen der Verletzung von Rechtsverletzung die öffentliche Sicherheit schädigen („Gefahr durch das Geld").

Maßgebliches Gewicht kommt bei der insoweit erforderlichen Prognose dem Umstand zu, ob das sichergestellte Geld selbst aus Straftaten stammt. Wenn mit hinreichender, nämlich an Sicherheit grenzender, Wahrscheinlichkeit feststeht, dass der sichergestellte Geldbetrag deliktischen Ursprungs ist, und keine vernünftigen Zweifel an der Herkunft des Geldbetrages aus Straftaten bestehen, kann dies die Annahme unterstützen, mit hinreichender Sicherheit werde der Betrag auch zukünftig zur Begehung vergleichbarer Straftaten eingesetzt (vgl. Nds. OVG, Urteil vom 17. November 2009, - 11 LB 401/09 -; Urteil vom 2. Juli 2009 - 11 LC 4/08 -).

Hier bestehen hinreichende Anhaltspunkte dafür, dass das Bargeld aus Straftaten stammt. Für diese Annahme spricht Folgendes:

In der Zeit vor der Sicherstellung des Geldes durch die Polizei fanden im örtlichen Umfeld des Aufenthaltsortes des Klägers vermehrt Trickdiebstähle zu Lasten älterer Menschen statt. Bei diesen Trickdiebstählen erbeuteten die Täter vor allem Bargeld und Schmuck (Vermerk der Polizeiinspektion ... vom 11. Oktober 2007). Nachdem die Polizei einen anonymen Tipp erhielt, dass der Kläger und sein Bruder diese Taten begangen hätten, durchsuchte die Polizei das Auto und den Wohnwagen des Klägers und fand größere Mengen Schmuck und 14.200,00 Euro Bargeld. Ein Teil des Schmucks wurde von den Opfern der Trickdiebstähle als ihr Eigentum wiedererkannt. Bargeld stellte also einen Teil der Diebesbeute dar.

Zudem sind der Kläger und sein Bruder laut dem Vermerk der Polizeiinspektion ... vom 11. Oktober 2007 einschlägig strafrechtlich in Erscheinung getreten. Diese Einschätzung wird durch das Urteil des Amtsgerichts ... vom 16. Januar 2008 sowie die Auskunft der Polizeiinspektion ... vom 24. Juni 2010 bestätigt.

Aus dem Urteil des Amtsgericht ... vom 16. Januar 2008 ergibt sich, dass der Kläger seit dem Jahre 1988 insgesamt 25mal strafrechtlich in Erscheinung getreten ist. Aus dem Urteil ergeben sich u.a. folgende Vorstrafen des Klägers:
- Amtsgericht ..., Urteil vom 10. Februar 1994: Jugendstrafe von 1 Jahr und 6 Monaten wegen schwerer räuberischer Erpressung, gemeinschaftlichen Raubes und Diebstahls
- Amtsgericht ..., Urteil vom 22. August 1997: Gesamtfreiheitsstrafe von 6 Monaten wegen Diebstahls und versuchten Diebstahls
- Amtsgericht ..., Urteil vom 9. Oktober 1998: Gesamtfreiheitsstrafe von 5 Monaten wegen Diebstahls
- Amtsgericht ..., Strafbefehl vom 6. September 2000: Geldstrafe von 40 Tagessätzen wegen Diebstahls
- Amtsgericht ..., Strafbefehl vom 15. März 2001: Geldstrafe von 50 Tagessätzen wegen Diebstahls
- Amtsgericht ..., Urteil vom 18. Juli 2005: Gesamtfreiheitsstrafe von 7 Monaten wegen Unterschlagung und versuchten Computerbetrugs.

Die Verurteilung durch das Amtsgericht ... durch das Urteil vom 16. Januar 2008 erfolgte u.a. wegen gemeinschaftlichen gewerbsmäßigen Diebstahls in zwei Fällen, wegen gemeinschaftlichen versuchten gewerbsmäßigen Diebstahls in drei Fällen, wegen gemeinschaftlichen Computerbetruges und versuchten gemeinschaftlichen Computerbetruges zu einer Gesamtfreiheitsstrafe von 3 Jahren. Der Verurteilung lag im Wesentlichen folgender Sachverhalt zugrunde:

Der Kläger und sein Bruder hielten sich im September und Oktober 2007 in ... auf und bewohnten gemeinsam unter falschem Namen ein Hotelzimmer. Da sie beide in finanziellen Schwierigkeiten steckten, kamen sie überein, sich durch Trickdiebstähle eine zusätzliche Einnahmequelle zu beschaffen. Sodann suchten sie die Wohnungen älterer Menschen auf und gaben sich als Behördenmitarbeiter aus, die die Wasserleitungen überprüfen müssten. Nachdem sie sich so Zutritt zu den Wohnungen verschafft hatten, stahlen sie Bargeld, Schmuck und Bankkarten aus den Wohnungen. Mittels der Bankkarten versuchten sie (teilweise erfolgreich) Geld von dem betroffenen Konto abzuheben.

Aus der Mitteilung der Polizeiinspektion ... vom 24. Juni 2010 ergibt sich, dass gegen den Kläger in Niedersachsen daneben mehrere Ermittlungsverfahren u.a. wegen Trickdiebstahls und Computerbetrugs eingeleitet wurden.

Auch die nicht plausible Erklärung der Herkunft des Geldes stellt ein Indiz für die deliktische Herkunft des Geldes dar. Der Kläger hat sich hierzu nicht geäußert. Es gibt keine Anhaltspunkte für den legalen Erwerb des Geldes. Ausweislich einer Auskunft der "Bremer Arbeitsgemeinschaft für Integration und Soziales" (BAgS) vom 22. Oktober 2007 erhielt der Kläger seit dem 1. Januar 2005 fortlaufend Leistungen nach dem SGB II. Dies wird auch in dem Urteil des Amtsgerichts ... bestätigt. Dort heißt es:

"Der Angeklagte (...) ist seit mehreren Jahren arbeitslos und bestreitet seinen Lebensunterhalt aus dem Bezug von Arbeitslosengeld-II-Leistungen. Die Ehefrau des Angeklagten erzielt Einkünfte aus einer Tätigkeit als Reinigungskraft."

Zudem ergibt sich aus dem Urteil, dass der Kläger "erhebliche, familiär bedingte Geldprobleme" hatte.

Zu berücksichtigen ist zudem, wie das Geld aufbewahrt wurde. Ein Versteckthalten oder zumindest Aufbewahren an einem ungewöhnlichen Ort kann ein Indiz für die Herkunft aus einer Straftat darstellen. Hier befand sich das Bargeld - ein Betrag von 14.200,00 Euro - in einer "Fahrzeugmappe" im Handschuhfach des Autos des Klägers. Mangels einer plausiblen Erklärung des Klägers für diesen Aufbewahrungsort ist dies zumindest als ungewöhnlich anzusehen.

Von Belang ist auch die Höhe des Bargeldbetrages. Liegt der Betrag deutlich oberhalb von Summen, die einer gewöhnlichen Lebensführung dienen, kann dies - sofern der Betroffene keine plausible Erklärung liefert - ebenfalls ein Indiz für die Herkunft aus einer Straftat darstellen. Hier überschritt der aufgefundene Bargeldbetrag deutlich das für die gewöhnliche Lebensführung gewöhnliche Maß, ohne dass der Kläger hierfür eine Erklärung beigebracht hat.

Neben den Anhaltspunkten, dass das Geld aus Straftaten stammt, sind konkrete Hinweise auf die Verwendung des Geldes durch den Betroffenen erforderlich. Die wegen des Erfordernisses der gegenwärtigen Gefahr notwendige besondere Nähe des Schadenseintritts besteht nur dann, wenn tatsächliches Geschehen darauf hindeutet, dass die zeitnahe Begehung von Straftaten durch die Bargeldverwendung droht. Diese Voraussetzungen sind hier erfüllt. Es liegen ausreichende tatsächliche Anhaltspunkte dafür vor, dass die zeitnahe Begehung von Straftaten durch die Bargeldverwendung droht.

Zwar rechtfertigt die Tatsache, dass einschlägige Verurteilungen vorhanden sind, allein die Annahme der gegenwärtigen Gefahr der Begehung vergleichbarer Straftaten nicht, sie stellt jedoch wiederum als Indiz für die zu stellende Prognose herangezogen werden. Einschlägige Verurteilung sind hier - wie bereits ausgeführt - vorhanden.

Beachtlich ist zudem, dass der Kläger offenbar (so das Urteil des Amtsgerichts ...) in der Vergangenheit erhebliche finanzielle Schwierigkeiten hatte, die ihn veranlassten, Straftaten zu begehen. Dass der Kläger diese finanziellen Schwierigkeiten mittlerweile beseitigen konnte, ist nicht ersichtlich, zumal sich der Kläger seit der Verurteilung durch das Amtsgericht ... (bis zum 31. Mai 2010) in Haft befand.

Weiterhin hat das Amtsgericht ... in seinem Urteil ausdrücklich betont, dass der Kläger sich in der Vergangenheit nicht durch strafrechtliche Verurteilungen und sogar Freiheitsstrafen nicht von der Begehung weiterer Straftaten hat abhalten lassen. Vielmehr hat er die der Verurteilung durch das Amtsgericht ... zugrunde liegenden Taten nur 5 bzw. 9 Monate nach der vorangegangenen Haftentlassung begangen.

Auch die Art und Weise der Begehung der bislang verübten Straftaten kann einen Hinweis darauf geben, ob das Bargeld zur Vorbereitung und Durchführung von Straftaten verwendet werden wird. Dies kann hier grundsätzlich bejaht werden. Soweit ersichtlich, operiert der Kläger (gemeinsam mit seinem Bruder) im gesamten Bundesgebiet (Verurteilung in ..., Strafverfahren in ..., ..., ..., ...). Er mietet im Zielgebiet eine Unterkunft (Wohnwagen, Hotelzimmer etc.) an, um in der jeweiligen Stadt Trickdiebstähle zu begehen. Soweit der Kläger in der mündlichen Verhandlung hat vorgetragen lassen, er sei auf Bargeld für die (hypothetische) Begehung solcher Taten nicht angewiesen, da er quasi unbeschränktem Zugang auf verschiedene Wohnwagen aus seiner Verwandtschaft habe, steht dem entgegen, dass er in der Vergangenheit zumindest in ... und ... Unterkünfte von Dritten angemietet hat.

Da der Kläger nur geringes Einkommen (ALG II) und - soweit ersichtlich - keine nennenswerten finanziellen Reserven verfügt, ist davon auszugehen, dass er das sichergestellte Bargeld im Falle der Auszahlung an ihn verwenden würde, um im Rahmen zukünftig zu erwartender Straftaten nach dem bekannten modus operandi die notwendigen Autofahrten zu finanzieren und Unterkünfte anzumieten. Eine solche zu erwartende Verwendungsabsicht genügt unter Berücksichtigung der finanziellen Lage des Klägers und der zu erwartenden weiteren Straftaten, um eine gegenwärtige Gefahr durch das Geld anzunehmen (vgl. VG Braunschweig, Beschluss vom 19. Oktober 2006 - 5 B 284/06 -). Dieser Annahme steht auch nicht der Beschluss des Landgerichts ... vom 20. Mai 2010 - VII.Kl StVK 55/10 -, durch den die Vollstreckung des Restes der Freiheitsstrafe des Klägers aus dem Urteil des Amtsgerichts ... vom 16. Januar 2008 zur Bewährung ab dem 30. Mai 2010 ausgesetzt wurde, nicht entgegen. Die Begründung dieses Beschlusses bezieht sich im Wesentlichen auf die gute Führung des Klägers im Strafvollzug, nicht aber auf die konkreten Umstände, aufgrund deren die Kammer auch künftig vom Kläger Straftaten der hier in Rede stehenden Art erwartet.

Bei der Sicherstellung von Sachen (außer Geld) zur Abwehr einer gegenwärtigen Gefahr (§ 26 Nr. 1 Nds. SOG) wird angenommen, die gegenwärtige Gefahren liege darin, dass der Besitzer alsbald die Gegenstände absetzt. Dann droht - falls die Gegenstände gestohlen waren - die Erfüllung des Tatbestandes der Hehlerei, also eine Gefahr für die Rechtsordnung.

Ob diese Voraussetzungen im vorliegenden Fall erfüllt sind, kann dahinstehen, da im Hinblick auf den Schmuck zumindest der Sicherstellungsgrund gemäß § 26 Nr. 2 Nds. SOG gegeben ist. Danach kann eine Sache sichergestellt werden, um den Eigentümer vor Verlust oder Beschädigung einer Sache zu schützen. Der Tatbestand des § 26 Nr. 2 Nds. SOG setzt also voraus, dass die Sicherstellung erforderlich ist, um den Eigentümer vor dem Verlust der Sache zu schützen. Die Sicherstellung hat also den Sinn, die Sache vorübergehend in Verwahrung zu nehmen, um sie später dem Berechtigten herauszugeben.

Die auf § 26 Nr. 2 Nds. SOG gestützte Sicherstellung von Sachen setzt voraus, dass der letzte Gewahrsamsinhaber nicht Eigentümer bzw. berechtigter Besitzer der sicherzustellenden Sachen ist. Der Eigenbesitzer kann sich hierbei grds. auf die Eigentumsvermutung aus § 1006 Abs. 1 Satz 1 BGB berufen, um darzutun, dass es nicht nötig sei, die Sache für einen anderen Eigentümer zu sichern. Der letzte Gewahrsamsinhaber hat - um sich auf diese Vermutung berufen zu können - lediglich den Besitz der Sachen als Tatsachenbasis der Vermutung darzulegen und zu beweisen, nicht jedoch die den Eigentumserwerb begründenden Tatsachen (Rohde/Schäfer, a.a.O., Seite 45).

Danach kann der Kläger sich auf die Eigentumsvermutung des § 1006 Abs. 1 Satz 1 BGB berufen, soweit es um Schmuckgegenstände geht, die in seinem Pkw und in dem von ihm angemieteten Wohnwagen aufgefunden wurden. Hinsichtlich der Gegenstände, die in dem Wohnwagen seines Bruders aufgefunden wurden (lfd. Nummern 2.2, 2.5, 2.6), war er nicht der letzte Gewahrsaminhaber und kann sich daher insoweit nicht auf § 1006 Abs. 1 Satz 1 BGB berufen. Bzgl. dieser Gegenstände ist der Kläger voll beweispflichtig dafür, dass er Eigentümer oder berechtigter Besitzer dieser Gegenstände ist. Einen solchen Nachweis hat der Kläger nicht erbracht. Soweit der Kläger in der mündlichen Verhandlung hat vortragen lassen, die auf den Bildern 55 und 56 abgebildete Kette mit der lfd. Nummer 2.6 sei ein Familienerbstück, es handele sich hierbei um eine sog. "Königskette", die in Sinti-Familien immer an den ältesten Sohn weitergegeben werde, erbringt dieser Vortrag nicht den Eigentumsnachweis im Hinblick auf diese Kette. Es handelt sich hierbei um schlichtes Behaupten des Klägers ohne die erforderliche Substantiierung.

Auch hinsichtlich der übrigen - im Pkw und Wohnwagen des Klägers aufgefundenen - Schmuckstücke kann der Kläger die Eigentumsvermutung des § 1006 Abs. 1 Satz 1 BGB nicht mit Erfolg für sich geltend machen. Insoweit ist diese Vermutung widerlegt worden. Die Anforderungen an die Widerlegung der Vermutung des § 1006 Abs. 1 Satz 1 BGB sind nicht hoch, weil die Sicherstellung nur eine vorübergehende Maßnahme ist und eine Gefahr für die Rechtsstellung des wahren Berechtigten ausreicht (Waechter, a.a.O., Seite 476 f.). Die Widerlegung der Eigentumsvermutung kann insbesondere auch mit Hilfe von Indiztatsachen und Erfahrungssätzen, die gegen einen rechtmäßigen Besitzerwerb sprechen, widerlegt werden. Solche Indiztatsachen und Erfahrungssätze sind insbesondere:

- Die Sachen sind noch original verpackt.
- An den Sachen sind noch Spuren deliktischer Herkunft zu finden.

- Bei dem Gewahrsamsinhaber befand sich eine Vielzahl von vor allem gleichartigen Sachen, für die eventuell nicht einmal Verwendung besteht.

- Die Sachen sind noch mit Sicherungsetiketten und/oder Preisschildern versehen.
- Die finanzielle Situation bzw. das Einkommen des Gewahrsamsinhabers lässt einen redlichen Erwerb der Sachen nicht erklären.
- Rechnungen, Quittungen, Belege über den redlichen Erwerb können nicht vorgelegt werden.
- Der Gewahrsamsinhaber ist bereits einschlägig strafrechtlich in Erscheinung getreten.
- Unklare Verwendungsabsicht
- Mischung mit erwiesenermaßen gestohlenen Sachen
- Versteckhalten der Sachen

Gegen das Eigentum des Klägers an dem sichergestellten - hier streitgegenständlichen - Schmuck spricht in erheblichem Maße, dass er mit erwiesenermaßen gestohlenem Schmuck (einige Schmuckstücke wurden von Diebstahlopfern aus ... und ... als ihr Eigentum wiedererkannt) vermischt war (Wächter, a.a.O., Seite 477). Des Weiteren befand sich bei dem Kläger und seinem Bruder eine ungewöhnliche Vielzahl von Schmuckstücken, wobei es sich hierbei zu einem großen Anteil um Frauenschmuck handelte. Inwiefern der Kläger Verwendung für diese Schmuckstücke hat, hat er nicht erklärt. Ein legaler Erwerb ist ebenfalls nicht nachvollziehbar für die große Zahl zum Teil hochwertiger Uhren, die bei dem Kläger seinerzeit beschlagnahmt worden ist. Auch die Art der Aufbewahrung des Schmucks spricht für eine deliktische Herkunft des Schmucks. Der Schmuck wurde wie folgt aufgefunden:

- in einer Sporttasche im Kofferraum des Pkw,
- in einer Schatulle im "zusätzlichen Stauraum des Kofferraums"
- in der Ablagetasche der Rücklehne des Beifahrersitzes
- in einer Schatulle auf einer seitlichen Ablage im Schlafbereich des Wohnwagens des Bruders des Klägers
- in einer Klemmverschlusstüte und lose auf einem Stauschrank im Wohnwagen des Klägers
- in einer Klemmverschlusstüte und lose in einem Stauschrank oberhalb der Küchenzeile im Wohnwagen des Klägers lose unter einer Matratze und im Stauraum im Wohnwagen des Klägers.

Ein weiteres Indiz ist, dass der Kläger in der Vergangenheit einschlägig in Erscheinung getreten ist.

Sobald die Indizwirkung des § 1006 Abs. 1 Satz 1 BGB - wie hier - ausgeräumt ist, kehrt sich die grds. bei der Behörde liegende Beweislast mit der Folge um, dass der Beschuldigte den Nachweis des von ihm behaupteten

Eigentums an den sicherzustellenden Sachen zu erbringen hat. Dies ist dem Kläger nicht gelungen. Ein pauschaler Hinweis, dass im Laufe der Zeit naturgemäß viele Dinge erworben werden, über deren Anschaffungspreis, -ort und -zeit man keine Angaben machen könne, ist nicht ausreichend (Rohde/Schäfer, a.a.O., Seite 45).

Die rechtmäßige Sicherstellung nach § 26 Nr. 2 Nds. SOG setzt weiter voraus, dass es sich hierbei um einen vorläufigen Sicherungseingriff bis zur Beendigung der Sachverhaltserforschung handelt (Waechter, a.a.O., Seite 477). Die Sicherstellung zum Schutz Dritter kann also dann nicht mehr erfolgen, wenn die Sacherhaltserforschung (sprich: die Suche nach den Eigentümern der sichergestellten Sachen) bereits beendet ist. Hier dauert die Suche nach den Eigentümern der Schmuckstücke durch die Veröffentlichung der Fotos weiter an.

Die Verwaltungsbehörde entscheidet nach pflichtgemäßem Ermessen, ob und wann sie ein Verfahren zur Sicherstellung einer Sache einleitet. Es ist auf Grundlage der vorliegenden Informationen nach den allgemeinen Grundsätzen des Gefahrenabwehrrechts zu entscheiden, ob die Sicherstellung im Einzelfall geboten ist. Aus der Aufgabe zur Gefahrenabwehr gemäß § 1 Abs. 1 Nds. SOG und der Gesetzesbindung nach Art. 20 Abs. 3 GG wird gefordert, dass grundsätzlich einzuschreiten ist, sofern nicht sachgerechte Gründe dem entgegenstehen. Die Interessen des Einzelnen an der Wiedererlangung der Sachen sind mit den Allgemeininteressen, hier also der Vermeidung von Straftaten bzw. dem Eigentümerinteresse abzuwägen. Die Sicherstellung muss insbesondere verhältnismäßig sein. Von einer Sicherstellung ist grundsätzlich nur abzusehen, wenn sachgerechte Gründe dies gestatten (Rohde/Schäfer, a.a.O.). Gemessen daran ist die Ermessensentscheidung der Beklagten nicht zu beanstanden. Die Beklagte hat in dem angefochten Bescheid ausgeführt, dass die Sicherstellung nicht zu einem Nachteil für den Kläger führe, der außer Verhältnis zur Abwehr der vorliegenden gegenwärtigen Gefahr stehe. Die Sicherstellung sei unter Berücksichtigung des Verhältnismäßigkeitsgrundsatzes rechtmäßig.

Der Rechtsprechung des Nds. OVG zufolge (Beschluss vom 13. November 2009 - 11 ME 440/09) genügen solche - wenn auch sehr knappen - Ausführungen zur Verhältnismäßigkeit und die Auswertung des bekannten Sachverhaltes in einer Prognoseentscheidung um darzulegen, dass die Behörde ihr Ermessen erkannt und dieses auch ausgeübt hat. Die Beklagte hat ihre Ermessenserwägungen im gerichtlichen Verfahren gemäß § 114 Satz 2 VwGO in hinreichender Weise ergänzt.

Die Kostenentscheidung beruht auf § 154 Abs. 1 VwGO. Die Entscheidung über die vorläufige Vollstreckbarkeit folgt aus § 167 VwGO i.V.m. §§ 708 Nr. 11, 711 ZPO.

Hinweis:
Die Zustimmung des VG Oldenburg zu dieser Veröffentlichung liegt vor.

Auflistung weiterer verwaltungsgerichtlicher Entscheidungen „Sicherstellung von Gegenständen und Bargeld"

1.) **Urteil VG Osnabrück, Az. 4 A 140/05, vom 16.11.2006 [±]**
   – *Sicherstellung einer Herrenarmbanduhr, eines Bargeldbetrages von 500 € sowie diverser Schmuckstücke*

IV. Behandeln von Buchgeld

Vorbemerkungen zum Beschluss des LG Bielefeld (*Entscheidung IV/1*)

Der Beschluss des LG Bielefeld passt von der Systematik her nicht eindeutig in diese Entscheidungssammlung.

Das Behandeln von Buchgeld (Kontoguthaben) gem. § 983 BGB ist Gegenstand dieses Beschlusses. § 983 BGB lässt sich qualitativ mit der präventiven Sicherstellung zum Eigentumsschutz vergleichen, und zwar: „Sicherstellung einer Sache, um die Eigentümerin oder den Eigentümer oder die Person, die rechtmäßig die tatsächliche Gewalt innehat, vor Verlust oder Beschädigung einer Sache zu schützen." (so z.B. § 26 Nr. 2 Nds. SOG)

Das Verfahren gemäß § 983 BGB – ggf. auch unter Hinweis auf Nr. 75 **Abs. 4** RiStBV (vor dem 01.01.2008: Nr. 75 **Abs. 5** RiStBV) – wird nur noch, auch als Folge des Gesetzes zur Stärkung der Rückgewinnungshilfe und der Vermögensabschöpfung bei Straftaten, sehr begrenzt zur Anwendung kommen können.[28]

---

[28] „Bisher behalf sich die Praxis – abgesichert durch die Rechtsprechung des Bundesgerichtshofes (BGH, NStZ 1984, 409 f.; vgl. auch RiStBV Nr. 75 Abs. 5) – bei durch Eigenmacht in Besitz gebrachten Gegenständen damit, eine Rückgabe an den Täter über eine entsprechende Anwendung der Fundvorschriften zu vermeiden. Die Neuregelung macht nicht nur diesen Rückgriff entbehrlich, sondern erfasst zugleich die Fälle, in denen Forderungen und andere Vermögenswerte betroffen sind." (vgl. Deutscher Bundestag – 16. Wahlperiode, Drucksache 16/700, S. 14 - Zu Nummer 6)

Entscheidung IV/1 (Abschrift)

1 Kls B 1/98 I LG Bielefeld

Landgericht Bielefeld
Beschluß

In der Strafsache

gegen den ...
wegen Betruges

wird angeordnet, daß der verbleibende Geldbetrag auf dem Konto des Verurteilten

Konto ...
Sparkasse Bielefeld ...

als Fundsache gem. § 983 BGB zu behandeln ist.

Gründe:

Nach Ablauf der Frist aus § 111 i StPO ist eine Herausgabe des auf dem im Tenor genannten Konto verbleibenden Geldbetrages an den Verurteilten nicht möglich.

Denn nach fruchtlosem Ablauf der Frist nach § 111 i StPO, die die Kammer hier mit Beschluß vom 02.02.1999 gesetzt hat, war der beschlagnahmte Gegenstand, nämlich das o. g. Konto nach § 983 BGB zu behandeln (Kleinknecht/Meyer-Goßner, StPO, 42. Aufl. Rnr. 3 zu § 111 i StPO unter Hinweis auf BGH NStZ 84, 410, BGH R StGB § 73 Tatbeute 1; vgl. RiStBV 75 V). Durch eine Herausgabe würde die „Beute" nämlich dem Rechtsbrecher endgültig auf Kosten der Geschädigten zurückgegeben. An der Begründung und Aufrechterhaltung eines solchen rechtswidrigen Zustands darf sich die Strafjustiz durch die Herausgabe nicht beteiligen (BGH NStZ 1986, 376 m.w.N.).

Bielefeld, 28.05.1999
Landgericht - I. große Strafkammer

gez. .... gez. .... gez. ....

Anhang 1

**Präventive Gewinnabschöpfung;
Hinweise zum Verfahren der Sicherstellung
nach § 26 Nds. SOG vor strafprozessualer Herausgabe
offensichtlich nicht rechtmäßig erlangter Sachen**[29]

Gem. RdErl. d. MI u. d. MJ vom 16.11.2007
◻ P 22.2-1201-26 ◻

◻ VORIS 21011 ◻

Bezug: a) RdErl. v. 16.7.1998 (Nds. MBl. S.1078)
– VORIS 21011 10 00 00 060 –[30]
b) RdErl. v. 26.2.2007 (Nds. MBl. S. 224)
– VORIS 21011 –[31]

1. Inhalt

Können die im Rahmen eines Ermittlungsverfahrens sichergestellten/beschlagnahmten Sachen keiner konkreten rechtswidrigen Tat zugeordnet werden und liegen somit nicht die Voraussetzungen einer Einziehung oder des Verfalls vor und sind auch nicht die Voraussetzungen des erweiterten Verfalls gegeben, sind die Sachen prinzipiell an die letzte Gewahrsamsinhaberin oder den letzten Gewahrsamsinhaber zurückzugeben, sofern nicht auf die Rückgabe verzichtet wird/wurde.

Sind die sichergestellten/beschlagnahmten Sachen aber von der beschuldigten Person offensichtlich nicht rechtmäßig erlangt worden, besteht unter bestimmten (im Folgenden dargelegten) Voraussetzungen die Möglichkeit einer Sicherstellung nach § 26 Nds. SOG, um die Rückgabe an die zum Verzicht nicht bereite beschuldigte Person zu vermeiden.

Um zu erreichen, dass von dieser Möglichkeit weitgehend und effektiv Gebrauch gemacht wird, ist ein abgestimmtes Zusammenwirken der Staatsanwaltschaft mit den zuständigen Verwaltungsbehörden und der Polizei erforderlich.

Vor diesem Hintergrund werden die nachfolgenden Hinweise gegeben:

---

[29] Nds. MBl. 50/2007, S. 1515.
[30] Hinweis des Buchverfassers: Neufassung der Ausführungsbestimmungen zum Niedersächsischen Gefahrenabwehrgesetz (AB NGefAG); neu: Niedersächsisches Sicherheits- und Ordnungsgesetz (Nds. SOG).
[31] Hinweis des Buchverfassers: Behandlung von Verwahrstücken durch die Polizei.

2. Zuständigkeiten

2.1 Sachliche Zuständigkeit

Sachlich zuständig für die Durchführung der Sicherstellung gemäß § 26 Nds. SOG, die anschließende Verwahrung gemäß § 27 Nds. SOG sowie eine ggf. durchzuführende Verwertung gemäß den §§ 28 ff. Nds. SOG sind gemäß § 97 Abs. 1 Nds. SOG grundsätzlich die Gemeinden.
Eine Eilzuständigkeit der Polizei (i.S. des § 1 Abs. 2 Satz 1 Nds. SOG) für die Durchführung der Sicherstellung besteht in der Regel nicht, da es der Staatsanwaltschaft – auch bei einer Entscheidung durch die Richterin oder den Richter – regelmäßig möglich sein wird, die zuständige Verwaltungsbehörde so rechtzeitig zu informieren, dass eine Sicherstellung der Sache(n) vor der Hausausgabe angeordnet werden kann.
Es ist insoweit auch keine originäre Zuständigkeit der Polizei im Hinblick auf die Verhütung von Straftaten gegeben. Die Polizei wird nach § 1 Abs. 1 Satz 3 Nds. SOG nur dann vorrangig tätig, wenn ihr bestimmte Befugnisse zur Erkenntnisgewinnung vorbehalten sind und nur sie aus ihrer strafverfolgenden Tätigkeit über spezifisches Erfahrungswissen verfügt, um kriminellen Gefahren entgegenwirken zu können. Diese besonderen Voraussetzungen liegen hinsichtlich einer präventiven Sicherstellung regelmäßig nicht vor. Die Sicherstellung von bereits in behördlicher Verwahrung befindlichen Sachen ist unproblematisch durch einfaches ordnungsbehördliches Eingreifen möglich. Insoweit greift die Ausnahme von der (Regel-) Zuständigkeit der Verwaltungsbehörden regelmäßig nicht (vgl. Nr. 1.2 des Bezugserlasses zu a).
Die Verwahrung (§ 27 Nds. SOG) präventiv sichergestellter Sachen und eine ggf. durchzuführende Verwertung (§ 28 ff. Nds. SOG) fällt wegen der Subsidiarität der polizeilichen Tätigkeit prinzipiell in die Zuständigkeit der Verwaltungsbehörden, selbst dann, wenn die Polizei aufgrund besonderer – vom Regelfall abweichender – Sachumstände eine Sicherstellung gem. § 26 Nds. SOG durchgeführt hat.

2.2 Örtliche Zuständigkeit

Die örtliche Zuständigkeit richtet sich nach § 100 Abs. 1 Satz 2 Nds. SOG. Aufgrund der bevorstehenden Herausgabeentscheidung der Staatsanwaltschaft wird die nach § 26 Nr. 1 Nds. SOG erforderliche gegenwärtige Gefahr begründet bzw. werden die Interessen des in § 26 Nr. 2 Nds. SOG genannten Personenkreises gefährdet. Unabhängig vom tatsächlichen Aufbewahrungsort ist die Verwaltungsbehörde am Sitz der Staatsanwaltschaft örtlich zuständig.

3. Allgemeine Hinweise

3.1 Sicherstellungsobjekte

§ 26 Nds. SOG erlaubt anders als § 111 b StPO (unter den Begriff Gegenstände i. S. dieser Vorschrift fallen auch Rechte) nur die Sicherstellung von Sachen i. S. des § 90 BGB. Darunter fällt Bargeld, aber kein Buchgeld. Sofern sichergestelltes Bargeld durch die Strafverfolgungsbehörden zwecks Verwahrung auf ein Verwahrkonto eingezahlt wird, gilt dieses für eine sich anschließende, auf § 26 Nds. SOG gestützte Sicherstellung weiterhin als Bargeld. Eine darüber hinausgehende analoge Anwendung auf Fälle, in denen die Strafverfolgungsbehörde originär Buchgeld sichergestellt hat, ist ausgeschlossen. Hier fehlt es an der Planwidrigkeit einer Regelungslücke.

3.2 Rechtsgrundlagen

Die Sicherstellung von Sachen nach strafprozessualer Herausgabe ist grundsätzlich sowohl auf der Grundlage des § 26 Nr. 1 Nds. SOG als auch des § 26 Nr. 2 Nds. SOG möglich. § 26 Nr.1 Nds. SOG erfordert allerdings das Vorliegen einer gegenwärtigen Gefahr (vgl. § 2 Nr. 1 Buchst. a und b Nds. SOG) und ist insoweit enger als § 26 Nr. 2 Nds. SOG.

3.3 Besonderheiten bei der Sicherstellung von Bargeld

Bargeld, das im Rahmen von Straftaten erlangt wird – sofern es nicht gestohlen wurde – gilt sachenrechtlich als Eigentum der oder des Beschuldigten, da die Rechtswidrigkeit des Verpflichtungsgeschäftes nicht zwangsläufig auf die Wirksamkeit der sachenrechtlichen Eigentumsübertragung durchschlägt. Eine Sicherstellung von Bargeld ist wenn möglich auf § 26 Nr. 1 Nds. SOG zu stützen.

3.4 Widerlegung der Eigentumsvermutung

Die Sicherstellung nach § 26 Nr. 2 Nds. SOG ist nur anzuordnen, wenn die Vermutung des § 1006 BGB, nach der zugunsten der (letzten) Besitzerin oder des (letzten) Besitzers einer Sache die Eigentümerstellung vermutet wird, widerlegt werden kann. Dies ist auch mithilfe von Indiztatsachen und Erfahrungssätzen möglich. In diesen Fällen tritt eine Umkehr der Beweislast ein, so dass die oder der Beschuldigte den Nachweis des Eigentums an den Gegenständen zu führen hat.
Indiztatsachen und Erfahrungssätze sind etwa:
- Sachen sind noch original verpackt;

- an den Sachen sind noch Spuren deliktischer Herkunft zu finden (Autoradios oder Elektrogeräte mit durchtrennten Kabeln, Fahrräder mit aufgebrochenen Schlössern);
- bei der Gewahrsamsinhaberin oder bei dem Gewahrsamsinhaber befand sich eine Anzahl/Vielzahl von (gleichartigen) Sachen, für die evtl. nicht einmal Verwendung besteht (z.B. Beschuldigte bzw. Beschuldigter hat Autoradios, aber kein Auto);
- Sachen sind noch mit Sicherungsetiketten und/oder Preisschildern versehen;
- die finanzielle Situation bzw. das Einkommen der Gewahrsamsinhaberin oder des Gewahrsamsinhabers lässt redlichen Erwerb der Sachen (auch Bargeld) nicht erklären;
- Rechnungen, Quittungen, Belege über den redlichen Erwerb der Sachen können nicht vorgelegt werden;
- die Gewahrsamsinhaberin oder der Gewahrsamsinhaber ist bereits einschlägig strafrechtlich in Erscheinung getreten.

3.5 Wert der sicherzustellenden Sachen (Bagatellgrenze)

Liegen hinreichende Anhaltspunkte dafür vor, dass die letzte Gewahrsamsinhaberin oder der letzte Gewahrsamsinhaber die Sachen unrechtmäßig erlangt hat, soll eine präventive Sicherstellung angeordnet werden. Sie sollte nur dann unterbleiben, wenn der administrative Aufwand und/oder die (Lagerungs-/Verwertungs-)Kosten unter Berücksichtigung der Art der Sache und auch der Persönlichkeit der beschuldigten Person eine Sicherstellung unverhältnismäßig erscheinen lassen. Insoweit bedarf es regelmäßig nur dann einer sorgfältigen Prüfung, ob eine Rückgabe untunlich ist oder nicht, wenn der Wert der Gegenstände im konkreten Fall in der Summe unter 500 EUR liegt.

4. Hinweise für Staatsanwaltschaft und Polizei im Rahmen des Ermittlungsverfahrens

4.1 Rückgabeverzicht

Im Rahmen des Ermittlungsverfahrens ist so früh wie möglich zu versuchen, von der beschuldigten Person den ausdrücklichen Verzicht auf Rückgabe zu erlangen. Dabei sollte der Hinweis gegeben werden, dass bei fehlender Verzichtserklärung das verwaltungsrechtliche Verfahren nach § 26 Nds. SOG durchgeführt werden kann.

4.2 Prüfung der Sicherstellung nach § 26 Nds. SOG

Weigert sich die beschuldigte Person auch nach vorstehendem Hinweis, auf die Rückgabe zu verzichten, entscheidet die Staatsanwaltschaft unter Beachtung der in Nummer 3 dargelegten Grundsätze, ob eine Sicherstellung nach § 26 Nr. 1 oder 2 Nds. SOG in Betracht kommt. Dies setzt die Feststellung voraus, dass im Ermittlungsverfahren die Voraussetzungen einer Sicherstellung nach den §§ 111 b ff. StPO bzw. Beschlagnahme gemäß § 94 StPO nicht (mehr) vorliegen und auch bei weiteren Ermittlungen keine Sicherstellung/Beschlagnahme oder Einziehung/Verfall (§§ 73 ff. StGB) in Betracht kommt und auch die Voraussetzungen des erweiterten Verfalls nicht gegeben sind.

4.3 Abgabe an die Verwaltungsbehörde

Sind die Voraussetzungen gemäß Nummer 3.2 erfüllt, ist der zuständigen Behörde Gelegenheit zur Sicherstellung nach § 26 Nds. SOG zu geben. Die Akten oder – sofern die Akten noch benötigt werden – ein anzulegender Sonderband sind unmittelbar der zuständigen Behörde zu übersenden. Der Vorgang wird mit dem deutlich sichtbaren Hinweis „Sicherstellung nach § 26 Nds. SOG" übersandt. In dringenden Fällen ist die zuständige Behörde vorab telefonisch oder per Fax über den Sachverhalt zu informieren.

4.4 Freigabeentscheidung

Die zuständige Behörde muss so rechtzeitig vor der Freigabeentscheidung über den Sachverhalt informiert werden, dass sie einen Bescheid gegenüber der letzten Gewahrsamsinhaberin oder dem letzten Gewahrsamsinhaber erlassen kann, mit dem sie die Sachen zum Zwecke der Gefahrenabwehr sicherstellt. Erst wenn dieser Bescheid vorliegt, kann die Freigabeentscheidung (durch die Staatsanwaltschaft) der letzten Gewahrsamsinhaberin oder dem letzten Gewahrsamsinhaber bekannt gegeben werden. Mit Bekanntgabe der Freigabeentscheidung gegenüber der Verwahrstelle ist auf die Sicherstellung durch die Verwaltungsbehörde hinzuweisen.

5. Hinweise für die Durchführung der Sicherstellung gemäß § 26 Nds. SOG

5.1 Wird eine Gemeinde von der Staatsanwaltschaft um eine präventive Sicherstellung gebeten, entscheidet sie selbstverständlich und unverzüglich unter Beachtung der in Nummer 3 dargelegten Grundsätze über die Anordnung nach § 26 Nds. SOG.

5.2 Die Anordnung der Sicherstellung ist der letzten Gewahrsamsinhaberin oder dem letzten Gewahrsamsinhaber schriftlich bekannt zu geben. Ist eine Sache originär präventiv gemäß § 26 Nds. SOG sichergestellt worden (wenn z.B. in der „Niederschrift über Durchsuchung, Sicherstellung, Beschlagnahme" angekreuzt ist, dass die Sicherstellung zur Gefahrenabwehr erfolgt ist), bedarf es keiner weiteren Sicherstellung.

6. Hinweise zur Verwahrung

6.1 Die sichergestellte Sache ist von der zuständigen Verwaltungsbehörde (vgl. Nummer 2) unverzüglich von der bisherigen Verwahrstelle (Staatsanwaltschaft oder Polizei) abzuholen und in Verwahrung zu nehmen. Im Einvernehmen zwischen bisheriger Verwahrstelle und zuständiger Verwaltungsbehörde sind abweichende Regelungen in Bezug auf die Abholung zulässig.

6.2 Die Verwaltungsbehörde hat sicherzustellen, dass die Verwahrstücke in geeigneter Weise derart erfasst werden, dass eine zweifelsfreie Identifikation des jeweiligen Verwahrstückes möglich ist. Hierbei können beispielsweise Art, Anzahl, Maß und Gewicht zu berücksichtigende Merkmale sein. Zur Vermeidung von Verwechslungen ist eine geeignete Kennzeichnung der Verwahrstücke zu gewährleisten, aus der Name und Anschrift der letzten Gewahrsamsinhaberin oder des letzten Gewahrsamsinhabers sowie das Datum des Beginns der Sicherstellung hervorgeht. Um die ordnungsgemäße Übergabe der Verwahrstücke von der bisherigen Verwahrstelle an die Verwaltungsbehörde sicherstellen zu können, kann nach Absprache mit der bisherigen Verwahrstelle auf entsprechende Dokumente zurückgegriffen werden, die bei dieser bereits vorhanden sind.

7. Hinweise zur Verwertung

7.1 Sofern die Sache nicht herauszugeben ist (§ 29 Abs. 1 Nds. SOG), soll sie verwertet werden. Kann bei einer auf § 26 Nr. 2 Nds. SOG gestützten Sicherstellung die Person, zu deren Gunsten die Sicherstellung erfolgte, nicht ermittelt werden, kommt eine Verwertung auf Grundlage des § 28 Abs. 1 Nr. 4 Nds. SOG in Betracht. Die letzte Gewahrsamsinhaberin oder der letzte Gewahrsamsinhaber, also die Person, gegen die das Ermittlungsverfahren geführt wurde, ist nicht berechtigte Person i. S. des § 28 Abs. 1 Nr. 4 Nds. SOG. Sofern die Sicherstellung nach § 26 Nr. 1 Nds. SOG erfolgte, kann eine Verwertung gemäß § 28 Abs. 1 Nr. 4 Nds. SOG erfolgen, da im Fall der Herausgabe an die bisherige Gewahrsamsinhaberin oder den bisherigen Gewahrsamsinhaber regelmäßig die Gefahrenlage des § 26 Nr. 1 Nds. SOG erneut begründet würde. Eine Verwertung sichergestellten Bargeldes sowie Buchgeldes, das nach Nummer 3.1 als Bargeld behandelt wird, erübrigt sich. Unter den Voraussetzungen des § 28 Abs. 1 Nr. 4 Nds. SOG kann dieses Bargeld jedoch als Erlös behandelt werden.

7.2 Im Übrigen richtet sich die Verwertung grundsätzlich nach § 28 f. Nds. SOG. Insoweit wird auf den Bezugserlass zu a verwiesen.

8. Hinweise zu Verwertungserlös/Kosten

8.1 Ist eine berechtigte Person nicht zu ermitteln, ist der Erlös bzw. im Fall von sichergestelltem Bargeld das Bargeld selbst (in entsprechender Anwendung des § 29 Abs. 2 Satz 2 Nds. SOG) nach den Vorschriften des BGB zu hinterlegen (vgl. § 29 Abs. 2 Satz 2 Nds. SOG). Abweichend von § 383 BGB erlischt der Anspruch auf Herausgabe des Erlöses gem. § 29 Abs. 2 Satz 3 Nds. SOG bereits nach drei Jahren. Die Person, gegen die das Ermittlungsverfahren geführt wurde, ist nicht berechtigte Person i. S. des § 29 Abs. 2 Nds. SOG; der Verwertungserlös fließt ihr somit nicht zu.

8.2 Der Erlös oder das hinterlegte Geld (entsprechend § 29 Abs. 2 Satz 3 Nds. SOG) fließt nach Ablauf der drei Jahre dem Kostenträger zu (vgl. § 105 Abs. 4 Nds. SOG).

8.3 Gemäß § 29 Abs. 3 Satz 1 Nds. SOG fallen die Kosten der Sicherstellung den nach § 6 oder 7 Nds. SOG Verantwortlichen zur Last. Kosten i. S. des § 29 Abs. 3 Nds. SOG sind alle bei der Sicherstellung auf der Grundlage des Nds. SOG und ihrer Durchführung (also insbesondere auch Entgeltzahlungen an ein mit der Aufbewahrung der Sache beauftragtes Unternehmen) sowie der etwaigen Verwertung der Sache angefallenen finanziellen Aufwendungen. Hinzu kommen ggf. Gebühren für Amtshandlungen nach dem Verwaltungskostengesetz. Über die Kostenpflicht und die Höhe der Kosten ist ein Kostenbescheid zu erlassen.

Unbeschadet hiervor bleibt die Möglichkeit, im Fall des § 29 Abs. 3 Satz 4 Nds. SOG (Verwertung) die Kosten aus dem Erlös oder mit dem Bargeld nach Ablauf der 3-Jahres-Frist zu decken.

9. Übergangs-/Schlussbestimmungen

Nr. 75 Abs. 4 der Richtlinien für das Strafverfahren und das Bußgeldverfahren (RiStBV) in der ab dem 1.1.2008 geltenden Fassung)* und der Bezugserlass zu b bleiben im Übrigen unberührt.

*) Bis zum 31.12.2007 gilt Nr. 75 Abs. 5 RiStBV.
An die
Gemeinden und Samtgemeinden
Polizeibehörden und -einrichtungen
Generalstaatanwaltschaften und Staatsanwaltschaften
Nachrichtlich:
An die
Region Hannover und Landkreise

Anhang 2

Kritiker und Fürsprecher

1. **Begrifflichkeit „Präventive Gewinnabschöpfung" (PräGe)**

1.1 „Entstehungsgeschichte"

Als ich mich um die Jahreswende 2002/03 auf der Grundlage von zwei verwaltungsgerichtlichen Entscheidungen[32], die durch Obergerichte[33] ihre Bestätigung fanden, näher mit der gefahrenabwehrrechtlichen bzw. präventiven oder auch präventiv-polizeilichen Sicherstellung, Verwahrung usw. von Sachen [Gegenstände einschließlich (Bar-)Geld] befasst habe, ging es mir auch um eine (ein-)prägende Bezeichnung.

In Anlehnung an die strafrechtliche – also repressive – Gewinn- bzw. Vermögensabschöpfung („Vorteilsabschöpfung") kam ich zu der Begrifflichkeit „Präventive Gewinnabschöpfung", weil die im Strafermittlungsverfahren beschuldigten bzw. tatverdächtigen Personen einen deliktischen Vorteil (Gewinn) „erwirtschaften", der mit den Mitteln der Gefahrenabwehr – also präventiv(-polizeilich) – sichergestellt und dadurch zurückgewonnen wird.

Als ich später die Bezeichnung „präventive Gewinnabschöpfung" in eine Suchmaschine eingegeben habe, stieß ich auf einen Aufsatz von *Gropp/Huber* mit einer Zwischenüberschrift
„*b) Präventive Gewinnabschöpfung*"
und mit nachfolgender Textpassage
„*Gewinnabschöpfung im Interesse einer Gefahrenabwehr findet man in den USA und in der Schweiz. ...*"[34]
Ich sah mich dadurch in der von mir gewählten Begrifflichkeit bestätigt.

Die Bezeichnung „Präventive Gewinnabschöpfung" habe ich also gewählt, um eine Abgrenzung zwischen der präventiven (gefahrenabwehrrechtlichen) Gewinnabschöpfung und der repressiven (strafrechtlichen) Gewinn- bzw. Vermögensabschöpfung vorzunehmen. Es geht im Prinzip um die Ab-

---

[32] Urteil VG Karlsruhe, Az. 9 K 2018/99, vom 10.05.2001, **und** Urteil VG Berlin, Az. VG 1 A 173.98, vom 02.02.2000.
[33] Beschluss VGH Baden-Württemberg, Az. 1 S 1710/01, vom 20.02.2002, **und** Beschluss OVG Berlin, Az. OVG 1 N 13.00 / VG 1 A 173.98, vom 16.09.2002.
[34] *Walter Gropp / Barbara Huber*, Rechtliche Initiativen gegen organisierte Kriminalität – Ein Projektbericht, Max-Planck-Institut für ausländisches und internationales Strafrecht, Freiburg im Breisgau, S. 10.

schöpfung zu Unrecht erworbener – hier deliktischer – Vorteile als Mittel der Gefahrenabwehr.[35]

Das BVerfG hat sich übrigens in seinem Beschluss – 2 BvR 564/95 – vom 14.01.2004 zu § 73d StGB („Erweiterter Verfall ist mit dem Grundgesetz vereinbar") mit präventiv-ordnenden Zielen, die auch für die PräGe als Orientierung dienen können, befasst und u.a. entschieden:

- *„Der Gesetzgeber sieht in der **Gewinnabschöpfung** also nicht die Zufügung eines Übels, sondern die Beseitigung eines Vorteils, dessen Verbleib den Täter zu weiteren Taten verlocken könnte. ..."* (Absatz Nr. 65)
- *„... **Der korrigierende Eingriff aber, mit dem der Staat auf eine deliktisch entstandene Vermögenslage reagiert, ist nicht notwendig repressiv. Auch das öffentliche Gefahrenabwehrrecht erlaubt hoheitliche Maßnahmen, um Störungen zu beseitigen.** Gefahrenabwehr endet nicht dort, wo gegen eine Vorschrift verstoßen und hierdurch eine Störung der öffentlichen Sicherheit bewirkt wurde. Sie umfasst auch die Aufgabe, eine Fortdauer der Störung zu verhindern (...)".* (Absatz Nr. 68)
- *„...; die **Gewinnabschöpfung** soll verhindern, dass die bereits eingetretene Störung der Vermögensordnung auch zukünftig fortdauert."* (Absatz Nr. 70)

1.2 Kritisches zur Begrifflichkeit „Präventive Gewinnabschöpfung"

1.2.1 Niedersächsische Oberverwaltungsgericht (Lüneburg)

„Allerdings ist der in diesem Zusammenhang verwendete Begriff der ‚Gewinnabschöpfung' missverständlich. Es geht nicht vorrangig darum, dass der Erlös aus diesen Sachen bzw. der betreffende Geldbetrag letztlich an den Staat (Fiskus) fällt, sondern die Sicherstellung nach § 26 Nr. 1 Nds. SOG soll verhindern, dass mit Hilfe der vermutlich illegal erworbenen Werte neue Straftaten vorbereitet und begangen werden. Im Vordergrund steht deshalb der präventive Charakter der Maßnahme."[36]

---

[35] Die Bezeichnung „Gewinnabschöpfung" ist im deutschen Recht durchaus gebräuchlich, z.B. Überschrift **„§ 10 Gewinnabschöpfung"** des Gesetzes gegen den unlauteren Wettbewerb (UWG).

[36] Urteil, Az. 11 LC 4/08, vom 02.07.2009 (Vorinstanz: Urteil VG Osnabrück, Az. 4 A 149/06, vom 08.11.2007).

1.2.2 Söllner

„*Das OVG charakterisiert zu Recht den in der Polizeiliteratur[30] verwendeten Begriff der ‚Gewinnabschöpfung' als unzutreffend und irreführend[31]. Genauso unzutreffend ist die Kritik aus den Reihen der Strafverteidiger,[32] die offenbar auch durch die Begrifflichkeit provoziert ist.*"[37]

1.2.3 Verwaltungsgericht Köln

„*Diese Bezeichnung erachtet das Gericht allerdings als irreführend, weil Gewinnabschöpfung als solche nicht präventiv oder repressiv sein kann.*" (Rdnr. 67)[38]

1.2.4 Rohde / Schäfer

„*Der Begriff ‚Präventive Gewinnabschöpfung' hat sich trotz seiner Ungenauigkeit durchgesetzt. Ordnungsrechtlich treffender wäre die Bezeichnung ‚Präventive Sicherstellung', da es nicht entscheidend ist, ob das sichergestellte Gut ‚Gewinn' aus einer Straftat ist.*"[39]

1.3 Fazit

Über die Begrifflichkeit „Präventive Gewinnabschöpfung" lässt sich vielleicht trefflich diskutieren, nicht aber über die Verfassungsmäßigkeit der gefahrenabwehrrechtlichen Sicherstellung, Verwahrung usw. in Bezug auf deliktische Sachen (Gegenstände einschließlich Bargeldbeträge).

2. Präventive Gewinnabschöpfung als Eingriffsmaßnahme

2.1 Kritiker

Es war zu erwarten, dass sich zur PräGe auch kritische Juristen zu Wort melden, um ihre – auch rechtsstaatlichen – Bedenken vorzubringen.

---

[37] *Sebastian Söllner*, Zum Begriff »gegenwärtige Gefahr« bei der sog. »Präventiven Gewinnabschöpfung« – Anmerkung zum Urteil des Nds OVG vom 2.7.2009 – 11 LC 4/08 – (…), in: DEUTSCHES VERWALTUNGSBLATT (DVBl) 20/2009 (15. Oktober 2009), S. 1320 ff.

[38] Urteil, Az. 20 K 842/09, vom 10.12.2009.

[39] *Thomas Rohde / Thomas Schäfer*, Präventive Gewinnabschöpfung – Sicherstellung nach Gefahrenabwehrrecht im Rahmen des Osnabrücker Modells, in: Niedersächsische Verwaltungsblätter (NdsVBl.) 2/2010, S. 41 ff. (41, Fußnote 1)

2.1.1 Rechtsanwalt *Joachim Back*

Kurz nach dem Erscheinen meiner 1. Auflage „Präventive Gewinnabschöpfung in Theorie und Praxis ..." **rezensierte** Rechtsanwalt *Joachim Back* (auszugsweise Wiedergabe):
„Ah ja, hier hat ein findiger Beamter endlich einmal einen neuen Ausweg aus der Finanzkrise der Städte und Gemeinden gefunden. Jetzt wird nicht mehr der Kleinbürger an der Parkuhr geschröpft, sondern der vermögende Straftäter, dem das Geld ja eh nicht zusteht. ...
Das vorliegende Werk kann jedem Strafverteidiger empfohlen werden, damit die Musterschriftsätze bereit liegen, wenn eine Gemeinde den vorgeschlagenen Weg der Enteignung unordentlicher Bürger gehen will. Polizei und Ordnungsbehörden kann das Werk aber nicht empfohlen werden, da der vorgeschlagene Weg eine Sackgasse ist.
23.10.2004
Rechtsanwalt Joachim Back
Hanau"[40]

2.1.2 *Prof. Dr. Kay Waechter*

In einem Printmedium kommt *Prof. Dr. Kay Waechter* zu folgendem **Ergebnis:**
„§ 983 BGB und die Sicherstellungsvorschriften des Gefahrenabwehrrechts eignen sich nicht zur gezielten Gewinnabschöpfung, weil diese kompetenziell zum Strafrecht gehört. Gewinnabschöpfung kann allerdings zwangsläufig Folge der Anwendung von § 983 BGB sein. Durch eine Sicherstellung nach Gefahrenabwehrrecht kommt es zu einer effektiven Gewinnabschöpfung erst bei einer Entscheidung über die Herausgabe. Dafür verweisen die Polizeigesetze wieder auf § 983 BGB. Deswegen hat die sogenannte ‚präventive Gewinnabschöpfung' keinen über § 983 BGB hinausreichenden sinnvollen Anwendungsbereich. Eine vorläufige, befristete Sicherstellung durch Besitzentziehung zwecks Eigentumsschutzes für Dritte bzw. zur Abwehr gegenwärtiger Gefahren ist dagegen über das Polizeirecht möglich. Die Sicherstellung von Geld zwecks Abwehr einer gegenwärtigen Gefahr dürfte in der Regel schwer zu begründen sein. Für eine deutliche Ausweitung der gezielten Gewinnabschöpfung über den erweiterten Verfall hinaus müsste der Gesetzgeber tätig werden."[41]

---

[40] http://www.fachbuchkritik.de/html/gewinnabschopfung.html.
[41] Präventive Gewinnabschöpfung, in: Zeitschrift für öffentliches Recht in Norddeutschland (NordÖR) 11/2008, S. 473 ff.

Dem war als **Fazit** aus meiner Sichtweise entgegenzuhalten:
"Die PräGe dient vorrangig dazu, Sachen, die ganz offensichtlich deliktischer Herkunft sind, nicht berechtigten Personen zu entziehen.
Im Gegensatz zu Waechter vertrete ich – übrigens in Übereinstimmung mit den Begründungen aus den mir bekannten VG-Entscheidungen – die Auffassung, dass die Gefahrenabwehrgesetze des Bundes (BPolG) und der Länder (z.B. Nds. SOG) für Verwaltungs- und Polizeibehörden durchaus die Grundlagen für PräGe-Verfahren sind; das Zivilrecht und somit auch § 983 BGB dient in diesem Zusammenhang – so Kochheim – lediglich als ‚Auffangtatbestand'.
Die Beweislastumkehr sehe ich als ausreichend begründet an.
Die präventive Sicherstellung von Bargeld stützt sich vorrangig auf § 26 Nr. 1 Nds. SOG und erfordert eine gegenwärtige Gefahr, die einer zureichenden Begründung – wie in mehreren VG-Entscheidungen erfolgt – bedarf.
In Waechters Ausführungen vermisse ich Hinweise auf den Gemeinsamen Runderlass des Ministeriums für Inneres und Sport und des Justizministeriums, der auch mit den kommunalen Spitzenverbänden abgestimmt ist."[42]

2.1.3 Wissenschaftliche Mitarbeiterin Dr. *Silke Hüls* / Rechtsreferendar *Tilman Reichling*

Hüls / Reichling kommen zu folgendem **Fazit** (Auszug):
"In der Praxis scheinen die Möglichkeiten der Vermögensabschöpfung grenzenlos zu werden. ... Konnte ein Freispruch oder eine Verfahrenseinstellung erzielt und die Einziehung oder der Verfall nach den Regeln des StGB verhindert werden, droht dennoch nach Abschluss des Strafverfahrens der Eigentumsverlust durch die sog. präventive Gewinnabschöpfung.
Kann bei der Vermögensabschöpfung durch Verzicht die Entziehung des Vermögens noch durch die schlichte Verweigerung des Einverständnisses, also des Verzichts, vermieden werden, führt die präventive Gewinnabschöpfung unmittelbar zum Verlust des Besitzes und schließlich nach dem Konzept der Polizei auch zum endgültigen Verlust des Eigentums an sichergestellten Sachen und Bargeld, so dass Sicherstellung und Verwertung mit Rechtsmitteln angegriffen werden müssen.
Die präventive Gewinnabschöpfung kann – wenn überhaupt – nur dann zu legitimieren sein, wenn strenge Anforderungen an die Voraussetzungen der

---

[42] *Ernst Hunsicker*, Präventive Gewinnabschöpfung (PräGe) – Replik auf die Abhandlung von Prof. Dr. Kay Waechter in NordÖR 11/2008, S. 473 ff., in: NordÖR 2/2009, S. 62 f., **und** inhaltsgleich unter http://ernsthunsicker.de, Menüpunkt „Replik auf Waechter zur PräGe".

gegenwärtigen Gefahr gestellt werden. Diese zu erfüllen scheint für die Sicherstellung von Bargeld nahezu unmöglich."[43]

2.1.4 Rechtsanwalt *Philipp Thiée*

Und dann ist da noch Rechtsanwalt *Philipp Thiée*, der dem Ganzen die kritische Krone aufsetzt, indem er seinem **veröffentlichten Aufsatz** voranstellt:
"Polizeibehörden versuchen zusehends die Praxis durchzusetzen Gelder, bei denen eine Beschlagnahme nicht durch das Gericht gemäß § 98 StPO bestätigt wurde, über Regelungen in den Polizeigesetzen sicherzustellen. Dies erfolgt vor allem bei Geldern von Beschuldigten, denen Handel mit BtM vorgeworfen wird. In dieser Praxis ist ein Versuch einer Umgehung der strafrechtlichen Verdachtsbegriffe zu sehen und es ist ein weiteres Beispiel der Verpolizeilichung des Strafprozesses."
Abschließend kommt er zu folgender **Feststellung**:
"Der Versuch der Etablierung einer Präventiven Gewinnabschöpfung ist ein politischer Vorstoß der Polizeibehörden, um das eigene Budget aufzufüllen. Rechtlich erscheint das Vorgehen mehr als fragwürdig. Doch das gesellschaftliche Grundproblem ist primär nicht das Polizeirecht, sondern die prohibitive Drogenpolitik, die gehässigen Pedanten eine Spielwiese eröffnet, unter dem Deckmantel der Gefahrenabwehr anderen Bürgern ihr Geld wegzunehmen."[44]

Auch auf diesen Aufsatz habe ich **reagiert** und die Redaktion der Zeitschrift „Strafverteidiger" (StV) gebeten, mein Manuskript unter der Überschrift *„Präventive Gewinnabschöpfung (PräGe): Entgegnung auf Philipp Thiée (in StV 2/2009, Seiten 102 ff.)"* mit folgender **Einleitung** zu veröffentlichen:
„Der Aufsatz beginnt mit einer tendenziösen Teil-Überschrift (»Wenn Polizeibeamte Winkeladvokaten spielen«) und endet mit abfälligen Äußerungen über mit PräGe-Verfahren befasste Berufsgruppen (»die gehässigen Pedanten eine Spielwiese eröffnet«). Dazwischen arbeitet Thiée mit Halbwahrheiten und Unterstellungen (»daß Bürgern, die aus polizeilicher Sicht generell als Kriminelle zu beurteilen sind« oder »polizeilichen Trick, die StPO zu umgehen«). Verwaltungsgerichtliche Entscheidungen der 1. und 2. Instanz werden – bis auf eine Ausnahme – ignoriert. Insgesamt mangelt es

---

[43] *Silke Hüls / Tilman Reichling*, Vermögensabschöpfung vor und nach dem Strafurteil – „Verzichtserklärungen" und die Instrumentalisierung des Gefahrenabwehrrechts, in: Strafverteidiger Forum (StraFo) 5/2009, S. 198 ff.
[44] *Philipp Thiée*, »Präventive Gewinnabschöpfung«: Wenn Polizeibeamte Winkeladvokaten spielen, in: Strafverteidiger (StV) 2/2009, S. 102 ff.

dem Aufsatz an Sachlichkeit und Sorgfalt. Es bedarf deshalb einer Entgegnung."

Die StV-Redaktion teilte mir daraufhin mit, dass man meine Entgegnung erst einmal Herrn *Thiée* zur Stellungnahme übersandt habe. Einen Monat später erklärte man mir auf Anfrage, dass noch keine Stellungnahme von Herrn *Thiée* eingegangen sei.
Meine „Entgegnung"[45] und eine „Erwiderung auf die Erwiderung" durch Herrn *Thiée*[46] wurden nach mehr als einem Jahr in der Zeitschrift „Strafverteidiger" (StV) veröffentlicht.
Inzwischen hat Herrn *Thiée* auch eine thematische Fortbildungsveranstaltung unter der Überschrift „ **Neues aus dem Polizeistaat: gefahrenrechtliche Sicherstellung im Strafverfahren**" wie folgt angeboten (auszugsweise zitiert):

„Wir laden ein zu unserem Colloquium am

Mittwoch, 08. September 2010, 14.00 Uhr s.t.

…

Neues aus dem Polizeistaat:
gefahrenabwehrrechtliche Sicherstellung nach dem Strafverfahren

Referent: Rechtsanwalt Philipp Thiée, Frankfurt am Main

Zunehmend setzt sich die präventive Logik der Polizei im Strafverfahren durch. Jüngst versuchen Polizeibehörden in mehreren Bundesländern in Strafverfahren sichergestellte Gelder durch das Polizeirecht sicherzustellen.

Wenn im Strafverfahren sich ein Verdacht nicht bestätigt und kein Verfall angeordnet werden kann, wird eine sogenannte „präventive Gewinnabschöpfung" versucht. Insbesondere an Mandanten, die wegen BtM-Straftaten vor Gericht standen, versucht der Staat sich auf diese Weise zu bereichern. Strafverteidiger wissen oft nicht wie man mit diesem schikanösen und unerwarteten Schachzug der Behörden umgehen soll. In dem Colloquium soll die Entwicklung dieses polizeilichen Vorgehens nachgezeichnet und mögliche Gegenargumentationen dargestellt werden.
Die Teilnahmegebühr beträgt …"[47]

---

[45] *Ernst Hunsicker*, Präventive Gewinnabschöpfung (PräGe): Entgegnung auf Philipp Thiée in StV 2/2009, S. 102 ff., in: Strafverteidiger (StV) 4/2010, S. 212 ff.
[46] *Philipp Thiée*, Polizeirechtliche Sicherstellung nach Freigabe gem. § 98 StPO – Erwiderung auf die Erwiderung, in: Strafverteidiger (StV) 4/2010, S. 215 ff.
[47] http://www.frankfurter-anwaltsverein.de/2010/08/11/neues-aus-dem-polizeistaat-gefahrenrechtliche-sicherstellung-im-strafverfahren/

Sicherlich muss man in seiner Argumentation überziehen, wenn besondere Aufmerksamkeit erreicht werden soll. Wenn aber *Philipp Thiée* Deutschland als Polizeistaat bezeichnet, so ist das für mich eine unverfrorene Frechheit, denn:
„Die Bundesrepublik Deutschland ist demokratischer als Frankreich, Großbritannien und sogar die Schweiz. Das ist das Ergebnis einer Studie der Universität Zürich und des Wissenschaftszentrums Berlin. ... Deutschland konnte Pluspunkte sammeln, weil ... Gesetzgebung, Rechtsprechung und Regierungsgewalt vorbildlich voneinander getrennt sind. ‚Dafür schränken die vielen Veto-Möglichkeiten durch den Bundesrat und das Verfassungsgericht unsere Regierungsfähigkeit ein', sagt *Wolfgang Merkel*, der die Demokratieforschung am Wissenschaftszentrum Berlin leitet. ..."[48]

2.2 Fürsprecher

2.2.1 Rechtsanwalt *Torsten F. Barthel* befasst sich in zwei Veröffentlichungen mit der PräGe:

- *Sicherstellung und Verwertung aus kriminellen Handlungen erlangter Gegenstände durch die Ordnungsbehörde („Präventive Gewinnabschöpfung") – Fallbearbeitung Ordnungsrecht*[49],
- *Präventive Gewinnabschöpfung als neue Aufgabe der kommunalen Ordnungsbehörden*[50].

Unter **II./6. Verfassungsrechtliche Bewertung** führt *Rechtsanwalt Barthel* resümierend aus
„*Es sei nochmals dargetan, dass die referierte Entscheidung des BVerfG geeignet ist, sämtliche vorgebrachten verfassungsrechtlichen Bedenken gegen das Rechtsinstitut der präventiven Gewinnabschöpfung zu zerstreuen.*"[51],
um danach unter **III.** mit einem **Ausblick** abzuschließen:
„*Die gefahrenabwehrrechtlich fundamentierte präventive Gewinnabschöpfung durch die kommunalen Ordnungsbehörden stellt ein innovatives Instrumentarium dar, dessen Anwendungskonstellationen in der Verwaltungspraxis als verwaltungs- und verfassungsrechtlich gesichert gelten können. Die Zukunft wird*

---

[48] EUROPA – Demokratische Dänen, in: DER SPIEGEL 5/2011, S. 80.
[49] DEUTSCHE VERWALTUNGSPRAXIS (DVP) 7/05, S. 276 ff.
[50] KOMMUNALJURIST (KommJur) 3/2009, S. 81 ff.
[51] *Ernst Hunsicker*, Verfassungsmäßigkeit der Präventiven Gewinnabschöpfung (PräGe) – Beurteilung der Verfassungsmäßigkeit unter Einbindung der BVerfG-Entscheidung zum erweiterten Verfall (§ 73d StGB) und der einschlägigen Rechtsprechung (PräGe), 35 Seiten, GRIN Verlag (Mai 2009).

zeigen, ob steigende Fallzahlen die Erreichung des Ziels der Schließung von Gerechtigkeitslücken zu befördern vermögen. Der niedersächsische Innenminister steht in vollem Maße hinter dem innovativen Rechtsinstitut.[113] *Eine weitere Evaluation*[52] *erscheint indessen durchaus angebracht.*[114] "

2.2.2 Dr. Dr. *Wolfgang Pausch* geht noch weiter, wartet mit folgender **Überschrift** auf
Ein Plädoyer für eine gesetzliche Regelung zur Sicherstellung und Einziehung illegalen Vermögens in den Polizeigesetzen des Bundes und der Länder[53]
und schlägt vor, wie beispielsweise das Hessische Gesetz über die öffentliche Sicherheit und Ordnung (HSOG) geändert bzw. ergänzt werden könnte.

2.2.3 Diplom-Finanzwirt (FH) Assessor *Thomas Rohde* und Diplom-Verwaltungswirt (FH) *Thomas Schäfer* halten einleitend in einer Veröffentlichung fest:
„Vermögensgegenstände, die im Rahmen eines Strafermittlungsverfahrens sichergestellt werden, können in der Praxis häufig keiner konkreten Straftat zugeordnet werden. In vielen Fällen kommen weder Verfall noch Einziehung (§§ 73 ff. Strafgesetzbuch – StGB), noch die Herausgabe an Eigentümer oder sonst Berechtigte in Betracht, so dass in weiten Teilen der Bundesrepublik Deutschland sichergestellte Wertgegenstände an den Beschuldigten herausgegeben werden, obwohl diese mit an Sicherheit grenzender Wahrscheinlichkeit aus Straftaten stammen oder für solche bestimmt sind. Mit der ‚Präventiven Gewinnabschöpfung' (PräGe[1]*) wurde ein Verwaltungsverfahren entwickelt, welches den Gefahrenabwehrbehörden die Möglichkeit einräumt, die Sicherstellung hinsichtlich mit höchster Wahrscheinlichkeit aus Straftaten stammender oder hierfür bestimmter Wertgegenstände auf Grundlage des länderspezifischen Ordnungsrechts nach Einstellung des Strafermittlungsverfahrens aufrecht zu erhalten und diese einer Verwertung zuzuführen. Dem grundlegenden generalpräventiven Gedanken, Straftaten dürfen sich nicht lohnen, wird damit Rechnung getragen. Am 2.7.2009 stützte das Niedersächsische Oberverwaltungsgericht die Praxis der Stadt Osnabrück, indem es unter Aufhebung der erstinstanzlichen Entscheidung die*

---

[52] Evaluation ist auch eine von mir erhobene Forderung; vgl. *Hunsicker*, Präventive Gewinnabschöpfung (PräGe) in Theorie und Praxis ..., 3. überarb. & erw. Auflage 2008, Verlag für Polizeiwissenschaft, S. 79 ff.
[53] DIE KRIMINALPOLIZEI 3/06, S. 98 ff.

*Klage gegen eine Sicherstellungsverfügung in vollem Umfang abwies.*²"⁵⁴

---

⁵⁴ *Thomas Rohde / Thomas Schäfer*, Präventive Gewinnabschöpfung – Sicherstellung nach Gefahrenabwehrrecht im Rahmen des Osnabrücker Modells, in: Niedersächsische Verwaltungsblätter (NdsVBl.) 2/2010, S. 41 ff.

Anhang 3

Veröffentlichungen zur PräGe

Monografien von *Ernst Hunsicker*

- **Präventive Gewinnabschöpfung (PräGe) in Theorie und Praxis** –
  Sicherstellung, Verwahrung und Verwertung von Gegenständen und (Bar-)Geld aus Gründen der Gefahrenabwehr in Kooperation von Polizei, Staatsanwaltschaft und Kommune – (Osnabrücker Modell) – Arbeitshilfe, 3. überarb. & erw. Auflage (2008), 175 Seiten, Verlag für Polizeiwissenschaft, Frankfurt /Main,
- **Präventive Gewinnabschöpfung (PräGe)** –
  Entscheidungssammlung in Volltexten – Sammelband, 2., überarbeitete & erweiterte Auflage (2009), 226 Seiten, GRIN Verlag, München/Ravensburg (als Buch und E-Book),
- **Verfassungsmäßigkeit der Präventiven Gewinnabschöpfung (PräGe)** –
  Beurteilung der Verfassungsmäßigkeit unter Einbindung der BVerfG-Entscheidung zum erweiterten Verfall (§ 73d StGB) und der einschlägigen Rechtsprechung (PräGe), 1. Auflage (2009), 35 Seiten, GRIN Verlag, München/Ravensburg (als Buch und E-Book),
- **Ländervergleich: Präventive Gewinnabschöpfung (PräGe)** –
  Rechtsgrundlagen, Rechtsprechung, Entwicklung und Stand in Deutschland – Vergleichbare Rechtsgrundlagen in Österreich und in der Schweiz, 1. Auflage (2009), 97 Seiten, GRIN Verlag, München/Ravensburg (als Buch und E-Book),
- **Die Präventive Gewinnabschöpfung (PräGe) im Überblick** –
  1. Auflage (2014), 33 Seiten, GRIN Verlag, München/Ravensburg (als Buch und E-Book).

Aufsätze von *Ernst Hunsicker*

- Präventive Gewinnabschöpfung – Sicherstellung/Verwertung von Gegenständen und Bargeld aus präventiv-polizeilichen Gründen, in: Kriminalistik 4/03, S. 234 ff.,
- Osnabrücker Modell: Gewinne abschöpfen, in: POLIZEI-EXTRABLATT Nr. 6/2003, S. 4.
- Präventive Gewinnabschöpfung – Verunsicherung durch abweichende Rechtsprechung zur Sicherstellung und Verwertung von Bargeld, in: DIE POLIZEI 7-8/2006, S. 252 ff.,

- Präventive Gewinnabschöpfung – Bezeichnungen, Inhalte, Vorbehalte und Implementierung, in: der kriminalist 10/2006, S. 430 ff.,
- Rückgewinnungshilfe und Vermögensabschöpfung bei Straftaten – Entwurf eines Gesetzes zur Stärkung dieser Instrumente, in: Kriminalistik 10/2006, S. 615 ff.,
- Präventive Gewinnabschöpfung (PräGe) – Replik auf die Abhandlung von Prof. Dr. Kay Waechter in NordÖR 11/2008, Seiten 473 ff., in: NordÖR 2/2009, S. 62 ff.,
- Präventive Gewinnabschöpfung (PräGe): Entgegnung auf Philipp Thiée in StV 2/2009, S. 102 ff., in: StV 4/2010, S. 212 ff.,
- Präventive Gewinnabschöpfung – Entwicklung und Stand in Deutschland - Blick nach Österreich und in die Schweiz, in: Kriminalistik 1/2010, S. 38 ff.
- Präventive Gewinnabschöpfung – Definition, Etablierung und Bezeichnung unter Einbeziehung verfassungsrechtlicher Entscheidungen und kritischer Bewertungen, in: DIE KRIMINALPOLIZEI 4/2012, S. 13 ff.
- Präventive Gewinnabschöpfung – Bilanz nach rund zehn Jahren, in: Kriminalistik 6/2013, S. 396 ff.

Weitere Autoren
(soweit bekannt)

- *Artkämper, Heiko*, Präventive Gewinnabschöpfung bei Beschuldigten – Möglichkeiten und Grenzen, in: DIE KRIMINALPOLIZEI 01/2013, S. ?,
- *Barthel, Torsten F.*, Sicherstellung und Verwertung aus kriminellen Handlungen erlangter Gegenstände durch die Ordnungsbehörde („Präventive Gewinnabschöpfung") – Fallbearbeitung: Ordnungsrecht, in: DVP 7/05, S. 276 ff.,
- *Barthel, Torsten F.*, Präventive Gewinnabschöpfung als neue Aufgabe der kommunalen Ordnungsbehörden, in: KommJur 3/2009, S. 81 ff.,
- *Heyna, Franz-Josef*, Die Sicherstellung von Gegenständen nach dem Polizeigesetz, in: Kriminalistik 11/2010, S. 659 ff.,
- *Hüls, Silke / Reichling, Tilmann*, Vermögensabschöpfung vor und nach dem Strafurteil – „Verzichtserklärungen" und die Instrumentalisierung des Gefahrenabwehrrechts, in: StraFo 5/2009, S. 198 ff.,
- *Pausch, Wolfgang*, Ein Plädoyer für eine gesetzliche Regelung zur Sicherstellung und Einziehung illegalen Vermögens in den Polizeigesetzen des Bundes und der Länder, in: DIE KRIMINALPOLIZEI 3/06, S. 98 ff.,
- *Rohde, Thomas / Schäfer, Thomas*, Präventive Gewinnabschöpfung – Sicherstellung nach Gefahrenabwehrrecht im Rahmen des Osnabrücker Modells, in: NdsVBl. 2/2010, S. 41 ff.,

- *Rohde, Thomas / Schäfer, Thomas / Röwekamp, Stephanie*, Präventive Gewinnabschöpfung – Rechtsprechungsübersicht, Bedeutung und ein Bericht aus der Praxis, in: NdsVBl. 6/2012, S. 145 ff.
- *Söllner, Sebastian*, Zum Begriff „gegenwärtige Gefahr" bei der sog. „Präventiven Gewinnabschöpfung" (Anmerkung zum Urteil des Nds. OVG vom 2.7.2009 – 11 LC 4/08 (…), in: DVBl 20/2009, S. 1320 ff.,
- *Söllner, Sebastian*, Anmerkung zum Urteil VG Oldenburg, Az. 7 A 1634/09, vom 29.06.2010 (LS: Präventive Gewinnabschöpfung im Wege der Sicherstellung von Buchgeld), in: DVBl. 21/2010, S. 1385 ff.,
- *Thiée, Philipp*, »Präventive Gewinnabschöpfung«: Wenn Polizeibeamte Winkeladvokaten spielen, in: StV 2/2009, S. 102 ff.,
- *Thiée, Philipp*, Polizeirechtliche Sicherstellung nach Freigabe gem. § 98 StPO – Erwiderung auf die Erwiderung, in: StV 4/2010, S. 215 ff.,
- *Waechter, Kay*, Präventive Gewinnabschöpfung, in: NordÖR 11/2008, S. 473 ff.,
- *Wüstenbecker, Horst*, Sicherstellung von Bargeld als „präventive Gewinnabschöpfung" (Nds. OVG, Urt. v. 02.07.2009 – 11 LC 4/08), in: RÜ 10/2009, S. 663 ff.

Anhang 4

Hochschulthemen zur PräGe
(soweit bekannt)

Inzwischen befassen sich auch Hochschulen mit dieser Thematik, und zwar:

1. Universität Halle/Saale, *Prof. Dr. Reimund Schmidt-De Caluwe*, Seminar im Sommersemester 2010 – „Gefahrenabwehr als staatliche Aufgabe im Spannungsfeld zu den Anforderungen des Verfassungs- und Gemeinschaftsrechts":
Die **„präventive Gewinnabschöpfung"** als polizeirechtliche Sicherstellung? – Entwicklung, Anwendungsbereich und Anforderungen eines neuen Instruments der Gefahrenabwehr,
2. Universität Passau, *Prof. Dr. Robert Esser*, Deutsch-Polnisches (SP)-Seminar zum Europäischen und Internationalen Strafrecht (Vorankündigung) – Sommersemester 2010 – Seminararbeit / Arbeitsthemen:
...
5. **Präventive Gewinnabschöpfung** und Unschuldsvermutung (Art. 6 Abs. 2 EMRK),
3. Universität Osnabrück, *Prof. Dr. Oliver Dörr*: Zur Zeit werden folgende Dissertationsthemen bearbeitet: ...
Die **sog. präventive Gewinnabschöpfung** – Grundlagen und Grenzen,
4. Fachhochschule für öffentliche Verwaltung, Polizei und Rechtspflege Mecklenburg-Vorpommern (Güstrow, 16.11.2009), Dozent: *Henning Biermann*, Seminar im Hauptstudium für den Studiengang AV gD 07 „Aktuelle Entwicklungen im Polizei- und Ordnungsrecht" – Fachgebiet: „Besonderes Verwaltungsrecht";
Folgende Themen stehen zur Bearbeitung zur Verfügung: ...
Thema 6: „Rechtsprobleme der Sicherstellung im Polizei- und Ordnungsrecht – Eine Betrachtung unter besonderer Berücksichtigung der **„präventiven Gewinnabschöpfung"**,
5. Fachhochschule für öffentliche Verwaltung Nordrhein-Westfalen, Forschungsprojekt intern: Die **sog. Präventive Gewinnabschöpfung**, Projektzeitraum: 01.12.2011 – 31.08.2014, Forscher: *Rohde, Thomas*,
6. Albert-Ludwigs-Universität Freiburg, *Till Bettels*, Forschungsthema: **Präventive Gewinnabschöpfung** als Instrument zur Bekämpfung der organisierten Kriminalität in Italien und in Europa.

Anhang 5

Stichwörter aus den Entscheidungen usw.
(unter Angabe der Seitenzahlen)

A

Abhöreinrichtung 213
Abhörmaßnahme 205, 208, 220
Abtretungserklärung 256, 260, 267
Abtretungsurkunde 261
Amtshaftungsansprüche 215
Anfechtungsklage 86, 89, 92, 174, 181, 216, 234
„Anscheinsbeweis" 28, 31
Arbeitslosenhilfe 36, 43, 45 f., 49
Arbeitslosenversicherung bzw. -geld 62, 289
Asylbewerber... 75 f., 82, 87
AsylbLG 175, 184

B

Bandenbetrug 140
Bandendiebstahl 176, 179
(Bargeld-)beträge, Banknoten o.Ä.
- Stückelung von ... 76, 87, 94, 96, 118 f., 123 ff., 156 f., 161 ff., 168, 211 ff., 215, 221, 227, 231 f., 238 f., 241 f., 277
Berufungszulassungsverfahren 65, 67
Betäubungsmittel(-...) 54, 56, 92 ff., 97, 107, 155, 162, 167, 208, 211, 214 f., 218, 227, 230 f., 238 f., 247
„Beute" 298
Beweisanzeichen 13, 22, 25, 28, 31, 48, 54, 60, 71, 182, 238, 264
Beweislastumkehr 13, 15, 19, 28, 31, 82, 109, 147, 185, 196, 267
Beweisvermutung 32, 36, 71
Beweisverwertungsverbot 174, 184, 205, 208, 214 f., 219 f., 256 f., 266
BSHG - Hilfe(-Leistungen) nach ... 262, 265
Buchgeld 226, 231, 235 f., 284 ff., 297
Bundesgerichtshof (BGH) 25, 38 f., 48, 98, 100, 108, 182, 215, 264, 298
Bundesverfassungsgericht (BVerfG/E) 37, 99, 116, 129, 131 f., 157, 164 f., 219, 243, 244 f., 246, 250 f.

Bundesverwaltungsgericht (BVerwG/E) 22, 31, 48 f., 79, 84, 109, 116 f., 129 f., 166, 182, 217, 233 f., 236, 243, 264 f.
Bundeszentralregister(-auszug) 211, 262
„Bunkerwohnung/en" 212, 221 f.

D

Darlegungsgebot 65, 67
Darlegungslast 264
Diebstahl 17 f., 20 ff., 32, 34 f., 48, 54, 56 f., 147 ff., 227, 279, 288
Drogen(-handel, -kauf), siehe Betäubungsmittel(-...)

E

Eigentumsvermutung 25, 48, 54, 57 f., 60, 98, 101, 104, 108 f., 142, 173, 182 f., 185, 187, 192, 195 f., 248, 264 f., 274, 282, 292
- Widerlegung der ... 25, 54, 109, 248, 250, 264 f., 274, 292
Eilbeschluss 128, 130
„Enkeltrick-Betrug" 134 ff.
Enteignung 77, 89 f., 99
Erfahrungssätze 25, 48, 182, 264, 274, 292, 301
Ermessensfehler 120, 122, 132, 143
Ermittlungsfehler 219
- schwerwiegende... 214
Ermittlungsverfahren
- Einstellung des ... (siehe Strafverfahren)
Erörterungstermin 215

F

Fernmeldegeheimnis 184, 256, 266
Finanzverwaltungsgesetz 94 ff.
Fortsetzungsfeststellungsklage 211, 215 ff.

G

Gefahrenprognose 82, 86, 100, 113 f., 161, 208, 219 f., 232, 249
Geldmenge 101, 105, 108, 223
Geldwäsche(...) 69, 73, 75 f., 101, 105, 155 f., 165, 227, 233 f., 242
Grundrecht/e 122, 220, 250
... auf Eigentum 100, 126, 131 f., 218

H

Handy(-...) 57, 95, 119, 122 ff., 135, 178, 181
Hartz IV
- Leistungen nach ... 57
Hehlerei 32, 35, 43, 45, 48, 54, 56, 71, 106, 151, 279, 284, 291
Herausgabeanspruch 41, 54, 57, 62, 71, 80, 87, 89, 93, 101, 103, 110, 171, 243, 260, 281

I

Indizien 24 f., 32, 36, 46, 56, 60 f., 89, 96 f., 108, 147, 158, 161, 169, 171, 176, 183, 185, 192, 201, 231 f., 238, 253, 260 ff., 265, 267, 282
Indiztatsachen 25, 182, 260, 264, 274, 292, 301
Indizumstände 265
Internethandel 70
Interpol Belgrad 105
Interpol Warschau 124

K

Kontoguthaben 87, 297
Kriminelle (bzw. finanzielle) Vergangenheit 62, 152, 229, 239, 274, 290, 293

L

Ladendiebstahl 17
Leistungen (öffentliche) 57, 60, 62, 75, 87, 148 f., 175, 184, 262, 265, 289

P

Präventivmaßnahmen 47, 113, 115, 128, 140, 151, 180

Prozesskostenhilfe (PKH) 58 f., 62, 70, 178, 184 f.

R

Raub(-verdacht) 256, 259, 288
Raubgrabungen/-gräberei 68 f.
Rauschgift, siehe Betäubungsmittel
Rechte
- Schutz privater ... 47, 73, 122, 124, 250, 263
Revision (Bundesgerichtshof) 215
Richterliche/r Anordnung/Beschluss 187, 190, 208, 214, 220 ff., 222, 259
Richtervorbehalt 220
Rückgewinnungshilfe 122, 131, 297

S

Schmuggel... /...-schmuggel 75 ff., 81, 89, 95, 113, 116, 118 ff., 123 ff., 129 ff., 152, 162, 169
SGB II 289
Sicherungsetiketten 15, 70, 293, 302
Sofortvollzug, siehe Vollziehung
Sozialhilfe(...) 36, 176, 184, 260 ff., 265
Sozialleistungen bzw. -amt 60, 62, 138, 175, 261 ff.
Steuerhehlerei 75
Strafverfahren (Ermittlungsverfahren)
- Einstellung des ... 47, 57 f., 82, 115 f., 118, 120, 127 f., 130, 140, 151, 160, 165, 180, 184, 197, 219, 231, 242, 261 f., 266, 280, 284
Stückelung – siehe (Bargeld)-beträge

T

Telefonüberwachung 124, 173 f., 184, 208, 213, 220, 256 f., 266
Telekommunikationsüberwachung 157, 164, 184, 266
Trickdiebstahl 136, 273, 279, 289

U

Unschuld
- erwiesene ...219

Unschuldsvermutung 82, 86, 113, 116, 122, 126, 128, 148, 157, 165, 214, 219, 229, 233, 242

V

Verfahrenseinstellung 54, 82, 113, 116, 122, 128, 165, 242
Verfügungsverbot 43, 46, 49 f., 147, 185, 226, 229, 256, 260 f., 267, 281
Vergangenheit (finanzielle ..., kriminelle ...) 62, 152, 229, 239, 274, 290, 293
Verhältnismäßigkeit(-sgrundsatz) 27, 116, 122, 129, 132, 157, 165, 243, 250, 294
Vermögensvorteile 131
Vermutung
- tatsächliche ... 28, 31
Vermutungswirkung 263
Verpflichtungsklage 82, 87
Verurteilung(en) 17 f., 20, 22, 35, 60, 105, 139, 238, 279, 288, 290
- einschlägige 290
- rechtskräftige 24, 279
- strafrechtliche 15, 25, 131 f., 238
Vollziehung (Sofortvollzug)
- sofortige ... 46, 54, 56, 113 f., 121, 124, 135, 137 ff., 139, 144, 146, 147 f., 150, 175, 176 f., 226, 229, 244, 247, 281
Vorstrafen 231, 288
- einschlägige 43, 48
Vorverurteilung(en) 35, 232

W

Wahrscheinlichkeit(en) 100, 117, 130
- große ... 117, 129
- hinreichende ... 107, 117, 129, 141, 166, 180, 198, 237, 286
- höchste ... 23
- hohe ... 110, 152, 171
- mit an Sicherheit grenzende ... 17, 73, 76, 80, 93, 117, 129, 141, 158 f., 166, 180, 198, 201, 218, 237 f., 286 f.
- überwiegende ... 223

Wahrscheinlichkeitsbeweis 22, 28, 31, 43, 49, 109
Wahrscheinlichkeitsgrad 117, 130, 154, 181
Wahrscheinlichkeitsprognose 166 f., 180, 198 f., 237, 286
Warenlager 20, 23, 26
Wertungswiderspruch 115, 128, 229, 262

Z

Zigarettenschmuggel 75 ff., 81, 113, 116, 118 ff., 124 ff., 129 ff., 152
Zinsen 78, 84, 87, 256 ff., 261, 267, 271 f.
Zinsverluste 89 f., 97, 113, 121, 143
Zollverwaltungsgesetz 94
Zuständigkeit 14, 72, 254 f.
- örtliche 106, 283, 300
- sachliche 106, 300
Zwischenhandel 70

Anhang 6

Autobiografien sowie Fach- und Sachbücher

von *Ernst Hunsicker*

Autobiografien

**Highlights: Authentische Polizei- und Kriminalgeschichten –
Von der Polizeischule (1962) bis zur Pensionierung (2004) und die Zeit danach – 2. Auflage,**
GRIN Verlag (2011), 231 Seiten, 24,99 €* (Buch), 14,99 €* (eBook),

**Geschichten aus dem Polizei- und Kriminaldienst von 1962 bis 2004 –
Authentische Highlights von der Polizeischule bis zur Pensionierung in Wort und Bild,**
disserta Verlag (2014), 233 Seiten, 44,99 €* (Buch),

**Authentische Polizei- und Kriminalgeschichten –
Stationen und Situationen mit Bildern aus einem langen Berufsleben –
Teil 1 (1962 bis Mai 1988),**
GRIN Verlag (2008), 136 Seiten, 27,99 €* (Buch), 17,99 €* (eBook),

**Authentische Polizei- und Kriminalgeschichten –
Stationen und Situationen mit Bildern aus einem langen Berufsleben –
Teil 2 (Juni 1988 bis 1996),**
GRIN Verlag (2008), 184 Seiten, 27,99*€ (Buch), 17,99 €* (eBook),

**Geschichten aus dem Polizei- und Kriminaldienst von 1988 bis 1996 –
Authentisches in Wort und Bild – Teil 2,**
disserta Verlag (2014), 180 Seiten, 44,99 €* (Buch),

**Authentische Polizei- und Kriminalgeschichten –
Stationen und Situationen mit Bildern aus einem langen Berufsleben –
Teil 3 (1997 bis 2004 und die Zeit danach),**
GRIN Verlag (2009), 204 Seiten, 27,99 €* (Buch), 17,99 €* (eBook),

**Geschichten aus dem Polizei- und Kriminaldienst von 1997 bis 2004 und die Zeit danach –
Authentisches in Wort und Bild – Teil 3,**
Arbeitstitel (erscheint in Kürze im disserta Verlag), 199 Seiten,

**Authentische Polizei- und Kriminalgeschichten –
Stationen und Situationen mit Bildern aus einem langen Berufsleben –
Teil 4 (Nachträge von 1962 bis 2009),**
GRIN Verlag (2009), 53 Seiten, 9,99 €* (Buch), kostenlos (eBook), 0,99 €* (Druckversion eBook),

Kindheits- und Jugenderinnerungen –
Ein Lebensabschnitt im exemplarischen Kontext mit historischen Ereignissen,
GRIN Verlag (2011), 217 Seiten, 49,99 €* (Buch), 39,99 €* (eBook),

Erinnerungen an Kinder- und Jugendjahre in Wort und Bild –
Eine Zeit im Kontext mit historischen Ereignissen,
disserta Verlag (2014), 224 Seiten, 44,99 €* (Buch).

Geowissenschaften/Geographie –
Fremdenverkehrsgeographie (Radfahren)

Radfahren in der Region Osnabrück – Münster – Bielefeld – Gütersloh –
Illustrierte sowie kommentierte Erlebnisse und Beobachtungen,
GRIN Verlag (2012), 205 Seiten, 24,99 €* (Buch), 14,99 €* (eBook),

Radtouren durch das Osnabrücker Land, das Münsterland und Ostwestfalen –
Illustrierte sowie kommentierte Erlebnisse und Beobachtungen unter Einbeziehung von Umweltschutzaspekten,
Diplomica Verlag (2014), 206 Seiten, 29,99 €* (Buch).

Monografien: Präventive Gewinnabschöpfung

Die Präventive Gewinnabschöpfung (PräGe) im Überblick,
GRIN Verlag (2014), 33 Seiten, 9,99 €* (Buch), 6,99 €* (eBook),

Präventive Gewinnabschöpfung (PräGe) –
Entscheidungssammlung in Volltexten (Sammelband), 3. Auflage,
GRIN Verlag (2014), 327 Seiten, 34,99 €* (Buch), 24,99 €* (eBook),

Verfassungsmäßigkeit der Präventiven Gewinnabschöpfung (PräGe) –
Beurteilung der Verfassungsmäßigkeit unter Einbindung der BVerfG-Entscheidung zum erweiterten Verfall (§ 73d StGB) und der einschlägigen Rechtsprechung (PräGe),
GRIN Verlag (2009), 35 Seiten, 9,99 €* (Buch), 0 €* (eBook),

Ländervergleich: Präventive Gewinnabschöpfung (PräGe) –
Rechtsgrundlagen, Rechtsprechung, Entwicklung und Stand in Deutschland –
Vergleichbare Rechtsgrundlagen in Österreich und in der Schweiz?,
GRIN Verlag (2009), 97 Seiten, 12,99 €* (Buch), 7,99 €* (eBook),

Präventive Gewinnabschöpfung (PräGe) in Theorie und Praxis –
Sicherstellung, Verwahrung von Verwertung von Gegenständen und (Bar-)Geld aus Gründen der Gefahrenabwehr in Kooperation von Polizei, Staatsanwaltschaft und Kommune (Osnabrücker Modell) – Arbeitshilfe – , 3. Auflage,
Verlag für Polizeiwissenschaft (2008), 175 Seiten, 14,90 €* (Buch).

Kriminologie, Kriminalistik und Kriminalitätskontrolle

Kriminologische Regionalanalysen in der Stadt Osnabrück für die Jahre 1996/97, 2002/03 und 2007/08 –
Problemkreise, Lösungsansätze, Umsetzungen und Wirkungen als Grundlagen für den Förderpreis der „Stiftung Kriminalprävention" (Städtepreis 2009),
GRIN Verlag (2010), 129 Seiten, 14,99 €* (Buch), 9,99 €* (eBook),

Kriminalitätskontrolle am Beispiel der Stadt Osnabrück –
oder: Ein beruflicher Lebensabschnitt für Prävention und Repression (1988 bis 2004),
GRIN Verlag (2011), 255 Seiten, 29,99 €* (Buch), 19,99 €* (eBook),

Bevölkerungs- und Kriminalitätsentwicklung für die Zeiträume zwischen 1960 und 2060 –
Retrograde Erfassung und Auswertung, Prognosen sowie „statistische Tendenzen" für Deutschland, die Bundesländer Bayern, Brandenburg, Niedersachsen und Sachsen-Anhalt, die Millionenstädte Berlin, Hamburg und Köln, Wissenschaftliche Studie,
GRIN Verlag (2013), 237 Seiten, 44,99 €* (Buch), 34,99 €* (eBook),

Entwicklung der Bevölkerung und der Kriminalität von 1960 bis 2060 für Deutschland, ausgewählte Bundesländer und Millionenstädte –
Retrograde Erfassung und Auswertung, Prognosen sowie „statistische Tendenzen",
Diplomica Verlag (2014), 232 Seiten, 44,99 €* (Buch),

Schengener Abkommen (1985), Schengener Durchführungsübereinkommen (1990) und Schengen-Reform (2013) –
Ausgegrenzt durch Grenzkontrollen?
GRIN Verlag (2013), 27 Seiten, 12,99 €* (Buch), 9,99 €* (eBook).

Wissenschaft / Technik

Kooperation zwischen der MEYER WERFT (Papenburg) und den Betreibern der Magnetschwebebahn Transrapid (Lathen/Dörpen) –
Visionäre Gedankenspiele oder blanke Utopie?,
GRIN Verlag (2012), 71 Seiten, 14,99 €* (Buch), 9,99 €* (eBook).

Politik

Geheim- und Nachrichtendienste aus dem In- und Ausland in der Kritik –
Erhebung, Fakten, Stellungnahmen und Bewertungen,
GRIN Verlag (2014), 87 Seiten, 24,99 €* (Buch), 14,99 €* (eBook).

Sonstiges

Pannen, Skandale und Affären? – Die Polizei im Blickpunkt der Öffentlichkeit,
GRIN Verlag (2014), 32 Seiten, 9,99 €* (Buch), 6,99 €* (ebook).

Fachbücher mit *Ernst Hunsicker*

Entwicklung der kommunalen Kriminalprävention in Osnabrück seit 1989 (Seiten 945-961), in: Kriminalpolitik und ihre wissenschaftlichen Grundlagen – Festschrift für *Professor Dr. Hans-Dieter Schwind* zum 70. Geburtstag,
Thomas Feltes, Christian Pfeiffer, Gernot Steinhilper (Hrsg.),
C.F. Müller, Verlagsgruppe Hüthig Jehle Rehm GmbH (2006), 1.204 Seiten, 298,00 €*,

Führung von V-Personen (Verdeckte Ermittlungsmaßnahmen – VEM 4),
in: KRIMINALISTEN-FACHBUCH (KFB) – Kriminalistische Kompetenz, 16 Seiten, Verlag Schmidt-Römhild, erscheint überarbeitet/aktualisiert als KFB-App (über BDK Shop für BDK-Mitglieder, App Store Apple, Google Play),

Das ressortübergreifende Präventionsmodell Osnabrück –
Initiativfunktion von Seiten der Polizei (Seiten 189 ff.),
in: VEREINT GEGEN KRIMINALITÄT – Wege der kommunalen Kriminalprävention in Deutschland, *Edwin Kube/Hans Schneider/Jürgen Stock* (Hrsg.),
Verlag Schmidt-Römhild (1996), 331 Seiten, 10,00 €*,

Bürgerbefragungen zur subjektiven Sicherheit in Osnabrück –
oder: Ertrag und Wirkung von (kommunaler) Kriminalprävention (Seiten 127 ff.),
in: Angewandte Kriminologie und Kriminalprävention;
Entwicklungen, Sachstand und Perspektiven,
Festschrift für *Dr. Joachim Jäger* zum 65. Geburtstag,
Schriftenreihe der Polizei-Führungs-Akademie,
Sächsisches Druck- und Verlagshaus AG (2003), 176 Seiten,

Kriminologische Regionalanalyse Osnabrück 1996/97 zum Thema
„Mehr Sicherheit für uns in Osnabrück",
Print & Media Center Wallenhorst, 250 Seiten (ohne Anlagen), zusammen mit *Bernhard Bruns, Martin Oevermann* und *Martin Ratermann* (Auflage vergriffen),

Kriminologische Regionalanalyse Osnabrück 2007/08 zum Thema **„Sicherheit und soziales Leben in Osnabrück",** 165 Seiten (ohne Anlagen), zusammen mit *Martin Oevermann, Manfred Rolfes, Wolfgang Wellmann, Wolfgang Zimmerer* und *Oliver Voges*, 15,00 €*.

---

*Die Bücher unterliegen der Preisbindung, sodass Preisänderungen möglich sind.